U0532229

新媒体与互联网研究(2022)
New Media and Internet Studies(2022)

谢新洲 等◎著

电子工业出版社
Publishing House of Electronics Industry
北京·BEIJING

内 容 简 介

党和国家高度重视新媒体和互联网研究及其应用普及。《新媒体与互联网研究（2022）》旨在跟进新媒体与互联网的发展动向及其社会影响，关注党和国家及社会各界所关心的重要问题。本书理论研究和应用研究相结合，既有对学术基础问题、前沿问题、关键问题的关注和研究，也有对现实问题、热点问题的及时回应与研判，兼具理论价值和应用价值。本书从媒体融合与舆论引导、国际传播与网络空间战略、互联网产业发展前沿、网络内容治理与数据治理、年度网络舆情盘点五个专题分别切入，为推动我国新媒体与互联网发展和治理提供参考。

未经许可，不得以任何方式复制或抄袭本书之部分或全部内容。
版权所有，侵权必究。

图书在版编目（CIP）数据

新媒体与互联网研究. 2022 / 谢新洲等著. —北京：电子工业出版社，2023.6

ISBN 978-7-121-45573-5

Ⅰ.①新… Ⅱ.①谢… Ⅲ.①传播媒介—研究②互联网络—研究 Ⅳ.①G206.2②TP393.4

中国国家版本馆 CIP 数据核字（2023）第 085538 号

责任编辑：刘志红（lzhmails@phei.com.cn）
印　　刷：天津千鹤文化传播有限公司
装　　订：天津千鹤文化传播有限公司
出版发行：电子工业出版社
　　　　　北京市海淀区万寿路 173 信箱　邮编　100036
开　　本：720×1 000　1/16　印张：23.75　字数：456 千字
版　　次：2023 年 6 月第 1 版
印　　次：2023 年 6 月第 1 次印刷
定　　价：148.00 元

凡所购买电子工业出版社图书有缺损问题，请向购买书店调换。若书店售缺，请与本社发行部联系，联系及邮购电话：(010) 88254888，88258888。
质量投诉请发邮件至 zlts@phei.com.cn，盗版侵权举报请发邮件至 dbqq@phei.com.cn。
本书咨询联系方式：(010) 88254479，lzhmails@phei.com.cn。

编写委员会

谢新洲　田　丽　石　林
杜　燕　宋　琢　胡宏超
朱垚颖　温　婧　彭昊程
陈春彦　潘　援　李思明

前　言

1994年，互联网进入中国。经过近30年的快速发展，互联网已成为国家重要产业。以信息技术和内容为基本特征的互联网，已成为中国社会的有机组成部分，并以"互联网+"形态对中国政治、经济、社会、文化等方面产生深远影响。

党和国家高度重视新媒体和互联网研究及其应用普及。《新媒体与互联网研究（2022）》旨在跟进新媒体与互联网的发展动向及其社会影响，关注党和国家及社会各界关心的重要问题，通过理论研究和应用研究，为推动我国新媒体与互联网发展和治理提供决策咨询参考。同时，《新媒体与互联网研究（2022）》还着眼于新媒体学作为一门新兴学科的发展需要，旨在围绕新媒体学打造学术共同体和学术交流平台，推动构建新媒体学理论体系，夯实新媒体学学科发展的理论基石。

《新媒体与互联网研究（2022）》主要收录未正式发表的新媒体与互联网领域研究成果，包括新媒体学科理论与方法、新媒体发展管理与政策、网络空间战略、网络内容治理、新兴基础设施建设、互联网技术发展走向、互联网产业发展与规制、互联网商业模式创新、互联网AI及大数据应用、网络用户观念与行为、重大舆情事件分析等方面有影响的研究论文和报告，既有对学术基础问题、前沿问题、关键问题的关注和研究，也有对现实问题、热点问题的及时回应与研判，兼具理论价值和应用价值。

《新媒体与互联网研究（2022）》有其独特之处：一是强调以问题为导向，突出应用性，及时关注新媒体与互联网发展面临的重点、热点、难点问题并予以深入研究，比如推动媒体融合向纵深发展、加强和改进国际传播工作、实施网络空间战略、优化新媒体发展管理、提升网络内容治理综合能力、加强数据治理等，同时对策研究落到实处、"接地气"，体现出较强的现实意义。二是重视前沿问题，密切关注新技术发展及其带来的影响和变革，从人工智能到元宇宙，从平台化、泛媒介化到数据化，体现出较强的前沿性和前瞻性。三是兼具学术性，不停留于问题表象，更关注问题背后的根源和本质，为推动新媒体学理论发展汇聚实践源泉；不止步于对策研究，更主动回应、解决基础性问题和关键性问题，注重学理研究和实证研究，以增强新媒体学及相关研究的理论厚度。四是具备跨学科视野，不局限于传播学的学科范式，从理论、方法、视角上广泛汇集政治学、法学、计算机科学、管理学、情报学等学科资源和智慧，为解决新媒体与互联网领域复杂问题、丰富新媒体学理论体系提供支撑。

《新媒体与互联网研究（2022）》精选文章 24 篇，按主题可分为媒体融合与舆论引导、国际传播与网络空间战略、互联网产业发展前沿、网络内容治理与数据治理、年度网络舆情盘点五个方面。本合辑将从这五个专题分别切入，系统回顾近年来新媒体与互联网研究中的研究成果和真知灼见，串联起我国新媒体与互联网发展历程，勾画出我国新媒体与互联网发展管理的路线与图景，以实践经验丰富学理研究、从学理研究指导实践进程，为推动我国新媒体与互联网高质量发展提供智力支持。

作　者
2023 年 4 月

目 录

专题一 媒体融合与舆论引导

县级融媒体中心舆论引导的三个核心问题——对象、内容与方式 …… 003

 一、舆论引导对象：县域居民的群体特征与媒介使用 …… 004

 二、舆论引导内容：深耕群众需求，突出地域特色 …… 011

 三、舆论引导方式：结合县域特点，实现引导方式的差异化 …… 014

深入"主战场"：融媒体在网络信息内容生态中的生存和发展 …… 019

 一、"战力分布"：网络信息内容主体与生态链构成 …… 020

 二、"战局失利"：融媒体面临的问题与挑战 …… 021

 三、"深入战场"：推动主力军全面挺进主战场 …… 025

"网上群众路线"视角下的主流媒体网络问政实践 …… 027

 一、助力"网上群众路线" …… 028

 二、主流媒体开展网络问政的现状分析 …… 030

 三、优化主流媒体网络问政服务的对策建议 …… 041

热点事件的网民参与研究：新形态、新特征与舆情应对启示 …… 044

 一、网民参与的新形态新特征 …… 044

 二、舆情应对与风险防范启示 …… 048

专题二　国际传播与网络空间战略

国际传播工作亟待解决的几个问题 ··· 052
 一、国际传播工作的特殊性 ·· 053
 二、当前国际传播工作面临的问题 ·· 056
 三、改进国际传播工作的破局关键 ·· 060

全球互联网生态治理的挑战与中国路径 ·· 067
 一、互联网生态与互联网生态治理 ·· 067
 二、不同国家互联网生态治理模式 ·· 069
 三、全球互联网生态治理面临的挑战 ·· 073
 四、全球互联网生态治理的中国路径 ·· 079

全球主要媒体信息流动的网络结构分析
 ——从网络结构视角看国际传播资源 ··· 085
 一、文献综述 ··· 086
 二、研究假设 ··· 091
 三、研究设计 ··· 093
 四、研究发现 ··· 095
 五、结论与讨论 ·· 106

"今日俄罗斯"（RT）国际传播的经验及其对我国的启示 ························ 108
 一、RT 的快速成长及其影响 ··· 108
 二、打造国际化对外传播阵地 ··· 111
 三、制作目标受众需要的内容 ··· 113
 四、遵照国际传媒规则运营 ·· 114
 五、RT 实践对我国的启示 ··· 116

目 录

印度涉华谣言借力西方议程冲击中国形象 ……………………………… 119
一、"巴格拉姆空军基地事件"背后的印度谣言传播路径 ……………… 120
二、"零和认知"催生印度舆论常态化对华造谣 ………………………… 126
三、分类施策,精准狙击印度涉华谣言 …………………………………… 128

"网红"渐成国际传播新媒介:大数据分析涉华网红内容生态与传播特征 …… 130
一、重新审视网红的传播形态 ……………………………………………… 130
二、涉华 COL 内容生态及传播特征 ……………………………………… 131
三、COL 传播模式的优势及意义 ………………………………………… 135

专题三 互联网产业发展前沿

平台化研究:概念、现状与趋势 …………………………………………… 141
一、从平台到互联网平台 …………………………………………………… 142
二、平台化的内涵与表现 …………………………………………………… 154
三、"平台化"的实现机制 ………………………………………………… 160
四、"平台化"的中国路径 ………………………………………………… 169

互联网平台的反垄断规制分析与政策建议 ……………………………… 174
一、互联网平台反垄断规制的背景:推动数字经济健康发展 ………… 177
二、互联网平台反垄断规制的思路与原则 ……………………………… 180
三、互联网平台反垄断规制的政策建议 ………………………………… 182

当前互联网适老化改造面临的问题及其对策分析 ……………………… 189
一、互联网适老化研究的理论回顾 ……………………………………… 190
二、互联网适老化改造的现状及其问题 ………………………………… 192
三、应用适老化改造不足背后的原因分析 ……………………………… 198
四、关于进一步推进适老化改造的建议 ………………………………… 201

当前电竞产业发展的现状、问题与建议 ······ 204
    一、当前电竞产业发展的突出特征 ······ 204
    二、电竞产业面临的问题和挑战 ······ 209
    三、促进电竞发展的策略与建议 ······ 210

国际传播视角下我国游戏产业出海面临的问题和建议 ······ 213
    一、游戏产业在国际传播中的角色和价值 ······ 214
    二、我国游戏产业出海现状和舆论认同情况 ······ 217
    三、当前游戏产业出海发展面临的问题及其影响 ······ 221
    四、推动游戏产业出海的对策建议 ······ 224

专题四　网络内容治理与数据治理

三角角力与公私对列：美国社交平台内容治理研究 ······ 229
    一、网络内容治理的相关研究 ······ 231
    二、美国社交平台内容治理模式探讨 ······ 232
    三、美国社交平台内容治理存在的问题 ······ 239
    四、美国社交平台内容治理经验及启示 ······ 249

游移于"公""私"之间：网络平台数据治理研究 ······ 255
    一、平台数据的理论和实践探讨 ······ 256
    二、商业平台的数据俘获：私人财产与公用品之辩 ······ 260
    三、"公""私"对立的根源：数据的公共价值与平台的圈地取向 ······ 267
    四、网络平台数据治理的政策建议 ······ 272

得失权衡、主体信任与危机感知："健康码"常态化使用的影响因素研究 ······ 275
    一、理论背景与研究假设 ······ 278
    二、研究设计与数据收集 ······ 284

三、数据分析与假设检验 …………………………………………… 286

　　四、结论和讨论 …………………………………………………… 292

　　五、不足与展望 …………………………………………………… 297

"大V"之殇：自媒体军史传播的问题与对策 ………………………… 299

　　一、一则关于朝鲜战争的谣言：编造、传播、误导 …………… 299

　　二、自媒体军史传播存在的问题：不求甚解与博取眼球 ……… 302

　　三、规范自媒体军史传播的对策建议：权利与义务的统一 …… 306

饭圈治理新阶段出现的新问题及对策 ………………………………… 308

　　一、饭圈治理的阶段性成果 ……………………………………… 308

　　二、饭圈治理面临的新问题 ……………………………………… 312

　　三、饭圈乱象治理的对策建议 …………………………………… 317

专题五　年度网络舆情盘点

年度网络舆论生态特征与趋势分析 …………………………………… 321

　　一、研究概念与方法说明 ………………………………………… 322

　　二、舆论本体的表现与变化 ……………………………………… 323

　　三、舆论事件主体的热度与情绪态势 …………………………… 327

　　四、舆论环境的影响力与压力态势 ……………………………… 329

　　五、舆论载体的趋势与特征 ……………………………………… 333

　　六、总结与展望 …………………………………………………… 335

年度网络热词特征及社会心态分析 …………………………………… 337

　　一、热词特征：常态防疫成效凝聚共识促进发展 ……………… 338

　　二、心态透视：积极理性情感贯穿全年偶有波动 ……………… 340

　　三、启示思考：因势利导弘扬正能量包容多元性 ……………… 344

年度国际涉华舆论态势的时空维度分析 ········348

　　一、从时间维度看国际涉华舆论的认知变化趋势 ········348

　　二、从空间维度看国际涉华舆论的议题分布特点 ········350

　　三、我国应对国际涉华舆论的策略建议 ········355

年度新冠肺炎疫情网络舆论突出特点及问题分析 ········357

　　一、整体舆论态势 ········357

　　二、常态化疫情防控阶段舆论突出特点及问题 ········361

　　三、思考与启示 ········364

专题一

媒体融合与舆论引导

2021年是中国共产党成立100周年，也是"十四五"规划的开局之年，面对百年未有之大变局，牢牢把握信息革命的历史机遇，加快网络内容建设，正面引导舆论，营造风清气正的网络空间，日益成为推进国家治理体系和治理能力现代化的重要方面。2021年3月12日，十三届全国人大四次会议表决通过了《中华人民共和国国民经济和社会发展第十四个五年规划和2035年远景目标纲要》（以下简称"十四五"规划），"十四五"规划中明确指出，"推进媒体深度融合，做强新型主流媒体"，媒体融合战略也从"全面铺开"迈向"纵深发展"，面临着重要的转型机遇与现实挑战。继2020年国务院办公厅印发的《关于加快推进媒体深度融合发展的意见》之后，2021年3月16日，广电总局印发《关于组织制定广播电视媒体深度融合发展三年行动计划的通知》，两项顶层制度设计指导媒体融合向纵深发展。

从传统媒体入网到商业网站的媒介化，媒体融合实践经历的20余年的发展道路，有学者从概念、主体、内容三个方面总结了二十年间媒体融合研究的语境变迁[1]。2021年，媒体融合发展呈现出政策引领、技术驱动、多点开花的特点。在学术研究方面，媒体融合也从整体性研究逐渐走向具体问题研究[2]，从探索行业发

---

[1] 栾轶玫. 从市场竞合到纳入国家治理体系——中国媒介融合研究20年之语境变迁[J]. 编辑之友，2021(05): 13-25.

[2] 黄楚新，邵赛男. 跨越与突破：媒体融合纵深发展的路径[J]. 中国编辑，2021(03):4-9.

展路径逐渐深入不同地区、不同领域[1]、不同组织[2]、不同形式[3]的具体融合方案与具体实践。在研究内容方面，地市级媒体融合成为新的关注点；多以建党百年为案例，对媒体融合的具体实践路径进行提炼和分析，并关注算法推荐技术对媒体融合的影响；短视频也成为主流媒体融合实践的代表形式。

在媒体融合的众多研究中，舆论引导成为学界重点关注的问题之一。十八大以来，习近平总书记多次强调，互联网关乎党的长期执政，新闻舆论是治国理政、定国安邦的大事。如何更好地引导群众，提升主流媒体的引导力和影响力，成为媒体融合深化、可持续发展的关键问题。2021年是中国共产党成立一百年的关键之年，很多研究从历史维度，围绕党的舆论工作展开研究，梳理中国共产党百年舆论思想转变[4][5]、舆论表达主体的演进脉络[6]，新闻事业发展的历史经验[7]、新闻理论发展脉络[8]，以及新时代中国舆论研究的特色[9]、马克思主义新闻观的创新发展[10]等。在案例方面，多围绕新冠肺炎疫情等突发危机事件的舆论引导策略展开研究[11]。

媒体融合与舆论引导也是本书关注的重点问题之一。一方面，从提高舆论引导力、践行网上群众路线以及网络内容生态建设的视角，研究如何推动媒体融合向纵深发展；另一方面，分别从信息诉求、情绪心态、组织行为等方面分析网民参与热点舆论事件的新特征，为增强舆论引导提供用户视角。

---

[1] 洪琼. 全媒体时代传统出版业的融合发展之路[J]. 中国编辑，2021(02):78-82.

[2] 张英培，胡正荣. 从媒体融合到四级融合发展布局：主流媒体发展改革的新阶段[J]. 出版广角，2021(01):6-9.

[3] 喻国明. 新型主流媒体：不做平台型媒体做什么？——关于媒体融合实践中一个顶级问题的探讨[J]. 编辑之友，2021(05):5-11.

[4] 丁柏铨. 从制造舆论到引导舆论——中国共产党百年来舆论思想的一个重要转变[J]. 西北师大学报（社会科学版），2021, 58(06):5-12.

[5] 丁柏铨. 中国共产党舆论思想史研究论纲[J]. 中国出版，2021(12):6-17.

[6] 李彪，高琳轩. 中国共产党百年舆论表达主体演变进路及特征[J]. 中国出版，2021(12):25-30.

[7] 郑保卫，王青. 论中国共产党新闻事业百年发展的历史经验[J]. 现代传播（中国传媒大学学报），2021, 43(07):1-10+27.

[8] 季为民，叶俊，刘博睿，李斌. 中国共产党新闻理论的百年发展脉络与演进逻辑[J]. 新闻与传播评论，2021, 74(04):5-22.

[9] 李彪. 新时代中国特色舆论学：演进脉络、核心问题与研究体系[J]. 编辑之友，2021(09):5-10.

[10] 邓绍根，丁丽琼. 中国共产党百年进程中马克思主义新闻观的创新发展[J]. 新闻大学，2021(06):48-70+123.

[11] 杨丽雅，宋恒蕊. 共情与共意：新型主流媒体在舆论场中的话语机制研究——以《人民日报》微信公众号新冠肺炎疫情报道为例[J]. 新闻爱好者，2021(07):49-52.

专题一　媒体融合与舆论引导

县级融媒体中心舆论引导的三个核心问题
——对象、内容与方式

【摘　要】 媒体融合发展已进入"深水区",舆论引导力不足仍是县级融媒体中心发展的"痼疾"。针对这一问题,研究从舆论引导的各要素——基层舆论引导的对象、内容和方式出发来探讨如何提高县级融媒体中心的舆论引导力。在充分调研县域居民群体媒介使用习惯及内容需求的基础上,提出在引导内容方面要深耕群众需求,突出地域特色,结合"乡村振兴"战略,发挥政策叠加效应,贴近基层群众生活,激发情感共鸣。通过占"点",联"线",布"网",拓"土",结"盟"的引导策略,实现引导方式的差异化,建立符合县域社会特点的网络舆论引导工作机制,壮大基层主流舆论阵地。

【关键词】 县级融媒体中心　舆论引导　乡村振兴　情感共鸣　网格化管理

　　在我国工业化、现代化建设的进程中,舆论一直扮演着重要的角色。进入信息化时代,互联网更是成为思想文化的集散地和社会舆论的放大器[1]。十八大以来,习近平总书记多次强调,互联网关乎党的长期执政,舆论引导是治国理政、定国安邦的大事[2]。随着传统媒体与新兴媒体融合进入到改革的关键阶段,以习近平为中心的党中央创造性地提出"建设县级融媒体中心"的战略部署,围绕"引导群众、服务群众",力图破解县域媒体发展瓶颈,夯实基层主流舆论阵地。按照中央的时间表和路线图[3],当前,县级融媒体中心建设已取得重要阶段性成果,不仅已基本完成全国覆盖工程,而且面对重大突发公共卫生事件,一些挂牌早、发展快

---

[1] 谢新洲等. 互联网等新媒体对社会舆论的影响与利用研究[M]. 经济科学出版社, 2013.10.
[2] 习近平. 坚持正确方向创新方法手段 提高新闻舆论传播力引导力[Z]. 新华社, 2016-02-19.
[3] 中宣部在县级融媒体中心建设现场推进会提出, 2020年年底基本完成县级融媒体中心全国全覆盖。

的县级融媒体中心在舆论引导方面已初见成效，为推动本地新冠肺炎疫情防控及复工复产工作提供了有力的舆论支持。但与此同时，我国基层媒体改革也进入"深水区"。如何更好地"引导群众"，提升全国各地区基层媒体的引导力和影响力，成为县级融媒体中心"深化""可持续"发展的关键问题。

县级融媒体中心的舆论引导工作既要遵循新时代舆论引导的普遍规律，也要结合自身定位和人民需求，统筹处理好"引导"和"服务"的关系，将"时、度、效"的方法论原则具体化、操作化，提出具有针对性、实效性的舆论引导工作机制，推进基层主流媒体舆论引导方式的创新。"犹水木之有本源"，县级融媒体中心的舆论引导首先要做好"服务"这篇大文章①。主流媒体舆论引导的对象，也是服务的对象。更好地服务群众，才能吸引群众，增强黏性，形成聚集效应；只有形成一定的市场规模，才有竞争力和影响力，放大舆论引导的效果。但服务群众本身不是最终目的，服务群众是引导群众的支撑和关键，引导群众才是服务群众的前提和目标。没有"服务"支撑的"引导"显得空洞无物，没有"引导"指引的"服务"则是无的放矢。由此，本文将以"服务"为支撑，结合县级融媒体中心这一舆论引导主体的职责定位与地域特点，从引导的对象、内容和方法出发，为构建符合县域社会特征和人民需求的舆论引导机制提供对策建议。具体而言，本文希望解决以下问题：

（1）与大城市居民相比，县域居民的新媒体使用行为和内容需求有何特点？

（2）与中央级、省级主流媒体相比，县级融媒体中心在舆论引导的内容方面如何实现差异化？

（3）如何结合县域社会特征和人民需求，构建能够提升县级融媒体中心舆论引导力的工作机制？

一、舆论引导对象：县域居民的群体特征与媒介使用

媒体的发展与当地的社会经济文化水平密切相关②，而不同地区的经济发展水

---

① 谢新洲. 县级融媒体中心建设的四梁八柱——融合、创新、引导、服务[J]. 新闻战线, 2019(03):45-47.
② 向志强, 黄盈. 中国传媒产业区域非均衡发展实证研究[J]. 新闻与传播研究, 2009, 16(06):77-86+108.

平、都市化及受教育程度对居民的媒介使用行为有不同影响[①]，这种媒介使用上的差异也造成了用户在认知、态度和行为方面的不同[②③]。舆论引导的最终目的是促进舆论主体认知和态度发生改变，壮大主流思想舆论，使公共意见实现社会促进和修正势能的最大化[④]。因此，充分了解县域居民的媒介需求和行为特征，是有效提高县级融媒体中心舆论引导能力的重要前提。

（一）县域居民的群体特征

县域网民年龄结构成"凹"字形，青少年和"城乡两栖人"[⑤]应成为舆论引导的重点群体。通过北京大学新媒体研究院谢新洲教授团队针对《新媒体社会影响力》的全国调查发现[⑥]，16-29岁[⑦]青年网民成为县域网民的主力军，占整体县域网民人数的46.6%，而中年网民（30-39岁）占比只有17.2%，而大城市的中年网民有39.3%（如图1所示），侧面反映出县域"人口空心化"[⑧]特点。2019年，我国农民工总量达到29 077万人，平均年龄为40.8岁[⑨]，其子女和老人留守本地。

[①] 潘忠党. 互联网使用和公民参与：地域和群体之间的差异以及其中的普遍性[J]. 新闻大学，2012(06):42-53.

[②] 喻国明，方可人. 人格特质如何影响人们的社会认知与媒介使用——基于"全民媒介使用与媒介观调查"的描述与分析[J]. 新闻论坛，2020, 34(04):19-23.

[③] 胡荣，庄思薇. 媒介使用对中国城乡居民政府信任的影响[J]. 东南学术，2017(01):94-111+247.

[④] 杜俊伟. 舆论引导本质论[J]. 科技传播，2013, 5(09):23-24.

[⑤] 陈娟. "失范"与"规范"：社会转型期中国"两栖人"现象及对策分析[J]. 云南社会科学，2008(06):50-54.

[⑥] 此次调查源于北京大学新媒体研究院谢新洲教授研究团队在2020年6月至7月进行的《新媒体社会影响力》的大型全国性问卷调查。样本严格按照CNNIC第45次《中国互联网络发展状况统计报告》中的网民结构进行抽样，共回收问卷3000份，其中不同城际和地域居民的新媒体使用行为是问卷的重要组成部分。问卷通过询问被试者的现居住地来对城际进行划分。本研究截取了县域与大城市居民的媒体使用行为数据进行对比，其中，县域居民包括县级市、乡镇及农村居民，共1319人，大城市居民包括直辖市、省会城市以及计划单列城市居民，共1029人。为了突出县域居民与大城市居民在新媒体使用行为方面的差异，本文未将地级市居民数据纳入研究。

[⑦] 注：由于此次问卷是通过电子问卷的形式发放，鉴于青少年互联网使用的相关规定，问卷公司难以直接接触到16岁以下的青少年网民，因此本调研对象的最小年龄为16周岁。

[⑧] 崔卫国，李裕瑞，刘彦随. 中国重点农区农村空心化的特征、机制与调控——以河南省郸城县为例[J]. 资源科学，2011, 33(11):2014-2021.

[⑨] 数据来源于国家统计局发布的《2019农民工监测调查报告》。

有研究表明，亲子关系，尤其是父子关系亲密度会负向影响青少年的网络成瘾行为[1]。而县级市，尤其是农村地区已婚男性壮年劳动力的流出，可能会导致其亲子关系亲密度的降低，从而导致县域青少年将大量时间和精力投入到网络空间中，在缺乏有效约束力的情况下，也容易造成网络失范行为[2]。另一方面，县级融媒体中心面向的用户群体不应仅限于本地区的常住居民，还应包括"城乡两栖人"，在本研究中具体指在大城市从事"契约性"社会劳动而保留县域户籍并往返于大城市与县域乡镇之间的社会群体[3]。跨域流动使得该群体接收到的文化思想和价值规范具有碎片化、片面化和表面化的特点，可能造成对主流意识形态价值观念的动摇、冷漠和不信任[4]，这种思想偏差也可能对本地区亲友产生不良影响。因此，县级融媒体中心舆论引导对象在整体把握本地居民的基础上，需重点关照青少年和"两栖"群体。

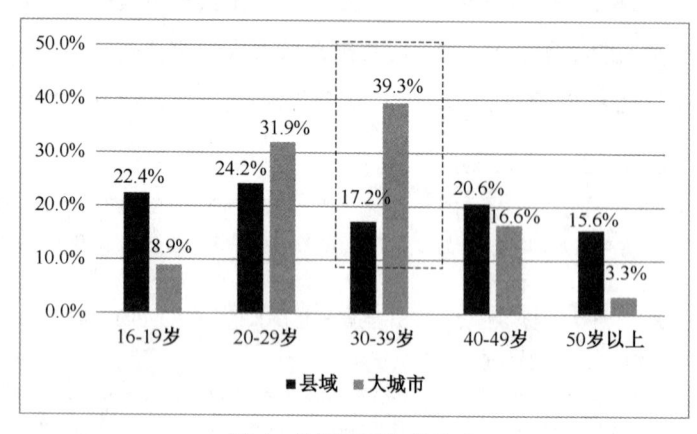

图 1　县域网民年龄构成

---

[1] 张锦涛, 刘勤学, 邓林园, 方晓义, 刘朝莹, 兰菁. 青少年亲子关系与网络成瘾：孤独感的中介作用[J]. 心理发展与教育, 2011, 27(06):641-647.

[2] 邓验, 曾长秋. 论如何应对青少年网络道德失范问题[J]. 伦理学研究, 2011(01):122-125.

[3] 施本植, 施庚宏. 城乡农民工"两栖人"难题破解研究——基于有效推进乡村振兴战略的视角[J]. 山东社会科学, 2020(05):111-116.

[4] 吴春梅, 郝苏君, 徐勇. 政治社会化路径下农民工主流意识形态认同的实证分析[J]. 政治学研究, 2014(02):90-103.

（二）县域居民新媒体使用行为与偏好

县域居民以手机为主要上网工具，对上网时间有一定"控制"。调查发现，有96.1%的县域居民主要用手机上网，与大城市居民使用情况基本持平（如图2所示），为县级融媒体中心发力"移动端"提供更多数据支持。上网时间方面，超六成的县域居民每天上网时间集中在5个小时以下，41.1%的县域居民上网时间集中在2到5小时。而使用时间超过5小时的重度互联网使用群体中，大城市居民占比高于县域居民12.9%（如图3所示）。虽然仅从使用时间出发，不能充分证明县域居民在网络成瘾方面具有较好的控制，但是结合县域社会生活特点可知，线下活动的开展与社会交往相对更多。此外，由于县域居民和大城市居民在通勤时间、作息时间等方面的不同，其上网的时间分布也有所差异。因此，县级融媒体中心要结合本地居民上网的时间分布规律，把握好舆论引导的"时、度、效"[①]。

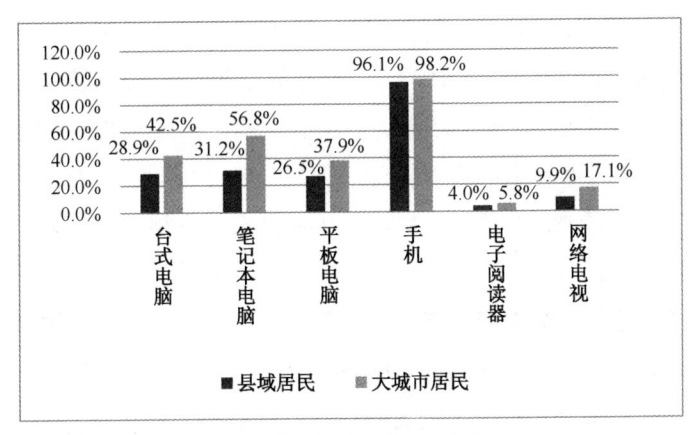

图2 县域网民上网工具[②]

短视频成为县域居民最常用的网络应用，"长尾"功能服务累加需求较大。以抖音、快手为代表的短视频不断下沉市场，调研发现，超过六成以上的县域居

---

① 习近平. 胸怀大局把握大势着眼大事 努力把宣传思想工作做得更好[EB/OL]. 人民网, (2013-08-21)[2021-03-10]. http://cpc.people.com.cn/n/2013/0821/c64094-22636876.html.

② 此题为多选题。

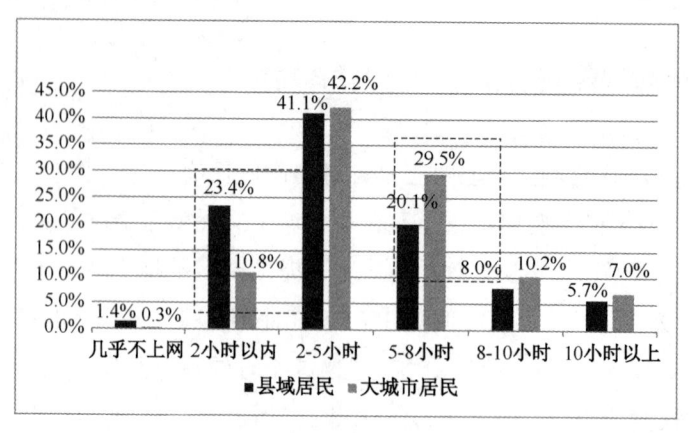

图 3　县域居民上网时间①

民最常使用的网络应用即为短视频 App。短视频内容会在潜移默化下影响基层群众（尤其是青少年）的思想与言行②。因此，县级融媒体中心要巩固主流舆论在短视频领域的阵地，多采用短视频等视听形式呈现舆论引导内容，符合基层群众的媒介使用习惯，吸引用户注意力。除了一些头部常用网络应用之外，县域居民对公共及民生服务类应用也有较大的长尾需求（如图 4 所示）。实际上，公共与民生服务与基层群众的日常生活密切相关，但是基层政府在推动政务/公共服务数字化、信息化方面起步较晚，发展较缓，基层群众还未充分享受到政务/公共服务信息化的普惠。县级融媒体中心可以以此为契机，通过推动在线教育、在线医疗、电子政务信息化、本地化的建设，以"民生服务"汇聚用户，为舆论引导提供群众基础和现实基础。

县域居民信息获取渠道相对集中，并且多以社交关系为基础构筑个人信息网络。相较于大城市居民，县域居民信息获取渠道较少。调查发现，县域居民平均信息获取渠道为 4.34 个（Min=1，Max=15，SD=2.10），以社交媒体平台为主，包括微信、QQ 及短视频；大城市居民平均信息获取渠道为 5.44 个（Min=1，Max=15，SD=2.48）（如图 5 所示）。信息获取渠道的相对集中，容易造成个人信息视野的窄化和思想的固化，而以社交关系为主构筑的个人信息网络，容易形成"回音室效

---

① 此题为单选题。
② 谢新洲，朱垚颖. 短视频火爆背后的问题分析[J]. 出版科学，2019, 27(01):86-91.

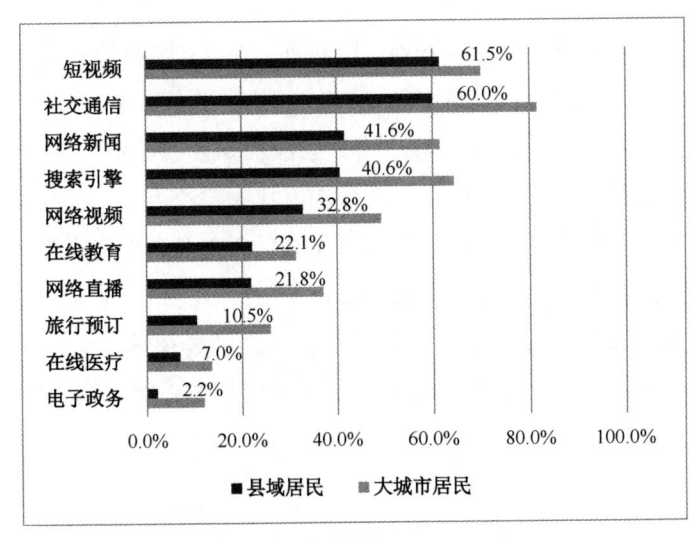

图 4　县域居民常用网络应用①

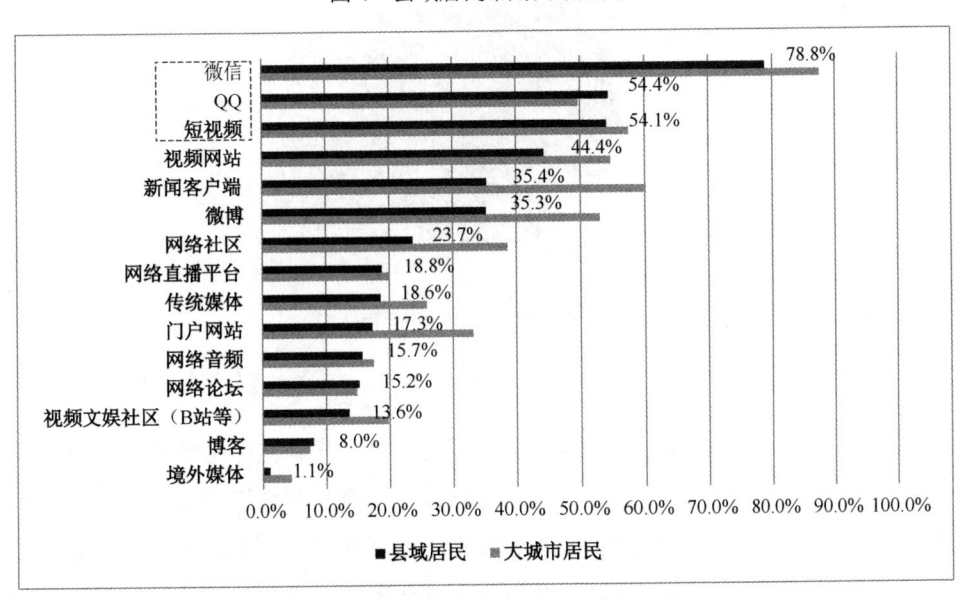

图 5　县域居民信息接收的主要来源②

---

① 此题为多选题，按照 CNNIC 第 45 次《中国互联网络发展状况统计报告》中的分类标准，将网络应用分为基础应用类，商务交易类，网络娱乐类应用，公共服务类，图表中未将所有应用的数据结果呈现，仅选择部分与县级县级融媒体中心密切相关的网络应用数据结果。

② 此题为多选题。

应"①。倘若信息获取渠道本身的立场和取向发生偏差，则容易对基层群众的思想观念，政治立场和价值取向造成负面影响。这进一步突显了基层主流媒体作为主力军"上主战场"的必要性和紧迫感。县级融媒体中心不仅要进入县域居民信息渠道的必选范围，并且要持续正面导向，壮大主流声量。此外，QQ成为信息获取的主渠道可能是由于县域网民年龄结构的年轻化。调查发现，选择以QQ为主要信息获取渠道的居民中，有63.1%为县域青年（30周岁以下）（如图6所示）。而通常情况下，由于QQ本身的产品特点，县级融媒体中心并未将QQ纳入媒体矩阵中，未来可以通过"QQ群"的有效管理加强对县域青年群体的舆论引导工作。

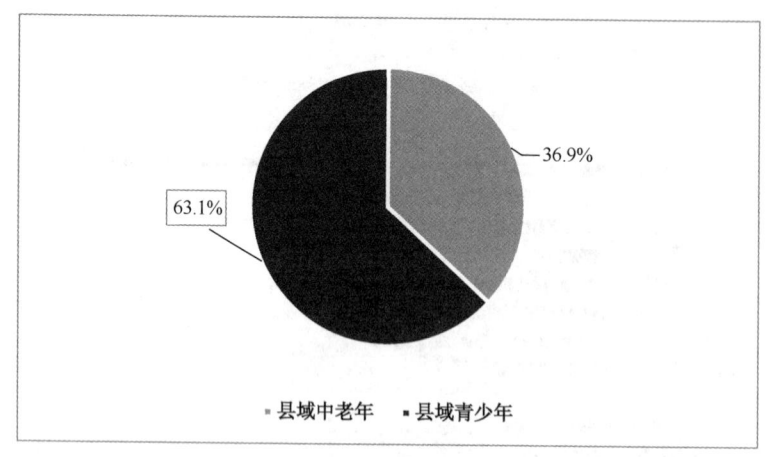

图6 以QQ作为主要信息获取渠道的县域居民年龄分布

县域居民对网络内容方面的需求反映了对精神文化和美好生活的追求。调查发现，县域居民对娱乐、社会、健康、文化教育等方面的网络新闻内容浏览较多（如图7所示）。其中，在政治新闻内容方面，县域居民与大城市居民关注度的差异较大。县域居民对文娱、社会、健康等内容的关注，进一步反映了县域居民对美好生活的向往和追求。由此，县级融媒体中心在兼顾舆论引导和正面宣传的同时，要切实地反映当地居民在娱乐生活、社会活动、健康知识、文体赛事等方面的实践，营造良好的舆论氛围。

---

① 彭兰. 导致信息茧房的多重因素及"破茧"路径[J]. 新闻界, 2020(01):30-38+73.

专题一　媒体融合与舆论引导

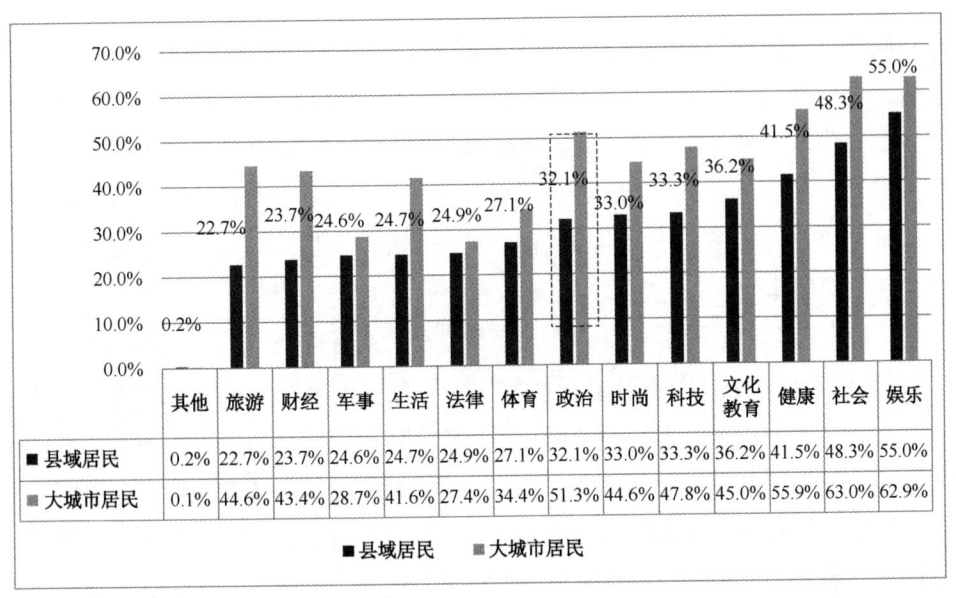

	其他	旅游	财经	军事	生活	法律	体育	政治	时尚	科技	文化教育	健康	社会	娱乐
县域居民	0.2%	22.7%	23.7%	24.6%	24.7%	24.9%	27.1%	32.1%	33.0%	33.3%	36.2%	41.5%	48.3%	55.0%
大城市居民	0.1%	44.6%	43.4%	28.7%	41.6%	27.4%	34.4%	51.3%	44.6%	47.8%	45.0%	55.9%	63.0%	62.9%

图 7　县域居民网络新闻浏览类型①

二、舆论引导内容：深耕群众需求，突出地域特色

在舆论引导内容方面，县级融媒体中心既要"顺大势"，也要"接地气"。舆论引导的"大势观"指的是"心怀大局、把握大势"。②而"全面推进乡村振兴"就是党中央在"十四五"开局年的大政方针和工作部署，也应成为县级融媒体中心舆论引导工作的切入点和着力点。在"围绕中心，服务大局"的同时，也要深耕基层群众内容需求，贴近群众生活，反映基层民意，活用情感表达，把握本地舆论场的主动权，引导本地主流舆论思想与群众情感的正向发展，促进本地舆情与区域发展的同频共振。

（一）结合"乡村振兴"战略，发挥政策叠加效应

县级融媒体中心可以围绕本地农村建设、农业发展、农民幸福开展正面宣传

---

① 此题为多选题。
② 杨振武. 做好新形势下舆论引导工作的科学指南[N]. 人民日报，2014-05-28(007).

和主题报道，为推动本地"乡村振兴"战略落实落地提供有力的舆论支持。"乡村振兴"战略是十九大以来针对"三农问题"提出的重大战略部署，而"县级融媒体中心建设"也是新形势下我国媒体改革的重要举措。在进入"十四五规划"的关键阶段，推动县级融媒体中心建设与乡村振兴战略的有机结合，最大限度发挥政策叠加效应，将有利于两项工作的顺利实施。一直以来，县级融媒体中心的各种政务新媒体号、客户端存在"下载多、日活少""功能多、认可少"等卡脖子问题。没有强有力的抓手吸引群众，聚集群众，赢得群众[①]，就无法引导群众。

"乡村振兴"战略为解决县级融媒体中心发展困境提供了重要契机和主要抓手。提高城乡公共服务水平，加强农村思想文化建设，推动农民农村的信息化进程等是乡村振兴的主要目标任务[②]，而县级融媒体中心可以通过建立农业信息平台，打通农村农业信息服务的"最后一公里"，成为农村地区主流舆论的发声所、农民综合服务平台和农业信息枢纽，为当地农民提供现代化农业信息服务、招商引资，扩大销路等与农民利益密切相关的功能服务，增强农民群体的使用黏性，继而增强县级融媒体中心对农村主流舆论的引导力和影响力。例如，2019 年，浙江省衢州广电传媒集团将"县级融媒体中心建设"与"乡村振兴"有机结合起来，成立了"乡村振兴融媒体中心"，通过打造"全媒体智慧平台"将"主题教育主阵地、乡村振兴主平台、基层治理主载体"的功能定位一体化，全面推进本地乡村建设发展[③]。该融媒体中心开设的"空中课堂"以网络直播的方式为当地群众提供蔬菜栽培技术、红美人栽培技术、柑橘新品推广、春耕备耕精品课程等各项农业技能培训，以及企业招工信息与农产品销售资讯等，开课当天共有 4 000 人同时在线，受到当地群众的广泛关注，惠及当地农民，也提高了"无线衢州 App"的日活，为正向舆论引导提供坚实基础[④]。此外，一些县级融媒体中心在进一步提高农民增收渠道方面颇有成效。2020 年上半年疫情期间，北京大兴融媒体中心通过

---

① 谢新洲. 县级融媒体中心建设的四梁八柱——融合、创新、引导、服务[J]. 新闻战线，2019(03):45-47.
② 中共中央国务院关于实施乡村振兴战略的意见[N]. 人民日报，2018-02-05.
③ 卢琳慧. 乡村振兴融媒体中心：融合线上线下 服务"五大振兴"[EB/OL]. 衢州广电传媒集团无线衢州客户端，(2019-11-28)[2021-03-10]. https://wap.qz123.com/share/shares.aspx?guid=f93952b6-642e-4bc1-959b-f35daea0b959.
④ 郑洁. 乡村振兴融媒体中心：打造新平台 写好"融"文章[EB/OL]. 衢州广电传媒集团无线衢州客户端，(2020-03-02)[2021-03-10]. https://wap.qz123.com/share/shares.aspx?guid=00555fb2-aae2-4a33-9c1c-63af94cde091.

直播形式公益助农，帮助当地农户解决果蔬滞销的问题，一个小时的直播，吸引了 16 余万人次观看，成交 100 多笔订单，进一步提高了当地农户对区县融媒体中心的关注度和使用率[①]。县级融媒体中心应立足基层媒体职责，强化重大议题的"本地特色"，将国家重大方针政策的舆论引导转变为人民的自觉实践，营造良好的舆论氛围，为本地经济社会发展提供强有力的舆论支持。

（二）贴近基层群众生活，激发情感共鸣共振

通过对县域居民的群体特征与媒介使用行为调查发现，县域网民受教育程度以高中学历为中心，呈"正态分布"。其中，近六成县域网民为高中学历。因此，县级融媒体中心在舆论引导的内容策划、语言风格等方面应更加贴合该群体的教育背景和文化习俗。

既要处理好政治话题与生活化表达的关系，也要平衡好诉诸理性与情感传播的关系。通过调查发现，在新闻浏览类型方面，县域居民更关注娱乐、社会性议题，对政治、法制等严肃话题表现冷漠，网络政治参与意愿相对较低，只有 40% 的县域网民愿意在网上关注/讨论公共事务或政治问题。主流媒体不能一味地迎合群众口味，而迷失了舆论引导的方向，只有明确了"为人民服务"是我党的根本宗旨，才能在引导群众中开展工作。因此，在如何处理公共事务或政治问题时，需要从语言风格和表达方式上下功夫，对严肃议题进行二次创作和编辑。县级融媒体中心可以选择与当地百姓密切相关的政治、法制等话题，例如教育医疗、养老保险、社会保障和就业等，通过情景化、生活化等方式再现，吸引基层群众对公共议题的关注和讨论，逐渐培养县域群众有序参与公共事务，促进县域公共决策与本地主流舆论的良性互动。另一方面，以往主流媒体多采用诉诸理性的方式引导舆论走向正轨，随着视觉媒体呈现象级崛起，其情感传播成为重要的传播样态。情感表达已经成为网络舆论发酵和扩散的重要因素，主流媒体通过情感传播，可以拉近舆论引导内容与对象之间的心理距离，引起情感共鸣，形成共振共情，

[①] 调研团队自 2019 年起对北京大兴融媒体中心进行了持续跟踪，资料来源于 2020 年 7 月对大兴融媒体中心相关负责人的访谈。

通过诉诸情感，增强群众的认同感，进而引领群众情感向正方向发展，提升舆论引导力。例如，浙江省江山市融媒体中心取材于基层，创作了 20 余件"乡音"音视频作品，通过诙谐幽默的方式，以乡音拉近与本地群众的情感距离，宣传疫情防控知识，助力疫情防控，作品累积全网点击量超过 1 亿次[①]。

三、舆论引导方式：结合县域特点，实现引导方式的差异化

县级融媒体中心舆论引导的有效提升需紧紧围绕县域社会的特点展开，与中央级、省级新型主流媒体实现引导方式和引导策略上的差异化布局，通过占"点"，联"线"，布"网"，拓"土"，结"盟"的引导策略，掌握能够影响舆论走向的关键节点，并与线上线下的意见领袖建立长效联动机制，通过网格化管理，布局新闻线索采集和舆情监控，通过搭建自主平台，拓展阵地建设，联结全国县级融媒体中心，形成更大舆论声量，夯实主流舆论，提高引导水平。

（一）占"点"：及时掌握影响舆论发展的关键"节点"

所谓的占"点"指既要能够监测到舆情热点，也要能抓住影响舆论发展的关键节点。意见领袖在网络舆论空间中占据着优势地位，在网民情绪转化[②]，舆情焦点转移与方向指引[③]，网民心理引导及实现情感调节[④]等方面发挥了积极作用，就是网络舆论引导中的关键节点。在县域社会的语境下，意见领袖包括三种类型。

一是基于血缘、地缘关系形成的"差序格局"的中心人，包括大家族的长辈，当地有名望的乡绅氏族等。相对于大城市来说，县域社会由熟人、私人、面子等社会关系构筑成的圈子文化依然深刻影响着县域居民的生活、工作与交往，多属

---

① 李中文. 媒体融合，汇聚战疫力量[N]. 人民日报，2020-03-10.
② 唐雪梅，赖胜强. 情绪化信息对舆情事件传播的影响研究[J]. 情报杂志，2018，37(12):124-129.
③ 刘迪，张会来. 网络舆情治理中意见领袖舆论引导的研究热点和前沿探析[J]. 现代情报，2020，40(09): 144-155.
④ 张敏，霍朝光，霍帆帆. 突发公共安全事件社交舆情传播行为的影响因素分析——基于情感距离的调节作用[J]. 情报杂志，2016，35(05):38-45.

于"半熟人社会"①。通过本研究第一部分问卷调查可知，家人及亲朋好友也是县域居民信息来源的主要渠道之一。因此，有声望的家族亲长、单位领导等仍会对县域居民的思想观点产生影响。

二是来自县域基层社会，并且在社交媒体平台上有较大影响力的人。例如，在社交媒体平台突然走红的四川省理塘县藏族小伙丁真。因其纯真的笑容和淳朴的气质引起了在当地采风的摄影师注意，拍成短视频上传至网上，在社交平台上迅速走红。不同于以往"网红"的商业发展模式，走红后的丁真并没有签约商业MCN公司，而是与当地县政府深度合作，成为四川省理塘县的旅游大使，让更多的人通过他这个"窗口"深入地了解理塘，吸引更多的人到理塘旅游，极大地促进了当地文旅产业的发展。

三是在新媒体平台中成长起来，围绕县域风土人情、历史文化开展内容创作的"网络红人"。例如，广为熟知的李子柒，以及短视频平台中的"老四"，该自媒体人来自黑龙江佳木斯，在抖音的账号为"老四的快乐生活"，其内容创作主要围绕着小县城的生活琐碎展开，非常贴近县域居民现实日常生活，极大缩短了与用户的心理距离，获得了很多关注，粉丝量超过480万。县级融媒体中心要充分掌握本区域内所涉及的线上线下意见领袖的相关信息，正确引导其价值取向，他们的思想动态在一定程度上能够反映本地区群众的思想动态，并对本地区网民产生较大影响。

（二）联"线"：建立本地意见领袖的沟通联动机制

县级融媒体中心应与本地线上线下意见领袖建立长效联动机制，保证线上有互动，线下有沟通。及时了解其思想动态，引导树立正确的舆论导向，并借势本地意见领袖在县域群众中的影响力，统合意见领袖的力量，将其转变为引导舆论的"同盟军"。网络统一战线思想也是习近平总书记关于新时代统战思想的重要组成部分，将统战思想与网络舆论引导相结合，既为网络统战工作开辟了新领域，也将有利于统合网络空间的多元利益主体，巩固并壮大基层主流舆论阵地。例如，

---

① 贺雪峰. 论半熟人社会——理解村委会选举的一个视角[J]. 政治学研究, 2000(03):61-69.

共青团吉林省委新媒体中心以建立青少年新媒体协会的形式，与一些在本地区有一定影响力的自媒体人、MCN 公司等建立了良好的合作和交流机制，通过选择合适的议题，鼓励有影响力的自媒体人进行内容的二次创作，实现话题引领，传播正能量，通过一些"线上+线下"的活动增强了当地青年与平台的黏性，扩大影响力与引导力。

（三）布"网"：网格化管理增强舆论引导的时效性

受到计算机网格管理的启发，有学者将该思想引入到管理领域，即按照统一的标准以网格为单位对管理对象进行划分，通过构建网格间的协调互动机制，有效提高网格单元间的信息交流与资源共享，从而达到整合资源、提高效率的目的[1]。近年来，一些学者将网格化管理思想引入到基层社会治理中[2]。坚持正确的舆论引导，夯实主流舆论阵地也是基层社会治理的任务之一，由此也可以将网格化管理思想应用在舆情管理与舆论引导工作中。

县级融媒体中心可以根据社区、街道、村落等将居民划分为若干网络单元，动员基层群众，组成一支网格管理队伍，通过大数据舆情监测及预警系统，在发生舆情事件时，及时掌握本区域内居民的情感倾向和舆论焦点，有针对性地进行正向的舆论引导。当然，要想有效实现舆情网格化管理和引导，需要对管理队伍围绕舆论形成机制及舆情大数据系统的使用等进行培训。例如，北京市丰台区融媒体中心构建的"一三三"融合报道工作体系，就是运用了网格化思维进行新闻信息采集和引导工作的初步尝试。该工作体系是由 1 个"区级融媒体中心"、3 个"重点区域融媒体分中心"和约 300 个"基层新闻采集点"[3]构成的，以每平方千米为一个网格，每个网格都设立点位，全区共有 100 个社区、村的近 300 名"新闻点""监测位"，共同协助县级融媒体中心做好引导群众、服务群众工作。

---

① 郑士源，徐辉，王浣尘. 网格及网格化管理综述[J]. 系统工程，2005(03):1-7.
② 吴结兵. 网格化管理的实践成效与发展方向[J]. 人民论坛，2020(29):22-24.
③ 乔晓鹏. 北京市丰台区融媒体中心基层舆论引导能力建设研究[J]. 传媒，2021(01):62-64.

（四）拓"土"：自主搭建平台拓展基层主流阵地建设

要形成舆论引导的长效工作机制，还需要有一个自主发声平台，并产生具有竞争力的舆论声量。县级融媒体中心建设初期，在资源有限的前提下，为快速布局，完成物理搭建，很多融媒体中心采用"轻资产"模式，通过第三方平台快速布局媒体矩阵，目前"两微一端一抖"已经成为融媒体中心的标配。但是除了中央级媒体及个别地方融媒体，很少有在第三方平台上产生较大影响力的县级融媒体中心账号。依托于第三方平台的融媒体账号，也受到平台方面有关内容生产和分发的诸多限制。在媒体融合进入纵深发展的关键时期，通过布局"两微一端"已经不能完全满足于当前基层媒体深化融合的发展需要，要从"借船出海"逐渐走向搭建自主平台，既要在多元化的舆论场中增强声量，也要有自己的发声场所。当前，县级融媒体中建设也呈现出了发展的不平衡与不充分，一些县级融媒体中心已经布局自主 App 建设，但仍有大部分县级融媒体中心的舆论引导和信息服务依托第三方平台。自主 App 的功能服务不在于面面俱到，而是立足舆论阵地的拓展，掌握主动权。很多 App 都有"本地爆料"的频道和功能，应进一步强化该功能设计，将其培育成本地社情民意的发声所和集散地。同时，该功能与县级融媒体中心的其他功能服务不可割裂，若群众反映的问题不能得到切实有效的回应和解决，将大大削弱群众对平台的信任，降低用户对平台的使用意愿，无法实现可持续发展。

（五）结"盟"：提高基层主流媒体在"主战场"的竞争力

县级融媒体中心的发展仍处于初级阶段，虽然实现了很多创新举措，但是在技术、资金、人才、体制机制等方面也出现了很多问题。当前县级融媒体中心之间的交流活动都是自组织形式，并没有形成全国范围统一的沟通交流合作机制。各地区县级融媒体中心在发展过程中，可能遇到相似的困难和问题，尤其是邻近的区县，或经济社会发展水平相当的区县。建立全国统一的沟通合作机制，可以提高彼此之间学习交流的效率，取长补短。遇到问题，可以在同行业内随时沟通探讨，以便及时解决。

另一方面，由于商业互联网平台掌握着核心技术、流量分发等，成为当前网络内容产业的实际规则制定者和掌控人。主流媒体作为内容和数据的生产者则处于劣势地位，议价能力较低。在技术、资金、流量等方面的力量悬殊，使得分散的基层主流媒体无法与商业互联网平台进行有效的沟通和对话。同时，通过统计国家民政部 2020 年 11 月发布的我国县级行政区划代码，我国目前共有 2844 个县级行政单位（不包括港、澳、台的区县）[①]。根据中宣部的时间表和要求，2020 年基本完成县级融媒体中心的全国覆盖，保守估计至少建成两千个县级融媒体中心，整体规模较大。因此，未来可以尝试通过联盟的方式，建立全国县级融媒体中心平台，形成新的产业格局，就用户数据权归属、原创内容收益划分、流量的分配规则等关键问题，建立更加公平、合理的制度体系，合作共赢，促进网络内容产业的良性发展，更好地实现引导群众与服务群众的有机结合。

结语

县级融媒体中心的舆论引导工作，要在充分了解县域居民媒介使用习惯和内容需求的基础上展开。由于县域居民表现出对文娱民生信息的热忱及对政治议题的相对淡漠，县级融媒体中心在舆论引导的内容上，一方面要平衡好大政方针与本地发展的关系，以"乡村振兴"为着力点，从人民群众切身利益出发，吸引群众注意力，将吸引力转化为影响力和引导力；另一方面要平衡好严肃议题与生活化表达、理性意见与情感传播的关系，提高引导效果。通过掌握好舆情的热点议题和关键节点，与本地线上线下意见领袖建立长效沟通机制，统一网络舆论战线；通过网络化管理，提高舆论引导的实效性；通过搭建自主发声平台，掌握引导的主动权；通过建立全国县级融媒体联盟，提高基层主流媒体在主战场的战斗力和竞争力。

---

① 数据来源：基于民政部官方网站"民生数据"版块对"县级行政区划"的数据统计，preview.www.mca.gov.cn/article/sj/xzqh/2020/2020/202101041104.html。

深入"主战场":
融媒体在网络信息内容生态中的生存和发展

【摘　要】 融媒体的生存和发展是媒体融合研究关注的重要议题。而生态位理论正是用于解决媒体竞争与合作共存问题的有力工具。研究从网络信息内容生态的视角出发,基于媒介生态位理论,围绕传播资源、内容资源、用户资源和广告资源对融媒体与平台型媒体进行比较分析,归纳了融媒体在网络信息内容生态中所面临的问题和挑战,并从生态位分离、整合和细分三个方面对融媒体的生存和发展提出对策建议。

【关键词】 融媒体　网络信息　内容生态　生态位

　　网络空间既是意识形态斗争与舆论斗争的主战场,也是媒体市场竞争的主战场。如何推动媒体融合纵深发展,做强主力军,唱响主旋律,夯实主阵地,深入主战场,是主流媒体转型发展所面临的重要议题。该领域聚集了很多研究者,也涌现了一些相似概念,如:新型媒体、全媒体、融媒体、跨媒体等。其中,融媒体是针对主流媒体来讲的,一个动态、发展的概念,强调主流媒体的"新媒体化",注重不同类型媒介、平台之间的"融合",再造信息内容生产传播流程[①],实现各种媒介资源的共融互通[②]。融媒体的概念既能够涵盖"全"和"新"的意思,也反映了主流媒体转型的方法要义,因此,本研究以融媒体为研究对象。

　　当前,有关融媒体发展实践研究多以个案研究为主,就融媒体内部的发展模式、问题和解决办法进行展开,缺乏整体观、全局观和比较的视角。互联网的媒介化拓宽了媒体市场参与主体,媒介生态也向网络空间延伸,构成了新的生态环境。从网络信息内容生态的视角,探讨媒体的生存、竞争与发展成为一种新的趋

---

① 栾轶玫. 建议用"融媒体"代替"全媒体"[J]. 新闻论坛, 2015(01):122-123.
② 李玮. 跨媒体·全媒体·融媒体——媒体融合相关概念变迁与实践演进[J]. 新闻与写作, 2017(06):38-40.

势。由此，本研究将基于媒介生态位理论，通过融媒体与网络信息内容平台的比较，阐明融媒体在网络信息内容生态中的劣势，并提出相应的解决办法，以期增强融媒体的竞争力，实现网络信息内容生态的和谐发展。具体而言，本文希望解决以下三个问题：

（1）网络信息内容生态的构成是怎样的？融媒体在其中的作用和位置？

（2）与平台型媒体相比，融媒体的弱势表现在哪些方面？

（3）如何从生态位的理论视角，为融媒体的生态发展提供可参考的解决路径？

一、"战力分布"：网络信息内容主体与生态链构成

互联网作为一种新技术、新媒介对信息生态产生了深刻影响，促使信息主体更加多元化。从传统媒体"入网"到门户网站崛起，从社交媒体平台化到自媒体蓬勃发展，从移动客户端的普及到算法推荐的应用，再到短视频、网络直播平台的盛行，越来越多的组织机构融入网络信息生态环境中，使得生态结构也更加复杂。作为网络信息内容生态最基本的组织结构[①]，网络信息内容生态链强调不同网络信息内容主体之间的链式依存关系[②]。其信息内容主体包括信息内容的生产者、利用者、分解者、传播者、组织加工者和消费者等[③]。

作为信息内容生产者，融媒体在信息流转中发挥了信息生产与发布的作用，并随着融合的深入，渗透到信息流动的各个环节。结合媒体融合的具体情境，以信息的生产和流转为核心，其网络信息内容生态链构成如图1所示。在媒体融合语境下，信息内容的主要生产者包括各级融媒体、自媒体及专业媒体，其信息流转活动主要表现为信息的生产与发布。信息内容的传递者集信息分解、组织加工、利用、传播等功能于一体，网络信息内容平台（如微博、微信、抖音、今日头条等）就是典型的信息传递者，其信息流转活动主要表现为信息聚合、信息清洗、信息过滤、信息组织加工、信息分析及分发等。在网络内容平台中，还有很多第

---

① 张向先，史卉，江俞蓉. 网络信息生态链效能的分析与评价[J]. 图书情报工作, 2013, 57(15):44-49.
② 李北伟，董微微. 基于演化博弈理论的网络信息生态链演化机理研究[J]. 情报理论与实践, 2013, 36(03):15-19.
③ 袁文秀，余恒鑫. 关于网络信息生态的若干思考[J]. 情报科学, 2005(01):144-147.

三方机构，如数字营销商、技术提供商等，也为消费者和平台提供了各种信息服务，提高信息流转效率。信息消费者主要指基于利益诉求并通过信息流动获取信息资源的组织、机构或个人[1]，包括普通用户和企业用户。实际上，媒体融合的纵深发展，再造了信息生产与传播流程，融媒体在信息流动中参与了更多的环节，是生态系统中的重要主体。

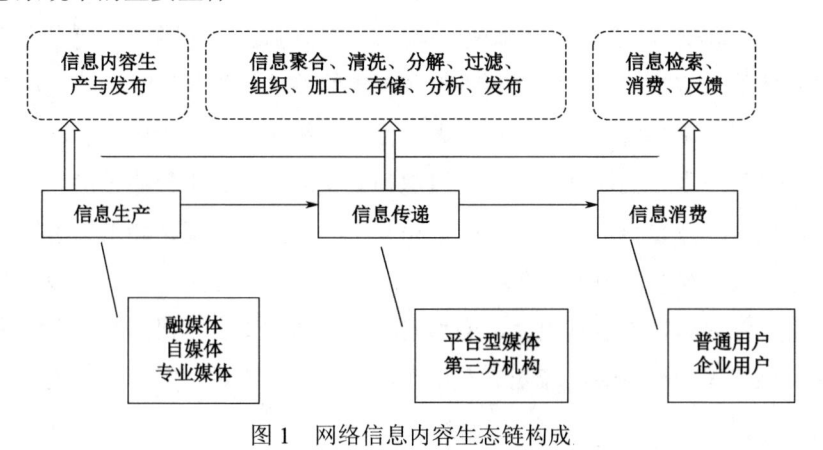

图 1 网络信息内容生态链构成

二、"战局失利"：融媒体面临的问题与挑战

生态链的动态平衡是保障网络信息内容生态系统和谐稳定的前提[2]。如何实现不同信息主体之间的互利共生成为保证生态链可持续发展的关键。近年来，生态位理论常被应用于分析在资源有限的环境下，媒体的竞争与共存问题。生态位理论认为，媒介是一种在特定环境中，资源有限的"生物体"，如果存在依赖于同种资源的多种媒体，媒体之间的竞争将更加激烈。生态位指的是媒介组织或机构从生态系统的多维资源空间中获取的、能供自身生存和发展的资源空间。资源空间由各种资源维度组成，资源也是生态位理论应用研究中常用的一个分析单位。因此，本研究从传播资源、内容资源、用户资源及广告资源这四个主要的资源维度，通过对融媒体与网络内容平台的对比，分析融媒体在当前生态位上的劣势。

---

[1] 张向先, 史卉, 江俞蓉. 网络信息生态链效能的分析与评价[J]. 图书情报工作, 2013, 57(15):44-49.
[2] 娄策群, 毕达宇, 张苗苗. 网络信息生态链运行机制研究：动态平衡机制[J]. 情报科学, 2014, 32(01):8-13+29.

1. 话语权的再分配导致传播资源的分化，融媒体丧失信息流转的主导权

不同的信息内容主体形成了更加多元的网络话语空间。平台的兴起引发了资源配置的结构性变革，改变了传统媒体环境下话语权分布，推动了不同信息主体之间的权力再分配，削弱了主流媒体的话语权。例如，很多视听作品"先网后台"的传播策略就是话语权再分配后，传播资源向网络信息内容平台倾斜的一个重要表现。

融媒体的内容生产与传播受制于平台制定的算法规则与流量分配。从搜索引擎到新闻推荐，平台背后的算法在很大程度上控制着网络信息内容的选择、优先顺序、分类和呈现，因而掌握了信息组织和呈现的权力。平台通过信息和数据的整合，汇聚大量流量价值，并通过制定和开发一系列商业规则和工具掌握了流量分配的主动权。例如，"限流"原本是平台为了治理不良信息内容的手段，但是通常很多正能量内容也被恶意限流，为那些吸引眼球的平台付费生产者提供更多传播资源。融媒体为获取更高曝光，不得不适应平台的流量规则，从而失去了信息流转的掌控权。

2. 在内容资源方面，主旋律内容与其他内容类型的融合性有待加强

通过本研究团队在 2020 年 7 月进行的全国新媒体社会影响力调查发现，娱乐社会民生内容成为用户浏览信息的主要类型（如图 2 所示），用户接触主旋律内容

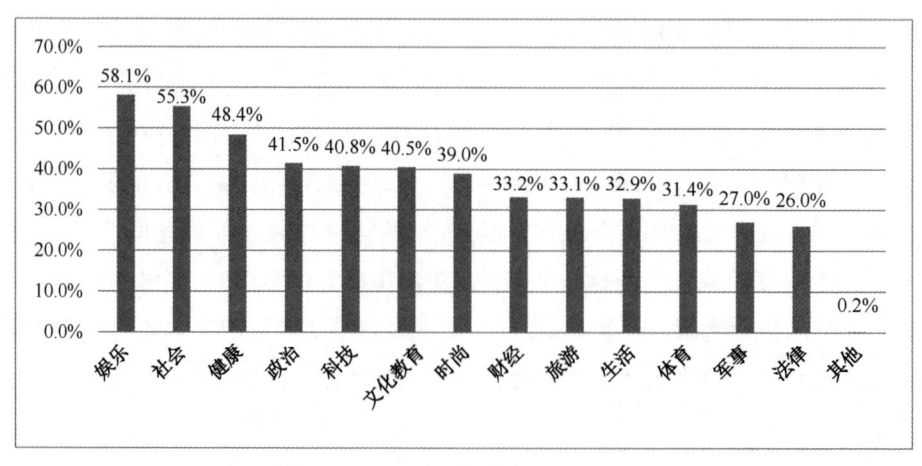

类型	比例
娱乐	58.1%
社会	55.3%
健康	48.4%
政治	41.5%
科技	40.8%
文化教育	40.5%
时尚	39.0%
财经	33.2%
旅游	33.1%
生活	32.9%
体育	31.4%
军事	27.0%
法律	26.0%
其他	0.2%

图 2 网民浏览的信息内容类型分布

相对较少。虽然，有关主旋律的影视作品，如：《长津湖》《觉醒时代》《山海情》及《战狼》系列等，已经取得了较好的成绩，既实现了夯实主流意识形态的作用，也获得了市场口碑。但是从本研究的调查发现，在日常有关主流意识形态的信息资讯传播方面，用户的注意力还比较分散。融媒体可以考虑增强主旋律内容的连接性和融合性，使其能够与其他内容类型有效嫁接，扩大用户接触面。

融媒体在网络舆论形成和扩散阶段作用有限，平台成为网络舆论的发酵器。传统媒体走下神坛，不再牢牢占有话语权的垄断地位，很多热议的舆论事件，通常发酵于网络信息平台，在网络推手的营销下，进一步扩大其影响力，最终成为具有社会性的舆情事件。地县融媒体在舆情预警、舆论形成阶段还处于弱势地位，没有充分发挥出信息传播"最后一公里"的优势作用。例如，2021年5月10日在微博上爆发的"成都四十九中高中生跳楼"舆论事件，舆情初期网络负面情绪较为强势，成都市及成华区融媒体中心失声缺位，虽然最后事件发生反转，网络舆论回归理性，但是这期间给境外势力、投机分子以可乘之机，扰乱了清朗的网络信息生态。地县级融媒体要在舆论发酵阶段就占据有利位置，从源头实现正确引导。

3. 融媒体的用户市场渗透率较低，网络内容平台成为用户信息获取的主要来源

调研发现，微信、短视频等网络内容平台成为用户信息接收的主要来源（参见图3）；在新闻网站/App的使用方面，腾讯新闻和今日头条成为用户常访问的新闻信息获取平台（参见图4）。相比较而言，融媒体客户端的打开率、使用率较低。没有市场影响力，就无法更好地发挥舆论引导作用。这进一步突显了主流媒体作为主力军全面挺进"主战场"的必要性和紧迫感。

4. 流量资源变现能力不足，融媒体在广告收入方面还处于弱势

这具体表现在：媒体市场竞争加剧，传统媒体难以应对；体制机制改革滞后，内生动力活力不足；融合项目不断实施，变现能力不足，融合发展的造血功能亟待增强。以广播电视行业收入为例，根据《全国广播电视行业统计公报》数据显示，2020年全国广播电视广告收入为1940.06亿元，同比下降6.52%；与之相比，573家持证及70家备案机构网络视听收入2943.9亿元，同比增长69.37%。

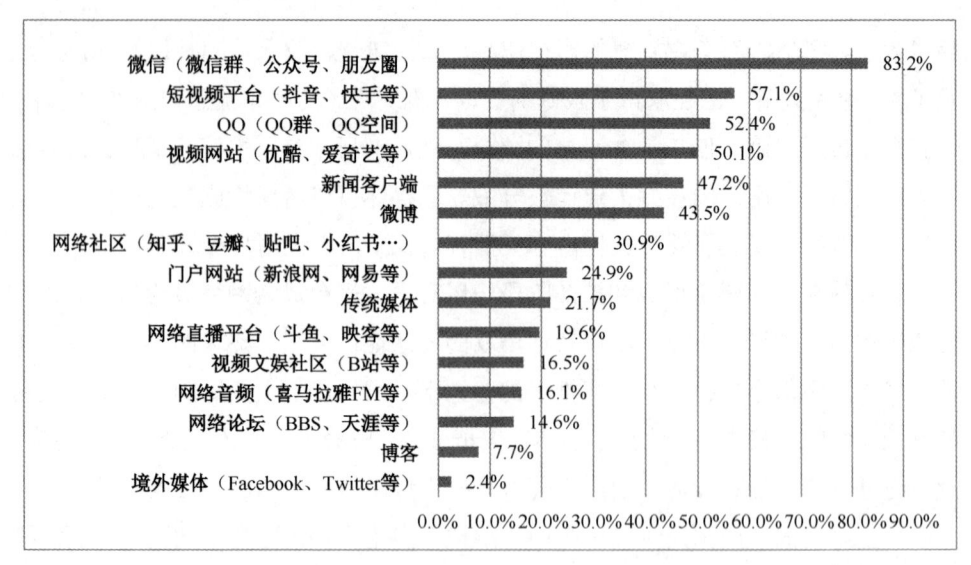

来源	比例
微信（微信群、公众号、朋友圈）	83.2%
短视频平台（抖音、快手等）	57.1%
QQ（QQ群、QQ空间）	52.4%
视频网站（优酷、爱奇艺等）	50.1%
新闻客户端	47.2%
微博	43.5%
网络社区（知乎、豆瓣、贴吧、小红书…）	30.9%
门户网站（新浪网、网易等）	24.9%
传统媒体	21.7%
网络直播平台（斗鱼、映客等）	19.6%
视频文娱社区（B站等）	16.5%
网络音频（喜马拉雅FM等）	16.1%
网络论坛（BBS、天涯等）	14.6%
博客	7.7%
境外媒体（Facebook、Twitter等）	2.4%

图3　网民信息内容接收的主要来源

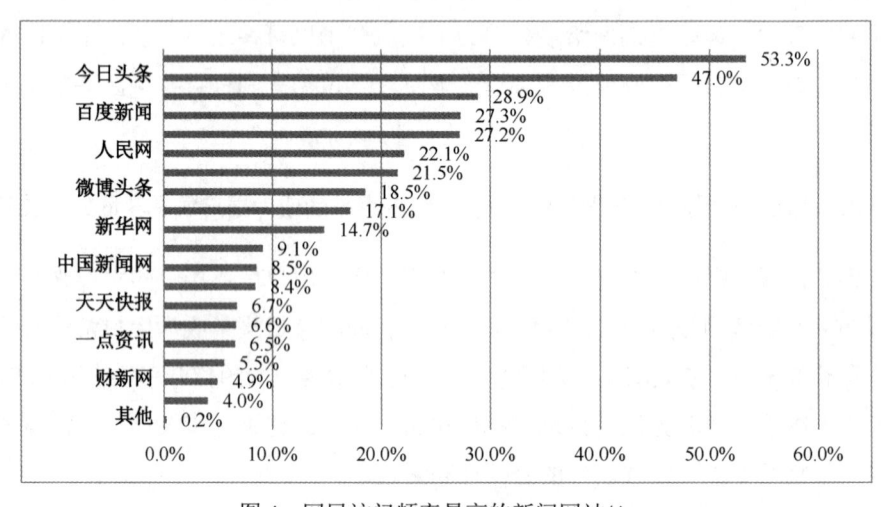

网站/App	比例
今日头条	53.3%
	47.0%
百度新闻	28.9%
	27.3%
	27.2%
人民网	22.1%
	21.5%
微博头条	18.5%
	17.1%
新华网	14.7%
	9.1%
中国新闻网	8.5%
	8.4%
天天快报	6.7%
	6.6%
一点资讯	6.5%
	5.5%
财新网	4.9%
	4.0%
其他	0.2%

图4　网民访问频率最高的新闻网站/App

"流量至上"问题成为融媒体与平台关系失衡的关键，阻碍了网络信息内容健康可持续发展。流量的实质即为用户的注意力资源，在商业利益的裹挟下，流量成为获取超额利润的重要抓手。以追求经济效益最大化为目标的商业网络信息平台，依仗算法规则架构的隐蔽性，抛开算法应该遵守的公平性、透明性原则，将流量和优质资源偏向更容易获取商业利益的信息内容与信息主体。平台掌握"流量密码"，融媒体作为内容生产商处于弱势，"流量至上"问题将长期成为阻碍网络内容产业可持续发展的主要瓶颈。

三、"深入战场"：推动主力军全面挺进主战场

目前，我国媒体融合的发展分为两步走。一方面是以中央媒体机构、地方传媒集团为主体的"规模型"融合；另一方面是以地市、县级媒体机构为单位的"精准型"融合。经过历年发展，中央媒体及省级媒体集团，积极探索，确立了媒体融合实践的标杆，新型主流媒体集团建设取得初步成效。当前，地县融媒体的生态位弱势较为明显，在传播资源、内容资源、用户资源及广告资源等方面的问题突出，本研究将从生态位的分离、整合和细分三个方面对融媒体全面挺进主战场提出对策建议。

1. 平衡好融媒体和网络信息内容平台的关系，从制度设计上确保话语权的合理分配，通过生态位分离来缓解生态位重叠带来的激烈竞争，实现各种信息资源的有效流转。合理的网络信息内容生态链结构需要不同类型信息主体规模比例适当。当前，融媒体的规模庞大，而由于平台型媒体的市场特征，容易形成寡头垄断，导致信息生产与传递上下游节点的失衡，平台掌握了信息价值传递的话语权。通过建立更为科学的媒体管理制度，实现内容价值与流量价值的合理分离，杜绝"唯流量论"，维持新闻采编权与传播权的平衡。增强算法的公平性、透明性、可解释性及问责机制，赋予各信息主体更多知情权和话语权。用主流价值导向驾驭平台"算法"，推动算法"向上向善"。同时，从制度经济学产权角度出发，通过重塑用户数据权的归属和配比问题，解决经济价值分配不均。

2. 融媒体要善于利用平台，完善运行机制，以互联网思维优化资源配置，实现生态位整合。关于媒体的平台化和平台媒体化的讨论一直在进行，融媒体是否要自建平台成为讨论的焦点问题。但是当前，对于大部分融媒体来讲，自建平台的可能性较小，成效有限。融媒体要加强与平台联动，灵活掌握平台的商业逻辑，利用平台吸附用户资源。同时，借助商业平台相对成熟的大数据技术、云计算服务，增强自身的信息处理和利用能力，提高信息流转效率。完善运行机制，通过占"点"联"线"，与当地线上线下意见领袖等社会优质资源建立长效沟通机制，

发挥市场对资源配置的决定作用，集中优势资源投入"主战场"。

3. 融媒体既要"顺大势"，也要"接网气"，要充分利用主旋律内容资源的优势，与其他内容类型有效嫁接，形成新的衍生内容产品，实现错位竞争。生态位细分强调通过分散风险来实现整体的占位，实现媒介差异化竞争[①]。各级融媒体要发挥贴近群众的空间优势，深耕基层群众对网络信息内容的现实需求。例如，县级融媒体中心可以以"乡村振兴战略"为重要抓手，围绕本地农村建设、农业发展、农民幸福等主旋律内容开展正面宣传、主题报道，并与当地娱乐民生话题融合，丰富当地社会文化生活。提升优势资源的竞争之外，融媒体也要补齐"短板"，要准确把握网络传播新规律，顺应网络传播新样态。随着短视频、网络直播的现象级崛起，情感传播成为重要的传播样态，情感表达已成为网络舆论发酵和扩散的重要因素。主流媒体要遵循短视频、直播等媒体形态的传播规律，通过情感传播，拉近舆论引导内容与对象之间的心理距离，引起情感共鸣，形成共振共情。

---

① 邵培仁. 媒介生态学：媒介作为绿色生态的研究[M]. 北京：中国传媒大学出版社，2008:73-74.

"网上群众路线"视角下的主流媒体网络问政实践

【摘　要】主流媒体因其特殊身份及拥有固定的受众群体,在网络问政服务中能发挥独有的监督职责。各级党政机关和领导干部也因此通过主流媒体网络问政服务走网上群众路线,了解诉求、汇聚民意。本研究采用深度访谈和网站内容分析的方式,对主流媒体开通网络问政服务的目的、当前发展状况和可以改进的方面进行梳理,探讨其在推进国家治理体系和治理能力现代化中起到的作用,以及推动其深化发展的优化策略。

【关键字】主流媒体网络问政　网上群众路线　网站内容分析

在"十四五"规划编制工作中,我国首次通过人民日报、新华社、中央广播电视总台所属官网向全社会征求意见和建议,并在"十四五"规划建议中,纳入在人民网"领导留言板"上呼声很高的"互助性养老"。主流媒体借助其权威性、大众化、公信力,打通官方、民间两个舆论场,搭建起党和政府与广大网民沟通的桥梁,这一点可追溯至人民网强国论坛的创建[1]。2006年,人民网向全国公众开设了"地方政府领导留言板"。后来,"网络问政"作为专用词汇,出现在2007年"深圳市公民自主政治参与的案例"中[2],这是政民互动关系在互联网时代的延伸[3]。它是公民利用互联网行使知情权、参与权、表达权、监督权,参政议政的新手段;也是政府运用和利用网络收集民意、了解民情、汇集民智,问计于民、问政于民、问需于民的新渠道。总而言之,网络问政是政府与公民利用互联网进行

---

[1] 谢新洲,温婧. 强国论坛:搭建党和政府与人民群众沟通的新平台——专访蒋亚平、何加正、单成彪和白真智[J]. 新闻爱好者,2019(11):34-37.
[2] 何增科,王海,舒耕德. 中国地方治理改革、政治参与和政治合法性初探[J]. 经济社会体制比较,2007(04):69-77.
[3] 马宝君,张楠,谭棋天. 基于政民互动大数据的公共服务效能影响因素分析[J]. 中国行政管理,2018(10):109-115.

良性互动交流的新方式、新渠道[①]。

早在21世纪初期，电视台、广播电台和报社就开设了"热线电话"帮助政府收集群众意见，但这仅是老百姓"反映意见"的渠道，至于"要求"能否得到满足、"意见"能否得到采纳，完全取决于政府的态度[②]。随着互联网的发展，主流媒体逐渐拓宽渠道，引导公民参与公共事务。2016年4月19日，习近平总书记在网络安全与信息工作座谈会上的讲话中指出，网民来自老百姓，老百姓上了网，民意也就上了网。群众在哪儿，我们的领导干部就要到哪儿去。各级党政机关和领导干部要学会通过网络走群众路线，经常上网看看，了解群众所思所愿，收集好想法和建议，积极回应网民关切的问题，解疑释惑[③]。为了贯彻和落实习近平总书记提出的"网上群众路线"，主流媒体纷纷创建网络问政栏目，前台聚合网民诉求、后台推送政府部门、平台监督问政进程，通过完善网络问政的各项服务功能，搭建起政府和民众沟通的桥梁。

本文中的主流媒体，除中央、各省市区党委机关报和中央、各省市区广播电台、电视台外[④]，还包括县级融媒体中心。在媒体融合向基层纵深推进的背景下，县级融媒体同样具有把握群众实际需求、服务本地群众的功能定位[⑤]。主流媒体开设网络问政服务的目的是什么？他们是如何提供服务的？在推动国家治理体系和治理能力现代化的进程中，主流媒体网络问政服务又应该如何与时俱进，提供更好的服务满足民众的需求？本文通过深度访谈和网站内容分析的方法，对上述问题进行一一回应。

一、助力"网上群众路线"

群众路线是我们党的生命线和根本工作路线。[⑥]习近平总书记在党的新闻舆论

---

① 徐丽娟. 我国网络问政发展的现实困境与完善路径[J]. 江汉大学学报（社会科学版），2015, 32(03):44-48+126.
② 牛余庆. 社会转型期我国公民的有序政治参与[J]. 中共福建省委党校学报，2004(03):16-19.
③ "学习强国"学习平台. 习近平论互联网宣传工作（2016年）[EB/OL], (2018-11-16)[2021-03-10], https://www.xuexi.cn/lgpage/detail/index.html?id=11576429132839340547.
④ 周胜林. 论主流媒体[J]. 新闻界，2001(06):11-12.
⑤ 谢新洲等. 县级融媒体中心建设：理论与实践[M]. 北京：电子工业出版社，2019:255.
⑥ 中共中央宣传部. 习近平新时代中国特色社会主义思想学习纲要[M]. 北京：人民出版社，2019:46.

工作座谈会上强调，领导干部要善于运用媒体宣讲政策主张、了解社情民意、发现矛盾问题、引导社会情绪、动员人民群众、推动实际工作[1]。主流媒体一方面为政府及其官员了解民情、集中民智提供平台，以保障和实现公共政策制定的科学化、民主化；另一方面，网民通过网络向政府及其官员表达利益诉求，建言献策，以体现和维护公民的表达权、知情权、参与权及监督权[2]。本研究首先对中央、省、市、县几家主流媒体的从业人员进行访谈，了解其对"主流媒体在网络问政中发挥了什么样的作用？扮演什么样的角色？"等问题的理解和阐释，综合分析主流媒体开通网络问政服务的初衷。

首先，主流媒体提供网络问政服务的基本目的就是为民众排忧解难。全国各地都在开办问政类栏目，是因为它不仅有正向激励作用，还可以为促成问题有效解决形成具有建设性的舆论监督[3]。通过采访报道的形式，宣传报道好政府；通过网络问政，为老百姓解决那些操心事、烦心事、揪心事，让大家体会到政府是怎么样为群众服务的[4]。网络问政可以更好地了解民情民意，是政府和群众之间沟通的重要平台和桥梁[5]。

其次，主流媒体通过网络问政服务提升了民众参与的广度、深度和积极性。主流媒体具有权威性，靠得住，不仅政府信任，而且民众也比较信任，所以其受众多、传播范围比较广，能够在短期之内宣传和发动民众参与[6]。"领导留言板"于2008年完成了对全国省、市、县三级主要领导的板块全覆盖，为网民留言提供了有效渠道；2019年正式开通部委领导留言板功能，成为部委开展群众工作的重要抓手。"领导留言板"实现了以PC为主、WAP为辅、客户端和小程序为延伸的全媒体覆盖[7]。

最后，主流媒体网络问政服务起到监督政府的作用，有助于凝聚人心。主流

---

[1] 新华网. 深入学习习近平关于党的新闻舆论工作的新论断新观点[EB/OL]. (2016-7-7)[2021-03-10]. http://www.xinhuanet.com/politics/2016-07/07/c_1119181966.htm.

[2] 孙健, 张玉珍. 网络问政：问题与纠偏[J]. 国家行政学院学报, 2012(05):61-65.

[3] 掌心长兴：直击问政负责人在访谈中提到。

[4] 客家新闻网：问政赣州负责人在访谈中提到。

[5] 云上嘉鱼app：问政负责人在访谈中提到。

[6] 客家新闻网：问政赣州负责人在访谈中提到。

[7] 人民网：领导留言板负责人在访谈中提到。

媒体可以开展舆论监督，针对一些办理不及时、处理效果不好、老百姓不满意的问题，展开问政调查，查找相关的原因，监督有关政府部门公平公正地回应群众诉求，解决群众的困难[①]；主流媒体在网络问政上有更多的权威性，把问题的出现、如何整改的过程呈现出来，让大家觉得领导跟群众更接近，可以正面接触到领导[②]，无形当中拉近了距离，改善了干群关系[③]，从而调动了民众参与社会治理的热情和信心，促进社会不断向前发展[④]。

二、主流媒体开展网络问政的现状分析

本文采用通常用于评估政府组织网站内容、交互和策略的网站内容分析（web content analysis）方法[⑤]，对中央、省、市、县各级主流媒体开展网络问政服务的现状进行系统分析。本研究对中央、省、市、县四级主流媒体进行了分层抽样，将 12 家中央主流媒体全部纳入样本，地方各级主流媒体则按照东、中、西部三个区位的省市县相对比例进行分层随机抽样[⑥]，共抽取 279 个地方主流媒体样本（如表 1 所示）。主要从平台建设、功能建设两个方面对 291 个样本中的网络问政服务情况进行系统梳理，分析当前主流媒体提供网络问政服务的现状，并找出其中仍值得改进的方面。

表 1　全国省市县区位分布及抽样数量

区位	省、直辖市、自治区 分布数量	省、直辖市、自治区 抽样数量	地级市 分布数量	地级市 抽样数量	县区 分布数量	县区 抽样数量
东部	11	2	89	14	816	65
中部	8	1	107	16	897	70
西部	12	2	131	20	1076	89
总计	31	5	327	50	2789	224

---

① 客家新闻网：问政赣州负责人在访谈中提到。
② 山东广播电视台：问政山东负责人在访谈中提到。
③ 客家新闻网：问政赣州负责人在访谈中提到。
④ 云上嘉鱼 App：问政负责人在访谈中提到。
⑤ Zhao J J, Zhao S Y, Zhao S Y. Opportunities and threats: A security assessment of state e-government websites[J]. Government Information Quarterly, 2010, 27(1):49-56.
⑥ 国家卫生健康委员会. 2019 中国卫生健康统计年鉴[M]. 中国协和医科大学出版社，2020:2.

（一）主流媒体网络问政基本情况

本研究通过参与式观察的方式对上述291个样本逐一进行网络问政体验，运用网站内容分析的方法，对每一个步骤进行梳理，最后合并为平台建设和服务功能建设两个维度。前者包含平台可访问性、网络问政可用性、入口指引和渠道覆盖四个方面；后者网络问政包含互动方式、表现形态、问政对象、问政所需信息、隐私保护、回复、评价、统计和排行八个方面。

1. 全国各级主流媒体网络问政服务平台建设情况

主流媒体面向民众提供任意服务的前提是，该网站是可以检索到的，也就是平台的可访问性（accessibility）。这是一个通用术语，用来描述系统在不修改的情况下被尽可能多的人使用的程度[①]。本研究中的可访问性，是指主流媒体的网站是可以访问的，而且在其网站上开通了网络问政栏目。通过对291个样本的逐一体验，本研究发现所有样本中符合此条件的比例是47%，其余53%则因未检索到站点、无法显示正常内容、无法注册或无法打开等原因不具有可访问性（如图1所示）。

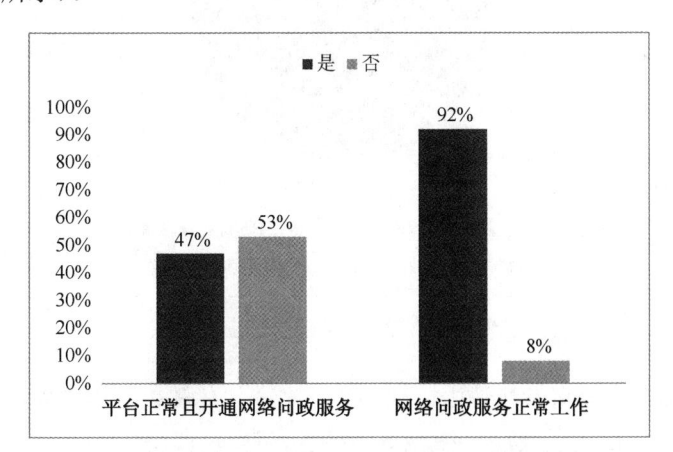

图1 网络问政服务可访问性与可用性

[①] PAPADOMICHELAKI X. MENTZAS G. E-GovQual: A Multiple-Item Scale for Assessing E-Government Service Quality. Government Information Quarterly[J]. 2012, 29(1):98-109. https://doi.org/10.1016/j.giq.2011.08.011.

随后对主流媒体平台上的网络问政服务进行可用性检验。可用性（availability）表示服务可用的概率，是某个系统由于其一个或多个部件的故障而导致服务退化或中断的程度[①]。本研究中是指主流媒体所提供网络问政服务正常运行的概率。上述47%的可访问性样本中，有92%的样本所提供的网络问政服务是正常运作的，其余8%的样本因为网络问政网页打不开、无发帖提问渠道、手机号码无法收到验证码而不能登录、网页内容空白等原因不具有可用性（如图1所示）。

每个网络问政栏目都有其入口指引。通过考察上述可用的网络问政服务样本的入口指引，本文整理出四种主要模式（如图2所示）：一是主流媒体在自有平台上创建网络问政栏目，占比约58.3%；二是与本地的市民热线（如12345或行风热线）合作，基于热点事件跟踪报道，占比约2.4%；三是通过主流媒体平台跳转至本地政府门户网站的政民互动栏目或者是本地问政平台，占比约38.6%；四是通过主流媒体跳转至人民网的领导留言本地板块，占比约0.8%。

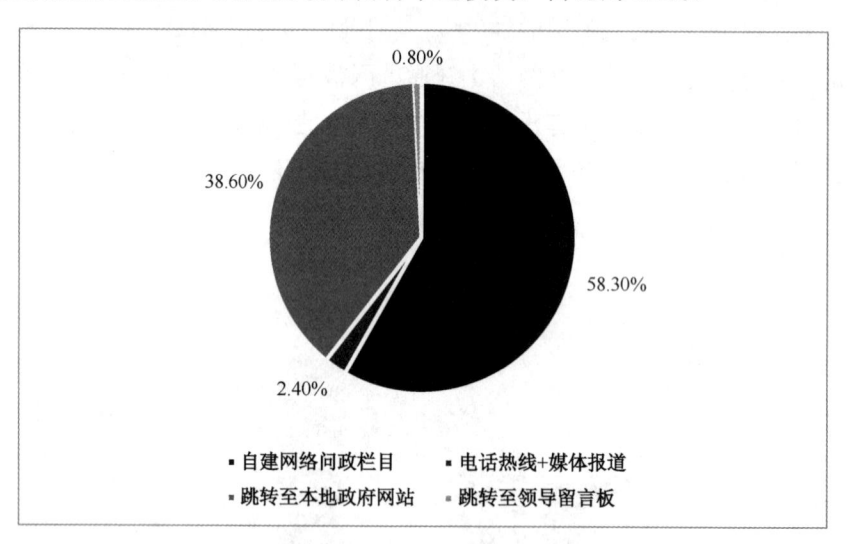

图2 网络问政服务入口指引

主流媒体在平台自身建设中，致力于打造全媒体覆盖的渠道以满足不同受众的需求（如图3所示）。既有"网站+微信公众号+微博+微信小程序+手机App"

[①] PAPADOMICHELAKI X. MENTZAS G. E-GovQual: A Multiple-Item Scale for Assessing E-Government Service Quality. Government Information Quarterly[J]. 2012, 29(1):98-109.https://doi.org/10.1016/j.giq.2011.08.011.

多个渠道的组合，占比约 1.3%，也有使用手机 App 提供服务的单一渠道，占比约 89.3%。

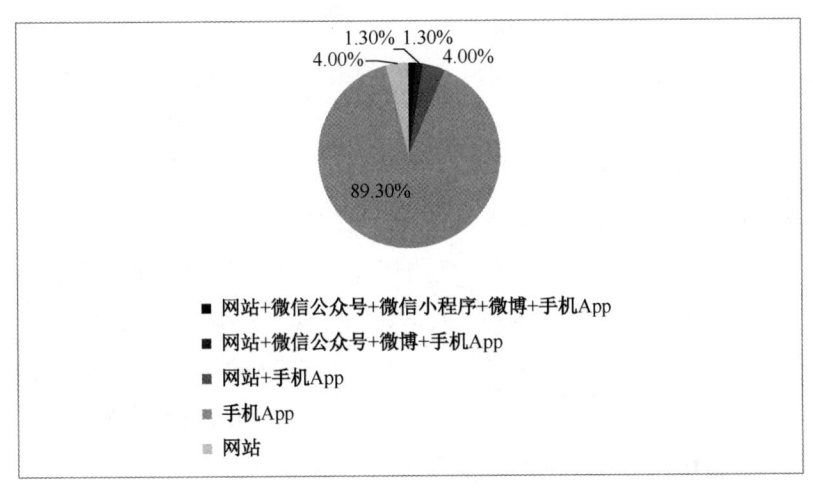

图 3 网络问政服务渠道

可以看出，主流媒体的网络问政服务建设已达到一定的规模，但各地在具体的平台建设中，存在一定的差异。以入口指引为例，从地理位置看，东部的主流媒体多采用市民热线的方式开展网络问政，西部主流媒体的网络问政入口则主要是人民网的本地频道，在行政区划上，市民热线是省级主流媒体开展网络问政的主要入口，市级则多采用跳转至人民网本地频道的方式，县一级的入口指引方式则相对丰富，较省、市两级，县级在自建平台和本土化平台上着力明显（如图 4 所示）。

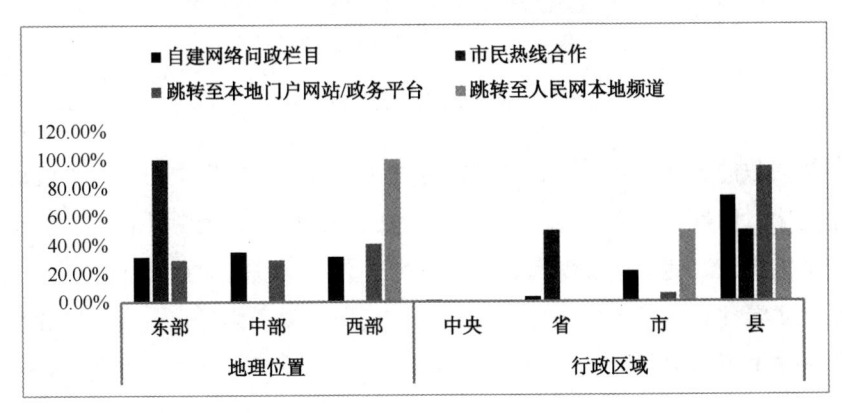

图 4 主流媒体网络问政的入口指引分布

2. 全国各级主流媒体网络问政服务功能建设情况

主流媒体网络问政的服务功能设计各有其特点，总体看来，既有为政民互动设计的服务功能（如互动方式、表现形态、问政对象），也有为保障网络问政顺利进行设置的内部条例（如问政所需信息、隐私保护），还有促进主流媒体自我监督、优化的评价反馈功能（如回复、评价、统计和排行）。

网络问政的互动方式，是指主流媒体设置的供民众提出诉求、政府官员解答问题的方式。通过对有效样本的逐一使用体验，梳理出六种较为常见的方式：（领导/市长）信箱、留言板、民意征集、社区论坛、视频直播、电话热线+媒体报道。不同媒体各有特点，既有单一的方式，也有多种方式并存。最为常见的是留言板，占比约 60%；其次是（领导）信箱，占比约 22.7%；网络视频直播是新媒体语境下的新形式，占比约 9.3%（如图 5 所示）。

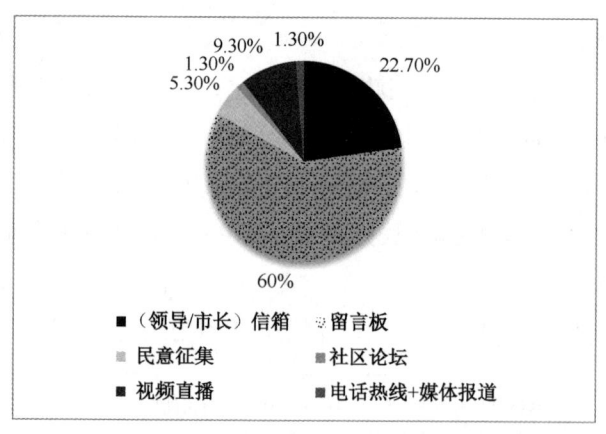

图 5　网络问政服务互动方式

网络问政的表现形态，是指主流媒体为民众表达诉求提供的内容表现形态，主要是文字、图片、录音、视频、现场问答五种。样本调查中既有单一形态，又有多种形态组合。其中，最受青睐的形态是"文字+图片"的组合，占比约 48%；其次是"文字+图片+视频"，占比约 25.3%。此外，现场问答也占有一定比例，约 9.3%（如图 6 所示）。

专题一　媒体融合与舆论引导

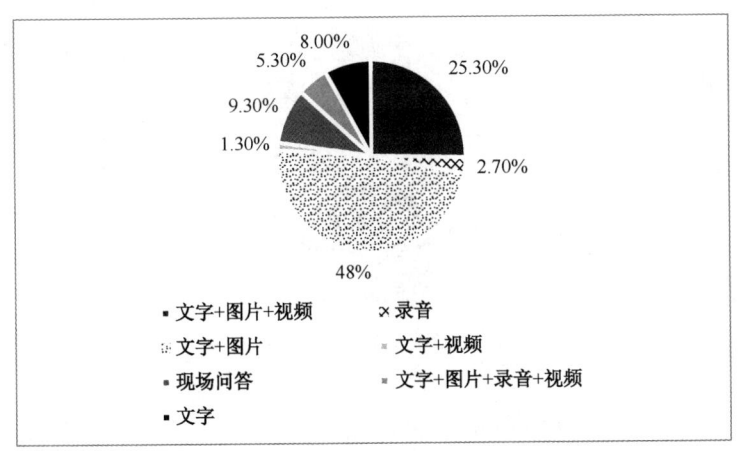

图 6　网络问政服务表现形态

网络问政的问政对象，主要是指主流媒体为民众提供的网络问政服务有哪些政府部门或者领导参与，包括中央部委、各省市县直属机关单位、各省市县领导等。本研究发现，有效样本中有61%的主流媒体所提供的网络问政服务是有政府部门参与的，有7%是由媒体本身作为问政对象提供服务的，32%则是没有明确问政对象的（如图7所示）。

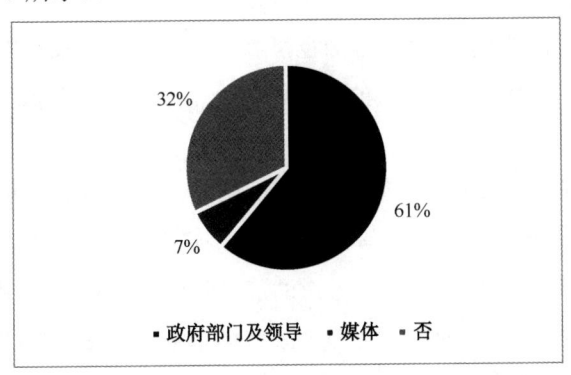

图 7　网络问政对象

问政所需信息，是指主流媒体要求用户在参与网络问政时需要提交的信息。根据《互联网用户账号名称管理规定》的要求，互联网信息服务使用者需通过真实身份信息认证后注册账号[①]。此外，用户一般还要额外提供一些信息，例如手机

---

① 中国网信网. 互联网用户账号名称管理规定[EB/OL]. (2015-02-04)[2021-03-10]. http://www.cac.gov.cn/2015-02/04/c_1114246561.htm.

· 035 ·

号码及其验证码、电子邮箱、身份证号码等。除 8.1% 的主流媒体不需要提交额外信息外，手机号码及其验证码是最常见的信息请求，占比约 41.9%（如图 8 所示）。

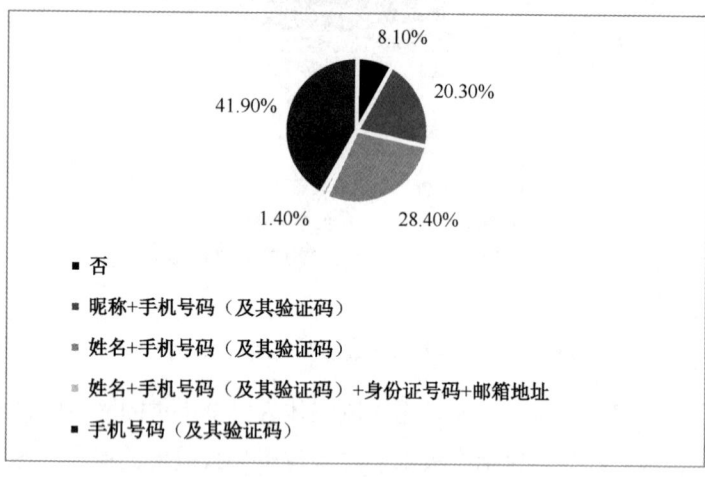

图 8　网络问政所需信息

隐私保护是指主流媒体保护民众匿名性的一种设置，民众在提交留言时可以选择"公开/匿名"提交。一方面符合《互联网用户账号名称管理规定》的"后台实名、前台自愿"的原则[①]；另一方面也可以缓解民众出于隐私担忧而不使用服务的行为[②]。既有样本中约有 66.2% 的主流媒体为用户提供匿名保护的服务选项（如图 9 所示）。

回复是政府部门或领导对问政人问题的回复，是否有对口负责的部门在一定时间内予以答复，是否有答复内容。其中，视频直播既有现场回复或提供解决方案，也有事后办理或媒体进行追踪报道的；答复内容既有具体解决方案，也有诸如"已转办、已转交 xx 办理"的回复。既有样本中，超过 60% 的主流媒体提供的问政服务有回复功能（如图 9 所示）。

评价是指问政人对政府部门解决方案的评价，既可以是文字的自由评论，也

---

① 中国网信网. 互联网用户账号名称管理规定[EB/OL]. (2015-02-04)[2021-03-10]. http://www.cac.gov.cn/2015-02/04/c_1114246561.htm.

② Zhao J J, Zhao S Y, Zhao S Y. Opportunities and threats: A security assessment of state e-government websites[J]. Government Information Quarterly, 2010, 27(1):49-56.

可以是"满意/不满意"的选项。样本中约有 58.7% 的主流媒体开放了问政人对解决方案的评价功能，包括留言评价、点赞、满意/不满意评价、五星评分等形式（如图 9 所示）。

统计和排行功能对政府及各部门办理留言有积极的督促作用，通过网络问政平台的后台程序，不仅对问政留言的数量、回复率等数据进行统计，而且对各部门或所属区域办理帖、回复总数、回复率等进行排行，在一定程度上起到推优示范的作用，鼓励各级领导积极回复网民关切问题。约有 58.7% 的主流媒体以各种形式对回复情况进行统计，包括回复总数排行榜、回复状态统计（例如，已办理、审核中、未办理等）、回复率统计等；约有 33.3% 的主流媒体对留言情况进行排行，包括历史总留言、今年留言、同领域/类别留言等（如图 9 所示）。

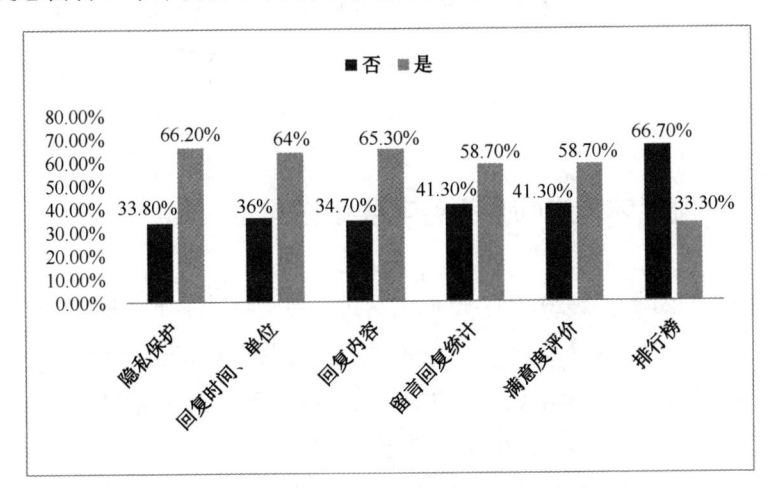

图 9　网络问政的隐私保护、回复和评价

各级主流媒体在网络问政服务过程中，尽可能完善功能以满足不同民众的需求，从而达到"解决问题、汇聚民意、社会监督"的目的。但不同媒体在功能建设上仍存在一定的差异，以内容表现形态为例，东部地区为民众提供的留言提交形态及其组合更加多样化，省一级的视频化程度较高，市一级则注重"问题征集+现场问答"，县一级的内容表现形态丰富，地区差异化较大（如图 10 所示）。

网络问政服务需要多方共建。在平台建设上，网络问政服务作为主流媒体平台的其中一个功能板块，需要在保障基础运转的前提下，有序拓展其平台（渠道）边界，适应网络平台生态演进规律，让用户"看得到""找得到""想得到"。在功能建设上，主流媒体网络问政服务既要不断提升用户体验，帮助用户客观、全面、顺畅地反映诉求，同时也要建立反馈、评价、监督机制，打通政府部门、媒体机构、第三方研究机构等之间的协作关系，切实提高网络问政服务质量，让用户"能参与""会参与""想参与"。

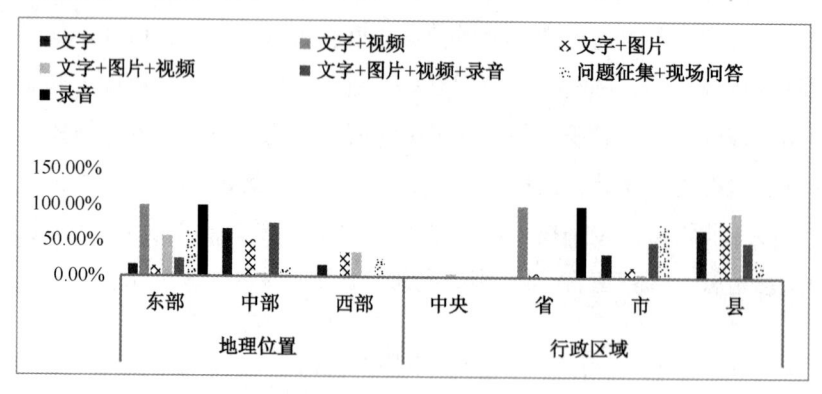

图 10　主流媒体网络问政服务中表现形态分布

（二）主流媒体网络问政服务中存在的问题

谢新洲研究团队于 2020 年对 3000 名网民开展"新媒体社会影响"问卷调查[①]。结果显示，47.7%的被访者在网上关注或讨论过公共事务或政治问题，他们中 72%的被访者对"政府重视网络民意"的陈述持正面态度（50.5%同意，21.5%非常同意），说明被访者参与网络问政的潜在意愿较高，主流媒体开展网络问政具备较好的群众基础。对"当前政府的网络政务服务（网上办事、信息公开等）水平有待提高"这一观点，有 72.3%的被访者表示同意（50%同意，22.3%非常同意），说明当前的网络政务服务仍无法满足广大群众需求，主流媒体网络问政服务作为其中的重要组成，仍有待优化。结合上述现状分析，发现当前主流媒体网络问政服

---

① 样本结构基本参照第 45 次《中国互联网络发展状况统计报告》和 QuestMobile《2020 中国移动互联网春季大报告》中的网民结构进行配额抽样，其中来自一线城市的被访者占 15%，来自二线城市的被访者占 35%，来自三线及以下的被访者占 50%。中国互联网络信息中心. 第 45 次中国互联网络发展状况统计报告[EB/OL]. 中国互联网络信息中心官网，(2020-04-28)[2021-03-01]. http://www.cnnic.net.cn/hlwfzyj/hlwxzbg/ 202004/P020210205505603631479.pdf；QuestMobile 研究院. 2020 中国移动互联网春季大报告[EB/OL]. QuestMobile，(2020-04-21)[2021-03-01]. https://www.questmobile.com.cn/research/report-new/90.

务仍存在一定的改进空间。

首先,技术仍是制约主流媒体能否提供良好的网络问政服务的因素之一。如前文所述,当前仍有一定比例的主流媒体所开展的网络问政服务"形同虚设",不具备最基本的可访问性和可用性,沦为"僵尸平台",严重影响了主流媒体的公信力和影响力。

其次,主流媒体对网络问政服务的定位不明确,服务功能设计不合理。主流媒体开通"网络问政"服务,旨在搭建起政府和网民互动的桥梁,帮助网民解决实际问题。主流媒体在其中的主要作用是凭借自身的公信力和信息流转能力,提升问题上传、问题分配、进度督促、问题解决、评价反馈等各环节的效率和质量。然而,仍有一定比例的主流媒体采用简单化的"跳转"逻辑,或未能将相关主体整合进网络问政服务体系,其应有的信息资源配置作用未能有效发挥,网络问政服务实际质量有限。

第三,个人信息索求过多也是影响民众网络问政参与意愿的影响因素之一。现有研究表明,信息请求(information request)会影响隐私权衡的风险面[1],所以需要保护用户的匿名性[2]以缓解其隐私担忧。然而,目前仍有部分主流媒体在开展网络问政服务过程中,除个人真实身份信息外,还要求用户提供额外信息,同时对用户的问政内容是不提供匿名保护的。

第四,主流媒体网络问政服务中的评价反馈机制仍不健全。这些机制不仅可以对政府部门、主流媒体机构起到督促作用,还可以提升民众的满意度,而满意度会显著影响用户对信息系统的采用意愿[3]。然而,当前仍有部分主流媒体在开展网络问政服务时,其回复统计、满意度评价和统计排行等功能是缺位的。

综上所述,本文对主流媒体提供网络问政服务的过程进行系统梳理,形成了如图11所示的四个必要环节。政府通过电子政务提高透明度的承诺并不能转化为

---

[1] HUI K. TEO H. LEE S. The Value of Privacy Assurance: An Exploratory Field Experiment[J]. MIS Quarterly, 2007, 31(1):19-33.

[2] Zhao J J, Zhao S Y, Zhao S Y. Opportunities and threats: A security assessment of state e-government websites[J]. Government Information Quarterly, 2010, 27(1):49-56.

[3] BHATTACHERJEE A. PREMKUMAR G. Understanding Changes in Belief and Attitude toward Information Technology Usage: A Theoretical Model and Longitudinal Test[J]. MIS Quarterly, 2004, 28(2):229-254.

民众参与或参与的增加[1]，但特定的媒体和内容类型可以产生更高的参与度[2]。主流媒体提供网络问政服务的特殊性和优势在于：作为"中间人"，主流媒体在网络问政中能够更加客观地承载网络舆情[3]。尤其是在监督服务环节，主流媒体通过设置回复时间、回复内容、满意度评价等功能，可以有效避免在网络问政服务中因"选择性回应"[4]"快回应"[5]等现象导致的公共满意度低、伪民意冲击民意真实性[6]等问题，充分发挥其吸纳民意的作用，助力领导干部走"网上群众路线"。

- 网站的可访问性；
- 网络问政服务的可用性。

- 主流媒体提供的政民互动的服务功能：检索路径、平台渠道、互动方式、表现形态、问政对象及其回复内容。

正确的技术功能　　合理的服务功能

监督服务　　个人隐私保障

- 满意度评价；
- 回复状态统计；
- 排行榜。

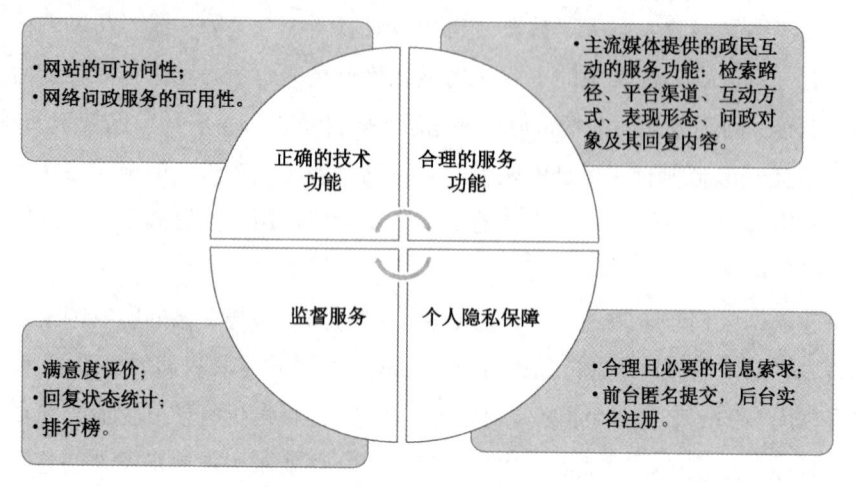

- 合理且必要的信息索求；
- 前台匿名提交，后台实名注册。

图11　主流媒体网络问政服务环节

---

[1] JAEGER P. T. BERTOT J C. Transparency and Technological Change: Ensuring Equal and Sustained Public Access to Government Information[J]. Gov.Inf.Q., 2010, 27(4):371-376.

[2] ENRIQUE B.DAVID P.MICHAELA B. Twitter as a Tool for Citizen Engagement: An Empirical Study of the Andalusian Municipalities[J]. Government Information Quarterly, 2019, 36(3):480-489. https://doi.org/10.1016/j.giq.2019.03.001.

[3] 廖逢倩，黄涛，郑青. 互联网背景下主流媒体网络问政的发展与优化策略——以荆楚网（湖北日报网）网络问政为例[J]. 新闻前哨，2020(01):47-48.

[4] 段哲哲，刘江. 网络问政的政府回应逻辑：公开承诺压力与选择性回应——基于66个政府网站领导信箱的实验设计[J]. 浙江工商大学学报，2019(04):79-89.

[5] 张华，仝志辉，刘俊卿."选择性回应"：网络条件下的政策参与——基于留言版型网络问政的个案研究[J]. 公共行政评论，2013, 6(03):101-126, 168-169.

[6] 王会，吕晓阳，钟秀红，等. 网民对网络问政的认同分析与对策——基于广东省惠州市网民问卷调查的分析[J]. 电子政务，2014(09):44-50.

三、优化主流媒体网络问政服务的对策建议

民众提出的每一条诉求,都是民意的直观表达,它们汇聚在一起就是各级政府社会治理的方向。继党的十八届三中全会首次提出"推进国家治理体系和治理能力现代化"这个重大命题以来[1],《中华人民共和国国民经济和社会发展第十四个五年规划和2035年远景目标纲要》又提出"国家治理效能得到新提升"的发展目标[2]。为此,主流媒体有必要进一步优化其网络问政功能,更好地服务于政府和群众,提升共建共治共享水平。对此,本文提出以下几点建议。

(一)建立健全主流媒体网络问政提供服务的全过程

从顶层设计上为主流媒体网络问政服务提供明确的目标指引、发展规划和规范指导,以提升相关工作的质量和效率。新公共管理理论认为,有效管理的实现需要诉诸强大和有影响力的外部利益相关者的目标制定和政策规制[3]。网络问政服务涉及各级政府部门、媒体机构、民众、第三方研究机构等多个利益相关者,服务质量的提升有赖于在多个利益相关者间形成良性互动。主流媒体应充分发挥其连接作用,确保"民众有所问、政府有所回、媒体有所监督"的服务全流程。

鉴于当前主流媒体在提供网络问政服务的过程中存在诸多差异甚至差距,有必要进一步规范其网络问政实践。有必要从国家层面出台规范化、制度化的指导意见,切实提升网络问政的系统性和有效性,充分利用主流媒体的作用,避免沦为"形象工程";避免重复建设、建设无序,集中精力打造具有地方特色的主流媒

---

[1] 新华社. 习近平:关于《中共中央关于坚持和完善中国特色社会主义制度 推进国家治理体系和治理能力现代化若干重大问题的决定》的说明[EB/OL]. (2019-11-05)[2021-03-10]. http://www.gov.cn/xinwen/2019-11/05/content_5449035.htm.

[2] 新华社. 中华人民共和国国民经济和社会发展第十四个五年规划和2035年远景目标纲要[EB/OL]. (2021-03-13)[2021-03-10]. http://www.gov.cn/xinwen/2021-03/13/content_5592681.htm.

[3] DIEFENBACH, T. New Public Management in Public Sector Organizations: the Dark Sides of Managerialistic 'Enlightenment'[J]. Public Administration, 2009, 87:892-909. https://doi.org/10.1111/j.1467-9299.2009.01766.x.

体网络问政服务平台，切实提升网络问政的效率和效果。

（二）推进中央-省-市-县主流媒体协调合作

积极推进中央-省-市-县各级主流媒体在开展网络问政服务方面的协调合作能力。我国在建设"人民满意服务型政府"进程中，不断调整内部结构、优化流程，以提升决策的效率和质量，减少内部分割和壁垒，加强内部沟通和跨界合作，提升产品和服务供给能力等[1]。不同层级、地域的主流媒体有其重点覆盖和服务的用户群体，在开展网络问政服务时，应形成内部分工与协作，深耕符合媒体自身定位和实际的服务模式，避免资源浪费和内容同质化问题，实现各层级主流媒体间的联动和互补，满足用户在不同层次、不同地域的问政需求。

无论是哪一级主流媒体受理民众诉求，最终的落脚点还是当地政府的相关部门。然而可能出现的情况是，来自不同层级主流媒体的群众意见所得到的办理态度或者重视程度不同（来自高层级主流媒体的群众意见可能受到更多重视），导致资源向更高层级堆积，一方面极大增加了高层级的压力，另一方面架空了低层级，使得来自基层的声音得不到有效回应。为此，有必要利用机构改革的契机，促进机构设置的扁平化转型，提升网络问政服务体系的灵活性和适应力。在形成各级主流媒体有机分工的同时，应科学分配各级主流媒体的意见权重，重视基层主流媒体的作用。

（三）持续推进县级融媒体中心客户端建设

持续推进县级融媒体中心客户端建设，尤其是要增强其内容服务能力。既有研究表明，由于"差序政治信任"的原因，从层级关系来说，民众更加信任上级政府，而不信任基层政府[2]；在表达利益诉求时，为了引起上级政府乃至中央的重

---

[1] DIEFENBACH, T. New Public Management in Public Sector Organizations: the Dark Sides of Manageralistic 'Enlightenment'[J]. Public Administration, 2009, 87:892-909. https://doi.org/10.1111/j.1467-9299.2009.01766.x.
[2] 吕书鹏,肖唐镖. 政府评价层级差异与差序政府信任——基于2011年全国调查数据的实证研究[J]. 北京行政学院学报，2015(1):29-38.

视，民众喜欢将小事"闹大"以求获得上级党政机关的重视①。归根到底，这是由民众不信任、不满意县级主流媒体提供的网络问政服务而造成的。正如前文所述，当前基层主流媒体开展网络问政服务从能力到效果都十分有限，无法满足基层用户参与公共事务、解决实际问题的需求。

县级融媒体中心建设为基层主流媒体开展网络问政带来契机。按照"媒体+"的理念，从单纯的新闻宣传向公共服务领域拓展②。着眼于基层网络问政服务的地域性，抓住"熟人社会"特征，培育具有本地特色的信息内容交互场域③，从而搭建起政府和民众之间的"连心桥"。

（四）建设信息基础设施，培养数字素养

为推动主流媒体网络问政服务持续发展，应该将建设信息基础设施与培养数字素养同等重视。建设信息基础设施，旨在打破用户（特别是老少边穷地区用户）通过网络参与公共事务的技术壁垒，拓展其表达诉求的渠道。培养数字素养，则是要提升用户利用网络参与公共事务、表达诉求的能力，提升其主体意识，并自觉遵守网络问政过程中的行为规范，维护网络问政的秩序和质量。

总之，主流媒体要利用好网络问政服务这个"开放的智库"，把践行"网上群众路线"与"汇聚民智、问计于民"统一起来，切实履行主流媒体的社会责任，助力推进国家治理体系和治理能力现代化。

---

① 韩志明. 利益表达、资源动员与议程设置——对于"闹大"现象的描述性分析[J]. 公共管理学报, 2012(2): 52-66.
② 科技司. 《县级融媒体中心省级技术平台规范要求》《县级融媒体中心建设规范》发布实施[EB/OL]. (2019-01-15) [2021-04-30]. http://www.nrta.gov.cn/art/2019/1/15/art_2081_43372.html.
③ 谢新洲, 石林. 县级融媒体中心客户端建设的问题与优化策略[J]. 青年记者, 2021(03):50-54.

热点事件的网民参与研究：
新形态、新特征与舆情应对启示

【摘　要】 以公共安全、政策发布等方面热点事件为例，综合分析热点事件传播发酵中，网民参与的信息诉求、情绪心态、组织行为等方面新形态、新特征，得出对于舆情应对策略优化、风险防范的启示。

【关键词】 网民参与　新形态　新特征　舆情应对

2021年5月至6月，成都49中学生坠亡、杭州"瞒豹"、多地出现报复行凶案等公共安全类事件，人口普查结果发布、"三孩"放开等重大政策类热点事件密集，网民广泛参与讨论。网民对信息供给的时效、力度、专业度期待不断升高，网民心态在舆情演变上的主导因素增强。网民情绪化、组织化程度高于以往，出现多种形式的"对抗式表达"。对此，舆情应对可考虑从压缩谣言抢先占位、延伸回应建立信任、把握群体心理打通共鸣等层面针对性提升效果，同时防范当前网民心态中的潜在风险因素。

一、网民参与的新形态新特征

（一）信息诉求升级，信息和舆情素养不对称，局部"倒挂"

舆情传播中，"原子化"的个体网民天然处于信息不对称劣势地位，是信息需求方。在周期公共安全、重大政策等利益攸关事件中，网民"代入感"强，对事件真相、政策背景等信息的诉求更加强烈，舆情回应时效、细节、专业方面的需求大幅增加。网民被动等待发布意愿降低，主动倒逼发声意愿高涨。网民还站在当事方角度直接表达信息诉求，供需双方在信息获取、舆情素养上的不对称有局部"倒挂"迹象。

成都 49 中学生坠亡事件中，泸县太伏中学坠亡事件的"经典通报"热传。在复旦大学持刀伤人事件中，南京警方有关新街口持刀伤人事件的通报也被网民视为回应样本。但掌握信息不对称优势的当事有关部门，在舆情素养上没有达到网民期待，相关回应反而推动舆情升级。

（二）青年群体情绪化程度高，隐现"饭圈"式参与模式

本文基于自然语言处理技术，抽样选取微信公众平台、微博、知乎、豆瓣、B 站 5 个平台上网民有关成都 49 中学生坠亡、杭州"瞒豹"、第七次人口普查结果发布三个事件的评论文本，从平台、各事件对应细分话题的交叉维度，进行情绪分布指数化分析[①]。

数据显示，三个事件网民情绪化指数的评估均值为 6.5（满分 10），位于"情绪化程度高"区间（[6,8]）。其中，微博平台情绪化指数均值 7.8，B 站（哔哩哔哩）均值 6.6，分别居第一、二位（如图 1 所示）。微博网民的抽样分析（样本量

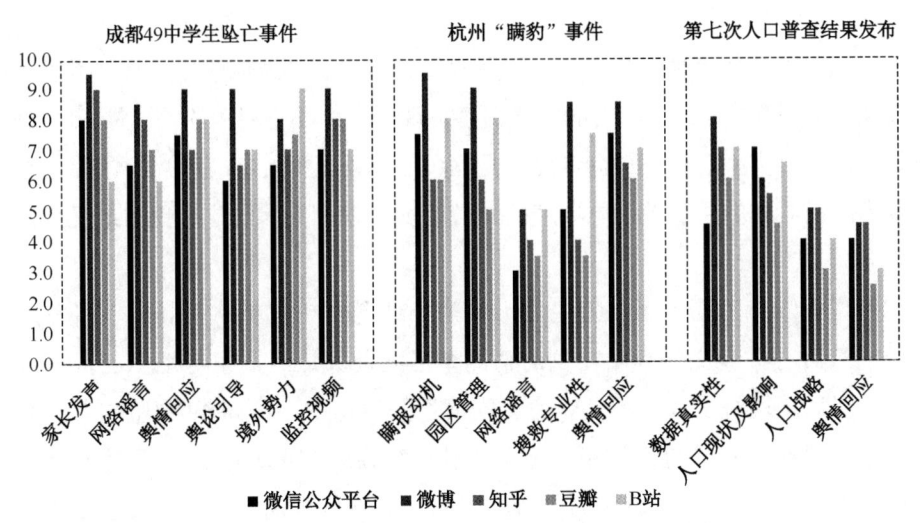

图 1　各平台涉三个事件情绪化指数评估值分布

---

① 以各平台对应话题中网民讨论文本的情绪类型分布为依据，以层次分析法获得评估值。(0,4)为情绪化程度低，[4,6)为情绪化程度中，[6,8)为情绪化程度高，[8,10]为情绪化程度很高。

5000）显示，兴趣标签为"娱乐"的网民平均占比达 30.2%，仅次于兴趣标签为"时事"的比例（57%）。在成都49中学生坠亡事件中，这一比例为41%，在三个事件中最高，冲热搜、顶话题、微博评论"刷屏"等系列行为，带有一定"饭圈化"活动特征（如图2所示）。

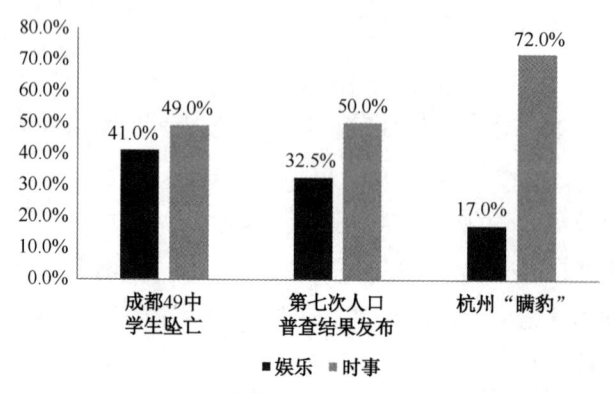

图 2　三个事件微博网民兴趣标签分布

（三）关联解读频现，网民心态成舆情发酵演变主导因素

对比关联其他事件、热点话题，是网民表达诉求、调侃解构的常见手段。但本周期热点事件中，网民频密的关联解读呈现出社会心态层面的整体性、延续性，单个事件在"类别"这一横向维度上是网民心态的延伸，在"时序"的纵向维度上成为网民心态的生长节点。舆情的发酵演变，在网民参与层面更多地受网民心态主导。

复旦大学持刀伤人事件发生后，先是当地通报"邯郸路某高校"引发广泛吐槽，随后有关姜文华行凶动机的猜测牵连此前大连、南京等地多起报复行凶案件。在后续围绕"姜文华是否值得同情"的讨论中，成都49中坠亡者林某母亲被关联对比。林某母亲被指"浪费"社会资源，"误导舆论"，而姜文华被认为遭受"体制压迫"。对后者的同情与宽容，是网民舆论评价中"弱者正义"心态在不同事件中的投射。这一心态同时也是林某母亲在事发后获得网民关注声援的重要原因。

（四）网民多形式"对抗式"表达，青年话题舆论割裂扩大

在成都49中学生坠亡、"三孩"政策发布、"躺平"等有关讨论中，出现多种"对抗式"表达。网民对舆情回应、政策宣传引导的不信任感增加，与主流舆论的话语距离有所拉大。2021年5月10日晚至11日，多条主流媒体微博的评论区被"成都49中""49中""49"等字样刷屏，网民不满官方回应迟缓，热点信息遭删除等。"三孩"政策发布后，在有关线上调查投票中，"不愿生"的选项占较大比例。

在有关"躺平"的讨论中，部分媒体、群团组织、专家名人以老一辈、上一代奋斗事迹鼓舞，规劝甚至批评在网络上"躺平"的年轻网民，反而激化了这一群体对发展机会不平等、结构性压力难破局等"躺平"话题现实背景的不满。网民留言质疑部分正能量文案"望文生义""高高在上"，对青年人现状漠不关心，"单纯说教"。

（五）网络谣言强组织化，境外势力魅影引广泛警惕

在成都49中学生坠亡、人口相关数据与政策发布等事件中，"境外势力"相关话题出现高密度讨论。特别是在成都49中学生坠亡事件中，部分网络账号疑似参与网络谣言制造、传播，以"寻求真相"为名渲染情绪，并以有组织的线下活动配合呼应，引起网民警惕。"境外势力"相关讨论形成阶段性高点（如图3所示）。同时，在"境外势力"的判断、认定上，网民分歧也在扩大。部分网民将质疑、批评的声音视作为"境外势力"服务或"给境外势力递刀子"，引发一些网民的担忧和不满。

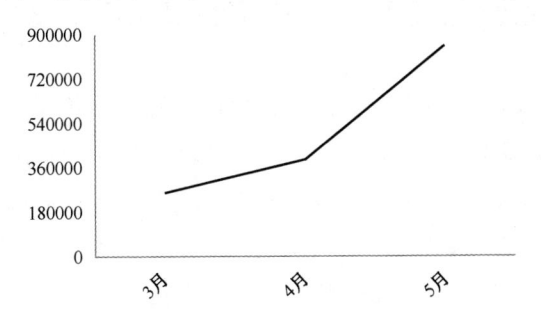

图3 2021年3月至5月网上涉"境外势力"话题传播量走势[①]

---

① 数据源：微信公众平台、微博、新闻媒体、各类论坛博客贴吧。单位：条。

二、舆情应对与风险防范启示

（一）源头压缩谣言传播，以"可供的真实"抢先占位

信息传播也遵循供求规律。舆情发酵初期，网民信息需求巨大，网络谣言的传播空间大、危害大。压缩谣言的关键是快速供应真实信息，首先满足对"有信息"的需求。在可供范围内尽早发布事实信息，尽可能多提供舆论焦点有关内容，抢占舆论话语权。南京新街口恶性伤人案发生后，当地公安部门迅速发布嫌疑人状态、伤亡及救治情况，相关通报迅速形成微博热点话题，有效稳定了舆论情绪。

（二）跟踪引导焦点转移，以"可见的真实"建立信任

热点事件舆情动态、复杂演化，在事件之初的"占位"后，争取舆论信任是后续回应的重心。面对舆论持续"代入"式关注与焦点转移，前期的基本情况、局部信息，需要根据事件重点、舆论焦点在细节、过程方面延伸补充，让事件进展"看得见"，进一步满足网民从知晓到参与的诉求。以完整的信息和逻辑链条争取舆论对回应姿态、专业性的认可。

（三）主动贴近群体心理，以"可感的真实"打通共鸣

近年来，舆论话题中代际、兴趣、价值取向等的差异整体上有扩大趋势，舆情回应面对的既是网民个人，也是相似爱好、经历、思考方式等组成的"认知共同体"。充分理解群体特征，融入群体话语，更有效把握群体诉求，有助于舆情回应，宣传引导"同频可感"，减少"对抗式"互动。

（四）把握舆论环境网民心态变化，防范触发潜在风险

舆情事件是社会矛盾的具体反映，也是舆论生态、网民心态变化的"晴雨表"。

本周期，从公共安全话题，到重大公共政策话题，网民对社会发展和个人成长中机会公平的诉求升高。"躺平"以一种"放弃抵抗"的姿态展现这一诉求，部分事件中网民对资本、竞争的不满，还指向对已有发展模式机制的审视。"境外势力"有关讨论向内关联的力度、范围有扩大迹象。舆情回应需要前置评估相关风险点，把握尺度，准备预案，降低风险触发概率与影响。

专题二
国际传播与网络空间战略

后疫情时代，全球网络空间格局变迁与信息传播技术发展重塑着传播生态，为中国国际传播工作与网络强国战略实施带来了机遇与挑战。在习近平总书记关于"人类命运共同体"的理论指导下，中国国际传播的话语实践日益注重兼顾"讲好中国故事"与"讲好世界道理"，既要向世界传播中国话语，也要为世界提供中国方案。由此，国际能力建设与话语体系构建是我们面对的一个重大课题。在此过程中，大众媒体和新兴媒体同时被历史性地赋予了承载传播渠道、舆论引导、话语权构建的综合角色。尤其在网络空间竞争日益激烈的背景下，互联网信息资源与意识形态的争夺与博弈已是当今世界传播与互联网竞争框架下重要的组成部分。

2021 年，中国国际传播与网络空间战略发展有了更加清晰的前进目标，也有了更加坚实的制度保障。在国际传播建设方面，2021 年 5 月 31 日，习近平总书记在主持中共中央政治局第三十次集体学习时就加强我国国际传播能力建设发表重要讲话，对当前国际传播工作的现实性和迫切性进行了深入阐释，也对国际传播工作的针对性、实效性提出了明确要求。在网络强国战略方面，2021 年 3 月 12 日，《中华人民共和国国民经济和社会发展第十四个五年规划和 2035 年远景目标纲要》公布，强调健全国家网络安全法律法规和制度标准，加强重要领域数据资源、重要网络和信息系统安全保障；2021 年 6 月 10 日，第十三届全国人大常委会第二十九次会议通过《中华人民共和国数据安全法》；2021 年 8 月 17 日，国务院总理李克强签署国务院令，公布《关键信息基础设施安全保护条例》，建立专门保护制度，提出保障促进措施；2021年8月20日，第十三届全国人大常委会第三十次会议表决通过《中华人民共和国个人信息保护法》。综合来看，2021年，中国国际传播与网络空间战略发展有了更完善的顶层设计与体系框架。

基于政策动态与传播实践等现实背景，本刊在国际传播与网络空间战略领域共收录8篇文章，议题涉及互联网生态治理、国际传播现状、媒体资源与渠道、国际形象等。《全球互联网生态治理的挑战与中国路径》《国际传播工作亟待解决的几个问题》从宏观层面剖析了全球互联网生态治理与中国国际传播现状，并提出相应的路径探索。《全球主要媒体信息流动的网络结构分析——从网络结构视角看国际传播资源》《"网红"渐成国际传播新媒介：大数据分析涉华网红内容生态与传播特征》从传播资源与媒介格局的角度，构建了全球传播资源网络结构，并挖掘了社交媒体及用户生产内容（UGC）在国际传播中的作用。《"今日俄罗斯"（RT）国际传播的经验及其对我国的启示》主要介绍了国际传播可借鉴的国外成功经验。《印度涉华谣言借力西方议程冲击中国形象》以印度涉华谣言为切入点，探讨了国际传播中谣言对国际形象的影响。这些文章分别从宏观、中观、微观的角度观察国际格局与中国实践，通过多样的研究方法挖掘数据与剖析问题，在理论层面与实践层面思考如何加强网络空间国际竞争力，并提升国际传播效果。

国际传播工作亟待解决的几个问题

【摘　要】当前，我国国际传播工作面临新形势、新挑战。加强和改进国际传播工作，要准确把握国际传播工作的内涵和特性。在充分认识国际传播工作"是什么""做什么"的基础上，要以问题意识和效果评估为抓手，及时查摆国际传播工作中的问题。当前，国际传播工作要紧密围绕"如何获得与掌握话语权"这一核心问题进行破局，从阵地建设、资本和市场运作、文化对外传播、内容本土化等方面创新国际传播的理念和方法，重塑国际传播格局，逐步提高我国的国际传播影响力、中华文化感召力、中国形象亲和力、中国话语说服力、国际舆论引导力。

【关键词】国际传播　国际话语权　媒体市场　文化传播　内容本土化

　　习近平总书记在中共中央政治局第三十次集体学习时强调，加强和改进国际传播工作，展示真实立体全面的中国[①]。当前，我国国际传播工作取得了一些成绩，但仍需适应新形势、新挑战。应清楚认识到，我国的国际话语权仍然较弱，与我国综合国力和国际地位不相匹配，国际传播工作与我国国家战略发展需要之间仍然存在差距，我国改革发展仍然处在相对不利的外部舆论环境中。加强和改进国际传播工作，要把握好国际传播工作的特殊性，找准当前国际传播工作的瓶颈和症结，以解决关键问题为抓手，以点带面，推动理念和方法创新，促进国际传播工作迈向新局面。

---

① 新华社. 习近平在中共中央政治局第三十次集体学习时强调　加强和改进国际传播工作　展示真实立体全面的中国[EB/OL]. (2021-06-01)[2021-07-02]. http://www.xinhuanet.com/politics/2021-06/01/c_1127517461.htm.

专题二 国际传播与网络空间战略

一、国际传播工作的特殊性

当前国际形势纷繁复杂、瞬息万变，做好新形势下国际传播工作，必须遵照国际形势的客观实际，遵循国际传播的发展规律，准确把握国际传播工作所处外在环境及其内在诸要素的变化和特点，提升国际传播工作的客观性和学理性，避免国际传播的工作方法沦为"无水之源"，工作实践变成"一意孤行"，避免用"国内传播"的定势思维来搞"国际传播"。

（一）政治环境的尖锐性

当前国际关系日趋紧张，国际传播面临的政治环境具有尖锐性。这种尖锐性主要体现在以下方面。

1. "美国优先"的霸权主义和强权政治盛行。面对中国的快速发展，美国持续炒作"中国威胁论"。拜登政府上任后，延续了特朗普时期强硬的对华立场，将中国视为"最严峻的竞争对手"，并重新寻求与盟国恢复关系以"联合抗中"。

2. 西方国家挥舞虚伪的"民主自由"指挥棒。以美国为首的西方国家为维护政治霸权，借助其在国际舆论场的话语权优势，以所谓的"民主自由"价值观念占据"道德制高点"，粗暴干涉他国内政。比如，前不久结束的"七国集团"（G7）峰会便在新冠肺炎病毒溯源调查、新疆和香港的所谓"人权"问题及台海问题上大做文章，对中国"指手画脚"。

3. 地缘政治加剧国际关系的不确定性、不稳定性。地缘政治观念影响深远，世界范围多个地区正处于高度紧张的地缘政治局势中，给国际社会稳定蒙上阴影。同时，伴随我国多边主义外交政策的践行及"一带一路"战略的推进，传统的"美国阵营"内部也出现了"松动"。当前国际关系挑战与机遇共存。

国际传播工作关系到我国国际形象甚至国家利益的维护。当前国际政治环境的尖锐性突出了国际传播工作进一步加强和改进的必要性和紧迫性。国际传播工作必须具备足够的能力和水平，以应对国际政治环境之尖锐性、复杂性、变化性，既能应对挑战，也能抓住机遇。

（二）媒体环境的复杂性

媒体与政治向来关系紧密。媒体的独立性是相对的，在特定的政治生态下，媒体所呈现的话语逻辑和体系往往是其背后政治、经济利益博弈的结果，与其资本持有、所有权等状况紧密相关。就美国媒体而言，一般认为纽约时报、华尔街日报、美国有线电视新闻网（CNN）在政治倾向上偏左（自由），更符合民主党的政治理念；福克斯新闻（Fox News）则偏右（保守），更符合共和党的政治理念。

但媒体立场内部仍存在细分和变化，在立场表达上也较为"隐晦"。比如在"中国抗疫"议题上，英美主流媒体看似"中立"，其中不乏对"中国抗疫"的称赞。但实际上，这些媒体抓住西方民众的"刻板印象"，通过内容编排（如一篇报道以称赞开始却以质疑结尾）、议程设置（如建构"中国病毒论"、推动"病毒溯源工作"政治化）等"暗度陈仓"，其实质是维护其所服务政治主体的政治利益。国际传播必须认清国际媒体环境的复杂性，切忌绝对化、简单化。

同时，伴随着"今日俄罗斯"（RT）等新兴国际媒体的快速发展，以及社交媒体等新媒体的革新迭代，以往由英美主流媒体主导的国际媒体生态格局面临着从主体到渠道、从内容到形式的多维冲击。一方面，国际媒体市场竞争愈发激烈，媒体环境复杂性与市场化相并行，要求国际传播必须适应国际媒体市场发展趋势和格局。另一方面，新媒体环境下，多种声音借由多种渠道涌入国际舆论场，国际舆论的复杂性和对抗性愈演愈烈，网络平台愈发成为国际传播中的关键变量。

（三）文化环境的多元性

世界范围内文化是多样、多元的，文化对人的影响是深远持久的。新冠肺炎疫情期间，西方舆论衍生的"排华情绪"反映出西方国家民众对中国的刻板印象是根深蒂固的。国际传播要适应目标国多元的文化环境，尊重当地既有文化观念（包括但不限于宗教信仰、道德礼仪、风俗习惯等）的稳定性。一方面，要理解偏见甚至误解，接受讨论甚至质疑，开放对话空间，在对话中寻求认同。另一方面，对话应是平等的，既要自信，也要谦逊，尊重当地民众的文化自豪，求同存异，兼容并包，不能"凌驾于他人之上"，也不能"阿谀奉承"，加快构建中国话语和中国叙事体系。这是一个"持续浸润"的过程，国际传播要做好长期传播的准备，不断提升应对变局、增信释疑的能力，并抓住与外国民众切身利益相关的关键议题（如新冠肺炎疫情防控、疫苗研发与接种等）促成其观念质变。

（四）内容消费习惯的差异性

不同国家和地区经济社会发展水平不同，媒体发展程度和信息基础设施建设水平不同，加上文化习惯的差别，不同国家和地区民众的内容消费习惯各异。比如，非洲、中亚、南亚等地区的互联网渗透率和社交媒体使用率相对较低[1]，传统媒体仍然是这些地区民众获取信息的主要来源。在互联网发展程度较高的地区内部也有差异：在德国、瑞典、西班牙、英国和美国等欧美国家，用户多使用电脑和平板电脑；在亚太地区，大多数国家则以移动设备为主导；俄罗斯则是数字媒体使用和印刷媒体使用之间差距最明显的国家[2]。在移动通信应用方面，WhatsApp是全球覆盖面最广的移动通信应用，涵盖了南美、西欧、东欧、撒哈拉以南非洲、西亚、中亚、南亚等地区；北美、北欧、中欧、北非、澳洲等地区的民众常用Facebook Messenger；而国内民众则以微信为主要移动通信应用[3]。还有调查显示，大多数美国和德国消费者都非常喜欢基于图片的广告，却认为视频广告是一种特别恼人且没内涵的广告类型[4]。同时，这些差异是动态变化的。比如新冠肺炎疫情期间，

---

[1] We Are Social, Hootsuite. Digital 2020: Global Digital Overview [EB/OL]. (2020-01-30)[2021-07-01]. https://wearesocial.com/blog/2020/01/digital-2020-3-8-billion-people-use-social-media.

[2] GlobalWebIndex. The Global Media Intelligence Report 2020 [EB/OL]. (2020-10-25)[2021-07-01]. https://www.emarketer.com/content/global-media-intelligence-2020.

[3] We Are Social, Hootsuite. Digital 2020: Global Digital Overview [EB/OL]. (2020-01-30)[2021-07-01]. https://wearesocial.com/blog/2020/01/digital-2020-3-8-billion-people-use-social-media.

[4] HubSpot. Content Trends: Global consumer preference [EB/OL]. (2018-02-07)[2021-07-01]. https://blog.hubspot.com/marketing/content-trends-global-preferences.

全球社交媒体使用普遍增加，印刷媒体的参与度显著下降[①]。短视频风靡全球，在线教育、在线办公等成为常态。不同国家和地区民众在内容消费习惯上的差异性和变化性是国际传播工作需要充分体察和考虑的，由此从内容到渠道形成符合目标国实际的针对性传播方式，提升国际传播的效率和效果。

（五）传播路径的双向性

国际传播是面向外国民众的传播，国际传播效果好坏体现在外国民众是否增进了他们对中国的了解和理解、是否扭转了对中国固有的刻板印象、是否体会到中国的负责任大国形象等。这是一种"对外传播"而非"对内传播"，中国声音、中国故事、中国理论、中国实践要真正在国外社会落地、生根，要让外国民众"听得到""听得懂""听进去"，而不是"自说自话"；这是一种"双向传播"，而非"单向宣贯"，国际传播的效果好坏是"外国民众体会到的"，而不是"我们认为的"，要想走进外国民众内心就要倾听他们的心声，做好用户调研，重视用户反馈。

二、当前国际传播工作面临的问题

尽管我国对国际传播工作已有较大支持和投入，但从实际效果来看，特别是在"中美舆论战""疫情舆论战""疫苗舆论战"中，我国在国际舆论场上仍然处于被动。外国民众对中国的误解仍然很深，对于来自中国的声音，往往"选择性屏蔽"。有调查显示，后疫情时代，国际舆论对美国的形象有所改观，对中国的好感度反倒降低[②]。中国在国际舆论场中的话语和叙事体系仍然没能建立起来。有必要以国际传播工作的特殊性为参照，对当前国际传播工作进行问题查摆，及时纠正国际传播观念和方法上的偏误。

[①] GlobalWebIndex. The Global Media Intelligence Report 2020 [EB/OL]. (2020-10-25)[2021-07-01]. https://www.emarketer.com/content/global-media-intelligence-2020.

[②] Zoya Wazir. Public Views of U. S., China Diverge After Pandemic [EB/OL]. (2021-06-30)[2021-07-01]. https://www.usnews.com/news/best-countries/articles/2021-06-30/us-public-image-recovers-after-2020-while-china-remains-negative.

（一）缺少阵地，支撑不力

媒体是开展国际传播工作的重要支点，是打赢国际舆论战的关键"炮台"。国际传播需要在国外有实体的媒体机构作为据点，系统、有组织地开展国际传播活动。当前，在以英美国家主流媒体为主导的国际媒体生态中，我国媒体的声量和影响力还十分有限[1]。我国媒体距离跻身国际主流媒体之列还有一定的距离，仍未能很好地嵌入国际媒体生态和国际舆论生态。我国的国际媒体容易被国外社会打上"官媒"标签，被视为"政治宣传"的工具，引起外国民众的不信任，甚至排斥。我国至今尚未孵化出如 RT（今日俄罗斯）一样能够真正进入国际媒体市场与英美主流媒体进行舆论角力的国际媒体机构，能够为中国发声、影响舆论走向的传播力量单薄。

在社交媒体阵地上，世界范围内主流的社交媒体平台仍然是由美国互联网公司运营的推特（Twitter）、脸书（Facebook）、油管（YouTube）等，并且政治化趋势显著。尽管我国媒体和外交部发言人已陆续入驻并频繁发声，但实际仍是依附于国外的媒体阵地，其话语权受到平台内容管理规则的制约（比如在香港"占中"事件期间，推特就曾关停发表"支持港警"言论的账号），本质则是平台在所在国特定政治生态下出于私利的立场选择结果。同时，社交平台的内容基于社交关系网络传播。在选择性接触机制的作用下，关注我国"官方"账号的外国用户实际占比有限，使得基于社交平台的传播效果也相对有限。

（二）力量分散，效果不佳

当前我国国际传播主体相对分散，已有的国际传播体系缺乏统筹联动机制，

---

[1] 2017 年一项关于各国媒体在社交网络上的影响力（基于脸书、推特、Instagram 数据计算）调查显示，在最有影响力的前十个媒体中，中国只有 CGTN 占有一席（排名第 8），英国 BBC News 占有一席（排名第 2），其余均为美国媒体。数据来源：Pew Research Center. The World's Most Influential Media on Social Network [EB/OL]. (2017-06-01)[2021-07-02]. https://appletreecommunications.com/new-thinking/socialscene-en/most-influential- media-on-social-networks/.

国际传播合力不强。在国际传播阵线上，各传播主体或步调过于一致，或彼此之间缺乏联动，未能依据传播主体特质形成差异化发声，未能较好地实现优势互补。比如在新冠肺炎疫情初期，关于"武汉病毒所泄露病毒"的谣言四起，在国内外舆论场迅速传播、影响深远。官方最早没能对此予以充分重视，相关回应并不及时，直至 2020 年 5 月底才由中国国际电视台（CGTN）发布对武汉病毒所所长王延轶的采访。此时在国际舆论场上，我国媒体已错失了回击谣言、把控议题主动权的最佳时机，这些谣言逐步发酵、甚嚣尘上，反倒成为国外媒体借机炒作、抹黑中国的"证据"。其中，有的报道信源更声称"来自中国的专家"。

社交媒体时代，国内传播与国际传播工作联系愈发紧密，国内的声音或事件一经转发便可瞬时转换成国际传播事件的信源。在这一层面，我国国内传播与国际传播工作在一定程度上的脱节同样是国际传播力量分散的体现。这进一步反映出我国有关部门内部情报挖掘和信息通联效率有待提升，有待形成切实有效、可执行、常态化的统筹联动机制，以盘活目前依媒体性质和传播范围而划分的组织架构，适应新形势下国际传播工作的需要。

（三）方法单一，市场缺位

当前，我国国际传播工作方法较为单一，渠道相对有限，容易陷入"自说自话"的传播闭环。在内容建设上，宣传性仍然较强，互动性不足。部分国际传播活动仍然执迷于"我们播什么观众就看什么""我们说什么对方就信什么"的单向传播思维，仍未摸透、掌握新媒体传播特性和规律。对目标国民众了解不够，缺乏必要的用户调研，使得传播内容难以"接地气"。一些文化交流活动与内容建设相割裂，仅是机械地、"活动总结式"地将活动纪实、活动报道搬运到媒体和网上，未能将媒体报道、网络内容有机整合进全流程的活动策划中（比如在社交媒体上利用内容营销手段为活动预热、开辟线上参与渠道和互动方式等），"展示""汇报"的意味强。同时，在缺少阵地的情况下，对渠道建设深耕不足，过分依赖于国外媒体平台。未能有效盘活专家学者、自媒体等多种传播主体，未能充分整合其在各自专业领域或平台的传播资源，使得当前国际传播渠道体系过于单一，不具备应对突发情况（如平台"删帖""封号"）、多领域开展舆论战的结构张力。

上述问题归根结底是市场机制缺位造成的。一方面，当前国际传播工作仍然以"国家供养"为主，在缺乏市场竞争压力的情况下，传播主体不具备市场竞争和以用户为导向的意识，不具备针对目标国受众的精准投放能力。"完成任务"大于"占领阵地"，其积极性、主动性、创造性未被充分调动出来，使得国际传播量变大于质变，投入产出不成正比，高投入却难有创新性的"水花"。另一方面，国际传播工作未能充分利用市场和资本之力，工作重心仍止于内容建设的表层逻辑，未能深入并动摇内容传播背后的资本逻辑。我国国际传播主体未能完全适应国际媒体市场化运营规则，从根本上尚未真正进入国际媒体生态，内容建设和渠道建设相对落后，使得国际传播的自主性和可控性大打折扣。

（四）过度修饰，缺少对话

在宣介中国故事、中国道路、中国实践时，传播话语往往过度"追求完美"，未能充分考虑和理解目标国民众对于本土文化的依赖感和自豪感，未能给目标国民众基于既有文化观念的理解过程留有足够的空间，"居高临下""厚此薄彼"的话语和叙事反倒容易造成目标国民众的抵触和反感。目前已有的对话机制尚不健全，"争辩"大于"释疑"，"个人化"大于"体系化"，"情绪化"大于"理性化"，容易陷入二元对立的话语体系。比如，有国外媒体报道了部分西方国家效仿我国采取"封城"的防疫措施，同时也辩证地对"封城"做法本身提出质疑。对此，我国媒体带有"选择性"地对外国的"效仿"大加报道，却"过滤"了质疑的声音。这样的姿态反映出，我国国际传播工作仍未能平和、自信地对待和接受质疑，提供给公共讨论的空间仍较有限，国际传播的亲和力、解释力、公信力不足。

（五）语言障碍，表达乏力

语言障碍始终是困扰我国国际传播工作的重要瓶颈之一。一项关于各国媒体在社交网络上的影响力调查结果表明，尽管使用中文的用户数量排名世界第二，但使用中文的媒体数量仅排名世界第六，中文媒体数量和中文用户数量并不匹配①。在具体的表达上，如何精准翻译带有"中国特色"的话语和叙事、推动中国话语和中国叙事与目标国的文化观念和语言习惯相结合，仍是待突破的难题。比如，外交部发言人在针对国际事务的表态中，经常会引经据典，引发国内民众的广泛称赞。但这些话语有时却未能有效地转换成国际性话语，不能为外国民众所理解，实际的国际传播效果有限。

在宣介中国主张、中国理论、中国智慧时，往往止于"是什么"，缺乏对"为什么"的深入剖析和系统阐释，缺乏融通中外的概念表述和文化符号（如"海外中国年"）。简单粗暴的"堆砌"现象严重，比如部分中外合资电影将重心放在"中外明星阵容""中外制作团队""中国产品植入"等外在表象上，却未能从文化、社会等更深层次深耕剧本内容本身，作品质量和传播效果均十分有限。

三、改进国际传播工作的破局关键

国际传播工作目的性明确，就是要向世界"展示真实、立体、全面的中国"，加强我国的国际话语权，营造良好的外部舆论环境。但同时，国际传播工作的对象（即目标国民众）及其所处社会环境复杂多样，加上国际局势、舆论环境及媒体生态变化较快，需要调动多种资源和手段，形成兼具针对性和动态性的国际传播综合体系。可见，国际传播工作是一项复杂性、系统性、长期性工程，难度大，成本高。需要在充分把握国际传播工作特性的基础上，理顺当前的主要问题和矛盾，抓住其中的关键问题，及时纠正国际传播工作的方向偏误，切实加强和改进国际传播工作。

做好国际传播工作，首先要明确国际传播工作的核心问题，即"**如何获得与掌握话语权**"。国际传播工作从研究到布局、从实践到评估都需要紧紧围绕这个问题展开。话语权是一个基于双向传播的概念，"权力"的产生源于传播主体在话语和内容上具备相较于传播客体而言的优势，而"优势"则建立于传播客体对于这些话语和内容的认同和需要。因此，"话语权"的争夺实际上是"用户"的争夺，

---

① Pew Research Center. The World's Most Influential Media on Social Network [EB/OL]. (2017-06-01)[2021-07-02]. https://appletreecommunications.com/new-thinking/socialscene-en/most-influential- media-on- social-networks/.

如何让用户"听得到""听得懂""听进去"进而"想要听"是关键。国际传播要求同存异，尊重目标国民众的既有文化观念和政治立场，要允许对方提出质疑，同时也要善于阐释质疑，要在差异中寻求"最大公约数"。从获得到掌握，是一个由表及里的过程，要先建立话语和内容优势，建立传播主体的权威性和公信力，让外国民众愿意接收、不排斥来自中国的声音，提升中华文化感召力和中国形象亲和力。在此基础上，通过持续优化、创新国际传播方式，逐步夯实国际传播的影响力和可持续发展能力，进一步提升中国话语说服力和国际舆论引导力。

（一）"战略调整"，重塑国际传播格局

在日趋紧张的国际局势下，在我国全面深化改革发展的现实需求下，国际传播工作愈发关键且紧迫。有必要在战略层面进一步凸显国际传播的重要性，为加强和改进国际传播工作注入必要的行政和资源支持。国际传播工作必须坚决摆脱国内传播的路径依赖，进一步围绕"获得与掌握话语权"的核心问题，全面提升国际传播效能。要以市场机制为指引，重塑国际传播工作的业务流程，强调效果评估和可持续传播，切实提升国际传播效率和效果；要以阵地建设为目标，加强对国际传播目标国家和地区的科学动态研判，及时调整国际传播工作布局，建立灵活高效的沟通协作机制，完善内部情报挖掘和信息通联机制，为国际传播工作提供高效协调的组织保障；要加强技术建设与合作，加大对用户资源（还包括用户数据和用户生产内容）的重视程度和利用力度，强化用户调研和经验总结，利用人工智能、大数据等技术，切中目标国民众的心理特点和诉求，提高精准传播的能力和水平；要加强国内传播与国际传播工作的统筹与联动，吸附多元传播主体，重构国际传播格局，加强国际传播体系化建设，充分释放国际传播合力。

（二）"深耕阵地"，真正进入国际媒体生态

囿于阵地缺失，当前我国国际传播工作缺乏必要的支撑点，传播素材、传播资源和目标国民众之间缺乏有效的信息输送管道，我国的国际传播主体从物理到心理上都距离目标国民众较远。整合传播资源，抓紧阵地建设，推动我国的国际

传播主体真正进入国际媒体生态和国际舆论生态成为国际传播工作的核心要义和当务之急。进入路径主要有三条。

1. 差异化取位

要进入国际媒体生态，必须把握市场细分规律，找准自身的特色定位，通过差异化的议题选择、观点呈现、内容表达等抓住目标国民众的多元信息需求，形成相对于英美主流媒体的市场竞争优势。比如，RT通过选题、视角、观点等层面相较于英美主流媒体的差异化内容建设，吸引了那部分渴望多元声音的受众群体，由此积累了一定的用户基础。

2. 国际化品牌塑造

必须承认的是，当前国际媒体生态由英美主流媒体主导，这样的生态格局已发展多年，形成了相对稳定的结构形态和规则体系。这是国际媒体全球化、市场化和产业化的产物。我国国际媒体起步较晚，要想重构国际媒体市场格局和秩序，必须首先参与其中，适应国际媒体市场规则，并通过市场运作，不断积累足以影响甚至变革既有市场结构的能力。这就要求我国国际传播主体需要具备一定的"国际性"和"中立性"，厘清、协调好"传递官方声音""申明官方背景""代表官方立场"之间的层级关系。提升自身专业化水平，调整话语和叙事逻辑和风格，推动话语比重从"是什么"向"为什么"转移，推动叙事视角从"正面宣传"向呈现"发展中国""复杂中国"[①]转移，打造国际化媒体品牌。

3. 泛媒体化传播

鉴于当前我国国际传播渠道单一，国际传播的效果和风险应对能力有限，有必要借助网络内容生态的泛在化趋势（"万物皆媒"），拓展国际传播渠道，提升国际传播渠道整合能力。在传播主体上，除传统意义上的媒体机构，国际传播的效能载体已逐渐个体化、扁平化。应抓住专家学者的专业性、权威性，自媒体的生动性、丰富性，以及更广大国内网民的广泛性、群众性，将多元传播主体纳入国

---

① 张志安. 突出呈现"发展中国""复杂中国"[N]. 环球时报，2021-06-21.

际传播体系中，在国际传播活动策划中增加对多元传播主体合力的设计和利用，同时做好对内引导和国际传播的统筹联动。在传播平台上，除一般意义上的媒体报道、社交媒体平台，国际传播的作用场景已逐渐多元化、分散化。应抓住我国在短视频、网络游戏等领域的产业优势，将这些新兴网络平台作为国际传播新的着力点，如在短视频平台中主动发起传播话题、进一步推动"游戏出海"等，以"泛媒体化"拓展国际传播触角，潜移默化间（特别是在用户网络参与、网络使用间）向外国民众传递中国的文化和价值观。

（三）"体制创新"，善于利用资本和市场力量

针对国际传播工作，习近平总书记强调，要创新体制机制，把我们的制度优势、组织优势、人力优势转化为传播优势[1]。通过体制机制创新，及时调整当前我国国际传播工作与国际媒体市场化发展趋势不相适应的部分，调动并利用资本和市场之力，从资本和市场的底层逻辑构建我国国际传播影响力。具体而言，有以下几种模式值得借鉴。

1. 通过体制机制创新，释放国际传播机构的市场化竞争活力

RT 最早便以国际化、市场化为指向，除俄罗斯政府有限的财政支持，更多的是要求其自主经营、主动竞争，最终成功跻身国际媒体市场。据此，我国应适当调整国际传播机构的经营结构和财政支持结构，增强其作为国际媒体市场主体的自主性，以市场竞争规则规范其市场行为，提升其专业性，以市场竞争压力推动供给侧改革，倒逼其主动创新经营管理方式、内容生产及传播方式。强调效果评估，在统筹机制下适当释放其生产和经营活力，逐步建立并完善以市场为导向的激励机制和淘汰机制。

2. 通过体制机制创新，推动国际传播主体在目标国市场建立实体组织机构

例如，RT 在目标国注册成立法人单位，与当地政策、市场、基础设施、人力

---

[1] 新华社. 习近平在中共中央政治局第三十次集体学习时强调 加强和改进国际传播工作 展示真实立体全面的中国[EB/OL]. (2021-06-01)[2021-07-02]. http://www.xinhuanet.com/politics/2021/06/01/c_1127517461.htm.

资源、文化、用户等多种社会要素相连接，展现出对当地经济社会发展的嵌入性，逐渐为当地社会民众所接纳。考虑到国际传播工作的艰巨性和长期性，我国应进一步系统化、精细化研究国际传播目标国格局及传播任务，通过当地媒体表现、社会舆论等划分出国际传播工作程度、难度、效度等级，对急需开展国际传播工作的国家和地区优先建立传播实体落地机构，并依据当地政治环境、媒体环境、文化环境及用户内容消费习惯，因地制宜地调整落地传播实体的建设方式和建设重点。

3. 通过体制机制创新，以收购、并购、技术支持等方式与当地媒体开展合作

相较于"空降"实体机构，这种方式可以通过资本和市场运作与当地媒体形成互惠网络，更好地适应当地经济社会环境，但潜在成本相对较高。目前我国已在非洲等地区陆续开展了媒体市场的资本运作，并积累了一定的成功经验。比如我国民营传媒企业四达时代于 2013 年成功收购南非第二大付费卫星电视运营商拓普（TOPTV）并运营自有付费电视品牌，利用资本和服务优势、严格遵守当地法规、加大品牌推广力度、妥善解决好员工安置等融合问题是该项目取得成功的关键[1]。此外，还可以通过技术援建或技术支持（如 5G 等网络通信技术、高清电视转播技术、短视频等新兴网络应用技术、人工智能技术）等媒体技术合作带动媒体合作，凭借技术优势打进当地媒体市场。

（四）"文化先行"，构建融通中外的话语体系

当前，我国国际传播难以有效的一个重要掣肘便是外国民众对中国的"刻板印象"根深蒂固，许多国际传播活动和内容往往在一开始就会被外国民众这种"先入为主"的判断所"排斥"和"屏蔽"。国际对话机制失灵，复杂紧张的国际形势下，我国的话语体系也变得二元对立起来。习近平总书记指出，要加快构建中国话语和中国叙事体系，用中国理论阐释中国实践，用中国实践升华中国理论，打

---

[1] 四达时代成功收购南非传媒企业[EB/OL]. (2014-12-03)[2021-07-02]. http://finance.china.com.cn/roll/20141203/2828125.shtml.

造融通中外的新概念、新范畴、新表述，更加充分、鲜明地展现中国故事及其背后的思想力量和精神力量[①]。化解外国民众的"刻板印象"需要"软着陆"，构建融通中外的话语体系，文化是关键。

然而有调查显示，当前中国的文化影响力仅位居世界第十一名，落后于美、英、日等国际传播主要目标国[②]，存在文化影响力逆差。与加强和改进国际传播工作相并行的，是加强和改进中华文化的在外建设和对外传播，舆论建设和文化建设成为国际传播的一体两面。要进一步创新文化对外传播的方式方法，特别是在社交媒体时代，要敢于创造具有中国特色的文化符号（比如前段时间在 TikTok 上流行传唱的《一剪梅》），要重视对历史、风俗、品德、内涵等深层文化的传播，避免制造"文化快餐"。以点带面，以文化人，为国际传播工作开辟新局面，为持续深化国际传播工作获取源源动力。

（五）"落地本土"，创新内容本土化策略

内容本土化基本遵循国际传播方式创新。对此，习近平总书记强调，要采用贴近不同区域、不同国家、不同群体受众的精准传播方式，推进中国故事和中国声音的全球化表达、区域化表达、分众化表达，增强国际传播的亲和力和实效性[③]。RT 根据俄罗斯的国际传播需求，首选在华盛顿、伦敦、巴黎等地建设落地传播实体机构，重点选择相应语言（英语、阿拉伯语、西班牙语、法语、德语等）进行内容生产；运用英美主流媒体惯用的报道手段，以相反的立场或视角，打破后者的"话语霸权"，"以其人之道还治其人之身"；雇佣目标国职员，打造兼具本土化和国际化的新闻采编团队，提升 RT 报道的亲和力，以吸引当地受众。这些内容

---

① 新华社. 习近平在中共中央政治局第三十次集体学习时强调 加强和改进国际传播工作 展示真实立体全面的中国[EB/OL]. (2021-06-01)[2021-07-02]. http://www.xinhuanet.com/politics/2021-06/01/c_1127517461.htm.

② U. S. News, BAV Group, The Wharton School of the University of Pennsylvania. The 2021 Best Countries rankings (Cultural Influence) [EB/OL]. (2021-04-13)[2021-07-01]. https://www.usnews.com/news/best-countries/influence-rankings.

③ 新华社. 习近平在中共中央政治局第三十次集体学习时强调 加强和改进国际传播工作 展示真实立体全面的中国[EB/OL]. (2021-06-01)[2021-07-02]. http://www.xinhuanet.com/politics/2021-06/01/c_1127517461.htm.

本土化策略值得我国借鉴。

内容本土化的本质仍是以用户为导向，尊重并适应市场规则。我国国际传播工作应在内容本土化上加大研究和创新力度，要以更开放的姿态、更"接地气"的方式，推动中国话语和叙事与目标国文化观念有效结合。更加关注国际性议题，并抓住重大议题，体现中国制度、中国道路的优越性。同时，内容本土化、提升亲和力不是"阿谀奉承"，国际传播要自信、落落大方，要体现中国能力、中国责任、中国担当。正如习近平总书记所言，中国"有能力也有责任在全球事务中发挥更大作用，同各国一道为解决全人类问题做出更大贡献"[1]。

小结

新形势下国际传播工作愈发关键且紧迫，加强和改进国际传播工作是我国应对国际复杂局势、赢得外部舆论支持、促进改革发展的现实需要。加强和改进国际传播工作，首先是要厘清"国际传播到底是什么""国际传播到底做什么"。国际传播归根结底是要通过多种方式的国际交流，增进互信，增强共识，让世界各国民众了解、理解、喜爱、信任中国。加强和改进国际传播工作，关键是要把握国际传播工作的特性，摒弃以往国内传播工作的路径依赖，避免把"国际传播"搞成"国内传播"；要有问题意识，要以效果评估为抓手，及时查摆国际传播工作中的问题。当前，国际传播工作要紧密围绕"如何获得与掌握话语权"这一核心问题进行破局，从阵地建设、资本和市场运作、文化对外传播、内容本土化等方面创新国际传播的理念和方法，逐步提高我国的国际传播影响力、中华文化感召力、中国形象亲和力、中国话语说服力、国际舆论引导力[2]。

---

[1] 新华社. 习近平在中共中央政治局第三十次集体学习时强调 加强和改进国际传播工作 展示真实立体全面的中国[EB/OL]. (2021-06-01)[2021-07-02]. http://www.xinhuanet.com/politics/2021/06/01/c_1127517461.htm.

[2] 新华社. 习近平在中共中央政治局第三十次集体学习时强调 加强和改进国际传播工作 展示真实立体全面的中国[EB/OL]. (2021-06-01)[2021-07-02]. http://www.xinhuanet.com/politics/2021/06/01/c_1127517461.htm.

全球互联网生态治理的挑战与中国路径

【摘　要】当前，在互联网生态治理方面，面对数字化转型、数字全球化的加深，存在着发展不平衡、规则不健全、秩序不合理的问题。首先阐释了互联网生态与互联网生态治理两个概念，并以美国、英国和俄罗斯为例，探讨了不同国家互联网生态治理模式的差异。然后，总结了全球互联网生态治理面临的主要挑战，包括平台垄断问题、数据安全问题、全球治理模式碎片化及国家与地区之间发展不平衡等问题。最后，从多个维度提出中国的参与路径，以构建全球互联网生态治理的新型制度框架。

【关键词】互联网生态治理　数字平台　数据　治理模式

一、互联网生态与互联网生态治理

互联网生态治理是当前全球互联网治理的重要命题之一。"互联网治理"指的是如何协调、管理并应对互联网相关的内容和行为，其核心在于互联网基础架构和协议的界定与操作[①]。而"互联网生态治理"强调的不仅仅是互联网网络技术方面的治理，还关注构成互联网独特生态环境下的各个因子之间的制约与平衡。本部分探讨"互联网生态"和"互联网生态治理"的概念与特征。

（一）互联网生态的概念和特征

2015年12月21日，互联网生态研究院在北京举办"首届互联网生态创新论坛"，知名经济学家宋清辉认为："所谓互联网生态，它是在互联网基础上所进化

---

① Brousseau E, Marzouki M. Internet Governance: Old Issues, New Framings, Uncertain Implications[J]. Eric Brousseau, 2016.

出来的一个全新的系统,从单打独斗的封闭系统转变为创新多赢的一个新系统。它实现了跨产业价值链的全面重构,打破了过去几十年专业化分工所固化下来的产业边界和创新边界,极大释放了经济价值。"互联网生态包含在不同类别信息的基础上形成的互联网舆论生态、互联网政治生态、互联网文化生态、互联网媒介生态、互联网经济生态等细分领域,不同领域有差别,又相互渗透与互动,共同形成了互联网生态的整体面貌。

互联网生态系统依托于网络空间,并且以信息为核心要素,其基本结构形态既包括物理层级形态,还包括信息链等虚拟形态。信息链是一种客观的信息链接,连接的是不同的信息主体,传递的是纷繁复杂的信息内容,信息内容则是对客观环境的反映。可见,互联网生态系统主要包含信息因子、环境因子和主体因子,信息因子是重要的资源要素,环境因子则主要由社会环境和技术环境两部分组成,主体因子则是互联网生态系统中人的要素。网络信息、网络信息参与者(信息主体)和网络信息环境(客观环境)等网络生态基本要素通过持续的动态互动,完成网络生态的价值实现过程,并在此过程中发生各构成要素间的共同演化。多个信息生态链之间以不同的方式进行耦合与连接,最终形成一个生态圈层。

(二)互联网生态治理的概念、目的和特征

互联网生态治理作为新媒体环境下的一种政治管理过程,既会像政府监管一样需要权威与权力,但又不完全限定在政府权威之下。互联网生态治理有赖于政治国家与公民社会、政府与非政府、公共机构与私人机构、强制与自愿的协同。2020年3月1日,《网络信息内容生态治理规定》正式实施,其中所称网络信息内容生态治理,是指政府、企业、社会、网民等主体,以培育和践行社会主义核心价值观为根本,以网络信息内容为主要治理对象,以建立健全网络综合治理体系、营造清朗的网络空间、建设良好的网络生态为目标,开展弘扬正能量、处置违法和不良信息等相关活动。在参与互联网生态治理的四大主体中,政府的作用是监管,企业的义务是履责,社会的功能是监督,网民的义务是自律。

互联网生态治理的目标中,最为关键的是实现互联网生态系统的平衡发展。

互联网生态系统的平衡至少包括以下三个方面的内容：一是要维持互联网生态系统的秩序稳定；二是要保证互联网生态环境的清朗；三是要确保互联网生态系统的正常运行。互联网生态治理过程中的管理者一般分为两类：一类是公权力监管者，代表者为政府及其授权机构等；另一类则是代表私权利的管理者，如自发形成的行业监管协会等。互联网生态治理的范围既包含发生在网络空间的行为，比如网络接入（包括网络服务提供者的市场准入、网络用户的网络接入审查登记等）、网络内容（包括针对网络服务提供者的网络产品与服务的监管等），也随着互联网向社会生活的广泛嵌入逐渐向文化发展、社会治理等领域延伸。

二、不同国家互联网生态治理模式

当前，不同国家互联网生态治理理念与机制各异。本部分聚焦美国、英国、俄罗斯等国家，研究不同经济发展水平和政治体制的国家的互联网生态治理模式，了解其治理机制和战略布局。美国、英国互联网起步较早，发展和监管水平较高，属于发达国家的代表。俄罗斯虽然接入互联网较晚，但作为军事强国，其"政府主导型"的互联网治理模式值得我国借鉴。

（一）美国"政府引导与行业自律"并行的多元互联网治理模式

美国是世界上对互联网管理相对宽松的国家之一。这源于美国宪法第一修正案对于言论自由的保护，言论自由的观念被直接移植到了网络空间中，使其互联网生态治理力度相对其他国家而言较弱。美国的互联网治理主要从五个层面展开：其一，通过战略规划和宏观布局搭建互联网治理的基本框架和制度体系；其二，以多元共治机制促成互联网治理主体间的良性互动和动态平衡；其三，依赖法律规范保障互联网的基本安全与秩序，划定互联网治理的底线；其四，以技术过滤和自律自治实现互联网的柔性治理，互联网与生俱来的自由、开放精神得以保持；其五，一手推进信息公开，一手规范信息审查，从赋权和限权两端划定网络自由与安全的边界。就此，从宏观到微观自上而下地构建了一个相对完善的互联网治理体系[①]。

然而，美国的"互联网自由"实际是双重标准的[②]。美国名义上鼓吹网络自由，主张网络空间无主权，实质上却监视全球网络空间，并将其军事化。美国作为网络霸权国，一直将网络空间视为其新的战略空间，不断地扩大"网络边疆"版图。同时，美国又将网络空间作为未来重要的战场，对威胁其国内网络空间安全的对象予以军事手段打击。此外，美国更是追求超越国家主权范围的全球"网络主权"，其网络霸权的野心和行径对世界其他国家网络主权构成了严峻的挑战。

由于美国支持的是所谓"互联网自由"政策，政府在互联网生态治理中更多扮演的是引导者的角色，核心的治理方法反而是行业自律。一方面，美国政府联合民众和相关组织，直接或间接参与制定行业自律规范；另一方面，由行业组织自行制定公约、成立协会，对互联网建设达成一般准则，共同维护互联网行业秩序。对于网民，美国政府积极培养其自我保护意识和安全意识，呼吁禁止不良网络行为，营造良好网络道德氛围[③]。

与政府引导和行业自律相配套的是技术治理，比如技术过滤措施。技术治理[④]可以避免法律适用的尴尬，以技术对抗技术也正契合了互联网的时代特色，而自律自治与技术过滤的结合，则可以使二者相得益彰。同时，美国的互联网舆论引导技术和政府网上信息可见性优化技术也是值得关注的[⑤]。通过加强组织领导，开展以可见性优化为核心的专项工作，美国政府充分利用网上信息资源的舆论引导作用，不断提高其在公众中的信誉，不断增强其社会影响力，在互联网舆论争夺战中得以占据主动。

（二）英国以"行业自律"为主导的互联网监管模式

英国的互联网监管不同于美国，其对于基础资源的主张并不多，此前多混杂

---

① 郑志平. 美国互联网治理机制及启示[J]. 理论视野，2016(03):63-66.
② 高奇琦，陈建林. 中美网络主权观念的认知差异及竞合关系[J]. 国际论坛，2016, 18(05):1-7+79.
③ 马珂. 中国互联网治理途径研究[D]. 东北师范大学，2010.
④ 郑志平. 美国互联网治理机制及启示[J]. 理论视野，2016(03):63-66.
⑤ 童楠楠，郭明军，孙东. 西方国家互联网治理的经验与误区[J]. 电子政务，2016(03):51-57.

于欧盟的主张中。英国国家网络监管的重点在于内容监管，以互联网行业自律规范作为直接和主要的监管准则，国家立法则予以间接配合。相应地，在监管机构设置上，英国的行政监管机构和行业自律机构相辅相成。

英国的互联网治理机构主要包括：（1）网络观察基金会（IWF）。以行业自律为主导，英国的网络管理工作主要由网络观察基金会负责[①]。（2）英国通信办公室（Office of Communication，简称 Of-Com）是在新的融合管制环境下成立的、专门针对广播电视和电信的统一独立监管机构。（3）英国儿童网络安全委员会（UK Council for Child Internet Safety，简称 UKCCIS）是在英国政府推动下成立的多方组织，由超过 200 个政府部门、行业组织、执法机构、学术组织及慈善组织构成，其作用是通过合作来保护未成年人安全上网。

英国网络监管强调行业自律，在治理技术方面有一定建树。第一，内容识别和过滤技术。网络观察基金会（IWF）主要依据判例法、法律和评估等级识别并删除非法内容（图片、视频等）。第二，监听技术。英国保护网络安全的重要技术手段是监听[②]。2008 年，英国内政部提出"监听现代化计划"，其目的是监听并保留英国互联网上所有人的通信数据，如电子邮件和网页浏览时间、地址等。2012 年 5 月，英国女王在新一届议会开幕时公布了政府的立法计划，其中一项新的立法草案决定扩大执法机关和情报部门对网络通信的监督权，将社交网站和网络即时通信工具也纳入监管范围。第三，管理技术。包括对外开设热线，接待公众投诉；设立内容分级和过滤系统，让用户自行选择需要的网络内容；鼓励举报涉及儿童色情、种族仇恨和其他非法内容的网站；以及开展网络安全教育。

（三）俄罗斯"政府主导型"互联网治理模式

俄罗斯互联网管理发展的过程大致分为三个阶段。

1. 初级阶段

俄罗斯接入互联网较晚，在 1994 年才拥有".RU"后缀的国家域名。接入初

[①] 罗静. 国外互联网监管方式的比较[J]. 世界经济与政治论坛，2008(06):117-121+116.
[②] 李丹林，范丹丹. 论英国网络安全保护和内容规制[J]. 中国广播，2014(03):50-54.

期，俄罗斯政府就开始积极制定互联网管理的法律法规。但是由于当时俄罗斯互联网普及率有限，互联网使用的范围和领域较窄，俄罗斯政府制定的相关法律法规和规章制度相对初级。

2. 中级阶段

到2000年左右，俄罗斯国内互联网得到了广泛的应用，互联网成了俄罗斯人民获取和传播信息的主要渠道。随着互联网的使用者越来越多，使用互联网的领域也变得越来越广泛，互联网犯罪、诈骗及利用互联网进行散播谣言、泄露国家机密等问题相继出现，突破了初级阶段互联网管理规制的作用范围。由此，俄罗斯互联网管理进入了中级阶段。以《俄罗斯联邦宪法》为准则，以《俄联邦信息、信息技术和信息保护法》为基础，俄罗斯有关部门开始制定、完善一系列互联网管理办法及法律法规，进一步健全互联网管理规制体系，以应对不断涌现的新问题。

3. 高级阶段

在中级阶段的互联网管理规制体系基础上，高级阶段旨在对执行过程中的不足或不到位等问题予以改善，使各项规章制度更实用。面对新兴的高科技犯罪，俄罗斯设立了"特种技术措施局"加以应对，并常态化地向网民发放安全教育手册，如防范木马程序、钓鱼网站等。此外，2010年，俄罗斯出台了《保护青少年免受对其健康和发展有害的信息干扰法》，并在该法律颁布之后，要求所有的网吧安装过滤系统，防止未成年人接触有害信息。

习近平总书记指出，国际网络空间治理，应该坚持多边参与、多方参与，由大家商量着办，发挥政府、国际组织、互联网企业、技术社群、民间机构、公民个人等各个主体作用，不搞单边主义，不搞一方主导或由几方凑在一起说了算。各国应该加强沟通交流，完善网络空间对话协商机制，研究制定全球互联网治理规则，使全球互联网治理体系更加公正合理，更加平衡地反映大多数国家意愿和利益。各国根据国家利益和意识形态选择各自的治理模式，我国在互联网治理的途径选择上应该全面考察其他各国的相关情况，取长补短，从本国的基本国情出发，客观、系统、科学地布局我国互联网治理体系。

三、全球互联网生态治理面临的挑战

总体而言，各国互联网生态治理主要基于安全和秩序的角度对互联网技术、互联网内容与服务及用户行为等予以规范和调整。不同国家在治理主体、治理方式、规制逻辑、治理重心等方面有所差别，整体则趋向于强调政府、民间机构、行业协会、用户等协同治理。在共识与分歧间，全球互联网生态治理依旧面临诸多挑战。

（一）平台权力扩张，垄断风险增加

数字平台，尤其是跨国大型数字平台的崛起使得传统的主权国家在互联网生态治理上面临着工具失效的困境。掌握技术和资本优势的私营部门成为全球互联网生态治理中的重要力量，但同时也带来了资源集中、市场垄断、个人利益和公共利益遭受侵犯等问题。

数据并不是凭空产生的，用户的静态属性和动态行为以数字化的形式被平台记录和捕获，构成了企业数据、行业数据、政府数据甚至国家数据的逻辑起点。个人在数据产生、收集、加工和商业化利用的整个价值链条中占据基础性地位，决定其对数据享有绝对的、不容置疑的权利。用财产权保护个人和商业数据本意是肯定数据价值，鼓励个人积极分享数据，企业提升数据加工的能力，激发市场活性。然而在实际运用中，用户和平台同时作为私主体，对数据产生所做的贡献如何加以分辨及双方分别应当主张怎样的财产利益，成了一个具有争议性的话题。以用户或者平台为中心的单边保护框架难以适应数字环境下平台对用户实施"数据俘获"的现实，必须考虑到数据从个人向平台转移的过程中两者的关系结构和不同权责。

用户数据是平台拥有的商业数据的基础资源，但是原始的、单条的个人数据并没有太多的实际利用价值，能够发挥商业潜能的数据是经过加工、处理和分析的海量数据的集合，需要平台花费人力和物力，负担技术成本。这才是平台挖掘潜在价值、开拓新的商业服务模式的动力之源。平台是个人用户、新闻媒体、广

告主等不同主体发生互动的场所，为用户提供连接和匹配的信息服务，作为"数字中介"重新结构化了主体之间的关系，又作为经营者从数据中提取价值来开拓新的资本积累模式。平台运作的数据基础依赖于个人的浏览、评论、分享、互动等行为产生的数据，这些数据又被整合到更广阔的数字网络中，投入到新一轮的数据流通中。

集中化和规模化的数据经营活动赋予了用户数据额外的商业价值，是一种具有创造性的智力活动，平台也拥有了附着于数据的财产权益。虽然平台已经通过提供免费服务的方式对用户进行了相应补偿，但由于用户在技术上的弱势地位，用户对平台设施和算法规则几乎一无所知，遇到不公正待遇时束手无策。平台实际上以一种并不对等的价格占有了用户劳动，从中榨取价值，将用户数据变成了商品本身。而且企业被商业利益裹挟，在其他层面并没有充分地激励或约束使其在合理合法的范围内使用和保护个人数据。

谷歌、亚马逊、阿里巴巴、腾讯等大型数字平台已经拥有大量数据，它们可以将这些数据转化为新的数据增值产品和服务。这些公司也有资金购买重要的计算能力和数据专业知识。由数据开发的新产品和服务反过来产生更多的数据，从而进一步增强了数字巨头的市场实力。从这种信息不对称中获益的公司往往规模较大，而且总体而言，集中在美国和中国。成功的大型科技公司往往倾向于通过整合数据价值链从而向更多行业扩张，并进一步加大数据基础设施建设和人工智能研发，从硬件基础层面巩固其统治地位。

在平台的市场关系中，平台作为经济主体对数据资产的强制控制可能导致"数据孤岛"和"数据垄断"的困境。平台将数据视作核心资产和商业秘密，将其定义为私有区域，维护自身在数据搜集、使用与控制方面的中心化优势，拒绝与其他主体共享，或者在极为严苛的条件下部分、有偿地共享数据。平台对数据有封锁和垄断的权力，为了维护自身利益，防止竞争对手"搭便车"，通过网络的硬件设施层和软件逻辑层，阻碍、拦截、屏蔽竞争对手的数据抓取行为。然而数据对生产力的贡献主要体现在流通中，数据"流转"的过程是其价值创造的过程。平台通过垄断数据，形成市场壁垒，阻碍自由竞争，实际不利于数据价值的创造。

数字平台的反垄断问题已经成为经济领域的重点问题。数据要素的异化带来的平台垄断可能进一步引发市场集中、市场封闭、抑制创新、数据泄露等产业风险，贬损社会福利。互联网平台的多边市场效应使市场份额集中于少数平台，市场约束并不充分。平台既是市场中的经营者，又是主导生态系统内数据流通规则的管理者。平台排他性地独占数据，限制因数据访问权限所形成的数据壁垒，提高新创企业的市场进入门槛，阻止潜在竞争对手进入市场。这可能加剧市场不平等性。大型数字公司与个人、小型公司及政府之间出现了严重的权力失衡。鉴于科技公司已经掌握了巨大的私权力，形成了准国家状态的实体，很可能没有一个国家，特别是发展中国家能够单独控制它们，给互联网生态治理带来巨大挑战。

（二）数据安全问题

数据安全的关键性在于：第一，数据是未来国际政治竞争的关键工具，数据域正在成为政治战的核心场所。随着人工智能的发展，社交媒体在其加持下成为一种自主性武器，算法推荐向全世界、全时空、全天候、全方位地传递符合国家利益的价值标准、意识形态、外交政策、商业理念和社会文化，意图是通过数据操纵改变人们的思想，进而实现地缘政治目标。当前，许多网络攻击事件的背后无不伴有现实政治对抗色彩，包括影响选举进程、窃取政府机密、危害社会安全等。

第二，数据是未来国家经贸竞争力的核心要素。从短期看，数据安全直接影响到供应链安全，数据流动对全球经济增长的贡献已经超过传统的跨国贸易和投资，支撑了包括商品、服务、资本、人才等其他几乎所有类型的全球化活动，深入供应链的方方面面；从长期看，贸易方式与对象数字化促使全球数字交付服务贸易迅猛增长，货币和金融体系的分裂与演化也使得不同国家在经贸领域的立场分歧加大。数字经济的蓬勃发展，使其与实体经济的各个领域融合渗透，模糊了依托泛在连接技术构建的网络空间的边界，而正是这一特性带来了网络形态持续快速变动，加大了网络威胁不可预测性。

第三，数据将成为未来网络空间战争的重要武器。目前，网络空间被赋予了军事、情报的属性，以美国为代表的发达国家利用全球互联网基础资源和核心技术，组建网络战部队，将网络监控遍及全球，试图监控他国。快速发展的互联网数据技术，使数据化战争形态产生巨大变化，大规模、高强度网络攻击已经成为各军事强国的主要作战样式，网络空间逐渐演变为现代战争战略威慑和争夺的新领域。

第四，后疫情时代，国家安全对以生物信息为代表的数据安全提出了更高的要求。在疫情长期存在、持续产生影响的形势下，大数据信息化手段在疫情防控、保障生产生活秩序等方面发挥着不可替代的作用。与此同时，数据信息在收集、清洗、整合和利用的过程中存在泄露与耦合风险。一些恶意软件可以从设备的存储芯片中获取通话记录、文字短信、位置信息、商业信息、日程活动等，并能获取拍照和录像权限以实现监视、监听。如何有效防范个人、企业和别国对数据的过度采集、垄断和窃取，成为国家安全领域面临的新兴问题。

在全球分工合作的背景下，数据海量聚集、爆发式增长，在经济发展和生产生活中发挥着愈发重要的作用，成为带动科技创新和机制优化的引擎。同时，由疫情引发的生物安全隐患和数据风险也在不断增加，部分国家在数据政策上有所收紧，逆全球化趋势正在抬头，意识形态下的数据保护成为全球互联网生态治理中的一大变数。如今，数据已经成为重要战略资源，如何合理科学地将数据安全纳入国家核心利益的范畴，确保数据资源的完整性、保密性和可用性，衡量好国家安全与经济发展的关系，是互联网生态治理应当关注的焦点。

（三）全球协同治理模式分裂

协同规则和制度的缺位造成了全球范围内互联网治理政策的差异，主权国家积极开拓本国发展战略，对利益的巩固和争夺加剧了不同国家或地区之间的紧张关系，可能造成碎片化的割裂状态。这些紧张关系本质上是争夺全球数字技术及标准的主导权，随着信息通信技术及数据生产要素对经济和社会的影响日益加深，这种主导权争夺逐渐上升为全球经济和政治权力问题。美国、中国和欧盟各自创造了不同的"权力空间"，彼此之间存在兼容性或互操作性问题，阻碍了制定全球协同治理规则、创造公平竞争环境的可能性。

治理模式的分裂最终可能带来彼此隔绝，各国在没有共识的情况下采取内向型政策，导致全球创新和发展的机会减少。而强调将不同主体平等纳入的多利益相关方模式通过对话达成治理共识，对各方的约束力均有限，在执行层面存在障碍，难以维持全球治理机制和体系的平衡与持续，只能是为决策者在具体议题上提供参考[①]。

治理政策差异带来碎片化割裂的一个重要体现就是跨境数据流动的障碍。数据区别于传统商品和服务：重要的不是确定谁"拥有"数据，而是确定谁有权访问、控制和使用数据。当前跨境数据流动面临的主要挑战是主权国家强势介入，不同国家或地区制定的法律政策、持有的文化观念、追求的利益价值等存在着较大的分歧，甚至是冲突，树立起国家间的数据贸易壁垒，阻碍数字经济的创新与发展。这种分歧和冲突主要体现在以下方面。

首先，不同国家对数据权属的认识和法律规制不统一。欧盟对个人数据采取较为严格的保护模式，将之视为公民的基本权利，具有宪法意义。美国没有特别立法支持，仅将个人信息保护、数据保护置于隐私权的框架中，对特定的人群和领域提出保护个人信息的规定，采用判例的形式逐步明确规则，呈现"碎片化"保护的特征。中国尚没有明确的关于个人数据权或者信息权的法律规定，在实践中多采用隐私权的保护进路，将个人数据和信息视作人格的一部分。

其次，各国关于数据跨境流动的规则和理念也不同。各国在跨境数据流动方面的利益需求产生了冲突，包括国家安全与交流、创新与数据保护、监控与隐私，以及收益分配等。各国根据其发展目标在各种利益之间做出权衡，并依据自身国情及不同的文化和价值观，在跨境数据流动管理政策上形成不同的顶层设计。比如中国和俄罗斯倡导的"国家主权模式"，与美国倡导的"信息自由流动"模式等都形成了鲜明对比。欧盟为保护欧洲价值观实施了较为严格的监管政策，GDPR 对数据保护采取强有力规制。与美国侧重于私营部门对数据的控制相比，欧盟主张基于个人基本权利和价值对数据进行控制。

此外，数据的本土保护主义也正在抬头。印度等新兴发展中经济体正在倡导以数据本地化为原则的数据监管政策，前提是将数据保留在国内，这与国际信息自由流动的理念矛盾。美国和欧盟则借助单边、双边和多边机制推广其规制标准，

[①] 陈少威，贾开. 跨境数据流动的全球治理：历史变迁、制度困境与变革路径[J]. 经济社会体制比较，2020(02)：120-128.

各自组建了俱乐部式的、符合自身战略目标的"跨境数据流动圈"[1]。不同国家跨境数据交易规则的分歧成为横亘在国际数据交易过程中的"天堑",使得全球化的数字经济活力难以得到充分发挥。

(四)国家和地区之间不平等问题加剧

在互联网生态治理能力较弱的国家,跨境数据流动可能会对隐私和安全造成不利后果,损害其本国互联网用户的利益。进一步地,平台垄断减少了各国中小型企业进入全球市场的机会,错过各种数字创新和包容性发展机会,比如国际合作、数据共享等。"赢者通吃"原则会使某些发达的数字经济体因其雄厚的市场规模和技术实力成为赢家,而大多数小型发展中经济体将失去提高数字竞争力的机会。

另外,由于协同规则的缺位,一些国家没有渠道表达和维护自身的利益。数据流动加剧了国家之间的不平等和不平衡。少数发达国家垄断数据信息、数字技术及治理模式,导致数字霸权和贫富差距的扩大,造成全球数字安全的缺失[2]。发展中国家有可能成为全球数字平台的原始数据提供者,却依旧需要为以其原始数据为原材料的数据资产付费,享受与他们创造的价值不匹配的红利。全球数字经济表现出一种新的"中心—外围"的关系模式,美国处于中心,世界其他国家处于外围。

除了经济利益分配的不平等,国家和地区之间的不平等还体现在国际话语权的争夺上。当前的国际媒体生态主要由英美国家主流媒体把控,尤其是在具备新兴变革力量的社交媒体阵地上,世界范围内影响力较大的社交媒体平台仍然是美国互联网公司运营的推特(Twitter)、脸书(Facebook)、油管(YouTube)等,并且政治化趋势显著。其他国家想要面向世界发声、影响舆论走向必须依附于这些媒体阵地,其话语权受到平台内容管理规则及平台所有者意识形态的制约,难以

---

[1] 刘宏松,程海烨. 跨境数据流动的全球治理——进展、趋势与中国路径[J]. 国际展望,2020,12(06):65-88+148-149.

[2] 姚璐,何佳丽. 全球数字治理在国家安全中的多重作用[J]. 现代国际关系,2021(09):28-35+53+61.

与英美主流媒体进行舆论角力。由于占据了国际舆论场上的渠道和内容优势,以美国为主的西方国家得以大肆推行霸权主义和强权政治,以所谓的"民主自由"价值观念占据"道德制高点",粗暴干涉他国内政,加剧了国家和地区之间"软实力"上的不平等和国际关系的不确定性、不稳定性。

四、全球互联网生态治理的中国路径

如今,网络空间的战略地位日益凸显。面对国际范围内主权国家对网络空间中各项资源的争夺与治理,我国如何在维护本国安全与利益的基础上,平衡好国内、国外多主体之间的利益需求和价值取向,提升全球互联网生态治理的主导权和话语权,是实现网络强国急需解决的问题。

(一)完善个人数据权属,兼顾数据进出口平衡

目前我国已经加快了关于数据保护、数据流通的高位阶立法。2021年《数据安全法》和《个人信息保护法》相继出台并实施。但是关于个人数据的权属至今没有明确、清晰的定义,仍主要采取的是人格权的保护进路。2017年开始正式施行的《网络安全法》第四十一条规定网络运营者收集、使用个人信息,应当遵循合法、正当、必要的原则,不得收集与其提供的服务无关的个人信息,不得违反法律法规和双方约定。2020年5月颁布的《民法典》在人格权篇中规定"自然人的个人信息受法律保护",自然人有权控制个人信息,他人或组织不得对个人信息非法处理导致个人蒙受人身或财产损害,对个人信息的处理主要指收集、存储、使用、加工、传输、提供、公开等。除上述规定的防御性立法外,《民法典》中亦包含了对个人信息的救济性条款。这条路径沿袭的是对个人隐私的保护进路,将对个人信息的控制视作维护人格尊严和自由表达的重要组成部分。

而在数据流通方面,《数据安全法》第11条指出:"国家积极开展数据安全治理、数据开发利用等领域的国际交流与合作,参与数据安全相关规则和标准的制定,促进数据跨境安全、自由流动。"中国在数据跨境流动方面采取"有限流动"的思路,强调在保障国家安全及政府允许的情况下开展跨境数据交流。由于法律

法规的不完善，公共部门、企业、个人的权利和义务还没有明确的规定，在收集、使用和披露数据的实践中存在许多空白，陷入"无法可依"的境地，对于不同主体的冲突缺乏符合程序正义的调解方式，难以有效平衡公共安全、产业发展、个人信息权益。

此外，我国目前的数据管辖将数据本地化放在首要位置，具有"单边管控"的特征，不利于数据流动，也削弱了对国际数据的约束力。以国家为主体控制个人数据和企业数据，忽视了个人和组织的能动性，缺乏对数据自我管理和行业自治的支持，抑制了企业的活性[1]。尤其是企业的跨境经营方面，企业对数据享有哪些权利，如何在维护自身商业秘密的同时不损害市场公平竞争和公共利益，均需要出台细则予以详细规定。对此，可以依据数据的敏感程度进行分级分类监管，制定以敏感度及风险程度为标准的数据跨境流通规则，完善数据安全评估流程和行业规范，"针对完全限制出境、出境后备案、审批后出境等不同情形采取不同监管方式"[2]，落实监管机构责任，提升国家对数据资源的管理水平。

（二）积极发展数字技术，充分发挥数据价值

新兴数字技术通过数据开源、分析和流通为产业经济提供市场需求分析、生产流程优化、供应链与物流管理、能源管理等智能优化服务。但考虑到技术本身、技术应用主客体及社会环境的不确定性，数字技术发展及应用可能存在着一定的内外部风险。以区块链为例，一方面，需要警惕非对称加密技术可能引发的信息安全风险，要谨慎对待使用公钥发送、私钥解密的信息，避免解密次数和节点交易汇聚，导致数据来源被"推断"乃至被"追溯"；另一方面，要警惕节点参与人的账户、身份、消费偏好、数据资产等被"推断"，要明确"推断"和"追溯"的数据管理确权。此外，一些智能合约与共识机制漏洞可能引发技术操作风险，要减少开发者编程语言不当、程序结构不完善等问题带来的"可重入漏洞"。

网络安全强调整体性、动态性、开放性、协同性。有必要基于"权利-责任"

---

[1] 冉从敬，何梦婷，刘先瑞. 数据主权视野下我国跨境数据流动治理与对策研究[J]. 图书与情报，2021(04):1-14.
[2] 崔静. 欧美数据跨境流动监管的经验做法及我国的策略选择[J]. 经济体制改革，2021(02):173-179.

的思路实行动态匹配，共同推进建立网络安全责任分摊框架和矩阵，以等级协议、标准化合同等方式实现权利义务一致和顶层设计优化，注意发挥创新技术手段在网络数据治理中的作用，设计一体化数据动态匹配平台，着重开发数据的汇聚和共享功能，真正提升数据价值。

（三）发挥企业优势，实现政府和平台协同治理

互联网生态治理涉及资源分配和利益协调的问题，协同治理的思路能够动员政府、企业、个人、社会组织在既定的制度框架下，相互配合，实现数据保值增值，发挥数据的社会价值。协调政府和平台的关系是构建多主体协同共治的关键。平台的逐利特性激励其不断提升数据收集和处理的技术水平，公权力受监督的特征也可以对平台掌握的私权力进行限制，维护社会整体利益。"政府主导，平台参与"的公私协作，其目的就在于帮助两者通过正式或非正式的制度网络，对一些看似冲突的目标进行整合，实现并维护双方均认可的价值。

首先，政府作为监管主体，针对数字经济、平台经济中出现的新问题，应从立法层面予以规范。当前已出台的《数据安全法》和《个人信息保护法》在一定程度上有助于防范数据安全风险，强化平台作为个人信息处理者和经营者的义务，规制平台数据滥用的现象。而对平台垄断问题，现有的《国务院反垄断委员会关于平台经济领域的反垄断指南》只是规范性文件，层级不够，应加快修订完善《反垄断法》。原有的对市场支配地位的认定标准已不再适用于平台经济的发展需求，必须根据平台类型、运行规律、数据的具体特征重新界定数据对市场力量的影响，优化市场支配地位的识别标准。数字经济时代反垄断规则的调适需要坚持包容审慎的原则，以"保护消费者利益"为目标，以提升创新效率为准绳。

其次，要优化治理主体结构，吸纳包括网民、企业、行业组织在内的非政府主体的参与，增强社会与市场的参与力度。在政府与平台的关系中，政府应转变单一的管理者形象，转为对平台运行的架构和标准进行设计与监督，但为激励平台实现自我治理，细节方面则交由平台自行落实。

另外，在《网络安全法》《数据保护法》等一系列法律的规定中，企业并不能作为跨境数据流动的评估、监管和实施主体，能动性被大大抑制。对此，可以建

立行业自律的数据保护机制，鼓励一些有国际影响力的本土企业加强与国内外监管机构的对接合作，对企业申请第三方机构的评估认证提供帮助和指导，激发企业合范合规的积极性。

而在政府、企业、网民和社会组织等主体构成的关系网络中，政府发挥的作用主要是从管理型向服务型转变，担当数据共享与激励机制的主导者、设计者和调控者。政府应当主动构建协商渠道和合作网络，积极回应并调节主体关系，为主体权益提供保障，寻求利益平衡点，激发社会治理内生动力。2021年5月，国家工业信息安全发展研究中心与华为公司联合发布了《数据安全白皮书》，成为国内首部聚焦数据安全存储研究的白皮书。政府与企业的联合治理，弥合了数字治理主体和治理对象错位的难题[1]。商业平台的崛起使得公共部门和私营部门的合作治理创新成为可能，为国家节约了制度调整所需要的时间和经济成本[2]。

在政府内部，对平台数据的管理受限于碎片化和部门化，不同政府部门可能存在着职能重叠、目标冲突、权责不明等问题。要完善协同共治机制体系，应在国家层面成立统一的数据治理协调中心，再从横向和纵向两个方向上增强联动、顺畅沟通，突破科层体制和条块分割的桎梏，整合治理资源，建立跨部门、跨层级、跨区域的综合数据治理格局，解决信息和数据不对称问题。

（四）融入全球规则体系，提升国际话语权

在全球互联网生态治理领域，中国虽然在经济总量上已经跻身大国行列，但是在话语制衡方面始终受制于西方国家，对概念建构、规则制定、理念阐释、价值引导等缺乏话语权。在重塑全球治理的关键时期，主要国家都在积极推广本国制度模板，促进具体规则形成。在这一过程中，谁能以最快的速度输出涵盖范围广、标准要求高、手段制度严的法律和规则，就有可能成为其他国家效仿的对象，发挥对其他国家的制度辐射和影响作用，从而在国际竞争中占据更有利的地位。

---

[1] 姚璐，何佳丽. 全球数字治理在国家安全中的多重作用[J]. 现代国际关系，2021(09):28-35+53+61.
[2] 陈少威，贾开. 跨境数据流动的全球治理：历史变迁、制度困境与变革路径[J]. 经济社会体制比较，2020(02): 120-128.

"谁在有关数据隐私和数据流的规则、标准和规范、技术标准、网络安全以及关键技术的全球竞争中获胜,谁将在2030年的经济中拥有重大的竞争优势[①]。"

为了扭转在话语权方面的劣势,中国应当积极参与并主导国际组织,作为新兴国家利益代表在双边和多边谈判中协调多方利益,融入全球互联网治理规则和框架,向已有的框架靠拢,了解并熟悉其他国家运用的法则和话语,对其中危害我国利益之处做出强有力的应对,彰显中国制度供给的能力,合理表达我国网络主权制度要求,提升国内规则的域外规制力、适用性和可推广性,降低规则转化和规则跟随的成本,争夺先发制人的主动权,共谋国际社会合作的最大公约数。

应对美国"长臂管辖"和数据"霸权"的挑战,中国应明确自身立场及底线,并制定相应反制手段,比如严格对美重要数据出境的框架管理,为中美数据跨境流动、数据执法调取提供对等的政策环境[②]。

(五)组建跨区域治理联盟,降低新兴国家内部矛盾

当前,多边主义遭到"逆全球化"潮流的冲击,在互联网生态治理方面,未来将主要依靠双边和区域机制,推动跨境数据流动,"以双边带多边,以区域带整体"。在2017年的"一带一路"国际高峰论坛上,习近平总书记倡议"要坚持创新驱动发展,加强在数字经济、人工智能、纳米技术、量子计算机等前沿领域合作,推动大数据、云计算、智能城市建设,连接成21世纪的数字丝绸之路"。"数字丝绸之路"是对全球治理新模式的积极探索。2020年9月,外交部部长王毅在全球数字治理研讨会上也表示,全球数字治理应遵循秉持多边主义、兼顾安全发展、坚守公平正义三原则。中国的跨境数据流动治理理念是坚持公平公正、互利共赢和共同发展,在保障个人信息、数据安全、网络安全基础上形成全球数字治理合力。我国倡导"数据命运共同体"理念,团结国际社会各主体共同协商,应对数据流通障碍,提升数据治理的全球参与度[③]。

---

① 胡正坤,郭丰. 全球数据治理:态势辨析与趋势展望[J]. 信息安全与通信保密,2021(07):11-18.
② 崔静. 欧美数据跨境流动监管的经验做法及我国的策略选择[J]. 经济体制改革,2021(02):173-179.
③ 冉从敬,何梦婷,刘先瑞. 数据主权视野下我国跨境数据流动治理与对策研究[J]. 图书与情报,2021(04):1-14.

在此背景下，我国可以以"一带一路""数字丝绸之路"为立足点，秉承"一带一路"的人类命运共同体理念和开放包容的价值观，组建区域内和跨区域的治理联盟，开展跨境数据合作。中国可以与数字经济较为发达的国家和其他新兴国家共同制定跨境数据管理规则，签订标准互认的框架协议，在尊重主权基础上实施数据流通战略，平衡多重利益诉求冲突，完善冲突的解决机制，注重安全与利益协调，促进数据有序高效的流动，提高区域间的数据互联互通。"沟通各自的诉求和关切点，通过协商一致达成缓解风险的措施，并定期通报各自落实、执法、监督等的情况和进展[①]。"可以依据对等原则建立"白名单"制度，与通过评估和认证的国家建立友好互信的经济合作关系，形成跨境数据流动信任体系，降低新兴国家内部矛盾，巩固对核心原则的确认。

比如，2021年，东盟发布了《东盟数据管理框架》和《东盟跨境数据流动示范合同条款》，考虑到东盟在"一带一路"中的重要战略意义，我国可以积极打造中国—东盟数字经济治理体系，以企业合作、产业互通带动中国—东盟数字合作，与东盟做制度性对接，"就个人信息保护、数据安全及网络安全、关键信息基础、技术规范及标准等方面形成'一揽子'制度安排[②]。最终目的是改善当今跨境数据流动中不公平、不合理的霸权扩张、维系"小圈子"的做法，努力实现共享全球数字经济发展收益的总目标。

[①] 洪延青. 推进"一带一路"数据跨境流动的中国方案——以美欧范式为背景的展开[J]. 中国法律评论，2021(02):30-42.

[②] 熊鸿儒，田杰棠. 突出重围：数据跨境流动规则的"中国方案"[J].人民论坛·学术前沿，2021(Z1): 54-62.

全球主要媒体信息流动的网络结构分析
——从网络结构视角看国际传播资源

【摘　要】 全球媒体的信息流动网络反映了各国媒体的影响力。中国媒体的影响力如何，以及全球媒体的信息流动格局是否发生变化，对认识中国的国际传播能力意义重大。从媒介信息流动的视角，选择全球重大公共卫生事件为样本，研究了全球主要媒体的信息流动网络特点及影响因素。研究发现：全球各国主要媒体信息网络存在"中心-边缘结构"，美国、英国、加拿大处于中心，中国趋近中心，非中心地区多为发展中国家，该结构受到经济发展水平的影响；全球各国主要媒体的信息流动网络依据不同特征凝聚成基于地缘、语言、文化和共同政治经济关系的小团体。由此文章建议提升中国媒体影响力要关注国际公共议题及与目标国的联系，发挥英国媒体和"同盟效应"的作用。

【关键词】 国际传播　国际影响力　媒体信息网络　信息互引　社会网络分析

　　世界正在经历百年未有之大变局，全球治理体系面临着诸多挑战。随着信息时代的来临，全球媒体的信息流动网络不仅反映了各国媒体的影响力，也日渐成为新的世界秩序的缩影。长期以来，国际传播格局受制于世界政治经济秩序，也形成了一定的"中心-边缘"结构。处在边缘位置的国家不仅没有媒体话语权，也较少受到关注。

　　随着中国综合国力和国际影响力的提升，中国媒体的影响力不仅事关国家形象和文化传播，还越来越关乎国家核心利益和国际主张。继解决"不挨打""不挨饿"之后，解决"不挨骂"的问题被提上日程，提升媒体国际传播能力成为一项重要的战略性工程。国际传播能力不仅包括内容创作能力，还包括对全球传播格局的影响力。因此本文将探究当前全球主要媒体信息流动网络的结构特征及其形成与演化的影响因素，进而从网络结构的视角提出提升中国媒体影响力的策略。

一、文献综述

"中心-边缘结构"最初由拉丁美洲学者劳尔·普雷维什（Raúl Prebisch）用来描述国际贸易体系中西方资本主义国家与发展中国家之间的不平等关系。20世纪60年代，约翰·弗里德曼（John Friedmann）首次对该结构进行系统的论述[1]。随后，这一概念被引入了社会科学的其他领域，在区域经济、城市规划、人际交往、复杂网络、组织与管理、国际关系等领域产生了一定的影响，为理解世界提供了一种独特的视角。

（一）中心边缘理论及发展

劳尔·普雷维什在向联合国拉丁美洲经济委员会提交的一份题为《拉丁美洲的经济发展及其主要问题》的报告中用"中心边缘"来阐释国际贸易体系中西方资本主义国家与发展中国家之间的不平等关系，他认为中心与边缘国家之间存在着支配与依赖的关系，这是发展中国家经济难以发展的重要原因。

二十世纪六七十年代，"中心-边缘结构"成了依附论学派研究的重要分析框架，用以批判当时盛行的现代化理论。安德烈·冈德弗兰克（Andre Gunder Frank）认为"发达"与"不发达"国家的概念是一种意识形态建构的需要[2]。萨米尔·阿明（Samir Amin）认为正是因为中心边缘结构，才使得一些国家在压迫、剥削和掠夺另一些国家的过程中才形成了发达国家[3]。同时，在不断深化全球化进程中，边缘国家对中心国家逐渐形成了严重的商业依附、金融依附和技术依附[4]。

挪威学者加尔通（Johan Galtung）把"中心-边缘结构"从概念发展成为理论，

---

[1] Hartshorn R. Regional Development Policy: A Case Study of Venezuela by John Friedmann[J]. Journal of Developing Areas, 1967, 1(2):245-247.
[2] 张康之，张桐. 世界的中心—边缘结构[M]. 中国社会科学出版社，2016.
[3] 萨米尔·阿明，SamirAmin，阿明，等. 世界规模的积累：不平等理论批判[M]. 社会科学文献出版社，2008.
[4] 萨米尔·阿明. 不平等的发展[M]. 商务印书馆，1990.

他认为"帝国主义就是中心国与边缘国之间的一种关系[①]。"边缘国从经济、政治、军事、传播和文化五个方面对中心国产生了高度的依附。20世纪70年代，沃勒斯坦对世界体系做出了更为精细的分析，提出了世界体系理论，并将"中心-边缘结构"细化为"中心-半边缘-边缘结构[②]"。

尽管对"中心-边缘结构"的解释和应用存在着差别，但其共同点都是将世界视为一个内嵌于中心边缘结构的世界体系，并且都被用于分析全球的发展不平等性问题。本研究也将基于中心-边缘结构这一分析框架，使用沃勒斯坦（Immanuel Maurice Wallerstein）的世界体系理论来探究世界新闻信息网络中的不平等性发展问题。

（二）信息流动网络中的中心边缘结构

自20世纪50年代起，世界的不平等性问题引起了人们的极大关注，在传播学领域，有学者将焦点投向了全球新闻流（International News Flow）的研究。直到20世纪70年代，联合国教科文组织成立了MacBride委员会，提出要建立"新世界的信息秩序"，进一步引发了学界关于这一问题的热烈讨论。研究表明，世界新闻信息流被西方工业化国家所主导[③④]；全球的新闻信息流网络也存在中心边缘的结构，其中西方国家处于中心位置，主导着全球的新闻信息流，边缘国家不仅受制于中心国家，在信息的交流过程中也经历着被边缘化的问题，边缘国之间也鲜有信息流的交换[⑤⑥⑦]。新闻呈现方面，核心国家出现在国际新闻报道中的机会远

[①] Galtung J. A Structural Theory of Imperialism[J]. Journal of Peace Research, 1971, 8(2):81-117.

[②] 赵自勇. 资本主义与现代世界——沃勒斯坦的世界体系理论透视[J]. 史学理论研究，1996(04):72-81，160.

[③] Hester A L. An Analysis of News Flow From Developed and Developing Nations1[J]. Gazette, 1971, 17(1-2):29-43.

[④] Golan G J. Where in the World Is Africa? Predicting Coverage of Africa by US Television Networks[J]. International Communication Gazette, 2008, 70(1):41-57.

[⑤] Galtung J, Ruge M H. The Structure of Foreign News: The Presentation of the Congo, Cuba and Cyprus Crises in Four Norwegian Newspapers[J]. Journal of Peace Research, 1965, 2(1):64-90.

[⑥] Kim K, Barnett G A. The Determinants of International News Flow: A Network Analysis[J]. Communication Research, 1996, 23(3):323-352.

[⑦] Chang T-K, Lau T, Xiaoming H. From the United States with News and More International Flow, Television Coverage and the World System[J]. International Communication Gazette, 2000, 62(6):505-522.

远高于边缘国家[1][2]。进入互联网时代后，世界各国的新闻网站之间的超链接的信息流动也存在中心边缘结构[3][4]。

近年来，有关"中国在全球信息网络中的地位"的研究也日渐增多。有学者研究了47个国家的网页新闻超链接网络，结果表明除了英美这样的西方工业化国家外，中国也成为一个影响力较高的网络节点，在"中心-边缘结构"中，中国的位置也开始向中心趋近[5]。该结论在全球各国报纸媒体的信息流动网络中也得到证实，吴瑛等人发现中国报纸媒体的度数中心性较高，仅次于英美媒体，意味着中国媒体已经具备了一定的影响力[6]。此外，中国报纸媒体的中介中心性和接近中心性也较高，这意味着中国报纸在全球报纸媒体互引网络路径上的位置日渐突出，具有对其他节点间信息流动的控制能力。吴瑛在另一篇关于各国通讯社的消息互引研究中发现，新华社成为全球国际新闻最重要的消息源[7]。而全球主要媒体的社会化媒体信息网络中出现了不同的结论，相德宝等人通过分析全球主要报纸媒体的社会化媒体账号的信息流动网络，发现英美国家的主要报纸媒体依然在社交媒体全球网络中处于核心地位，拥有绝对的影响力，中国报纸媒体的影响力较低，依然处于较为边缘的位置[8]。

在世界多极化趋势加强的大背景下，世界信息传播结构日趋复杂。有研究揭

---

[1] Tsan-Kuo, Chang. All countries not created equal to be news[J]. Communication Research, 1998, 25(5):528-623.

[2] Golan G J. Where in the World Is Africa? Predicting Coverage of Africa by US Television Networks[J]. International Communication Gazette, 2008, 70(1):41-57.

[3] Chang T K, Himelboim I, Dong D. Open Global Networks, Closed International Flows World System and Political Economy of Hyperlinks in Cyberspace[J]. International Communication Gazette Formerly Gazette, 2009, 71(3):137-159.

[4] Himelboim I, Chang T K, McCreery, et al. INTERNATIONAL NETWORK OF FOREIGN NEWS COVERAGE: OLD GLOBAL HIERARCHIES IN A NEW ONLINE WORLD[J]. Journalism & Mass Communication Quarterly, 2010, 87(2):297-314.

[5] Segev E. The Imagined International Community: Dominant American Priorities and Agendas in Google News[J]. Global Media Journal, 2014, 7(13).

[6] 吴瑛,李莉,宋韵雅. 多种声音 一个世界:中国与国际媒体互引的社会网络分析[J]. 新闻与传播研究,2015(09):5-21,126.

[7] 吴瑛,王曦雁,王佳慧. 媒介间议程设置:对世界五大通讯社互引关系的研究[J]. 对外传播,2016,000(008):13-14.

[8] 相德宝. 国际自媒体涉华舆论传者特征及影响力研究——以Twitter为例[J]. 新闻与传播研究,2015(01):58-69.

示了新的文化权力中心和基于地理—语言的文化圈群的出现,基于共同语言和历史文化,区域内部媒体信息传播频繁[1]。这一特点在互联网传播环境中得到实证研究的支持[2][3]。尽管中心国家的传统媒体依旧占据优势,但来自第三世界的国家,尤其是美洲国家如哥伦比亚、墨西哥、巴西、委内瑞拉的报纸通过加强自身内部链接,形成了紧密连接的小团队。这一结构内部出现了许多"文化圈群",即不同国家基于相似的文化环境、相近的地理环境、相同的语言或宗教等因素结成了儒家文化圈、拉美文化圈和伊斯兰文化圈等不同的小团体,其内部关联紧密,同时也存在影响力较大的区域性核心节点。

(三)全球信息流动不平等的影响因素

对影响因素的探讨,研究从内部和外部两个维度展开。外部因素,通常涉及经济、政治、文化、地理位置等较为宏观层面。学者分别测量了11个变量对国际新闻信息流的影响,即两国间的进出口贸易量、国民 GNP、国民平均 GNP、人口数、人口密度、与美国的距离、报纸的发行量、国民识字率、官方语言、国家所处大洲、在美股票,最终发现这些变量都对国际新闻信息流有一定影响,但物理距离和人口数量是两大最主要的影响因素[4]。还有学者提出了四大影响因素,并将每一个因素操作化为更细致的测量指标,即国家等级(包含国土面积、人口总量、经济发展程度、独立建国时长)、文化相近性(包含语言、移民数量、通婚情况、跨国旅客数量、历史上国家间的关系)、经济往来关系(包含国际贸易量、国外援助、跨国投资量)和信息之间的冲突[5]。基姆(Kim)等人基于前人的研究,用社

---

[1] Kim K, Barnett G A. The Determinants of International News Flow: A Network Analysis[J]. Communication Research, 1996, 23(3):323-352.

[2] 相德宝. 国际自媒体涉华舆论传者特征及影响力研究——以 Twitter 为例[J]. 新闻与传播研究, 2015(01):58-69, 127.

[3] 龚为纲, 朱萌, 张赛, 等. 媒介霸权, 文化圈群与东方主义话语的全球传播——以舆情大数据 GDELT 中的涉华舆情为例[J]. 社会学研究, 2019(5), 138-164, 245.

[4] International Communication: View From'a Window On the World'[J]. International Communication Gazette, 1971, 17(4):224-235.

[5] Hester A. Theoretical Considerations in Predicting Volume and Direction of International Information Flow[J]. *Gazette (Leiden,Netherlands)*, 1973, 19(4):239-247.

会网络分析的研究方法探究了各国经济发展程度、语言、地理位置、政治自由度和人口与各媒体信息流动网络之间的关系，结果发现经济发展程度是最主要的影响因素[①]。这一点在吴（Wu）的研究中也有所体现[②]。他通过研究发现 GDP、贸易量、人口数、国际通讯社和地理相近性都会影响国际新闻中的呈现。进入新媒体时代，塞格夫（Elad Segev）通过对网页新闻的研究发现，美国依然是全球最中心的国家，并且经济因素比政治、社会和地理因素更有效地解释了美国的新闻重要性[③]。

内部因素主要指新闻事件和媒体自身属性。加尔通等人从事件本身提出了 12 个影响新闻报道价值的影响因素，即频次、门槛性、明确性、意义性、共鸣性、意外性、连续性、事件构成、负面性、与精英国家和人群的相关性[④]。常（Chang）等人通过研究发现美国媒体对国际事件的报道受到事件的异常程度、与美国的相关性、社会转变的可能性及地理距离四个因素影响[⑤]。还有研究者从国际通讯社的分布、媒体规模和媒体所有权三个变量探究了内部因素对信息流动的影响[⑥]。吴通过内容分析的方法，研究了各国在国际新闻中出现的频次及其影响因素，通过研究三大因素里的九个指标，最终发现外部的国际贸易量因素和内部的国际通讯社资源分布是国际新闻数量最重要的预测指标[⑦]。

---

① Kim K，Barnett G A. The Determinants of International News Flow: A Network Analysis[J]. Communication Research, 1996, 23(3):323-352.

② H, Denis. Homogeneity Around the World? Comparing the Systemic Determinants of International News Flow between Developed and Developing Countries[J]. International Communication Gazette, 2003, 65(1):9-24.

③ Segev E, Blondheim M. America's global standing according to popular news sites from around the world[J]. Political Communication, 2013, 30(1): 139-161.

④ Galtung J, Ruge M H. The Structure of Foreign News: The Presentation of the Congo, Cuba and Cyprus Crises in Four Norwegian Newspapers[J]. Journal of Peace Research, 1965, 2(1):64-90.

⑤ Chang T K, Shoemaker P J, Brendlinger N. Determinants of International News Coverage in the U. S. Media[J]. Communication Research, 1987, 14(4):396-414.

⑥ Nnaemeka T, Richstad J. Internal Controls and Foreign News Coverage: Pacific Press Systems[J]. Communication Research, 1981, 8(1):97-135.

⑦ Wu H D. Systemic determinants of international news coverage: a comparison of 38 countries[J]. Journal of Communication, 2000, 50(2):110-130.

二、研究假设

（一）概念化与操作化

本文旨在通过社会网络分析法构建全球媒体信息的流动网络，并通过中心性、中心边缘结构和凝聚子群三个指标对该网络结构进行分析（见表1）。其中，中心性操作化为对度数中心性的测量；中心边缘结构操作化为对核心度的测量；凝聚子群包含对派系分析和块模型分析的测量。

对于信息流动网络结构影响因素的研究，本文将分别探究"中心-边缘结构"的影响因素和各国间信息流动关系的影响因素。在研究变量选取和指标的操作化上（见表1），参考前人的研究思路并加以优化。在媒体内容的选择上，选择2020年全球最重要的事件——"新冠肺炎疫情"作为案例。

表1 全球信息流动网络的影响因素

探究问题	变量	指标
网络结构特征	中心性	度数中心性
	中心-半边缘-边缘结构	核心度
	凝聚子群	派系
		块模型
"中心-边缘结构"的影响因素	综合国力	人口总数
		国土面积
		GDP
	新闻事件相关性（疫情影响程度）	新冠病毒确诊人数
		新冠疫情严重程度
媒介信息流动关系的影响因素	地理因素	所处大洲
		物理距离
	经济因素	国家发达程度
		进出口贸易关系
	文化因素	官方语言
		文化圈群
	政治因素	政治意识形态

关于"中心-边缘结构"的影响因素，本文从内部因素和外部因素双向考虑，

选取了代表性较强的两个指标：国家综合国力和疫情影响程度。其中，综合国力包括 GDP、人口总量、国土面积；疫情影响程度包括新冠病毒确诊人数和疫情严重程度（=确诊人数/总人口数）。

各国间信息流动关系的影响因素，本文将选取地理因素、经济因素、政治因素、文化因素这四个变量来进行探究。具体的操作化指标为：地理因素通过所处大洲和物理距离[①]两个指标来测量；经济因素通过国家发达程度和各国间的进出口贸易量[②]来测量；政治因素通过国家体制来进行测量；文化因素通过语言和文化圈群来测量。

政治因素操作化为各国家的政治意识形态，分为资本主义制度和社会主义制度；经济因素包括国家发达程度类型（分为发达国家和发展中国家）和各国之间的进出口贸易量网络；地理因素包括地理位置类型（分为欧洲、亚洲、非洲、大洋洲、北美洲、南美洲）和各国之间的物理距离网络；文化因素包括官方语言类型和国家所属的文化圈群类型（分为儒家文化圈、拉美文化圈、伊斯兰文化圈、基督文化圈）。

（二）研究假设

综上所述，本研究提出以下假设。

H1：全球媒体信息流动网络中存在中心-半边缘-边缘结构。
  H1-1：美国和英国位于中心地区。
  H1-2：中国处于半边缘地区。
  H1-3：发展中国家处于边缘地位。
H2：全球媒体信息流动网络的中心边缘结构受国家的综合国力影响。
  H2-1：核心度与 GDP 呈显著相关关系。
  H2-2：核心度与人口呈显著相关关系。
  H2-3：核心度与国土面积呈显著相关关系。

---

① 物理距离的数据来源于 CEPII 数据库。
② 各国间的进出口贸易数据来源于联合国贸易数据库（UN Comtrade Database）。

H3：全球媒体信息流动网络的中心边缘结构受新闻事件相关性的影响。

　　H3-1：核心度与新冠确认人数呈显著相关关系。

　　H3-2：核心度与新冠疫情严重程度呈现显著相关关系。

H4：全球媒体信息流动网络中出现了小团体。

　　H4-1：地理位置相近的国家形成了小团体。

　　H4-2：语言相近的国家之间形成了小团体。

　　H4-3：同文化圈群的国家之间形成了小团体。

　　H4-4：同政经联盟体的国家之间形成了小团体。

H5：两国之间媒体信息流动受到地理、经济、政治、文化因素影响。

　　H5-1：两国之间媒体信息流动受地理因素影响。

　　　　H5-1-1：两国之间媒体信息流动与洲际有关。

　　　　H5-1-2：两国之间媒体信息流动与距离有关。

　　H5-2：两国之间媒体信息流动受经济因素影响。

　　　　H5-2-1：两国之间媒体信息流动与国家发达程度有关。

　　　　H5-2-2：两国之间媒体信息流动与进出口贸易有关。

　　H5-3：两国之间媒体信息流动受政治因素影响。

　　H5-4：两国之间媒体信息流动受文化因素影响媒体。

　　　　H5-4-1：两国之间媒体信息流动受语言因素影响。

　　　　H5-4-2：两国之间媒体信息流动受文化圈群因素影响。

三、研究设计

本文采用社会网络分析法，对各国主要媒体间的信息流动网络进行分析。

（一）样本选取

综合考虑全球地理位置分布、各国国内生产总值、受本次疫情影响程度三个维度作为基本指标，并综合考虑各国的主要语言、主要宗教、政治制度等因素，最终选取了 27 个国家，包括：德国、英国、法国、意大利、西班牙、俄罗斯、土耳其、美国、加拿大、墨西哥、巴西、阿根廷、古巴、尼日利亚、南非、阿尔及利亚、澳大利亚、中国、日本、韩国、印度、巴基斯坦、沙特阿拉伯、伊朗、菲律宾、越南、印尼。

  以发行量和影响力为标准，对所选国家的 1 家国家通讯社和 2 家主流（重要）报纸进行分析，包括：英国的《卫报》《泰晤士报》和路透社，法国的《费加罗报》《世界报》和法新社，德国的《南德意志报》《法兰克福汇报》和德新社，意大利的《晚邮报》《共和报》和安莎社，西班牙的《国家报》《世界报》和埃菲社，俄罗斯的《俄罗斯报》《共青团真理报》和俄通社-塔斯社，土耳其的《自由报》《晨报》和阿纳多卢通讯社，中国的《人民日报》《中国日报》和新华社，日本的《读卖新闻》《朝日新闻》和共同通讯社，韩国的《朝鲜日报》《东亚日报》和韩国联合通讯社，印度的《印度教徒报》《印度时报》和印度报业托拉斯，巴基斯坦的《国际新闻报》《黎明报》和巴基斯坦联合通讯社，沙特阿拉伯的《中东日报》《沙特新闻报》和沙特通讯社，伊朗的《伊朗日报》《德黑兰时报》和伊通社，菲律宾的《马尼拉公报》《菲律宾星报》和菲律宾通讯社，越南的《人民报》和《年轻人报》和越南通讯社，印尼的《印尼媒体报》《雅加达邮报》和安塔拉通讯社，美国的《纽约时报》《华盛顿邮报》和美联社，加拿大的《环球邮报》《国家邮报》和加拿大通讯社，墨西哥的《宇宙报》《至上报》和墨西哥通讯社，巴西的《圣保罗页报》《环球报》和巴西国家通讯社，阿根廷的《号角报》《国民报》和美洲通讯社，古巴的《格拉玛报》《起义青年报》和拉美社，澳大利亚的《澳大利亚人》《悉尼先驱晨报》和澳联社，尼日利亚的《今日报》《先锋报》和尼日利亚通讯社，南非的《每日太阳报》《星期日时报》和南非国家通讯社，阿尔及利亚的《圣战者报》《地平线报》和阿尔及利亚通讯社。

（二）数据处理

  本研究涉及的多语种新闻数据均从 Factiva 新闻数据库获取，并采用布尔检索法进行检索，同时对检索结果辅以人工过滤。在搜索过程中，本文分别以 81 家媒体作为新闻内容来源，以"coronavirus"或"COVID-19"及被引用媒体的多语种名称为新闻信息搜索对象，获取各媒体在新冠肺炎疫情有关报道中互相被引用的次数。

（三）矩阵构建

本文将 27 个国家中每个国家的三家媒体（两家报纸和一家通讯社）进行合并，最终得到 27 个节点，国家间的信息流动关系构成边，形成一个 27×27 的多值有向图，这种有向所表示的含义为"被引用"。如当英国引用美国的信息内容时，就形成了一条从美国到英国的边。

本研究将使用社会网络分析工具 Ucinet 6 对其进行数据处理和社会网络分析，并用可视化工具 NetDraw 2 画出结构图。

四、研究发现

（一）各国主要媒体信息流动网络的建构

本文分别以 27 个国家作为社会网络节点，使用 Ucinet 6 软件，构建新冠肺炎疫情期间各国媒体之间的互引网络结构图，并对网络进行可视化处理。网络按照度数（点入度和点出度之和）进行可视化处理。节点的大小代表度数的大小，度数是入度和出度之和，也就是被引次数和引用次数之和，度数越高，节点越大，代表媒体被引用和引用信息越多，在互引网络中越趋于中心地位。两个节点间的线条代表国家间的媒体互引关系，线条越多代表节点间形成的关系越多。线条的粗细代表信息流动量，即引用数量的多少。线条的方向代表引用关系，箭头指入表示该节点国家或媒体被其他媒体引用信息的次数，箭头指出表示该节点国家或媒体引用其他媒体信息的次数。

图 1 是以国家为分析单位的信息流动网络结构图。网络中的节点表示国家，线条表示各国间的信息流动关系。该网络反映了各国之间媒体的信息传播关系和信息传播格局。

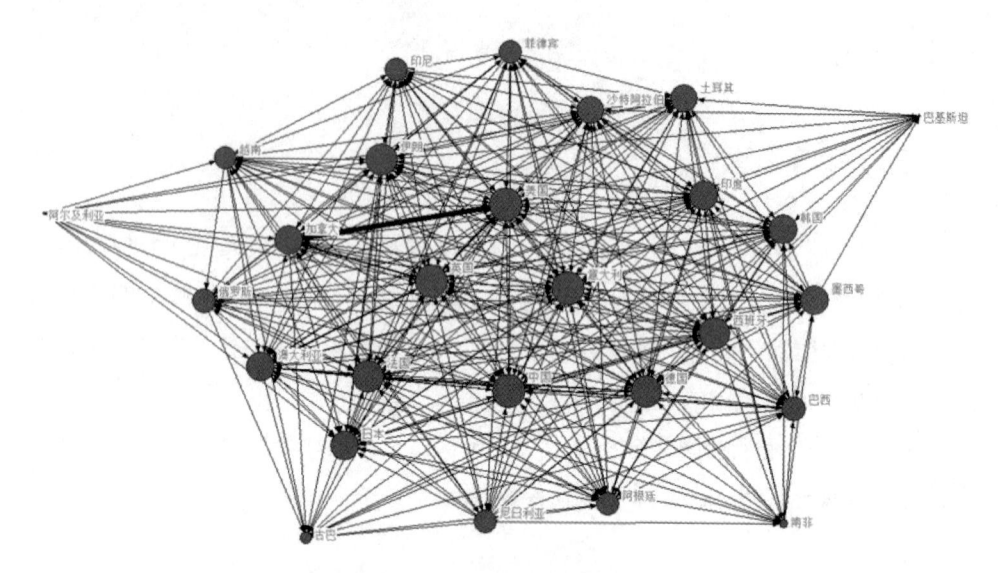

图 1 各国间信息流动网络

各国主要媒体的信息影响力不同。网络中，美国节点最大，接下来为英国、中国、意大利、西班牙。这些国家成了全球媒体信息传播网络中的第一梯队，有很大的影响力，位于网络较中心的位置。美国的信息被引用和引用其他国家信息的总量最大，在全球的信息流动网络中影响力也最大。第二梯队为法国、加拿大、澳大利亚、伊朗、日本、墨西哥、韩国、印度、土耳其、沙特阿拉伯。这些国家有一定的影响力，在网络中处于中心和边缘之间的位置。第三梯队为菲律宾、印尼、越南、俄罗斯、尼日利亚、阿根廷、巴西，这些国家的节点较小，影响力也较小，在网络处于更趋近边缘的位置。第四梯队为巴基斯坦、南非、古巴和阿尔及利亚，这四个国家的节点最小，影响力非常小，在网络中也处于边缘位置。

各国主要媒体之间的信息流动关系不平等。从连线的方向来说，意大利、英国和美国有大量连线指向自己，证明这三个国家的媒体信息被更多国家引用。西班牙、中国、德国、法国、伊朗的媒体信息也较多地被其他国家引用。而指向巴基斯坦、南非、古巴和阿尔及利亚的线条非常少，这些国家的媒体信息较少被其他国家引用。从连线的粗细程度来说，这一时间段内，图中最粗的线条是加拿大指向美国的连线，这表明加拿大媒体最多引用美国媒体的信息。其他明显较粗的是澳大利亚指向英国的连线、美国指向英国的连线、加拿大指向英国的连线。这表明英国媒体在全球信息网络中占据着非常重要的位置，是全球媒介信息的重要提供者。

各国媒体在信息引用及被引用时呈现出的倾向性有显著不同。以英国、美国和中国三个国家为例，在信息引用方面，英美媒体更倾向于相互引用，而中国媒体更多引用本国媒体的信息。在英美中三国的信息被引用方面，美国媒体信息被引用的总数最多，但英国媒体被更多国家高频次地引用，中国媒体相较之下还有较大的差距。另外，意大利、日本和阿尔及利亚引用中国媒体信息最多，德国、印度、尼日利亚、印尼和韩国引用中国媒体信息多于美国媒体，但都低于英国媒体。

（二）各国主要媒体信息流动网络的"中心-边缘结构"

通过构建连续的核心边缘模型勾勒全球媒体信息流动网络中的核心边缘结构。连续的核心边缘模型（continuous model）是伯伽提（Borgatti）和艾弗雷特（Everett）在核心边缘模型的基础上优化而来的[1]，可用于分析中心-半边缘-边缘这三类分区。

本文将核心度大于 0.08 的国家归为中心地区，核心度在 0.002～0.08 的国家归为半边缘地区，将小于 0.002 的国家归为边缘地区（见图 2）。

各国主要媒体的信息流动网络中存在着中心-半边缘-边缘的结构。中心地区有三个国家，包括美国、加拿大和英国，其中美国的核心度（0.939）最大，远高于其他国家。中心地区的国家全都是发达国家。半边缘地区有 9 个国家，包括法国、中国、西班牙、澳大利亚、阿根廷、德国、日本、意大利、韩国。这一区域内有发达国家，也有经济实力较强的发展中国家。边缘地区有 15 个国家，包括俄罗斯、土耳其、印度、巴基斯坦、伊朗、菲律宾、越南、印尼、墨西哥、巴西、古巴、南非、阿尔及利亚、沙特阿拉伯、尼日利亚。这些国家都是发展中国家。

因此，本研究的假设 H1（包括 H1-1，H1-2，H1-3）被验证成立。

---

[1] Borgatti S P, Everett M G. Models of core/periphery structures[J]. Social Networks, 1999, 21(4):375-395.

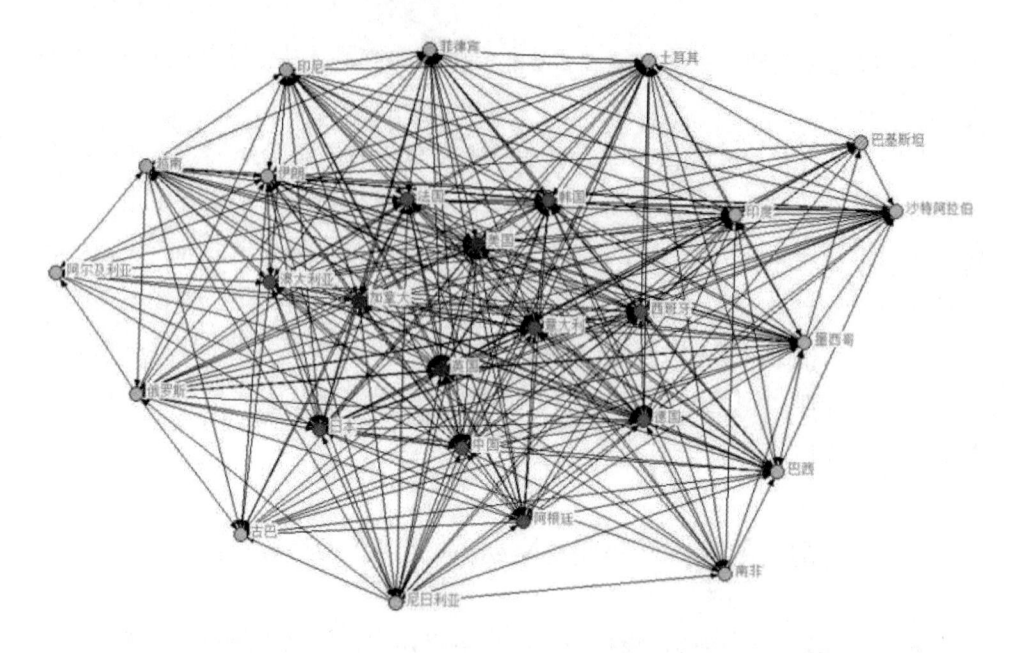

图2 各国间信息流动网络核心-半边缘-边缘地区

（三）信息流动网络中心－边缘结构的影响因素分析

通过对国家节点的核心度（代表中心-边缘结构中的位置）与研究设计提到的综合国力（外部因素）和受疫情影响情况（外部因素）斯皮尔曼相关性分析，来检验信息流动网络中心-边缘结构的影响因素。结果如表2所示。

表2 各自变量与各国核心度的斯皮尔曼相关系数表

	人口总数	GDP	国土面积	确诊人数	疫情严重程度
斯皮尔曼相关性	0.52	0.625**	0.059	0.245	0.402*

**.在0.01级别（双尾），相关性显著；
*.在0.05级别（双尾），相关性显著。

信息流动网络结构与 **GDP** 呈正相关。在国家综合国力的所有变量中，只有GDP与各国的核心度呈显著的正相关性，GDP与核心度的相关系数为0.625，显著性 P 小于0.01。疫情严重程度与各国的核心度的相关系数为0.402，显著性 P 小于0.05。因此，本研究的假设 **H2-1** 和 **H3-1** 被验证成立，**H2-2**、**H2-3**、**H3-2**

不成立。一国的 GDP 越高，其核心度越高，越接近中心边缘结构中的中心地区。全球媒体信息流动网络的中心边缘结构不会受病毒感染的确诊人数影响，但是会受各国疫情的严重程度的影响，由此可见新闻事件的相关性也是影响信息流动结构的因素之一。

（四）各国主要媒体信息流动网络中的凝聚子群

凝聚子群分析是一种网络结构的描述性研究，用于分析网络中关系更为紧密的一些节点之间形成的次级团体组织，或称为"小团体"。在社会网络分析中，存在多种对凝聚子群进行量化处理的方法：考察关系的互惠性时，常用派系分析；考察子群成员之间的接近性或可达性时，常用 n-派系和 n-宗；考察子群成员之间关系的频次时，常用 K-丛与 K-核；考察子群内部成员之间的关系密度相对于内、外部成员之间的关系的密度时，常用成分分析、块模型、Lambda 分析。本研究从网络之间成员是否相互引用信息切入，来考察网络成员之间的相互性，即考察成员关系之间的互惠性。同时，本文也想进一步探究不同的子群内部成员国家之间的关系相对于内、外部其他国家来说是否有更高的凝聚力。因此本文将通过对全球媒体信息流动网络中的凝聚子群进行派系分析和块模型分析。

1. 各国主要媒体信息流动网络中存在的子群

块模型（block models）是一种研究网络位置模型的方法，是对社会角色的描述性代数分析[1]。角色在一个角色系统中相互关联和互动构成了社会结构，块模型就是"把一个网络中的行动者按照一定的标准分成几个离散的子群或者集合、块，并研究各个块之间可能存在的关系，它不是个体层次上的研究，而是位置层次上的研究[2]"。这一模型被提出后，很快被用于社会网络分析的研究，如对世界经济体系的研究、对科学共同体的研究等。

同时，块模型也是当研究对象数量较多时用于分析凝聚子群的一个方法，显

---

[1] 刘军. 整体网分析讲义：UCINET 软件实用指南[M]. 上海：上海人民出版社，2009:90-91.
[2] 刘军. 整体网分析讲义：UCINET 软件实用指南[M]. 上海：上海人民出版社，2009:142.

示出在什么意义上节点的相似性使得每组中的各个行动者具有相似性，并且什么样的差距使得一个集合中的行动者与另一个集合中的行动者相异。它可以反映子群内部的关系，也可以反映子群内部和子群之间的关系，即凝聚子群的"核心-边缘"维度。特别是对于行动者较多的大网络来说，块模型是一个较好的凝聚子群分析方法。构建块模型时，常用 CORNOR 及层次聚类方法。在对结果进行解释时，在整体层次层面，需要用像矩阵（Image Matrix）对总体的块进行描述，而对于有两个子群以上的像矩阵来说，通常可能出现的结构情形为以下五种（参见图3）。

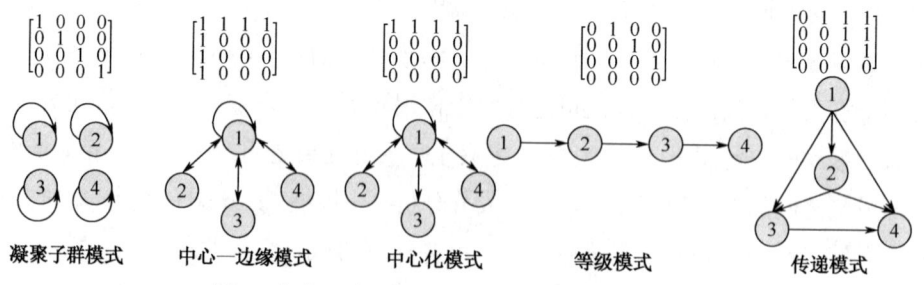

$$\begin{bmatrix}1&0&0&0\\0&1&0&0\\0&0&1&0\\0&0&0&1\end{bmatrix} \quad \begin{bmatrix}1&1&1&1\\1&0&0&0\\1&0&0&0\\1&0&0&0\end{bmatrix} \quad \begin{bmatrix}1&1&1&1\\0&0&0&0\\0&0&0&0\\0&0&0&0\end{bmatrix} \quad \begin{bmatrix}0&1&0&0\\0&0&1&0\\0&0&0&1\\0&0&0&0\end{bmatrix} \quad \begin{bmatrix}0&1&1&1\\0&0&1&1\\0&0&0&1\\0&0&0&0\end{bmatrix}$$

凝聚子群模式　　中心—边缘模式　　中心化模式　　等级模式　　传递模式

图3　包含两个子群以上的块模型的理想像矩阵[①]

根据数据运算，全球媒体信息流动网络中一共被分离出来7个分区子群，块模型分析的 R-squared 为0.412。各子群间的密度如表3所示，子群1、2、3、4、7 内部的密度较高，这表明每个子群内部成员之间的联系较多。而子群5、6 之间的密度较小，证明该子群内部的成员之间的联系较少。具体分群情况如表4所示。因此，本研究的 H5-1 成立。

表3　全球媒体信息流动网络的分区表

	\multicolumn{7}{c}{Density Matrix}
	1	2	3	4	5	6	7
1	1	1	1	1	1	1	1
2	1	1	0.875	1	1	0.75	1
3	1	0.875	1	1	1	0.5	0.625
4	1	1	1	1	0.333	0.844	1

[①] 郭庆，邓三鸿，孔嘉，王昊．从合作网络看我国图情领域的发展演变与扩张（1998—2018）[J]．情报理论与实践，2021,44(6):90-97.

续表

Density Matrix							
5	1	1	1	0.333	0.333	0.417	0.667
6	1	0.75	0.5	0.844	0.417	0.667	0.5
7	1	1	0.625	1	0.667	0.5	1
R-squared=0.412								

表4 全球媒体信息流动网络的子群表

子群	子群成员
1	英国、美国、中国、意大利
2	法国、澳大利亚
3	越南、俄罗斯、加拿大、伊朗
4	菲律宾、韩国、西班牙、墨西哥、印度、德国、印尼、沙特阿拉伯
5	阿尔及利亚、尼日利亚、古巴
6	巴基斯坦、土耳其、日本、南非
7	阿根廷、巴西

2. 全球媒体信息流动网络中的小团体也有"中心-边缘结构"

为了更加清晰地了解各个子群之间的相互关注情况，下面将对密度系数表进行简化。通过计算，整个网络的密度为0.8519，结合各子群的密度表，得到的像矩阵如表5所示。根据像矩阵得出的简化图如图4所示。

表5 全球媒体信息流动网络的像矩阵表

	子群1	子群2	子群3	子群4	子群5	子群6	子群7
子群1	1	1	1	1	1	1	1
子群2	1	1	1	1	1	0	1
子群3	1	1	1	1	1	0	0
子群4	1	1	1	1	0	0	1
子群5	1	1	1	0	0	0	0
子群6	1	0	0	0	0	0	0
子群7	1	1	0	1	0	0	1

根据全球媒体信息流动网络的像矩阵和简化图，该网络形成了凝聚子群和中心-边缘结构的双重模式，其中子群1、子群2、子群3、子群4、子群7形成了凝聚子群模式，这些子群内部的成员国家媒体之间有较频繁的互引关系。同时子群1、子群2、子群3、子群4之间的信息互引往来也较为频繁，子群5、子群6和

子群 7 之间的信息互引往来关系较少。

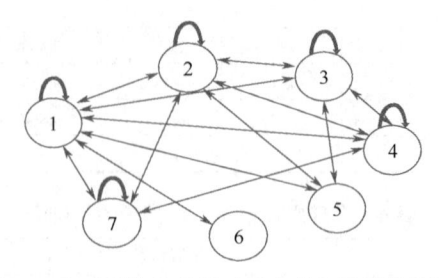

图 4　全球媒体信息流动网络的块模型简化图

各子群之间也形成了"中心-边缘结构"。其中，子群 1 是与其他子群之间互动关系最多的，证明子群 1 居网络的中心位置。其次为子群 2、子群 3、子群 4，这 3 个子群的国家处于中心与边缘之间的位置（可视为半边缘位置）。最后，子群 5、子群 6、子群 7 处于网络较边缘的位置，并且这些国家之间也几乎没有相互的往来关系。

总体来说，在全球媒体信息流动网络中，中心位置和半边缘位置的子群内部国家之间和子群外部之间的信息互引频次较高。而处于边缘位置的子群之间信息互动较少，但是都与中心位置的子群有着较高频次的信息互引关系。

3. 各国主要媒体信息流动网络中凝聚子群的形成特点

"派系"（Cliques）分析的是建立在互惠性基础上的凝聚子群。在一个图中，派系指的是至少包含 3 个点的最大完备子图。也就是说，一个派系中至少要有 3 个节点，两对以上的互惠关系，并且任何节点之间都是直接相关的。通过派系分析可以呈现凝聚子群中的成员呈现了什么共同特点。

在多值有向网络中，存在多种取值的派系，即"c 层次派系"（a clique at level c），它意味着只有成员间的关系取值都不小于 c 时，才可能成为 c 层次的派系。因此临界值 c 的不同，得到的 c 层次上的派系也不同。在本研究中，c 值表示各国媒体之间的信息流动频次数量。由于各国媒体间的引用次数覆盖范围较大且数据分布不均，采取单一的 c 取值分析会导致分析结果颗粒度过大，因此本文将分别取不同的 c 值进行凝聚子群分析。在 Ucinet 分析中，不同的 c 值对应的即为网络二值化处理时所选取的临界值。

当 c=3000 时，网络中只有一个子群，子群成员是英国、美国、加拿大。这也再一次证明信息在这 3 个国家中频繁流动，是所有成员中信息往来最密切的 3 个国家，信息流动量远高于和其他国家之间的往来。

当 c=1000 时，网络中有 9 个子群。在全球的信息流动网络中，这些子群中的国家信息流动非常频繁。此外，这些子群中全部存在"重叠"的节点，如英国出现在 8 个子群中，美国出现在 6 个国家中，意大利出现在 3 个子群中，中国、法国分别出现在 2 个子群中。这意味着这些国家在网络中承担着一定的信息流动枢纽功能。同时，也能反映出在较高频次的信息互引范围内，英国相比美国，与更多国家有着信息的引用和往来。同时，与 c 值为 3000 的结果对比，加拿大并未成为重叠的节点，这也再次说明了加拿大媒体在频次上多次引用了美国媒体，但是与其他国家的信息互动较少。同时，这些子群也呈现出了一些特点，如子群 4（英国、美国、加拿大）和子群 5（英国、美国、澳大利亚）的国家都是英语国家，而子群 9（西班牙、美国、阿根廷）中两个官方语言是西班牙语的国家和美国形成了小团体。因此，本研究的假设 H4-2 成立。

当 c=100 时，网络中有 16 个子群。在这些子群中，依然存在"重叠"的节点，如英国出现在所有的 16 个子群中，美国和中国分别出现在 10 个子群中，德国出现在 9 个子群中，法国出现在 4 个子群中。这说明在较低的信息互引频次范围内，英国与最多的国家有信息往来关系，其次为中国和美国。同时，也出现了一些有一定特点的子群，子群 7、8 中出现了全都地处欧洲的国家（英国、法国、德国、意大利、西班牙）与中国形成了小团体。因此，本研究的假设 H4-1 成立。而子群 1 中 G5 国家（英国、法国、德国、日本、美国）与中国形成了小团体。因此本研究的假设 H4-4 成立。

当 c=10 时，网络中有 23 个子群。在所有子群中，英国和美国（23 个）是重叠次数最多的节点，其次依次为中国（20 个）、德国（15 个）、意大利（14 个）、法国（12 个）。而此时也出现了其他较为有特点的子群，如子群 17 中位于亚洲的国家（中国、日本、韩国、越南、印尼）和英、美共同形成了小团体，子群 23 中的同处非洲的国家（尼日利亚、南非）和英、美共同形成了小团体，因此，本研究的 H4-1 再次被验证成立。子群 22 中的同为伊斯兰文化圈的国家（土耳其、巴基斯坦、沙特阿拉伯）与英、美共同形成了小团体。因此本研究的 H4-3 成立。

综上所述，假设 H4 成立在全球媒体信息流动网络中，的确出现了小团体，并且这些小团体也存在中心-边缘结构。具体来说，中心位置和半边缘位置的子群内部国家之间和子群外部之间的信息互引频次较高。而处于边缘位置的子群之间信息互动较少，但是都与中心位置的子群有着较高频次的信息互引关系。

在 c 取值不同时，各小团体也出现了一些不同的特点，有的小团体内的国家属于同一大洲，有的小团体内的国家有相同的官方语言，有的小团体内的国家属于同一文化圈群，有的小团体内的国家属于相同的政经联盟。

4. 各国主要媒体信息流动关系的影响因素分析

在构建出全球媒体信息流动网络并描述了其特征后，本文将通过类别-关系和关系-关系层次的假设检验方法，来进一步探究全球各国间产生信息流动关系的影响因素。

QAP（Quadratic Assignment Procedure）是对关系-关系层次的假设检验方法。"它是一种对两个方阵中各个元素的相似性进行比较的方法，即它对方阵的各个元素进行比较，给出两国矩阵之间的相关系数，同时对系数进行非参数检验，它以对矩阵数据的置换为基础[①]。"它不仅可以用于关系和关系层次的假设检验，还可以将属性类别转换为关系网络，进行属性-关系层次的假设检验。在 Ucinet 中，QAP 分析包括矩阵相关分析（QAP correlation）、矩阵关系列联表分析（QAP relational crosstabs）和矩阵的回归分析（QAP regression）。

在构建出全球媒体信息流动网络并描述其特征后，本文将通过类别-关系和关系-关系层次的假设检验方法，来进一步探究全球各国间产生信息流动关系的影响因素。本研究对各变量进行的 QAP 相关分析结果如表 6 所示。

表 6 各自变量与各国信息流动关系的 QAP 相关分析结果

因素	指标	结果							
地理	物理距离	Obs Value	Significa	Average	StdDev	|Minimum	Maximum	Prop>=O	Prop<=O
	Pearson Correlation:	−0.056	0.100	0.000	0.043	−0.107	0.128	0.900	0.100
	地理位置	Obs Value	Significa	Average	Std Dev	Minimum	Maximum	Prop>=O	Prop<=O
	Pearson Correlation:	0.001	0.280	−0.001	0.040	−0.046	0.125	0.280	0.720

[①] 郭庆，邓三鸿，孔嘉，王昊. 从合作网络看我国图情领域的发展演变与扩张（1998—2018）[J]. 情报理论与实践，2021, 44(6):37.

续表

因素	指标	结果							
经济	发达类型	Obs Value:	Significa	Average	Std Dev	Minimum	Maximum	|Prop>=O	Prop<= O
	P earson Correlation:	0.016	0.461	0.000	0.040	−0.064	0.083	0.461	0.539
	进出口贸易	Obs V alue	Significa	Average	Std Dev	Minimum	Maximum	Prop>=O	Prop<=O
	P earson Correlation:	0.017	0.153	0.001	0.045	−0.024	0.568	0.153	0.848
政治	政治体制	Obs V alue	Significa	Average	StdDev	Minimum	Maximum	Prop>=O	Prop<= O
	Pearson C onr elation:	−0.127	0.008	0.000	0.049	−0.141	0.050	0.993	0.008
文化	官方语言	Obs Value	Significa	Average	Std Dev	Minimum	Maximum	Prop>=O	Prop<= O
	P earson Correlation:	−0.025	0.299	−0.001	0.042	−0.037	0.176	0.701	0.299
	文化圈群	Obs V alue	Significa	Average	StdDev	Minimum	Maximum	Prop>=O	Prop<= O
	Pearson Correlation:	0.073	0.065	0.001	0.039	−0.044	0.115	0.065	0935

在地理因素方面，物理距离矩阵与信息流动关系矩阵的相关系数为−0.056，其显著性为0.100；地理位置类型矩阵与信息流动关系矩阵的相关系数为0.001，其显著性为0.280。在经济因素方面，国家发达程度类型矩阵与信息流动关系矩阵的相关系数为0.016，其显著性为0.461；各国的进出口贸易矩阵与信息流动关系矩阵的相关系数为0.017，其显著性为0.153。在政治因素方面，政治体制类型矩阵与信息流动关系矩阵的相关系数为−0.127，其显著性为0.008。在文化因素方面，官方语言类型矩阵与信息流动关系矩阵的相关系数为−0.025，其显著性为0.299；文化圈群类型矩阵与信息流动关系矩阵的相关系数为0.073，其显著性为0.065。

根据以上数据结果，可知本研究的假设仅有 **H5-3** 被验证成立，**H5-1**（包括 **H5-1-1 和 H5-1-2**），**H5-2**（包括 **H5-2-1 和 H5-2-2**），以及 **H5-4** 均被推翻。因此，只有政治体制类型矩阵与信息流动关系矩阵之间的关系是显著的，并且政治体制和信息流动关系之间存在负相关关系。**这表明不同政治体制类型的国家之间信息流动变多。**

为了进一步明确政治体制类型和各国信息流动关系之间是如何产生影响的，本文将结合点-关系层次的自相关分析法来进一步阐释。如表7所示。社会主义国家之间的信息流动关系的观测值（3）高于预期值（2.566），资本主义国家之间的观测值（225）低于预期值（235.111），而社会主义和资本主义国家之间的观测值（71）高于预期值（61.333）。这表明，社会主义国家和资本主义之间的信息流动在变多。这也与QAP相关分析的结果一致。

表7 政治意识形态类型与各国信息流动关系的假设检验结果

		Expected	Observed	Difference	P>=Diff	P<=Diff
1=社会主义	1-1	2.556	3	0.444	0.658	1
2=资本主义	1-2	61.33	71	9.667	0.008	0.999
	2-2	235.111	225	-10.111	0.999	0.008

五、结论与讨论

全球各国主要媒体信息流动网络呈现出"多足鼎立"的格局，英美媒体的话语权较大，中国媒体的话语权与之还有一定差距。加拿大媒体高度依赖美国媒体，英美媒体更倾向于互相引用，中国媒体更多引用本国媒体的信息。全球各国主要媒体的信息流动网络中存在中心边缘结构。在全球信息网络的中心-边缘结构中，美国、英国、加拿大处于中心，中国趋近中心，非中心地区多为发展中国家。在全球信息网络中，边缘国家和中心国家联系更多，边缘国家之间少有联系。全球信息网络中心边缘结构受到经济发展水平的影响，GDP越高，经济越发达，在信息网络中就越居于中心位置。

全球各国主要媒体的信息流动网络依据不同特征凝聚成小团体。这些因素包括地缘、语言、文化及共同政治经济圈等。但这些因素是否直接导致小团体的出现，还有待进一步研究。新冠肺炎疫情期间，不同政治意识形态的国家之间有更多的信息流动关系，但是不同政治意识形态国家之间的信息引用是否有相似的意识形态，还需要通过内容分析等方法来进行研究。

上述研究发现对提升我国国际传播能力提供了一些启发。首先，研究结论再次印证"硬实力"是"软实力"的基础，经济发展水平越高，媒介信息在全球的影响力会随之增强。其次，要提升中国媒体的影响就要**更多地关注具有全球性关注度的公共议题，以及与目标国相关的问题**。研究发现国家媒体在转引其他国家媒体时受到了新闻自身的影响，这也进一步印证了先前的研究。因此，通过增加对其他国家的报道和其他国家关注问题的报道，可以有效提升中国媒体的影响力。再次，**高度重视英国媒体的全球传播网络中的价值**。英国在全球传播网络中依旧发挥着重要作用，是很多国家尤其是西方国家国际新闻的重点信息来源，而英国媒体自身所奉承的价值，也构成与美国不尽相同的报道视角和新闻理念。在我国国际传播体系中，如何做好对西方国家的传播是重点，也是难点。开展与英国媒体的交流与合作，或许是一种有效地"借嘴发声""借船出海"的方式。最后，**高度重视基于共同语言、地缘及文化相似性和正经联盟圈内的国家媒体**。具体来说，要做好与东南亚、周边国家及海外中华文化圈、"一带一路"国家的媒体沟通与互动。通过增强对这些国家的报道和互动，提升这些子群内部的凝聚力和互动性，进而扩大在全球媒介网络中的影响力。

受制于样本和分析方法的限制，本文还有诸多不足之处，有待后继研究进一步完善：一是选择的新闻案例较为单一，新冠肺炎疫情事件具有一定的特殊性和偶发性，期待未来通过其他新闻事件进一步验证结论；二是本文的全球媒介信息流动网络的分析未涉及引用的内容倾向和语境语义，这一问题有待于内容分析和文本分析进一步完善。

"今日俄罗斯"（RT）国际传播的经验及其对我国的启示

【摘　要】"今日俄罗斯"（RT）近年来在争夺西方舆论空间方面具有显著成果。通过自 2014 年起的持续跟踪研究，分析归纳出 RT 借助市场机制、加强国际传播阵地建设、锁定目标受众、实施本土化战略的实践经验，以期为新时代"展示真实立体全面的中国"的国际传播工作提供启示。

【关键词】国际传播　今日俄罗斯　市场机制　阵地建设　本土化战略

为重塑俄罗斯国际形象，2005 年俄政府成立"今日俄罗斯"（Russia Today，以下简称 RT）电视频道，成为由俄联邦预算全额资助的少数国家媒体之一。2014 年乌克兰危机爆发后，其因提供"替代性"报道与西方传统主流媒体展开激烈斗争并持续至今。斗争并未削弱 RT 的国际传播能力，未能阻止其传播空间的扩张与巩固，反而进一步扩大其品牌知名度和影响力。对此，本研究团队自 2014 年起跟踪研究，取得一定的成果。

在深入学习习近平总书记关于加强和改进国际传播工作的讲话后，结合 RT 近年来争夺西方舆论空间的曲折历程和显著成果，我们进一步认识到，**RT 借助市场机制，加强国际传播阵地建设，锁定目标受众，实施本土化战略的实践经验**，对新时代"展示真实立体全面的中国"的国际传播工作具有重要启示。

一、RT 的快速成长及其影响

2005 年 12 月初创时，RT 仅有一套完全面向海外的英语国际新闻频道，俄罗斯国家投资仅 3000 万美元，总编辑时年仅 25 岁，无论是俄罗斯国内还是国际社会均未看好。但成立 5 年之后，RT 便不断取得令世界瞩目的成绩，此后迅速成长，跻身国际主流媒体行列。

（一）迅速打入西方市场

2011年，俄罗斯委托英国调查公司 Kantar Media 进行万人调查表明，RT 周受众数量超过了当时主要的国际媒体，如美国商业电视频道彭博社（Bloomberg）、德国之声（Deutsche Welle）、法国24台（France24）、中国中央电视台新闻频道（CCTV News）和伊朗新闻电视台（Press TV）。美国尼尔森公司调查表明，RT 在美国也取得类似成绩，美国受众更愿意收看 RT 的节目。华盛顿和纽约的87%的受访者表示，BBC 美国台和 CNN 存在偏见，42%的 RT 受众表示，RT 的优势在于其报道新闻的立场及可替代性观点。

2013年 RT 首次被纳入英国媒体受众调查局（BARB）测量名单。结果表明，RT 在英国拥有50万受众，周受众和月受众量均进入英国新闻媒体前3名，仅次于英国广播公司（BBC）和星空新闻（SkyNews），相当于半岛电视英语频道（AlJazeera English）和欧洲新闻（Euronews）的2倍有余，是福克斯新闻（Fox News）的4倍[①]。

据国际领先的受众调查公司 Ipsos2017 年电视新闻受众调查报告，RT 在欧洲拥有受众最多，15个欧洲国家每周有4 300万观众收看；美国其次，每周有1 100万观众，与 RT 在整个中东和北非15个国家的观众总数相当；在拉丁美洲，RT 成为该地区10个国家中最受欢迎的五大国际电视频道之一。

目前 RT 已成为一家面向全球24小时新闻网络，有8个电视频道，6种语言的数字平台和1家视频公司。滚动新闻分别用英语、阿拉伯语和西班牙语播出，纪录片频道在莫斯科制作后用英语和俄语播出，美国频道在华盛顿特区制作，英国频道在伦敦制作，法语频道在巴黎制作。RT 在海外接收方式有三种，即有线电视网、卫星电视和数字平台（互联网、社交媒体等），目前可以在五大洲100多个国

---

① Анастасия Букина. Как телеканал RT завоевал американскую публику [EB/OL]. (2013-09-26)[2021-06-20]. http://mixednews.ru/archives/42265.

家收看。就流量而言，RT 截至 2021 年 1 月，RT 网站每月的访问量超过 1.5 亿次[①]。

（二）新媒体表现突出

RT 在社交媒体上表现尤其突出。早在 2011 年 3 月，RT 在油管（YouTube）上的周访问量便首次达到 100 万人次，跻身整个油管访问量前 100 名榜单，远远超过了福克斯新闻（Fox News）、美国广播电视新闻（ABC News）、星空新闻（Sky News）、美国有线电视网国际台（CNN International）、半岛电视台（Al Jazeera）和路透社（Reuters）等知名媒体[②]。2013 年 6 月，RT 成为油管上第一个拥有 10 亿次以上收视量的新闻频道。RT 频道在油管上的订户达 106 万。2011-2012 年 RT 的官方网站流量翻番，访问量达到 632 万人次。值得关注的是，据 comScore 统计，RT 油管账户上美国访问者占 30%，其官方网站中美国访问者占 50%，截至 2013 年 8 月 RT 的脸书账户中有 30%部分，计超过百万订户来自美国。

（三）与西方主流媒体持续竞争

RT 在美国、英国等西方主要国家的脱颖而出，引起了西方政治家和主流媒体的强烈反响。希拉里、克里等多任美国国务卿曾公开指责 RT，国际传播"霸主"地位受到挑战的 BBC、CNN、FOX 等西方老牌电视媒体与部分西方政治活动家共同掀起抵制和打压 RT 的舆论战和法律战。一方面，西方为其贴上"普京的宣传工具"的标签予以污名化，试图夺回日渐流失的西方受众；另一方面，美国等国借口其受到俄罗斯政府财政资助，通过修改《外国代理人登记法》迫使其注册为"外国代理人"机构，试图限制其在西方的媒体活动，加强对其监督。2017 年美国独立检察官在"通俄门"调查报告中至少 100 次提及 RT，指责其影响美国选民，美国国会借此迫使大型国际社交网站限制 RT 的运营，将传统的信息战扩大到新媒体空间。

[①] About RT [EB/OL]. [2021-06-20]. https://www.rt.com/about-us/.

[②] Media Guide. Russia Today на YouTube стал самым просматриваемым в марте.21 апреля 2011.

随着 RT 国际传播品牌影响力的不断扩大，2013 年 12 月 9 日，根据俄罗斯总统令，原俄罗斯新闻通讯社（俄新社）和俄罗斯之声广播电台合并，组成新的国际通讯社"今日俄罗斯"。为了区别，该通讯社对外英文译名采用俄语音译"Rossiya Segodnya"。后者更多通过其属下的"卫星通讯社"（SPUTNIK）发布信息。"今日俄罗斯"国际通讯社与 RT 的关系主要体现为，两者拥有共同的总编辑，作为"今日俄罗斯"通讯社一部分的俄新社曾经是 RT 登记注册时的出资人。成立"今日俄罗斯"通讯社被认为是 RT 的一种品牌效应，是俄罗斯对国际传播力量的一种整合，并不影响 RT 的独立运营。

二、打造国际化对外传播阵地

国际传播并非对内传播的外部延伸，完全借助既有国内传播平台"走出去"，很难适应国际传播环境的需要，更难克服目标国对既有传播平台的刻板印象。俄罗斯另起炉灶，构建一个完全现代化的以英语为基础的国际传播电视频道 RT，打造国际化特征显著的对外传播阵地。主要做法是**凸显国际媒体身份、精选国际传播语言和组建国际传播团队**。

（一）凸显国际媒体身份

RT 创办前，以俄罗斯新闻社为主的国家传播体系已经拥有一定数量的国际传播渠道和平台，但它们大多同时开展国内国际传播，其国际传播影响力远不如苏联时期的塔斯社和《真理报》，难以与西方主流媒体形成竞争。为此，RT 从零开始，专事国际传播，凸显其"国际媒体"的身份，弱化俄罗斯媒体身份，寻求受众的身份认同。

（二）精选国际传播语言

国际传播成本高、难度大，精准传播尤其重要。作为国际传播媒介，RT 并不追求传播语言的全覆盖，其传播的目标区域与俄罗斯改善国家形象的战略需求完

· 111 ·

全一致，即重点开发俄罗斯国家形象急需改善和重塑的地区和受众。考虑到对俄罗斯国家形象偏见最深的国家和地区以英语为主，RT首选在华盛顿、伦敦、巴黎等地开设演播室，成立传媒公司，就地生产新闻。如今，RT的滚动新闻仅限英语、阿拉伯语、西班牙语三种语言，纪录片则分别用英语和俄语播出，数字平台和短视频增加了法语和德语。国际传播的语言选择与其改善国家形象的细分目标受众完全一致。比如，尽管中国是俄罗斯最大邻国，拥有庞大的潜在受众，但中国并未成为俄罗斯改善国家形象的优先对象，中文亦未成为RT国际传播的优先语言。与中国合作的任务则由"今日俄罗斯"通讯社负责，其先后与中央电视台和中国广播电台签署了合作协议。明确的阵地建设目标，既有利于RT国际传播品牌的迅速成长，也降低了其扩张的成本。

（三）组建国际传播团队

缺乏英语报道专业人才一度是俄罗斯各界对RT未来持怀疑态度的重要原因。RT总编辑对此毫不避讳。她说，RT创办之际，俄罗斯国内能够担任英语频道主播的专业人才屈指可数。因此，RT实施新闻编采团队本土化策略，其新闻主播大多由传播目标国的员工组成，同时聘请一批西方国家的专家担任顾问，经营管理更多与当地媒体和专业团队合作，打造一支高度国际化的传播团队。此举不同于CNN、BBC及其他国家的做法。后者虽然也经常聘请本土人才加盟，但多限于辅助性岗位。而RT英语频道、阿拉伯语频道和西班牙语频道均无一例外地实施人才本土化战略。比如，RT阿拉伯语频道聘请了原半岛电视台驻莫斯科办事处主任担任总制片人。

正是这支以本土人才为主体的国际化报道团队，成功地利用目标国的主播、制片人等所占有的天时、地利、人和的优势，提升了RT报道的亲和力，吸引越来越多的本地受众。甚至对RT持强烈批评态度的美国前国务卿希拉里·克林顿也不得不承认，"在许多国家都收看，个人觉得它相当有意思"[①]，并因此警告美国可能在信息战中输给俄罗斯。

---

① Валерий Росс.Война за умы: США начинают бояться. Russia Today[EB/OL]. (2011-04-27)[2021-06-20]. http://zadumaisa.com/archives/3924.

显然，由各种肤色、语言、宗教和文化组成的多元人才结构，对管理者提出新的挑战。RT 的主播团队绝非仅仅因为漂亮而引人关注，她们观点鲜明，性格张扬，并因此引发不少风波。例如，有一位主播明确表示反对普京的克里米亚政策，另一位主播甚至在直播期间宣布辞职。此类事件一度成为西方媒体的热门话题，它们借此攻击 RT 的编辑政策，指责其为"普京的宣传工具"。面对个性张扬的主播们时而制造的一些"麻烦"，RT 表现出相当的克制和冷静，对员工的自我表达的权利表示了充分的尊重，并且坦然面对西方政客和媒体因此发出的挑战，采用西方社会能够接受的方式处理各种危机。主播辞职风波并没有改变 RT 的人才战略，俄罗斯政府也没有因为 RT 主播的"反动言论"而施压，反而进一步明确对 RT 的支持。结果，主播风波成为 RT 国际公关的一次机遇，成为重塑俄罗斯国家形象的另类手段。曾公开反对普京的主播未被解雇，她在社交网站上发表声明称，为服务于可"自由发表观点"的媒体感到骄傲。

三、制作目标受众需要的内容

根据传播学的"使用与满足理论"，国际传播不仅要清楚我们想说什么，更应清楚受众需要什么。内容选择决定国际传播的传播力和生命力。RT 根据目标受众的特征，通过报道国际新闻展示俄罗斯的立场与观点，另辟蹊径，取得较好的效果。

（一）关注西方媒体"灯下黑"

RT 总编辑明确表示，如果 RT 只报道俄罗斯新闻，便是死路一条。因为在讲英语的人群中，每天愿意看俄罗斯新闻的人并不多，全世界不超过十万。为如此少的受众投入如此多的钱财，实在不值得。为此，RT 滚动新闻以报道频道所在国（地区）新闻为主，更多关注被西方主流媒体忽视的新闻或同一新闻的另一面。调查显示，人们之所以选择 RT，正是因为它报道了 CNN 和 BBC 等西方主流媒体未报道的内容。此举也赢得了业内的认可。比如，2014 年 RT 关于美国关塔那摩的特别报道获得纽约新闻电影广告节大奖；其阿拉伯语频道关于叙利亚的 3D 报道获得创新提名奖；纪录片《血腥报复》获电视推介奖；《技术更新》获得科技奖提名。

（二）提供可替代的观点

2008年，俄罗斯与格鲁吉亚在阿布哈兹和南奥塞梯发生冲突后，RT与CNN等西方媒体发生了第一次激烈的观点较量。它以自己独立的视角打破了美国、欧洲等西方媒体一边倒的报道格局，为世界展示了另一幅冲突图景，与西方媒体所谓的俄罗斯入侵格鲁吉亚的单一报道形成对抗，招致西方媒体的口诛笔伐，并被贴上"不严肃"的标签。此后，在乌克兰危机、叙利亚内战、占领华尔街、英国脱欧、黑人的命也是命等重大国际新闻报道中，RT均以向受众提供"替代性"观点见长。

比如，RT曾经打算在华盛顿机场竖立两块广告牌，其中之一是美国时任总统奥巴马和伊朗总统艾哈迈迪-内贾德的照片，广告语则是"谁是最大核威胁"，另一幅广告由电视摄像机和自动步枪构成，广告语则是"哪一种武器更有威力"。两组广告被机场拒绝后，RT在自己的网站上解释称，此举是希望提醒观众，所有事件都存在两种观点，鼓励受众以更开阔的视野看世界。

RT的"可替代"观点引发西方主流媒体不满。英国《卫报》是RT的反对者之一，不断呼吁当局"审查普京的新闻频道"，称RT的"有害观点无法不令人害怕""不应该允许奉行阴谋论、以反对霸权为旗号的独裁体制的宣传存在"[①]。英国BBC指责RT将英国强硬的"脱欧"政治领导奈杰夫·法拉奇变成了国际社交媒体油管上的明星，影响英国的政治形势。

四、遵照国际传媒规则运营

面对来自西方政治家和主流媒体的强烈排斥，RT并未疲于应付，而是见机行事，借助于西方社会既有的游戏规则为其发展提供法律、道义的支持，使用西方

---

① Steve Bloomfield.Ofcom should be looking again at Putin's TV news channel [N]. The Guardian, 2014-04-24.

受众能够接受的方式表达俄罗斯观点，在观点冲突中不断融入西方社会，着力将自己打造成一个符合国际新闻生产专业标准的世界媒体品牌。

（一）遵循市场原则，加强与目标国的合作

RT 创办之初，俄罗斯政府拨款 3000 万美金用于启动，此后各年不断予以资助。尽管该频道是普京总统明确要求按预算全额支持的三家俄罗斯媒体之一，但由于俄罗斯财政资金并不充裕，完全依赖国家资助很难快速成长。RT 遵循市场原则，在目标国注册成立法人单位，与当地通信运营商、内容供应商等合作，既包括国有公司，也包括私营公司。比如在美国，它先后与华盛顿、纽约、芝加哥、旧金山等地有线电视公司签约，为其内容接入创造条件；在阿根廷和委内瑞拉已融入其国家电视网络；在玻利维亚和古巴，观众则分别通过 1 家国营卫星通信系统和 1 家国家电视频道收看。RT 除纪录片在国内生产外，其内容生产基地均在海外。如美国节目在华盛顿制作、英国节目在伦敦制作、法国节目在巴黎生产，视频服务公司成立之初便直接设立在德国柏林。

（二）熟练运用西方报道手段，积极开展国际斗争

西方媒体在现代传播业中占了先机，无论是传播的技术标准还是传播的伦理规范，长期以来都由他们主导。如今，RT 企图打破"一言堂"，必然致其不悦。更令其无奈的是，RT 报道美国、英国等西方国家的方法、角度和 CNN、BBC 等报道俄罗斯的方法与角度如出一辙。换言之，在 CNN 和 BBC 眼里，俄罗斯没一件好事，那么，在 RT 眼里，美国和英国也好事不多。如果西方媒体指责 RT 操作手段不当，则 RT 马上举出西方媒体更多的类似案例，避免西方媒体抢占传播的"道德高地"。在此，西方媒体很难以"导师"的身份教训 RT，只能从"意识形态"的角度攻击 RT，称其为普京的宣传工具。可是，RT 很快用事实证明，BBC、CNN 等同样是"宣传工具"。

始终以"人权"和"言论自由"的捍卫者自居的西方媒体及政治家们，在考虑如何禁止 RT 发声时，陷入了矛盾。RT 则成功地避免因明显的专业错误或法律

问题而被驱逐的命运，充分利用西方社会的"矛盾"心理，扩大自己的影响，并赢得更多愿意独立思考的受众。

（三）参与西方新闻组织，树立传媒专业形象

RT 努力打造国际品牌形象，主动参与西方的媒体组织中，树立专业形象，以此向西方社会表明，RT 并非离经叛道者，它在产品质量、人文关怀、社会责任等领域和 CNN、BBC 等一样，努力追求最高水准。为此，它经常与 BBC、CNN 等西方媒体共同参与世界各地的电视节目评比。从 2007 年开始，它们制作的新闻报道、纪录片、推介广告等作品开始赢得享有新闻"奥斯卡"之称的艾美奖的评委及蒙特卡罗电视节、纽约电视节和墨西哥新闻俱乐部等世界各地新闻传播组织的关注，并不断获得褒奖，成为俄罗斯唯一 9 次获得艾美奖的新闻组织，赢得国际社会的专业尊重。当 RT 与 CNN 等竞争对手同台领奖时，它在不断向西方社会成功传递一个世界媒体的品牌形象。

五、RT 实践对我国的启示

RT 的使命是重塑俄罗斯的国际形象，因此其传播战略与发展路径的选择必然是基于俄罗斯面临的问题的，与俄罗斯的政治、经济、文化的历史和现状密不可分。因此，其具体运营方式方法未必能够适应中国国际传播的需要，但其**遵循市场规则，打造国际传播阵地、以目标受众为中心的本土化传播战略等**，对我国国际传播的管理者和工作者落实习近平总书记的讲话精神具有重要启发。

（一）遵循市场原则，拓宽对外合作思路

目前，我国对外传播的主要路径有内容交换和信号落地两种。但是不同目标国对于我国媒体的内容需求和交换意愿差异明显，内容交换的成功率及其成效均受限较多；信号落地成本高昂，开拓市场的难度较大。上述两种方法总体思路仍然是自我推销，难以激发当地合作者的积极性。RT 通过在当地注册法人，以投资、

参股、政府间合作等多种路径，与目标国的传媒企业合作，让后者成为 RT 市场开拓的共同受益者，而非单纯的买方或委托方，更能适应西方国家市场化运营的传播环境。

负责国际传播组织，需要通过在国外建立市场化的传播机构，聘用当地的人才，租用当地的场所，加快融入当地的政治、经济和社会生活中去，成为当地受众认同的国际媒体，可以更好地发挥国际传播资金和资源的杠杆作用，激发更多的本地资源和主体参与国际传播建设，让目标国的受众成为中国国际传播阵地建设的支持者与维护者。

（二）重视身份认同，精细建设传播阵地

信息传播的基本模式是"传—受"关系。同一条消息，传者不同，受众接受程度迥异。正是意识到原有俄罗斯传媒在西方受众中已形成根深蒂固的刻板印象，俄罗斯政府才力排众议于 2005 年成立 RT，并塑造"国际传播者"的身份，弱化俄罗斯传媒身份。同样，今天西方媒体和政治家与之斗争时，最重要的手段便是将 RT 重新贴上俄罗斯传媒的标签，并进一步强调其"普京的宣传工具"的身份，甚至不惜修订法律，逼使其在美国注册为"外国代理人"。身份认同的构建与解构成为 RT 与西方主流媒体竞争国际话语空间的最重要手段。

中国的国际传播也面临"谁在说"的问题，需客观评估不同地区和国家受众对我国媒体的身份认同水平，精细化建设传播阵地。建议根据不同地区、民族和国家的传播生态差异和现有国际传播媒体的实际影响力，基于受众需求，优化阵地布局，避免不同媒体在同一地区和国家的低水平重复建设；对长期传播效果欠佳的地区，基于市场需求建设新阵地。

（三）服务目标受众，提升内容的针对性

RT 的目标受众是俄罗斯国家形象构建的群体，特别是西方国家的受众，而这部分受众对"俄罗斯新闻"兴趣索然。为此，RT 全面转向"国际新闻"，参与目标国的新闻报道中，融入当地传播生态，在目标国争夺国际新闻话语权，为目

受众提供新闻服务，同时融入俄罗斯视角和立场。RT 的口号是"Question More"（请多提问），鼓励当地受众更多地向 RT 提问，形成"传—受"互动。其不同语种的频道、网站等有较强的针对性，彼此间内容差异明显。

当前及今后相当长一段时间，我国国际传播工作也需根据目标国有区别地开展工作，为中国实施全面改革开放，实现第二个百年梦想创造良好的外部舆论环境。RT 的实践表明，如果中国媒体在海外只讲中国故事，只代表中国发声，那就等同于外交部新闻发言人。负责国际传播的中国媒体要在斗争激烈的国际传播空间占有充分的话语权，需要从构建人类命运共同体的世界格局，以国际视野关注全球性重大事件，关注西方主流媒体有意忽视而又十分重要的人和事，并且与传播目标国的受众形成对话与互动，主动服务目标受众，根据受众需求制作传播产品，提升内容供应的针对性。

印度涉华谣言借力西方议程冲击中国形象

【摘　要】随着中印关系在加勒万冲突后进一步恶化，印度舆论频繁制造涉华谣言，并产生了一定的国际影响。借助数据分析，通过对"中国将接管阿富汗巴格拉姆空军基地"这则由印度媒体夸大、制造的谣言的个案剖析，探究印度涉华谣言的传播路径和逻辑，以及其产生国际影响的条件。从舆论认知、媒体环境和政治生态层面剖析了印度涉华谣言频发的原因，并试图从宏观、中观和微观角度提出应对建议。

【关键词】涉华谣言　巴格拉姆　零和认知　美国保守派

随着2020年6月印度在加勒万河谷挑起边境流血事件，中印关系不断恶化，印度舆论中的涉华谣言频现。通过对印度Alt News等主流辟谣网站及国内主流媒体报道的分析统计，本研究发现，自2020年6月到2021年12月，中国已经成为印度谣言的最大目标国之一——与巴基斯坦相差无几，数量上远远甩开美国等第二梯队国家；而从内容上看，印度涉美谣言多"利用"美国为印度或其国内政治人物"背书"，而涉华谣言主要由直接攻击、污蔑中国的虚假信息构成，因此也更具攻击性。

可见，印度制造的涉华谣言显示了印度舆论中的对华敌意，试图将中国塑造成"霸凌者"，同时也极力渲染中国的"地缘野心"，迎合西方舆论对中国的"刻板印象"。部分谣言产生了一定国际影响。与此同时，国内舆论对印度涉华谣言的关注也全方位加强，一部分并未产生国际影响的印度涉华谣言在国内舆论场中引发激烈讨论，进一步强化了国内舆论对印度的负面认知。

本文以"中国将接管巴格拉姆空军基地"这一谣言为例，分析了印度涉华谣言的传播路径和节点，并总结印度涉华谣言产生国际影响所需具备的条件，通过印度精英认知等层面分析了印度热衷制造涉华谣言的原因，最后提出相关对策建议。

一、"巴格拉姆空军基地事件"背后的印度谣言传播路径

在 2021 年美军撤出阿富汗之后，所谓的"中国将接管阿富汗巴格拉姆前美军基地"的谣言一度甚嚣尘上，成为少数能够在国际舆论场上对中国产生一定负面影响的印度涉华谣言之一。由这则谣言的产生与发展可以管窥形成一定国际影响的印度涉华谣言的传播路径与逻辑。

（一）过程：印度媒体夸大美国政要"战略假想"

2021 年 8 月美军全面撤离阿富汗，直接加速塔利班重掌阿富汗，拜登政府也因此遭到共和党及美国舆论的猛烈攻击。在此背景下，2021 年 8 月 31 日，亲共和党媒体**福克斯新闻**以《拜登失去了军方和全球盟友的信任和信心》为题，刊发美国前驻联合国大使尼基·黑莉在该电视台《特别报道》栏目中对拜登草率撤军的批评，核心内容为此举将导致军方和盟友丧失对美国政府的信任。黑莉以中国可能会追求接管巴格拉姆前美国空军基地这一"战略假想"，试图强调撤军对美国全球战略地位和反恐形势的影响。但报道对此并未予以强调。福克斯的报道也未引发舆论反响[①]。

2021 年 9 月 2 日，印度最大新闻通讯社**印度报业托拉斯（PTI）**[②]以《前美国大使尼基·黑莉：中国试图接管阿富汗巴格拉姆空军基地，利用巴基斯坦对抗印度》为题，加工并放大了黑莉在《特别报道》中有关中国的"假想"，并受到印度媒体的广泛传播，由此掀起了第一个传播小高峰。由于相关内容被截取，失去了原有语境，"中国将接管巴格拉姆空军基地"从一种战略假想变成了看似言之凿凿的谣言，并受到了其他国家舆论的关注。**2021 年 9 月 7 日**，我国外交部发言人汪

---

① 报告分析了 2021 年 8 月 31 日-9 月 30 日"中国将接管巴格拉姆空军基地"相关谣言在境外主流媒体和社交媒体上的传播声量，得到传播走势图。

② 由于塔斯社记者在向中国外交部提问时称这一消息是由印度《先锋报》报道，因此国内舆论在转引是普遍将《先锋报》作为这一谣言的始作俑者，不过实际上据溯源，这则消息的最早由 PTI 首发。

文斌在回答塔斯社记者就该报道提问时，驳斥其"纯属假消息"，我方辟谣受到国际舆论报道和转发。

2021 年 9 月 8 日，相关谣言也受到美国舆论的再次关注，当日，美国右翼媒体《美国新闻与世界报道》记者保罗·辛克曼（Paul D. Shinkman）枉顾中方辟谣，言之凿凿地发文称"中国考虑占领巴格拉姆前美国空军基地"。随即，报道被**共和党众议员吉姆·班克斯**（Jim Banks）转发；9 月 15 日，美国**退役军官、共和党人"巴兹·帕特森**（Buzz Patterson）对这一消息进行点评称"中国能够介入和控制巴格拉姆空军基地"，吸引国际舆论进一步讨论，形成此次谣言传播的最高峰。

2021 年 9 月 20 日，印度媒体 CNN News-18 以独家新闻的方式对谣言进行进一步"升级"，称中国代表团在阿富汗巴格拉姆空军基地进行考察，印度对此表示关切。随后，我国国防部发言人再次辟谣。谣言由此形成最后一个传播波峰，但热度相对较低。

综上所述，"中国将接管巴格拉姆空军基地"这一谣言，实质上是印度媒体截取并夸大了美国政要为批评拜登而提出的一个"战略假想"。通过印度舆论的广泛传播，这一战略假想逐渐谣言化，并重新引起美国保守势力关注。此后，印度媒体围绕这一主题再次造谣，由此形成多个传播高峰（如图 1 所示）。

图 1　"中国接管巴格拉姆空军基地谣言"传播走势图

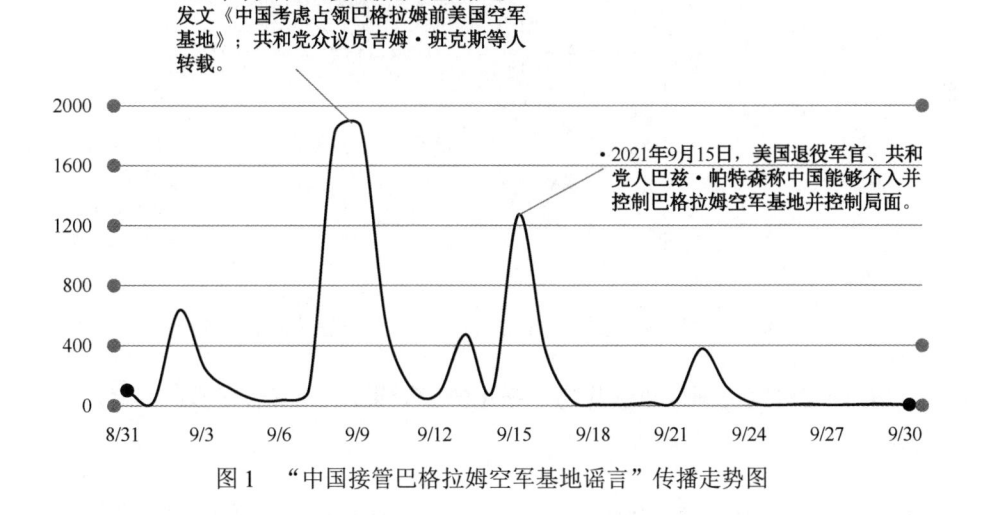

（二）节点：印度造谣，美国推波助澜

通过对境外社交媒体上有关"巴格拉姆空军基地事件"的谣言传播节点进行分析，报告发现：

一是印美是这一谣言的主要传播者。传播节点图显示①（如图 2 所示），重要传播节点主要是美国和印度的相关人士和媒体，而其他国家人士和媒体对这一谣言传播的助力有限。

图 2 "中国将接管巴格拉姆空军基地"谣言传播节点图

二是谣言引发美国保守派共鸣，强化传播效果。虽然谣言先发于印度媒体，

---

① 传播节点图通过分析 2021 年 8 月 31 日-9 月 30 日期间"中国将接管巴格拉姆空军基地"相关谣言在境外社交媒体上的传播，绘制社交网络传播图，根据推文发布账号所属的不同国别，将传播节点分为印度账号、美国账号等类型，以此展示谣言传播过程中的重要节点和传播主体。

但真正使谣言在国际舆论场产生影响的却是美国的"节点"。而值得一提的是，图2中所显示的显著的节点，无论是Newsmax、保罗·辛克曼所在的《美国新闻与世界报道》等媒体，还是凯文·麦卡锡、吉姆·班克斯、"巴兹"·帕特森等，都有着共同的背景——右翼保守派，其中有的甚至与前总统特朗普过从甚密。

因此，可以说，有关中国将接管巴格拉姆空军基地的谣言，实际上是印度媒体刻意加工来自美国的信源，夸大中国"地缘野心"，在迎合美国右翼保守势力对华关切的基础上，借美国的议程设置能力实现"破圈效应"。

（三）影响：印度谣言借西方议程扩大影响

加勒万河谷冲突发生以来，印度舆论场涉华谣言不断，但像"中国接管巴格拉姆空军基地"这样产生一定国际影响力的谣言并不多。本研究整理了2020年6月至2021年12月期间，印度舆论场中遭到中印权威机构[①]批驳的近60个涉华谣言，并对这一周期内相关谣言在媒体（指印度英文媒体和国际主流媒体）及推特平台上的国际传播热度进行指数化计算后，得到其中传播度最高的10个涉华谣言（如图3）。

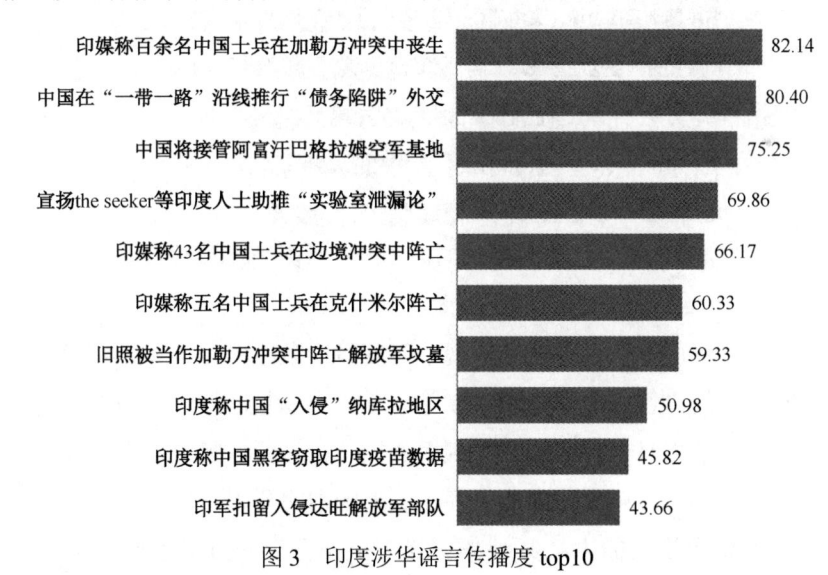

谣言	传播度
印媒称百余名中国士兵在加勒万冲突中丧生	82.14
中国在"一带一路"沿线推行"债务陷阱"外交	80.40
中国将接管阿富汗巴格拉姆空军基地	75.25
宣扬the seeker等印度人士助推"实验室泄漏论"	69.86
印媒称43名中国士兵在边境冲突中阵亡	66.17
印媒称五名中国士兵在克什米尔阵亡	60.33
旧照被当作加勒万冲突中阵亡解放军坟墓	59.33
印度称中国"入侵"纳库拉地区	50.98
印度称中国黑客窃取印度疫苗数据	45.82
印军扣留入侵达旺解放军部队	43.66

图3 印度涉华谣言传播度top10

---

① 包括Alt News等权威辟谣机构以及中印政府和媒体等主体。

数据显示，与"中国将接管巴格拉姆空军基地"这一谣言同处热度第一梯队仅有"超过百名解放军加勒万冲突中丧生""中国在'一带一路'沿线推行'债务陷阱外交'"等谣言。其他谣言在国际舆论场的传播热度都不高。可见印度制造的涉华谣言在所考察的媒体和社交平台环境中传播力并不强。

在此基础上，本报告通过计算非印度媒体和非印度网民对谣言的传播量占比，并经指数化处理研究"热点"印度涉华谣言的"国际扩散度"（如图 4）。数据发现，除"中国在'一带一路'沿线推行'债务陷阱外交'"和"中国将接管巴格拉姆空军基地"产生了国际影响，其他谣言的扩散度数值都不高，基本未在国际舆论场上产生影响。

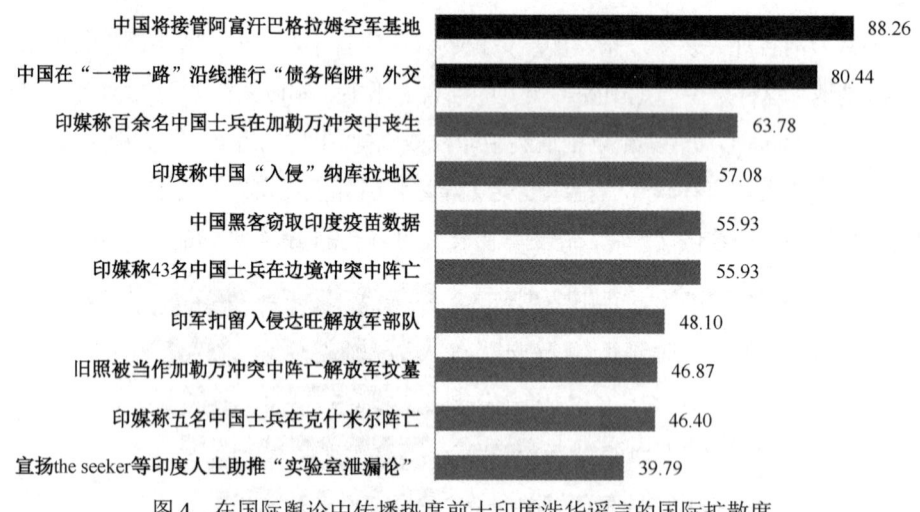

谣言	扩散度
中国将接管阿富汗巴格拉姆空军基地	88.26
中国在"一带一路"沿线推行"债务陷阱"外交	80.44
印媒称百余名中国士兵在加勒万冲突中丧生	63.78
印度称中国"入侵"纳库拉地区	57.08
中国黑客窃取印度疫苗数据	55.93
印媒称43名中国士兵在边境冲突中阵亡	55.93
印军扣留入侵达旺解放军部队	48.10
旧照被当作加勒万冲突中阵亡解放军坟墓	46.87
印媒称五名中国士兵在克什米尔阵亡	46.40
宣扬the seeker等印度人士助推"实验室泄漏论"	39.79

图 4 在国际舆论中传播热度前十印度涉华谣言的国际扩散度

可见，夸大解放军伤亡等内容体现了印度舆论激进的对华态度，却无法引起西方舆论共鸣。但"债务陷阱"和"接管阿富汗空军基地"之类的谣言则在特定重大节点中迎合西方对中国的担忧和刻板认知，成为西方舆论议程和攻击中国素材的一部分。这是两者在国际影响上存在巨大区别的原因。也可以说，**受制于印度有限的国际议程设置能力，其涉华谣言需要在符合西方对中国的认知的基础上，依托西方的舆论攻势才能产生国际影响，这才是对中国较大的威胁。**

（四）"过度关注"：强化敌对意识或影响外交政策

谣言已经成为印度舆论的"牛皮癣"，各领域谣言层出不穷。但印度谣言（特别是涉华谣言）的国际影响总体有限。尽管如此，在中印关系不断恶化的背景下，国内舆论对印度涉华谣言的关注度也在不断增加，其显著的表现就是常有媒体和自媒体将各类印度涉华谣言"搬运"至国内舆论场中。搬运回国的谣言往往会刺激国内舆论的激烈情绪，除了讨论和批评外，也更多夹杂着对印度的轻蔑与嘲讽。

报告通过情感识别算法，对加勒万冲突发生以来被媒体和自媒体"搬运"回国内舆论场的印度谣言进行情感分析，得到舆论情感最为负面的5个谣言，并对其传播度和国际扩散度进行计算（如图5所示）。数据表明，除了本文重点分析的"中国将接管巴格拉姆空军基地"之外，其他受到国内舆论激烈抨击的印度谣言，并未产生较大的国际影响，甚至多数也未表现出很强的传播力，以"印度'中国通'谢钢质疑新冠病毒是否是生物武器"这一谣言为例，这位尼赫鲁大学的中国专家所发表的"奇谈"，在印度和国际舆论场上所受到的关注甚至远不及在中国舆论场上的热度。

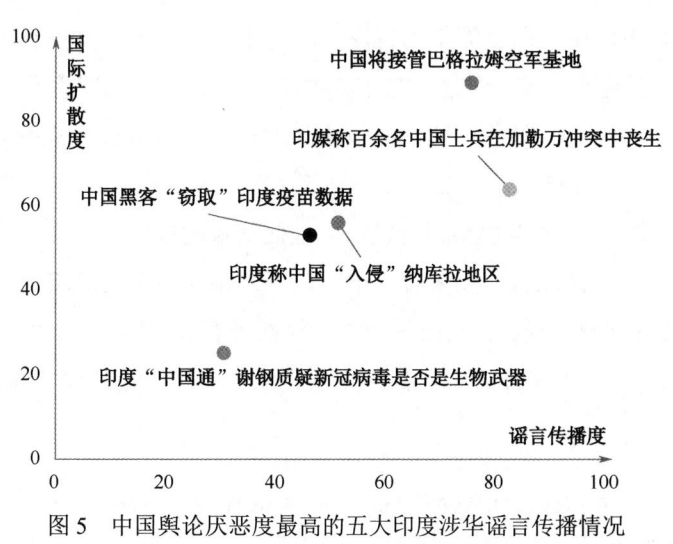

图5 中国舆论厌恶度最高的五大印度涉华谣言传播情况

过度关注和强调这些谣言的意义，也造成国内舆论对印度负面情绪的直线加剧。对上述谣言讨论，进一步强化了国内舆论对印度"全民反华"的认识和要求"以牙还牙"的情绪；同时，批评言论中高频出现的"阿三""摩托车""印度也配"等用词，也不断向整个舆论场传递出国内网民对印度的轻蔑、鄙视情绪，而这种对印度的不屑态度，又一定程度上催生了一些动辄言战的言论。

不过，因此强化对印敌意会带来一定负面影响：对印恶感下，舆论可能会一味追求反制，"不能吃印度的亏"，从而对有关部门未能"强硬"地处理两国关系表示不解——正如我国没有第一时间公布我方官兵在加勒万冲突中的伤亡情况而受到部分舆论不解。

二、"零和认知"催生印度舆论常态化对华造谣

加勒万冲突至今，谣言已经成为印度舆论中涉华信息的一种常规形态。而"常态化造谣"的形成有多种原因，其中包括对中国"零和认知"所造就的敌意化社会氛围，印度媒体生存状态和自身素质，也包括其内部政治生态的变化。

一是印度舆论普遍地将中国视为与印度展开零和竞争的敌人，为涉华谣言的制造和被接受创造了土壤。 中印面临相同的双边关系客观环境，但两国舆论的行为模式却截然不同——印度涉华谣言泛滥，而中国舆论场中并没有出现大面积恶意造谣。要解释这个差异，一定程度上需要理解认知和观念在国际关系中的作用。建构主义在内的经典国际关系理论都强调观念和认知是国家间关系中一种巨大力量，认为在政治学领域"不存在自然科学意义上的客观事实"，一旦某一种愿望受到足够多人的接受，事实就会发生改变[1]。因此认知构成了所有政治行为的基础[2]。

从中印舆论对彼此的认知来看，中国一直未将西南视为战略重点，因此对印度的威胁认知也相对较低[3]，因而从行为上偏向于宽容，倡导共赢。但对立志成为"有声有色的大国"的印度来说，在其战略想象中，中国是外部环境的核心变量，

---

[1] 秦亚青. 建构主义：思想渊源、理论流派与学术理念[J]. 国际政治研究, 2006(3):15-18.
[2] 亚历山大·温特. 国际政治中的知觉与错误知觉[M]. 上海人民出版社, 2015.
[3] 叶海林. 自我认知、关系认知与策略互动——对中印边界争端的博弈分析[J]. 世界经济与政治, 2020(11):17.

中印事务被认为非常重要,甚至是决定性的。两国的互动更多地被印度精英看作一种平等强国之间的零和博弈[1]。这就意味着印度的获益必须以中国的受损为前提。

与此同时,印度舆论对中国的敌意态度由来已久。自2009年(甚至更早)以来,印度非政府战略层面的对华敌对情绪就居高不下[2],近年来两国综合实力落差加剧和加勒万冲突等边境争端进一步推高了这种敌对情绪[3]。而且这种敌意是全方位的,在早前皮尤的民意调查中,印度是唯一对中国经济发展持负面态度的亚洲国家[4],而彼时中国经济的发展普遍被认为带来了巨大的正外部性。

当对中国的"零和认知"成为印度人(至少是精英)的集体认知后,为了保持"认知一致性",他们倾向于回避和抵制与自己核心信仰不一致的信息[5];更进一步则是"制造"谣言,使中国的形象和行为符合其"零和认知"。因此就看到,在一系列边境争端中,印度率先在己方实控线(LAC)一侧修建基础设施,却攻击采取相同策略的中国"改变现状";同样,印军在加勒万河谷遭遇大量伤亡后,印度舆论乐此不疲地制造解放军伤亡更惨重的信息,其数字越是夸张越是能够引发共鸣。正是在这种集体认知驱动所形成的舆论氛围下,身陷其中的印度民众和媒体有意或无意地生产或传播涉华谣言,并且由于此类涉华谣言有广泛的追求"认知相符"的受众,又进一步吸引了更多形形色色的谣言制造者。

二是印度英文媒体为求生存而搏眼球博出位的作风与从业者的低素质助推了涉华谣言生产。 印度媒体市场数量庞大,竞争激烈。与地方语言媒体拥有大量的天然读者群不同,作为外交和国防议题上主要的议程设置者,印度的英文媒体需要在少数巨头已经确立起优势的市场结构下,争夺大约3 000万的精英读者市场。其生存主要依靠广告收入,因此对注意力的争夺可谓惨烈。于是,迎合舆论气氛,能够与精英舆论对中国的零和敌对认知相符,才能吸引更多注意力。激烈

---

[1] 叶海林. 身份认知偏差对中印关系前景的影响[J]. 印度洋经济体研究,2020(3).
[2] 唐璐. 印度主流英文媒体报道与公众舆论对华认知[J]. 南亚研究,2010(1).
[3] 叶海林. 身份认知偏差对中印关系前景的影响;洪民华,汪婷. 中印伙伴关系复杂性的战略分析[J]. 探索与争鸣,2021(9).
[4] 余万里. 关于中国国家形象的国际政治思考——基于对两份国际民调报告的解读[EB/OL]. 察哈尔学会官网,(2011-11-18)[2021-11-08]. http://www.charhar.org.cn/newsinfo.aspx?newsid=3338
[5] 张清敏. 国际政治心理学流派评析[J]. 国际政治科学,2008(3).

的竞争下，印度媒体自诩"自由、民主"，但是对"爱国谣"在内的虚假信息却罕有制约机制。特别是电视台的节目被指充斥极端而耸人听闻的内容，其公信力受到广泛质疑，它们在涉华谣言中也扮演了"先锋"。与此相关，数量巨大的媒体也带来了众多媒体从业者，受制于有限的教育水平，很大一部分不具备信息甄别的能力，与专业性的媒体要求不符。没有真凭实据的"消息人士"能够轻易出现在印度一些看似专业的媒体上，制造了许多与中国有关的虚假信息。

三是印度教民族主义势力在印度政坛不断巩固的地位对涉华谣言的产生和传播产生了直接影响。随着印度人民党连选连任，右翼的印度教民族主义势力不断做大。印度右翼保守势力的不断壮大对涉华谣言造成了至少两重影响。一方面，右翼保守势力更加固执己见，对中国持更为顽固的敌视和"零和认知"，以"重创中国入侵者""反对商品等来自中国的元素对印度教传统的破坏"等为中心思想的谣言，往往能够在印度教民族主义者的谣言叙事体系中找到契合点。另一方面，具有强大政治影响力的印度教民族主义势力国民志愿服务团（RSS）强大的组织动员能力正在与谣言结合。印度涉华谣言的国际传播中，未经编辑进行转发/复制内容进行发布的情况在印度网民中占比极高。这种情况与印度执政党印度人民党在国内通过创建谷歌文档分享文案，并要求志愿者在推特等社交平台分发类似文案以操控热门话题的做法如出一辙。

三、分类施策，精准狙击印度涉华谣言

印度舆论对华造谣频繁，在借力西方议程的前提下，也会对中国造成一定冲击。此外，这些谣言被搬运至国内则往往会诱发舆论极端情绪。因此，针对不同类型的印度涉华谣言，以及印度舆论"公信力"的缺陷等，我方也需有针对性地进行反制。

一是适时引导舆论情绪，及时反击涉华谣言，根据涉华谣言不同类型"分类施策"。加勒万冲突之后，印度涉华谣言的产生很大程度上与印度对华零和敌对的认知有关。但这种偏执和极端的对华认知，并不是国际社会的"共有知识"，结合印度缺少国际政治中议程设置能力，无论是造谣中国入侵，或是试图证明中国伤亡惨过印度的谣言，虽然危言耸听，但是无须过度关注。对于此类难以产生国际

影响的谣言，除了需要予以澄清外，还需注意其在国内舆论场中的讨论情况，适时适度引导，避免过度地非理性情绪升级，对政府处理两国关系的政策产生掣肘。但对于符合西方主流舆论对华认知的印度涉华谣言，则需要早发现、早介入，通过外交、新闻媒体等渠道及时有力辟谣；在涉及可能造成国际社会战略误解的问题上，我方还需要在上述渠道外，调动学界等专业资源精准地化解错误认知。

二是有理有据揭示印度舆论"造谣文化"，削弱其谣言的可信度。近年来，印度舆论制造和传播虚假信息在其国内外屡次产生负面影响，甚至酿成流血冲突，受到国际主流舆论和学术界的批评，印度舆论的不可靠性及其在国际舆论场上制造虚假信息问题已受到关注。在此基础上，我方可以利用国内外已有成果，结合自身受害经历，加强对印度舆论造谣现象的曝光，包括背后的组织机制的频率和力度；也可以鼓励学界、智库更多地以外文形式有理有据地展示有关印度谣言生产传播机制的研究成果，并在重要问题上表明中国立场，最好在谣言未诞生甚至萌芽阶段就及时掐灭。

三是精确解构中印关系，对冲"零和认知"。要应对印度的涉华谣言，重要的是解决印度舆论对中国的"零和认知"。有学者认为，我方过去对印度采取合作性策略，但是这种策略没有很好地改变印度舆论的零和认知。在这种情况下，我方需做好中印关系合作基础长期遭到削弱的准备，精准解构中印关系。一方面，在"不以印度为主要战略威胁"的前提下，尽量不抬高双方对彼此的威胁认知，并在有条件的领域继续推动合作，缓和彼此敌对认知；另一方面，则可能需要通过"发出警示信号、采取承诺行动，使其感受到我方能够给对方造成重大损失的能力"[①]，以更强硬的方式对冲印度媒体强烈的"零和认知"。

---

① 叶海林. 自我认知、关系认知与策略互动——对中印边界争端的博弈分析[J]. 世界经济与政治，2020(11)：4-23+156.

"网红"渐成国际传播新媒介：
大数据分析涉华网红内容生态与传播特征

【摘　要】网红传播作为一种新兴的数字文化传播模式，在跨文化领域崭露头角。本文将涉华网红群体作为研究对象，刻画内容生态发展现状、搭建COL传播影响力评估模型、分析数字文化传播的路径与特征，由此形成总结参考以助力中国文化与时偕行，运用数字媒介迈上全球化、信息化的道路。

【摘　要】国际传播　网红传播　数字文化　传播力评估

网红传播作为一种新兴的数字文化传播模式，在跨文化领域崭露头角。2019年起，中国主题网红"走红"国际互联网平台的现象引发国内外关注。疫情期间，网红群体的新型文化媒介人（Cultural Opinion Leader，COL）角色伴随网络视听习惯的普及得到确立，在国际互联网平台中构成新的网络文化形态。

一、重新审视网红的传播形态

网红并非今日才有，也不是一成不变的，其广泛存在于信息发布、公共讨论及品牌传播等领域，成为触达网络受众、触发在线行为的主要抓手。如今，国际社会开始重新审视社交媒体影响者传播的特征和优势，肯定网红在国际传播领域的新型信源和舆论领袖地位。

1. 国际社交传播机制的有效性

社交传播机制能够在很大程度上优化信息传播效率，由此推动国际传播变得更加扁平和高效。疫情期间的调研结果印证了社交影响者（Social Media Influencers，简称SMI）传播的有效性，疫情发生后，SMI的英美受众与影响者加强联结，互动率较疫情前出现了只增不减的势头。

网红媒介形态发展兑现了社交传播机制的成长性。相关研究可以追溯到网络博客，20 世纪中后期"博客圈"兴起，塑造了公共话语中的新角色；而后流行文化接纳网红形态，通过"微名人"的在线身份打造自身品牌。不过，两者仍将与受众保持社交距离作为传播策略，如今这一局面被博主和主播等打破，他们以与受众平等的姿态，运用文本、图片、视频及直播等媒介形式，形成独特的信息分发方式、内容生产逻辑和网络集群效应。

2. 国际社交舆论生态的成熟度

疫情期间，社交媒介进一步融入现实生活，不仅用于处理社交关系，还提高了人们应对社会问题的能力，客观上推动社交传播的影响力变得更大、社交舆论反映的社会议题更加多元。由此，"网红"被视为新型意见领袖，通过社交渠道来影响受众态度，并和传统媒体保持共存和竞争的关系。

从涉网红全球新闻报道主题来看，2020 年度，在全球疫情讨论及相关的医疗卫生、线上教育、交通出行等领域，都出现了网红积极参与的身影；同时其在政治和法律话题、种族主义及社会治安问题上主动发声，通过介入重大公共议题建构自身话语影响力，协同主流媒体进行议程设置。在国际舆论场中，网红在一定程度上填补了传统舆论领袖的空缺、带动国际社交舆论共振，使受众更容易就公共议题产生圈层共鸣、增进交流或加剧摩擦。

在国际互联网语境下，网红群体逐渐成为视觉信息的"守门人"（Gatekeeper），其中传达中国主题内容的网红天然服务于中外文化交流，其传播价值需要科学评估与把握。将涉华网红群体作为研究对象，摸排其内容生态发展现状、搭建 COL 传播影响力评估模型、分析数字文化传播的路径与特征，由此形成总结参考以助力中国文化与时偕行，运用数字媒介迈上全球化、信息化道路。

二、涉华 COL 内容生态及传播特征

"COL 传播影响力指数"基于油管、脸书、Instagram、推特、Pinterest、LinkedIn 等 6 个国际互联网平台的公开内容数据搭建（模型详情见附录 A）。选取活跃于油

管平台的涉华网红账号样本[①]，截取 2020 年 1 月至 6 月的传播数据进行运算，在内容生态图谱中综合呈现涉华网红的内容类别分布、传播影响力差异和中外国籍群体划分三个层面的传播格局（如图 1 所示）。

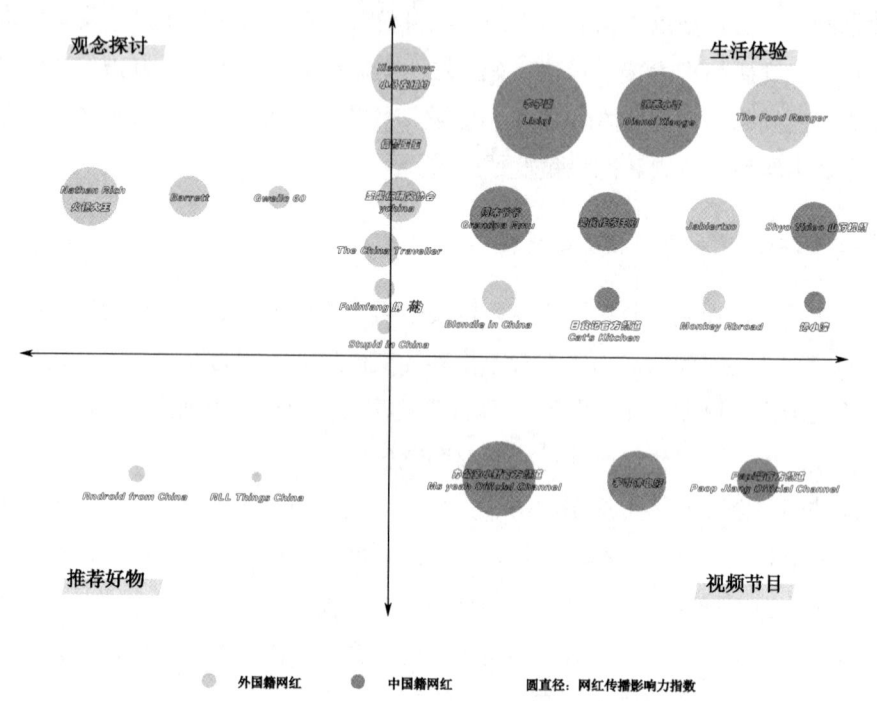

图 1 境外网络平台涉华 COL 内容生态图谱

当前涉华 COL 内容生态图谱中存在生活体验、观念探讨、视频节目和推介好物 4 个内容类别（如图 2 所示），分别发挥了展示中国、解释中国、演绎中国和推介"Made in China 2.0"的作用。其中，涉华 COL 的生活体验和观念探讨内容人气最盛，这意味着境外受众还在打开中国视角的初级阶段，而网红逐渐成为满足这一需求的民间传播主力军。

具体观之，超过半数的涉华网红聚集在**生活体验类内容**，他们对美食、手作、旅行等强调文化体验的内容创作热情高涨，将"展示中国"作为吸引境外受众的

[①] 油管平台是中国主题网红分布的主要国际网络平台。在油管平台上收集中国主题 COL 账号，筛选与中国相关发帖量超过 80% 的高相关度 COL，作为研究样本。

突破口，为中国特色文化提供民间表达与交流渠道。36%的网红活跃在**观念探讨类内容**，其创作原动力系通过个性化解读来消解中外信息不对称，聚焦中国社会现象和涉华热点事件来"解释中国"。**视频节目类内容**汇集网红运作模式下的成熟内容产品，或推进涉华故事线、带有明显的剧作色彩，或采取剪辑编辑网络素材的形式完成，通过某些话题或情景来"演绎中国"。境外网络平台上还有一些网红主要测评中国数字科技产品，这些**推荐好物类内容**以"黑科技"为看点，深耕垂直领域，由此擦亮"Made in China 2.0"的名片。

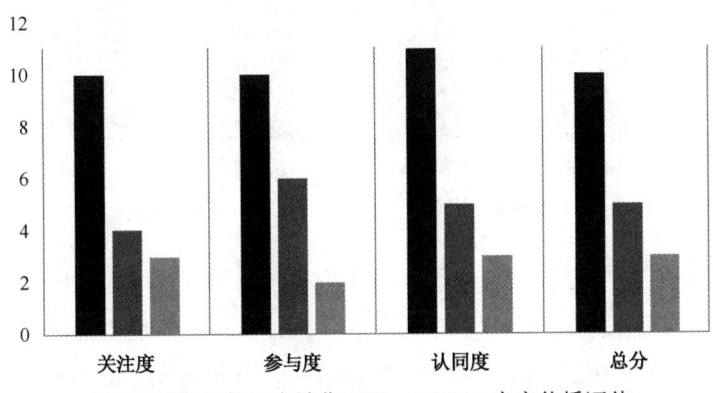

图2 境外网络平台涉华COL TOP15内容传播评估

境外受众对涉华网红内容的收视供需水平较为平衡，这说明涉华网红在一定程度上反映了受众关切、摸索出了对外传播的突破口，亦凸显当前网红内容生态健康、框架颇为健全，内容土壤具有可持续发展性。

评估传播效果发现，涉华网红TOP15集中在生活体验、观念探讨和视频节目领域，并且在各个数据维度评估中，三类内容的分布比例与内容图谱的全样本比例基本保持一致，说明收视供需水平趋于平衡。**就传播潜力而言，观念探讨类和视频节目类内容或具有更大增长空间。**观念探讨类内容的关注度较低，并非境外受众收看涉华内容的首选，但其参与度数据较高，或伴随受众对涉华事务的求知欲和交流欲增强而实现传播效果提升。目前**视频节目类内容**以境外中文受众收视为主，其相关网红账号排名靠前，说明华人受众资源充沛，未来外语语种市场有待开拓，或将进一步助力网红国际传播进程。

涉华 COL 群体的国籍分布颇为广泛，中外网红的比例为 4∶6。两者不同的创作优势导致了内容类别上的分野，其国际传播价值亦呈现差异化局面，未来在中国文化传播中"分庭抗礼"的态势或进一步清晰（如图3所示）。

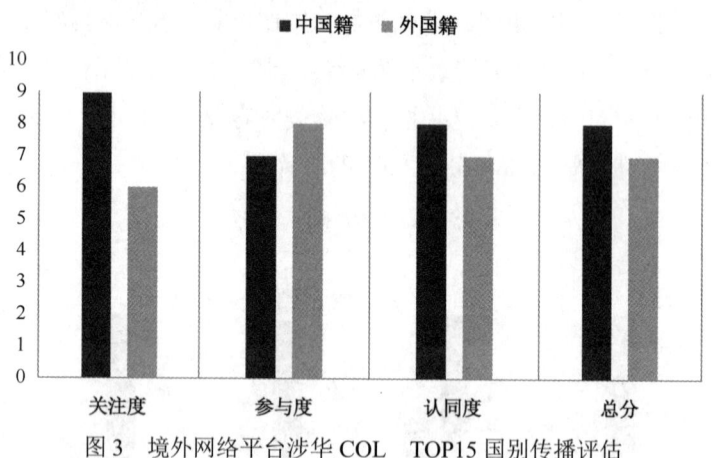

图3　境外网络平台涉华 COL TOP15 国别传播评估

中国籍网红的内容创作集中于生活体验和视频节目领域。为降低对外交流的语言壁垒，生活体验类内容多依靠画面语言进行表达，他们主打"还原"理念和"传统"元素，重在还原中国符号的制作过程；以中文情景会话为主要内容的视频节目则受众局限性较大。**外国籍网红集中于观念探讨和生活体验领域。**外国网红具备外语优势和贴近境外受众的内容逻辑，内容创作主要面向境外受众，通过发掘中外差异中的亮点来解读中国，构成了解当代中国的新型信源。

比较而言，中国网红充分占有中国文化贴近性和理解深度的优势，在弘扬传统文化上表现出不可替代的传播力。以"李子柒"为代表的传统文化 COL 占样本总量的 18%，他们往往选择如中华美食和手工艺等中国色彩浓厚的文化符号，凭借浓郁的东方气质和难以模仿性在境外视野中独树一帜；其作品演绎性更强、内容制作更显成熟，放大了中国传统文化的象征意义，提升了内容审美价值，满足受众的东方想象。**外国网红则提供更多话语交流，对提升中国文化通识和现代化形象的认知度有所贡献。**以"火锅大王"为代表的外国 COL 占比高达 29%，他们关心涉华国际事务、中国社会热点和青年文化现象，以"发现"或"尝试"的姿态做出对外普及，例如在疫情期间，部分在华外籍网红为洞悉中国抗疫举措与成果打开了窗口。

尽管中国籍网红出海量级较小，但其境外受众接受度仍保持在较高水平，较之国外网红甚至更胜一筹。这说明中国网红及其创作内容被视为走近中国最直观的窗口，作为第一手资料取得了境外受众信任，在境外市场拥有较大发展潜力。

评估传播效果发展，在涉华网红 TOP15 的国别统计上，中外网红近乎"平分秋色"。但具体观之，在关注度层面，全量样本中有 90%的**中国网红进入 TOP15**，在认同度和影响力总分上这一数字为 80%，充分说明原汁原味展现中国文化的中国网红更受欢迎。对比观之，**外国网红**虽然在数量上占优势，但在关注度、参与度、认同度等评估维度上进入 TOP15 的比率均低于 50%，可知境外受众对中外网红涉华内容的收视偏好十分显著。

三、COL 传播模式的优势及意义

以英国文化理论家斯图尔特·霍尔的见解，"文化"也被定义为"共享的意义或共享的概念图"[1]，而所谓"共享的概念图"必须被翻译成某种"通用语言"[2]。如今网红群体肩负起国际传播的新型文化媒介人角色，在跨文化交流领域摸索"通用语言"的路径，这一传播模式的优势值得进一步探索发展和总结运用。

一是参与主体多元化，灵活运用中外民间力量，助力国际文化交流事业发展。当前网络空间的民间交流日益增多，降低了文化交流的参与门槛，鼓励民间非正式交流能够有效减少海外受众的认知隔阂，潜移默化地增强外界对中国文化的认同感和接受度。网红传播的主体是在互联网平台上的民间创作者，与受众之间以内容更新和社交互动为纽带，从而真正做到"走近受众"。

二是视听社交扩大传播影响力，构成新的网络文化现象，促进价值观共享。视频和音乐媒介扩大了创作空间和社交延伸性，视听内容凭借网络社交传播，足以提高内容知名度，甚至构成新的互联网文化现象。在网红传播模式中，内容生产、受众反馈并形成传播影响力，能够在自身生态体系中实现闭环。

---

[1] [英]斯图尔特·霍尔编. 表征：文化表象与意指实践[M]. 徐亮，陆兴华译，北京：商务印书馆，2003:18.
[2] [美]爱德华·霍尔. 超越文化[M]. 何道宽译，北京：北京大学出版社，2016:82.

三是提供数字化的中国体验，场景化地诠释中国文化符号，表达中国语境。中国是语境阶梯上的高语境极端，在跨文化传播中容易引发歧义或误读，而网红内容生态对中国语境的展现是场景化的、体验式的，能够将中国符号自然而然地融入其中，保证了符号意义传达的完整性，从而与低语境国家之间实现有意义的交流。

四是充分对接受众反馈，与内容生产形成良性循环，实现传播流程"精耕细作"。网红内容以调动受众好奇心、分享共同兴趣和传递体验和思考为创作基础，由此能够有效规避信息发布与受众反馈两个环节的"脱节"问题，以免造成内容生产不计成本、不计传播效果、不计受众接受度的弊端。在网红传播模式中，强化受众反馈方式，集中体现受众诉求，倒逼内容优化，有利于对外传播从粗放生产转向精耕细作。

伴随中国话语进一步走向国际互联网平台，网红传播模式的发展意义逐渐明朗。从文化传播角度而言，网红传播在数字文化浪潮中应运而生，力推中国网络文化在世界文明图谱中占据一席之地。互联网文化具有开放性特征，然而开放并不意味着平等，要避免线上的"单一文化世界"，就需要全球网络内容平台和创作者激发文化传播活力，通过网红传播这一新兴的数字传播模式，"近悦远来"促进文化交流融合。从发展前景角度而言，网红传播业态带有商业价值与文化价值的双重属性，其促进数字化交流的内生驱动力充沛。不可否认的是，网红内容生态具有较大的商业运作空间，是数字文化经济的一种业态，其应市场需求产生强大的内生动力，使之成为可持续的中外交流形式。因而无须以单一标准定义网红传播的"成功"，而是需要不断加强评估的科学性和全面性，助其发挥传播优势与文化价值。

附录 A：COL 传播影响力指数评估体系说明

对于网红这一网络原生群体而言，互联网平台的传播影响力是衡量其价值和作用的关键指标。为科学评估涉华网红在境外网络平台的传播表现，基于油管、脸书、Instagram、推特、Pinterest、LinkedIn 等 6 个国际互联网平台公开内容数据，搭建"COL 传播影响力指数"。

专题二　国际传播与网络空间战略

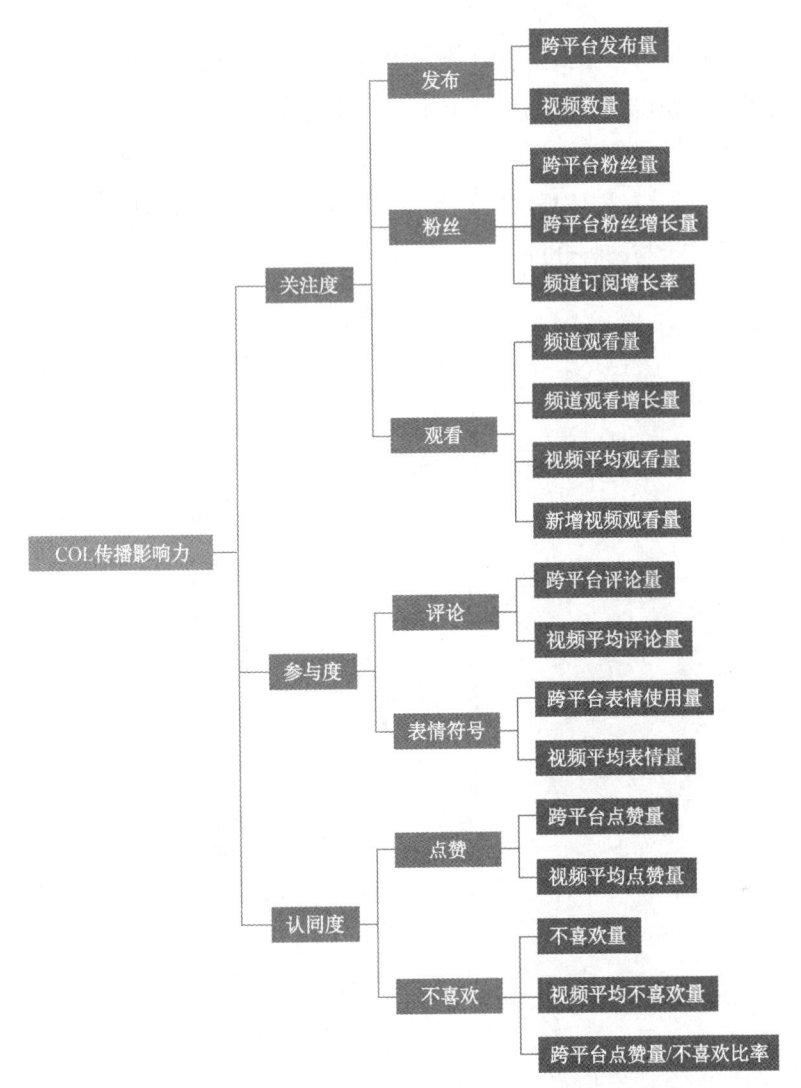

```
                               ┌─ 发布 ──┬─ 跨平台发布量
                               │         └─ 视频数量
                               │
                               │         ┌─ 跨平台粉丝量
                    ┌─ 关注度 ──┼─ 粉丝 ──┼─ 跨平台粉丝增长量
                    │          │         └─ 频道订阅增长率
                    │          │
                    │          │         ┌─ 频道观看量
                    │          │         ├─ 频道观看增长量
                    │          └─ 观看 ──┼─ 视频平均观看量
                    │                    └─ 新增视频观看量
                    │
                    │                    ┌─ 跨平台评论量
  COL传播影响力 ─────┤          ┌─ 评论 ──┴─ 视频平均评论量
                    ├─ 参与度 ──┤
                    │          │         ┌─ 跨平台表情使用量
                    │          └─表情符号─┴─ 视频平均表情量
                    │
                    │                    ┌─ 跨平台点赞量
                    │          ┌─ 点赞 ──┴─ 视频平均点赞量
                    └─ 认同度 ──┤
                               │         ┌─ 不喜欢量
                               └─ 不喜欢─┼─ 视频平均不喜欢量
                                        └─ 跨平台点赞量/不喜欢比率
```

图 4　境外网络平台涉华 COL 传播影响力指数评估体系

评估体系中，一级指标包括关注度、参与度和认同度 3 个方面，二级指标分别从发布、粉丝、观看、评论、点赞等 7 个数据维度来衡量，三级指标由 19 个细分数据项统计支撑，由此形成立体化的数据评估体系。

一级指标中，"关注度"数据项用以衡量网红内容的吸引力，只有抓住国际受众的兴趣所在，满足其认知需要，才能激发点击、观看和订阅行为；"参与度"用以衡量传播过程中与受众的互动水平，其中评论留言和使用社交表情符号的量化情况成为重要指标;"认同度"用以衡量网红内容的受众认同度和视听体验,优质内容将在平台上获得更多赞誉和更少的"不喜欢"。

（本文刊载于《对外传播》2021年第2期,原标题为《以中国为主题的"网红"国际传播现状与态势分析》。）

专题三

互联网产业发展前沿

过去的十余年间,互联网产业发展与日俱新,平台规模不断扩大,正成为影响现实社会的一股重要力量。2021年,中国互联网产业和平台的规模效应增加,行业内部的平台巨头垄断、平台劳动矛盾、适老化不足等问题成为互联网产业发展治理的重点。与此同时,电竞产业、游戏产业等新的产业持续占据风口,成为互联网经济的"强引擎",引发学界、业界的高度关注。

学术界对互联网产业的研究,既需要敏锐捕捉行业发展的新动态、新趋势,尤其关注当前互联网产业发展中的挑战与不足,以期更好地推动中国互联网产业的持续发展;也需要具备前瞻意识和理论深度,从学理角度探讨"平台化"及平台垄断等关键问题背后的概念、机理与趋势。

本刊"互联网产业发展前沿"专题中的五篇论文,《平台化研究:概念、现状与趋势》一文从学术概念出发,厘清"平台""互联网平台""平台化"等概念的内涵与表现,借学术研究的关照点反观互联网产业的发展动向。

《互联网平台的反垄断规制分析与政策建议》一文关注了行业自2020年起始、2021年持续推进的反垄断政策,关注了政策发布背后的现实背景与反垄断规制的思路原则。《当前互联网适老化改造面临的问题及其对策分析》从理论出发,探讨了互联网产品适老化改造不足的现状及原因,在此基础上尝试给出相应的解决建议。这两篇文章聚焦互联网产业发展中的现实问题,将学术探讨和行业现实问题紧密结合。

《当前电竞产业发展的现状、问题与建议》和《国际传播视角下我国游戏产业出海面临的问题和建议》分别就当前互联网产业发展中的新兴产业——电竞产业和游戏产业进行介绍，尤其是结合当前电竞产业规范化不足、游戏产业出海面临困境的现状，给出了具有指导性的对策意见。除了电竞产业、游戏产业外，直播产业、电商产业、互联网医疗、在线物流、在线教育等新兴起的产业也亟待学界研究和思考。

互联网产业研究是一个需要高度关注现实、不断革新发展的研究领域，需要有着对数据的关注、对市场的洞察、对行业的关切，方能有的放矢、不断深入。本刊希望以上述研究作为起点，促使政府部门、学术研究者和相关行业人员不断思考中国互联网产业进入新时期后出现的新特点、新问题和新路径，从学理角度助力互联网平台及产业的蓬勃发展。

平台化研究：概念、现状与趋势

【摘　要】近年来，平台及平台化研究受到国内外学者的广泛关注，有必要对这一研究热点的研究现状进行梳理，明确基本概念，把握研究趋向，不仅可以为后续研究提供参照，还可以借学术研究的关照点反观互联网产业的发展动向。从平台概念发展及其内涵、平台化的内涵与表现、平台化的实现机制及平台化的中国路径四个方面，对已有的平台化研究进行梳理和述评，归纳相关研究的发展路径和趋势，并揭示在中国语境下开展相关研究的特殊性。

【关键词】平台　平台化　互联网产业　公共性

近年来，平台及平台化研究受到国内外学者的广泛关注和重视。平台研究的兴起有其现实根基和学理需求。在现实层面，互联网平台快速发展，部分平台甚至成为"超级平台"，释放出社会影响力，给平台运营企业以强大的市场、社会甚至政治"权力"，使之得以控制信息服务的关键节点、占据网络社会性的关键入口[1]，并带来社会环境、结构及行为方式等的深刻变革，涌现出诸多新现象、新问题，亟待学术研究予以回应。在学理层面，平台研究的出现从根本上源于新媒体快速发展所带来的媒体研究对象（从技术、媒介到环境）及其研究方法的深刻变化，涌现出的新现象、新问题超出了传统媒体研究的解释框架[2]。同时，平台的巨大影响力容易让学者们陷入将平台概化为"无所不包"的思维惯性，明确提出"平台研究"的研究领域，有助于提醒学者们要对平台的运作方式及其技术特性与文

---

[1] Van Dijck J, Poell T, De Waal M. The Van Dijck J, Poell T, De Waal M. The platform society: Public values in a connective world[M]. Oxford University Press, 2018:12.

[2] Plantin J C, Lagoze C, Edwards P N, et al. Infrastructure studies meet platform studies in the age of Google and Facebook[J]. New media & society, 2018, 20(1): 293-310.

化、社会之间的相互关系等展开更为细致、全面而深入的考察[1]。针对这一研究热点，有必要对研究现状做系统梳理，明确基本概念，把握研究趋向，不仅可以为后续相关研究提供参照，还可以借学术研究的关照点反观互联网产业的发展动向，具有现实意义。

一、从平台到互联网平台

无论是在学界，还是在业界，平台都是一个热门概念，其应用十分广泛。平台概念内涵在被不断充实、丰富的同时，其概念边界也开始变得模糊，似乎万物皆可被称为平台。概念泛化不利于研究对象及范围的界定，使得研究难以聚焦，甚至可能导致基本的概念偏误。为此，有必要回溯平台概念的发展历程，追踪其在不同学科的流通和变迁。本文将重点关注平台概念在互联网业界和传播学界的兴起、传播和应用。

（一）平台的概念溯源

平台研究最早兴起于西方，因此对平台概念的考究主要围绕其英文词意Platform 展开。在韦氏词典中，平台主要有以下意义：在原始的物理意义上，平台最开始指高出相邻区域的一块水平面，后来也指包含、提供平面的某种装置或结构（如钻井平台）；在引申义上，包含"一群人所共同维护的原则或立场"（如政治纲领）、"一群人交流想法或交换信息的方式或渠道"（如艺术家交流平台）、"开展后续行动的基础"（如将创新视为公司未来发展的平台）等意义；在信息计算领域，平台被视为"操作系统""为某种服务提供基础的应用或网站"（如音乐流平台、云计算平台）[2]。

---

[1] Bogost, I., Montfort, N. Platform studies: Frequently questioned answers[J]. Digital Arts and Culture, 2009. Retrieved from http://escholarship.org/uc/item/01r0k9br.pdf.

[2] 参考资料：Merriam-Webster Dictionary（韦氏词典）。

类似地，有学者基于"平台"语义，对其概念内涵进行了系统考察[1]。"平台"概念常常带有"隐喻"性质，概念泛化源于其本身语义的丰富性。"平台"概念主要包含**计算意、建筑意、比喻意、政治意**四个层次的意义：计算意下"平台"是为设计和使用特定应用提供支持的基础设施，比如计算机硬件、操作系统、游戏设备、移动设备、数字唱片格式，或被用于描述支持其他主体再编辑的在线环境，比如应用程序接口 API；建筑意是"平台"最原始的定义，指可供人或物站立的升高的一块水平面，通常被用于描述特定活动或操作的离散结构；比喻意的"平台"从行动、事件、条件等的基础，引申为达成某种成就的前提，主要指涉改进某事的机会；政治意始于建筑意，由为政治候选人发表讲话所搭建的舞台，引申为通过舞台所表达的观念或信仰。

然而，传播学者往往容易忽视"平台"概念在工程设计和商业管理领域的应用。平台被视为市场化的产物，是管理产品开发和创新的一种范式。有学者系统梳理了管理学、经济学、计算机科学、工程学等领域平台研究中的"平台"概念，发现"平台"首先集中出现在企业管理层面的产品开发领域，后来向外扩散至产业管理层面的商业和创新管理领域[2]。1992 年 Wheelwright 和 Clark 提出"平台产品"概念，用于指以适应核心消费群体需求为目的、通过在核心产品基础上通过增加、替换、剔除某些特征而衍生的产品形态[3]。1993 年，Meyer 和 Utterback 将一组产品所共享的设计和部件的集合称为"产品平台"[4]。1998 年 Robertson 和 Ulric 将"平台"形容为由一些产品所共享的一组资产，包含组件、过程、知识、人等类别[5]。始于产品开发，"平台"概念同时也在向其他行业延伸。比如"技术平台"，用于讨论新技术向新应用、新市场拓展的过程，企业由此获取实现产品多

---

[1] Gillespie T. The politics of 'platforms'[J]. New media & society, 2010, 12(3): 347-364.

[2] Facin A L F, de Vasconcelos Gomes L A, de Mesquita Spinola M, et al. The evolution of the platform concept: A systematic review[J]. IEEE Transactions on Engineering Management, 2016, 63(4): 475-488.

[3] Wheelwright S C, Clark K B. Revolutionizing product development: quantum leaps in speed, efficiency, and quality[M]. Simon and Schuster, 1992.

[4] Meyer M H, Utterback J M. The product family and the dynamics of core capability[J]. Sloan Manage. Rev., 1993, 34(03):29-47.

[5] Robertson D, Ulrich K. Planning for product platforms[J]. Sloan management review, 1998, 39(4): 19-31.

元化的知识和技术能力[1]。应用于软件行业，"产品平台"的概念则由软件系统、系统界面（接口）及软件产业外部环境组成[2]。可见，标准化、模块化是"平台"概念的基础，是"平台产品"实现客制化、提高生产效益的前提。工程设计领域一般将"平台"理论化为模块化的技术架构[3]。管理领域一般认为平台包含三个核心要素：可变性低的核心部件、可变性高的互补部件、介于核心部件和互补部件之间的模块化接口，这样的结构可以避免为每一个新产品都建立一个全新的系统，从而降低创新成本[4]。

进入21世纪后，企业层面的内部平台开始向产业层面的外部平台转移，"平台"概念开始进入商业和创新管理的视野。"平台"首先被用于指代双边或多边市场，即将双边或多边主体连接到同一个市场的中介[5]，比如在线支付系统。经济学理论一般将"平台"概念化为市场[6]。后来又出现了"供应链平台""产业平台"等概念，前者指的是为供应链上高效开发衍生产品而提供公共结构的一组系统或接口，后者指的是为产业生态下其他企业开发补充性产品、技术或服务所提供的基础系统或服务[7]。表1梳理了商业和创新管理中的主要平台类型及其特性，不难发现传播学研究重点关注的"平台"更多对应的是"产业平台"。

---

[1] Kim D J, Kogut B. Technological platforms and diversification[J]. Organization science, 1996, 7(3): 283-301.

[2] Meyer M H, Seliger R. Product platforms in software development[J]. MIT Sloan Management Review, 1998, 40(1): 61.

[3] Baldwin C Y, Woodard C J. The architecture of platforms: A unified view[J]. Platforms, markets and innovation, 2009, 32: 19-44.

[4] Baldwin C Y, Woodard C J. The architecture of platforms: A unified view[J]. Platforms, markets and innovation, 2009, 32: 19-44.

[5] Rochet J, Tirole J. Platform competition in two-sided markets[J]. Journal of the European Economic Association. 2003, 1(4):990-1029.

[6] Rochet J, Tirole J. Platform competition in two-sided markets[J]. Journal of the European Economic Association. rchss. 2003, 1(4):990-1029.

[7] Gawer A. Platform dynamics and strategies: from products to services[J]. Platforms, markets and innovation, 2009, 45: 57.

表 1　商业和创新管理中的平台概念[①]

类型/特性	参与者	目标	设计规则	接口	协调机制	组件	架构规则	案例
内部平台	一家企业及其部门	提高生产效率，以更低成本实现多元化、客制化	供重复使用的模块化组件、稳定的系统架构	封闭式接口	管理层级赋予的权力	组件的各种子集	明确的接口、内在一致的架构	索尼随身听/电子工业
供应链平台	一条供应链上的若干企业			选择性开放式接口	供应链成员间的契约化关系	无	无	雷诺-日产/汽车制造业
产业平台	若干企业间不一定存在买卖关系，但彼此产品可共同组成一个技术系统	平台方：获得外部创新价值；互补方：从平台基础和网络效应中获利	围绕平台的、允许接入组件或对组件进行创新的接口	开放式接口	生态系统治理	平台方提供的组件（如技术、工具、规则等）	标准化接口、平台提供的工具	脸书/社交网站 谷歌/网络搜索和广告
多边平台	若干企业通过多边市场的中介达成交易	促成市场的多边交易	未提及	无	专门的价格机制	共享设施（如网站）	术语、交易规则	Ebay/电子支付

本文试图捕捉早期"平台"概念差异背后的共性内涵，发现在市场化进程中，"平台"本质上强调的是生产效益和用户导向，旨在用更低的成本满足更多样的用户需求，一般包含三方面特征：第一，不直接生产产品而是为生产产品提供服务的；第二，其服务功能就是对各种生产要素的集成；第三，集成生产要素的过程发生在一定的空间（场所、系统、环境）里[②]。一方面，模块化和标准化是平台成立的前提，同时也决定了平台不可能满足所有的需求、适应所有的情境，存在先天的、结构性的路径依赖；另一方面，从企业内部平台到产业外部平台，创新是平台发展的重要驱动力和指向。**综合来看，平台创新应被理解为一种"有限度的创新"。**

[①] Facin A L F, de Vasconcelos Gomes L A, de Mesquita Spinola M, et al. The evolution of the platform concept: A systematic review[J]. IEEE Transactions on Engineering Management, 2016, 63(4): 475-488.

[②] 谭天. 基于关系视角的媒介平台[J]. 国际新闻界，2011, 33(09):83-88.

（二）互联网产业视角下的平台

与互联网产业直接相关的是"平台"概念早期（20 世纪 90 年代中期）在计算机软件领域应用。Microsoft（微软）率先使用"平台"概念，将个人计算机（PC）的桌面操作系统 Windows 形容为"平台"①。与简单的程序不同，"平台"概念更强调灵活性和可编程性，"平台"可供代码的生成和应用②。随后，"平台"逐渐成为 Microsoft 旗下产品的"本体"代称。与 Microsoft 同时期使用"平台"概念的还有 Netscape（网景），后者将其浏览器定义为"跨平台"战略③。在 Netscape 的描述里，每个网站、网页都变成了一个"平台"，但实际在 20 世纪末、21 世纪初的互联网商业化早期阶段，各家网站更多地使用"门户"（Portal）来描述自己的服务，意指获取信息的"出入口"。信息传受双方角色分明，门户网站是信息生产和传播者，用户是被动的信息接收者。

进入 21 世纪，互联网行业大量的盲目投机行为最终招致资本市场的溃败。互联网泡沫后，亟须建立一种新的商业模式，以重新提振行业信心。2005 年，Tim O'Reilly 提出了"Web 2.0"概念："Web 2.0 跨越所有连接的设备，是平台间的网络，Web 2.0 的应用程序是充分利用平台内在优势的应用程序"④。Web 2.0 时代，互联网已不再是传统意义上的发行渠道，而是供软件开发、发展的平台。随着 Web 2.0 概念的兴起，"平台"概念也逐渐进入更多互联网公司的视野，由此从计算机领域进入互联网领域。当然，最基本的仍然是"平台"的计算意。比如"软件平台"，指的是通过应用程序接口为其他软件程序提供服务的一种软

---

① Plantin J C, Lagoze C, Edwards P N, et al. Infrastructure studies meet platform studies in the age of Google and Facebook[J]. New media & society, 2018, 20(1): 293-310.

② Gorwa R. What is platform governance?[J]. Information, Communication & Society, 2019, 22(6): 854-871.

③ Plantin J C, Lagoze C, Edwards P N, et al. Infrastructure studies meet platform studies in the age of Google and Facebook[J]. New media & society, 2018, 20(1): 293-310.

④ O'Reilly T. 'Web 2.0: Compact Definition?'[EB/OL]. O'Reilly Radar, (2005-10-01)[2022-03-25]. http://radar.oreilly.com/archives/2005/10/web-20-compact-definition.html.

件程序[1]。Netscape 创始人 Marc Andreessen 则这样定义"平台":(平台)是一个可以被再编辑的系统,因此能够被外部开发者、用户定制化使用,从而适应无穷的需求和细分市场,而这些拓展和延伸是平台初始开发者所无法或无暇顾及的[2]。这些表述在很大程度上沿用了"平台"最初在产品研发领域的概念内涵。

但 Web 2.0 更重要的意义在于建立一种新的互联网商业模式,软件服务商开始将原本固定在计算机终端的软件投放到互联网环境中供用户免费调用,进而诞生了一种以软件服务为核心的新商业模式,服务商称之为"平台"。相较于软件,"平台"更强调包括硬件在内的综合性系统,同时指涉及基于 Web 2.0 的新商业模式和企业实体[3]。可以看到,Microsoft 除了一以贯之地用"平台"指代 Windows 操作系统,其他应用场景如媒体播放应用、.Net 网站服务、在线广告平台等也都开始被冠以"平台"称号。在 Microsoft 的话语体系下,"平台"逐渐从工具、应用变成了一种服务。类似地,数字平台概念本身指的是通过使用现代化的软件、硬件和网络技术将个体和组织集结在一起,使得他们可以创新或交互[4],其目的则指向的是将两个或多个数字市场主体相连接,形成用户间的正向反馈循环,从而在平台参与者间创造网络效应[5]。

在新的商业模式下,"平台"超越了其早期的计算意[6],被赋予了自由、平等、机会等更丰富的内涵。"平台"概念逐渐泛化,并游走于互联网产业发展的每一个浪潮,从电子商务、网站服务到移动互联,从在线广告到数据媒体营销等。特别是网络视频和社交媒体的兴起,使得"平台"概念热度进一步上升。科技公司纷

---

[1] Evans D S, Hagiu A, Schmalensee R. Invisible engines: how software platforms drive innovation and transform industries[M]. The MIT Press, 2008.

[2] Andreessen M. Analyzing the Facebook Platform, three weeks in [Blog post] [EB/OL]. (2007-06-12)[2022-03-25]. https://web.archive.org/web/20071002070223/http://blog.pmarca.com/2007/06/analyzing_the_f.htm.

[3] 易前良. 平台研究:数字媒介研究新领域——基于传播学与 STS 对话的学术考察[J]. 新闻与传播研究,2021,28(12):58-75+127.

[4] Cusumano M A, Gawer A, Yoffie D B. The business of platforms: Strategy in the age of digital competition, innovation, and power[M]. New York: Harper Business, 2019.

[5] Cusumano M A, Gawer A, Yoffie D B. Can self-regulation save digital platforms?[J]. Industrial and Corporate Change, 2021, 30(5): 1259-1285.

[6] Gillespie T. The politics of 'platforms'[J]. New media & society, 2010, 12(3): 347-364.

纷开始借用"平台"的丰富语义及其内涵，将自己标榜为供用户生产内容而非自主生产内容的开放空间[1]。2006年，谷歌买下YouTube后，后者的定位便发生了转变——不再只是网站、公司、社区，而是原创内容生产者和大小广告商的分发平台[2]。Facebook也常常拒绝将自己称为社交网站[3]，而是逐渐将自己从社会名录、社会公共设施，进而定位为平台[4]。

蕴含战略意图的且带有展演性质的"平台"话语构建，使得"平台"概念逐渐脱离了其具有基础性的计算意，向其更具有"隐喻"色彩的物理原意回归。平台之所以是平台，并不一定是因为它们可供第三方再编辑、再加工，而是因为它们提供了交流、交互、交易的机会。"平台"的原始意帮助互联网企业强调其开放性、中立性并掩盖其主导性、私利性——互联网平台提供了一个开放、平整的空间，任何人都能进来，不带有差异和歧视[5]。然而，概念泛化使得"平台"面临"失焦"甚至"失意"，使用这一概念的人很多却难以形成基本共识，使用的人自身甚至可能不知道这个词的意思[6]。对此，Netscape创始人Andreessen提出应将"平台"概念严格限定在计算领域，可编程性是判断某一应用或设施是否是平台的标准[7]。

在我国，"平台"概念在互联网产业也有相似的发展轨迹。以《人民日报》为观察入口，借助主流话语梳理我国互联网产业对"平台"概念的应用情况。"平台"早期进入我国互联网产业同样始于软件领域。最早出现在《人民日报》中的

---

[1] Gorwa R. What is platform governance?[J]. Information, Communication & Society, 2019, 22(6): 854-871.

[2] Gillespie T. The politics of 'platforms'[J]. New media & society, 2010, 12(3): 347-364.

[3] Arrington M. Facebook isn't a social net- work: And stop trying to make new friends there [Blog post] [EB/OL]. (2008-09-15)[2022-03-25]. http://techcrunch.com/2008/09/15/facebook-isnt-a-social-network-and-dont-try-to-make-new-friends-there/.

[4] Helmond A. The platformization of the web: Making web data platform ready[J]. Social media+ society, 2015, 1(2): 2056305115603080.

[5] Túñez-López M., Campos-Freire F., Rodríguez-Castro M. The Values of Public Service Media in the Internet Society[M]. Palgrave Macmillan, 2021:49.

[6] Andreessen M. The Three Kinds of Platforms You Meet on the Internet[EB/OL]. (2007-09-16)[2022-03-25]. http://blog.pmarca.com/2007/09/the-three-kinds.html.

[7] Andreessen M. The Three Kinds of Platforms You Meet on the Internet[EB/OL]. (2007-09-16)[2022-03-25]. http://blog.pmarca.com/2007/09/the-three-kinds.html.

互联网平台相关概念来自 1996 年一则题为"互联网明年启用监控软件"的新闻报道，一款用于剔除色情和暴力等不良信息、旨在加强互联网络管理的软件被称为"互联网络内容选择平台"，该平台可供用户（主要是家长）限制互联网调阅内容[1]。在这里，"平台"主要指代的是软件本身。进入 21 世纪后，软件平台的概念开始出现。2001 年，高通公司在第六届 CDMA（码分多址）世界年度大会上推出跨平台手机软件动态开发环境——BREW（Binary Runtime Environment for Wireless），这是介于系统软件和应用程序之间的一个开放式标准平台，既使得移动电话和互联网更容易连接，让用户在手机端实现诸多应用的快速部署，也为软件开发商提供了标准化的编程环境、简单而高水平的开发环境，从而为用户提供更细致的服务[2]。

相对有中国特色的是，"平台"概念在中国较早地被赋予媒体和信息服务属性。1997 年，北京隆安律师事务所社会调查部通过东方网景信息平台进入全球互联网络，相关报道将东方网景信息平台形容为"当代最先进的信息传媒"[3]。1998 年，中国国际互联网络新闻中心与美国 GTE 公司达成互联网技术与服务合作，后者将为该中心构建网上浏览下载快捷的信息平台[4]。1999 年，润迅通信集团进军互联网行业，建立将寻呼业务与网络互联的个人信息平台，推出电子邮件、个人网页、网上查台及网络秘书等服务[5]。进入 21 世纪后，平台概念更直接地与互联网联系起来，甚至直接将平台和互联网画上等号，常用词组或短语包括"以互联网为平台""互联网平台""互联网这个平台"等，平台通常指的就是整个互联网。互联网为用户提供平台，让国内学者拥有参与网上国际会议的渠道[6]，让客户拥有在网上开展个人理财的入口[7]等。直至 2010 年前后，伴随移动终端的普及和移动互联网的发展，平台概念才开始更多地聚焦于具体的应用场景（如留言板、论坛、博客、手机短信等）和互联网企业的平台实践（如微博平台、微信平台等）。平台

---

[1] 姜岩. 互联网明年启用监控软件[N]. 人民日报，1996-04-10(07).
[2] 原国锋. 让手机用户体验真正无线互联[N]. 人民日报，2001-07-16(12).
[3] 蒋建华. 法律服务进入国际互联网[N]. 人民日报，1997-01-13(05).
[4] 费伟伟. 中美公司加强互联网技术合作[N]. 人民日报，1998-12-09(02).
[5] 晓朱. 寻呼业开始进军互联网（业内信息）[N]. 人民日报，1999-05-31(12).
[6] 任建民. 国产高速互联网提供平台 我学者参加网上国际会议[N]. 人民日报，2001-11-16(06).
[7] 陈雪虹. 我国首家互联网金融平台开通[N]. 人民日报，2000-09-04(02).

由单向信息传播渠道转变为双向沟通渠道,开始扮演舆论场的角色。

中国"互联网平台"概念的商业意义始于电子商务领域。1999 年,一篇题为"电子商务世界潮"的文章将电子商务理解为"全球性网络平台",为全球商贸活动提供电子化手段[1]。同年,搜狐宣布进军电子商务,构建电子商务网络平台,该平台包含四个部分:英特尔的硬件架构、与微软合作开发的互联网商务软件系统、康柏的产品质量及其供应体系、招商银行的网上支付系统[2]。随着互联网进一步向除媒体外的其他行业渗透,2000 年时任新浪网首席执行官王志东在《人民日报》发文表示,新浪网的发展目标是构建为人们提供生活、工作和娱乐信息及便利的"网上生活平台"[3]。"平台"背后的网络效应开始受到重视。在一篇题为"做'平台'的学问"的文章里,作者用"超市"来形容"平台",相较于"小卖部","超市"整合了"大家的柜台",使得客流集中,进而增加了商机。对于"平台网站"而言,成功之道不仅在于"有特色""能创造新的价值",更重要的是要有"真正的服务精神"[4]。

同样是在移动互联网技术的推动下,"平台"概念日趋强调"开放性"。在 2010 中国移动开发者大会上一位资深互联网人士表示,国内的平台企业仍借鉴的是苹果这类半开放的平台模式,尚未完全建立以用户为基础、各种服务打通的开放式平台[5]。在国外,Facebook 于 2007 年创建开放平台 Facebook Platform 的 2 到 3 年后,"开放平台"的概念开始席卷处于移动化转型期的中国互联网产业,引发新一轮的互联网创业热潮。中国互联网巨头 BAT(百度、阿里、腾讯)相继建立了自己的第三方开放平台[6][7][8][9]。这种开放性使得"平台"成为各方主体的连接器,时至今日,"平台"已逐渐成为由互联网企业主导的、为用户提供多种服务的、入口

---

[1] 张宝泰. 电子商务世界潮[N]. 人民日报,1999-10-29(07).
[2] 小俊. 搜狐进军电子商务[N]. 人民日报,1999-11-01(12).
[3] 王志东. 构建网上生活平台[N]. 人民日报,2000-01-09(04).
[4] 易景舒. 做"平台"的学问[N]. 人民日报,2000-05-07(04).
[5] "中国移动互联网平台还没真打通"(网络·热语)[N]. 人民日报,2010-10-26(15).
[6] 黄欢,李瑞宁. 互联网创业热潮再起[N]. 人民日报,2011-07-26(14).
[7] 张意轩. 开放平台 孵化下一只"企鹅"?[N]. 人民日报,2013-07-11(12).
[8] 余建斌. 三问"轻应用"[N]. 人民日报,2013-09-06(20).
[9] 张意轩. 支付宝钱包参战开放平台[N]. 人民日报,2014-08-28(10).

级别的基础设施。类似于"支付宝升级为数字生活开放平台"[①]的战略目标,已成为各类互联网平台发展的共同指向。

综上,互联网产业视角下的"平台"伴随互联网产业的发展,其概念内涵逐渐丰富,**从早期的开发工具拓展为商业服务,并在社交媒体语境下被引申为话语/行动空间,呈现出"平台"概念自计算意向比喻意(原意)的回归**。互联网语境下的"平台"概念变迁反映了以"共享经济"为代表的互联网商业模式的形成和丰富,体现了互联网向社会生活逐渐加深的嵌入程度,呈现出媒体化、基础设施化的发展趋向。

(三)传播学研究视角下的平台

与业界同步,传播学界对数字平台的研究兴趣也因 Web 2.0 而起。由于"平台"概念本身内涵丰富,加之不同研究者的研究旨趣和视角各异,在传播学研究中"平台"概念也存在着较大的分异。综合既有研究中对"平台"的概念定义,本文梳理出传播学视角下"平台"概念的四个方向。这些方向较业界话语而言,既有所呼应,也有所侧重。

第一,平台是一种数字架构。本质上,传播学研究中对"平台"概念的使用与管理学研究是一脉相承的。研究者们将计算机领域的"平台"观念迁移到对网站应用的研究中,用以强调网站应用的连接性、可编程性、数据通联性[②]。狭义上,平台是有限开放的软件服务,第三方开发者或用户可以在其基础上做创新开发,同时享有一定的数据库访问权限[③];广义上,平台是一种可编程的数字化架构,可供多种主体(不只包括终端个体用户,还包括公司企业、公共机构等)交互,用

[①] 李中文,窦瀚洋. 支付宝全面转型数字生活平台[N]. 人民日报,2020-03-16(08).

[②] Plantin J C, Lagoze C, Edwards P N, et al. Infrastructure studies meet platform studies in the age of Google and Facebook[J]. New media & society, 2018, 20(1): 293-310.

[③] 易前良. 平台研究:数字媒介研究新领域——基于传播学与 STS 对话的学术考察[J]. 新闻与传播研究,2021, 28(12):58-75+127.

户数据是其中的核心资源[1]。共享和开放的物质特性使得平台在全球范围内迅猛扩张,成为传播的基础设施[2],故也有定义将平台描述为允许两个或两个以上社会群体彼此交互的数字基础设施[3]。

其次,平台是一种媒介空间。早在 20 世纪 90 年代尼葛洛庞帝就在其对"数字化生存"的阐释中提到了"平台"概念,数字化被认为是为现实生活中的人们提供信息传播和交流平台的过程[4]。在这个定义里,"平台"被视为一种媒介化的虚拟空间。在具象上,传播学中的"平台"概念还常被用于指代游戏设计[5]、内容分享网站[6][7]、社交媒体应用[8][9]等具体形态。鉴于互联网及平台企业的媒体属性日益彰显,传播学研究者提出了媒介平台和平台媒体等概念。媒介平台指的是通过资源整合和关系转换为传媒经济提供意义服务以实现传媒产业价值的媒介组织形态[10]。对平台媒体(或平台型媒体)的讨论则更加丰富多元。这一概念初始于美国媒体人 Jonathan Glick 于 2014 年提出的 Platsiher,指代一种兼具平台和出版商特性、强调内容和技术融合的新兴互联网平台形态[11]。后来,这个概念被延伸为既保有媒体专业性和权威性、又兼有面向用户的开放性的数字内容平台,该平台更多的是通过建立规则和服务体系吸引其他主体参与内容的生产

---

[1] Van Dijck J, Poell T, De Waal M. The platform society: Public values in a connective world[M]. Oxford University Press, 2018:4.

[2] 易前良. 平台研究:数字媒介研究新领域——基于传播学与 STS 对话的学术考察[J]. 新闻与传播研究,2021, 28(12):58-75+127.

[3] Srnicek N. Platform capitalism[M]. John Wiley & Sons, 2017:43.

[4] [美]尼葛洛庞帝. 数字化生存[M]. 胡泳译,海口:海南出版社,1997.

[5] Montfort N, Bogost I. Racing the beam: The Atari video computer system[M]. Mit Press, 2009.

[6] Gillespie T. The politics of 'platforms'[J]. New media & society, 2010, 12(3): 347-364.

[7] Helmond A. The platformization of the web: Making web data platform ready[J]. Social media+ society, 2015, 1(2): 2056305115603080.

[8] Langlois G, Elmer G. The research politics of social media platforms[J]. Culture machine, 2013, 14.

[9] Van Dijck J. The culture of connectivity: A critical history of social media[M]. Oxford University Press, 2013.

[10] 谭天. 基于关系视角的媒介平台[J]. 国际新闻界,2011, 33(09):83-88.

[11] Jonathan Glick. Rise of the Platishers[EB/OL]. (2014-02-07)[2022-03-25]. http://www.recode.net/2014/2/7/ 11623214/rise- of-the-platishers.

和传播[1]。Platsiher 概念由于与业界实践及其发展趋势脱离，很快遭到诟病而难以为继，但这个概念进入中国后却得到了更为广泛的应用和拓展。主要有两个方向：一是互联网平台的媒体化，平台媒体是以互联网科技公司为核心，将传播主体、资源等连接成巨型传播网络[2]的共享互动平台[3]；二是传统媒体的平台化，平台媒体指向媒体融合趋势下传统媒体以商业平台为参照开启的传播模式转型[4]。

第三，平台是一种组织方式。平台一般由数据、算法和接口、商业模式、规则体系等要素构成[5]，并呈现出三个层次的内涵，即基于硬件建立分层结构、为内容生产和传播提供支持、以中介形式赋能经济交易[6]。可见，平台不仅容纳内容，还为多元主体、多种要素提供了接口。在这些看似以整合、便利为导向的技术工具背后，隐藏着一套逻辑体系[7]或特定机制[8]，形塑着人们的生活方式和社会的组织方式。因此，"平台"也常用于指代"组织"本身，如将"平台"定义为具有可编程性和交互性的应用程序和资本相结合而形成的大型商业化组织[9]。除了实体形式，作为组织方式的"平台"还是一种话语策略。比如互联网企业借用"平台"内涵中"凸起的、水平的表面""旨在促进后续活动"等部分，强调平台的中立性，以及平台内部各主体的平等性[10]。在中国，"平台"对于促进自由表达、自主行动

---

[1] 喻国明，焦建，张鑫. "平台型媒体"的缘起、理论与操作关键[J]. 中国人民大学学报，2015, 29(06):120-127.

[2] 张志安，汤敏. 新新闻生态系统：中国新闻业的新行动者与结构重塑[J]. 新闻与写作，2018(03):56-65.

[3] 张彩霞，张涵. 互联网平台媒体的反向融合逻辑与新传播生态[J]. 现代传播（中国传媒大学学报），2022, 44(02): 154-161.

[4] 谭小荷. 从 Platsiher 到"平台型媒体"——一个概念的溯源与省思[J]. 新闻记者，2019(04):28-37.

[5] Van Dijck J, Poell T, De Waal M. The platform society: Public values in a connective world[M]. Oxford University Press, 2018:9.

[6] Steinberg M. LINE as super app: Platformization in East Asia[J]. Social Media+ Society, 2020, 6(2): 2056305120933285.

[7] Gehl R W. The archive and the processor: The internal logic of Web 2.0[J]. New media & society, 2011, 13(8): 1228-1244.

[8] Van Dijck J, Poell T, De Waal M. The platform society: Public values in a connective world[M]. Oxford University Press, 2018:5.

[9] 易前良. 平台中心化：网络传播形态变迁中的权力聚集——兼论互联网赋权研究的"平台"视角[J]. 现代传播（中国传媒大学学报），2019, 41(09):6-12.

[10] Gillespie T. The politics of 'platforms'[J]. New media & society, 2010, 12(3): 347-364.

的隐喻，则与中国互联网研究中希望"借助新技术以增强自由度"的主流路径产生了共鸣[1]。

二、平台化的内涵与表现

平台研究吸引了计算科学、管理科学、经济学、政治经济学、传播学等多个学科的研究兴趣。关于"平台化（**Platformalization**）是什么"，不同学科的学者们给出了不一样的定义和解读。Nieborg 和 Poell 具有基础性意义地提出了分析平台化的三维框架，即基础设施、市场和治理[2]。在基础设施层面，平台凭借其开放式的技术框架和雄厚的用户基础，成为基础设施一般的存在，而平台提供的空间和结构或有意、或无意地形塑着用户的参与行为和话语实践[3]。在市场层面，平台作为数据中介连接了多元主体（比如小微企业、组织机构、内容生产者、广告主、终端用户等）[4]及其交易行为，建构了多边市场，并主导着市场规则。在治理层面，包含对平台的治理（Governance of Platforms）和平台推动的治理（Governance by Platforms），前者是从外部明确平台责任并制定相关政策，后者则是平台内部依据其技术架构和运行规则等对主体行为、话语、内容等实施干预。以此为参照，本文依据平台化影响的程度和范围，将既有研究对平台化内涵的阐释分为**产业化意义、基础设施化意义、社会化意义**三个层次。

---

[1] Herold D K, De Seta G. Through the looking glass: Twenty years of Chinese internet research[J]. The Information Society, 2015, 31(1): 68-82.

[2] Nieborg D B, Poell T. The platformization of cultural production: Theorizing the contingent cultural commodity[J]. New media & society, 2018, 20(11): 4275-4292.

[3] Gillespie, T. Regulation of and by platforms[M]. //J. Burgess, A. Marwick, T. Poell (Eds.), The SAGE handbook of social media. SAGE Publications, 2017:254-278.

[4] Van Dijck J, Poell T, De Waal M. The platform society: Public values in a connective world[M]. Oxford University Press, 2018.

（一）"平台化"的产业化意义

"平台化"的产业化意义指的是互联网企业出于拓展商业版图、维系持续竞争力的目的[①]，以平台逻辑创新技术架构、调整商业策略，逐渐成为产业主导力量的过程和结果。早期学者们更关注所谓的"平台式革命"，关注平台技术创新对经济发展带来的积极作用[②③]。互联网平台诉诸"参与式文化"[④]，让更多的主体以更自如地方式参与到内容（产品）的生产、消费和交易中——人们得以绕过公司、政府机构自主创办生意、买卖货物、交换信息并从中获利。用户间的连接性经由互联网环境得到增强，进而超越传统的社会组织和机构，释放出社会公众整体的集体性和协同性[⑤]。在此过程中，由互联网企业主导的多边市场取代了双边市场，内容生产者或交易主体需要从内容生产到价格策略适应平台制定的规则，而内容产品也由此变得"模块化"，即根据数据化的用户反馈不断地被再生产、再加工[⑥]。在数字广告和市场营销方面，互联网产业的各方主体（比如数据分析平台、资源管理平台、交易平台、广告主等）围绕头部社交媒体平台（如 Facebook、Twitter 等）形成了合作伙伴关系网络，后者利用自身的技术接口优势和用户数据资源，占据了合作伙伴关系网络的核心[⑦]。

可见，不同主体在其中扮演的角色、发挥的作用不同，有学者将其区分为"基

---

① Gillespie T. The politics of 'platforms'[J]. New media & society, 2010, 12(3): 347-364.

② Parker G G, Van Alstyne M W, Choudary S P. Platform revolution: How networked markets are transforming the economy and how to make them work for you[M]. WW Norton & Company, 2016.

③ Parker G G, Van Alstyne M W, Choudary S P. Platform revolution: How networked markets are transforming the economy and how to make them work for you[M]. WW Norton & Company, 2016.

④ Jenkins H, Ford S, Green J. Spreadable media[M]. New York University Press, 2013.

⑤ Van Dijck J, Poell T, De Waal M. The platform society: Public values in a connective world[M]. Oxford University Press, 2018:2.

⑥ Nieborg D B, Poell T. The platformization of cultural production: Theorizing the contingent cultural commodity[J]. New media & society, 2018, 20(11): 4275-4292.

⑦ van der Vlist F N, Helmond A. How partners mediate platform power: Mapping business and data partnerships in the social media ecosystem[J]. Big Data & Society, 2021, 8(1): 20539517211025061.

础设施平台"和"部门平台"①。"基础设施平台"一般包括搜索引擎、浏览器、数据服务、云计算、电子邮箱、即时通信、社交网络、广告网络、应用商店、支付系统、身份认证服务、数据分析、视频服务、定位导航服务等，它们占据着平台生态系统的核心，管理、处理、存储、引导着数据流动②。"部门平台"则是专门针对某个领域或行业开展重点服务，如教育、医疗、交通、住房等，这些平台是基于"基础设施平台"提供的基础信息服务而建的③。然而，这样的产业格局并非一成不变，平台化更体现为平台扩张其业务版图的动态过程④。在商业利益的推动下，"基础设施平台"或通过自主开发、或通过投资兼并，将自己的业务板块向尚未触及的领域延伸⑤；"部门平台"也可能通过打造核心基础功能，形成自己的平台体系，成为"基础设施平台"⑥。平台主导性呈现出三个层次：受欢迎且允许用户自主选择的开放系统节点，如搜索引擎；用户被迫同意后才能参与和使用的半封闭系统节点，如 Facebook、Spotify；不仅强制使用同时还建立了全球化标准的封闭系统节点，如苹果 iOS、安卓（Android）系统⑦。

总体来说，在产业意义上，平台化指的是互联网平台（主要为社交媒体平台）构建出主导性的基础设施和经济模式，对内容的生产、分发、传播带来影响，进

---

① Van Dijck J, Poell T, De Waal M. The platform society: Public values in a connective world[M]. Oxford University Press, 2018:12.

② Van Dijck J, Poell T, De Waal M. The platform society: Public values in a connective world[M]. Oxford University Press, 2018:13.

③ Andersson Schwarz J. Platform logic: An interdisciplinary approach to the platform‐based economy[J]. Policy & Internet, 2017, 9(4): 374-394.

④ Van Dijck J, Poell T, De Waal M. The platform society: Public values in a connective world[M]. Oxford University Press, 2018:19.

⑤ Van Dijck J, Poell T, De Waal M. The platform society: Public values in a connective world[M]. Oxford University Press, 2018:15.

⑥ Van Dijck J, Poell T, De Waal M. The platform society: Public values in a connective world[M]. Oxford University Press, 2018:19.

⑦ Andersson Schwarz J. Platform logic: An interdisciplinary approach to the platform‐based economy[J]. Policy & Internet, 2017, 9(4): 374-394.

而带来互联网产业的政治经济变革[①][②]。

（二）"平台化"的基础设施化意义

"平台化"的基础设施化意义是在产业化意义基础上延伸而出的，指的是互联网平台凭借其技术优势和用户基础成为社会基础设施的过程和结果。平台的基础设施化不仅体现在用户层面，其日常生活已离不开平台提供的基础设施化工具或服务，还体现在平台本身正在成为产业甚至社会不可或缺的基础设施，互联网企业不仅从中获取了巨大的经济效益，同时更直接参与到了基础设施项目的投资中[③]。平台构建了以 API（Application Programming Interface，应用程序接口）和 SDK（Software Development Kit，软件开发包）为核心资源的开放式技术架构，通过向其他市场主体提供插件、整合服务，建立了围绕此开放式技术架构的、由平台主导的合作关系网络[④]，持续拓展着平台生态系统的边界[⑤]。有学者基于微信的基础设施作用提出了"元平台"（Mega-platform）的概念，即一个应用接管了一系列服务，以至于成为平台[⑥]。数据是平台实现基础设施化的关键资源，大型社交媒体平台通过将社会活动转化为数据形态以供后续处理，由此平台承担了确保数据跨平台流通的基础性工作[⑦]，成为"数据基础设施"[⑧]。数字时代，平台变得无

---

① Helmond A. The platformization of the web: Making web data platform ready[J]. Social media+ society, 2015, 1(2): 2056305115603080.

② Nieborg D B, Poell T. The platformization of cultural production: Theorizing the contingent cultural commodity[J]. New media & society, 2018, 20(11): 4275-4292.

③ Plantin J C, Punathambekar A. Digital media infrastructures: pipes, platforms, and politics[J]. Media, culture & society, 2019, 41(2): 163-174.

④ van der Vlist F N, Helmond A. How partners mediate platform power: Mapping business and data partnerships in the social media ecosystem[J]. Big Data & Society, 2021, 8(1): 20539517211025061.

⑤ Helmond A. The platformization of the web: Making web data platform ready[J]. Social media+ society, 2015, 1(2): 2056305115603080.

⑥ Chen Y, Mao Z, Qiu J L. Super-sticky WeChat and Chinese society[M]. Emerald Group Publishing, 2018.

⑦ Alaimo C, Kallinikos J. Computing the everyday: Social media as data platforms[J]. The Information Society, 2017, 33(4): 175-191.

⑧ Gray J, Bounegru L, Milan S, et al. Ways of seeing data: Toward a critical literacy for data visualizations as research objects and research devices[M]//Innovative methods in media and communication research. Palgrave Macmillan, Cham, 2016: 227-251.

处不在，在西方国家基础设施逐渐去管制化、私人化的时代背景下，平台与基础设施之间催生出共性[1]。而在更广泛的语境下，平台通过其服务在汲取基础设施特征的同时，也让既有的和新兴的基础设施在平台逻辑下被建立或重新组织[2]。平台的巨大影响力使得平台研究相应地出现了基础设施化转向，学者们不满足于对平台内部技术、结构、规则、实践的考察，开始从更广阔的社会情境中，探寻平台对于经济社会发展乃至"世界建构"的作用[3]。

（三）"平台化"的社会化意义

进一步地，"平台化"的社会化意义被凸显出来，指的是互联网平台成为社会生活不可分割的重要组成，并对社会结构和行为逻辑产生深远影响的过程和结果。平台化不仅是经济现象或技术革新带来的社会结果，其社会影响逐渐超出了产业范围、技术范畴。始于产业层面，互联网企业的平台化进程带来了社会部门的变革，这种变革源于平台与其他主体通过平台基础设施协同向终端用户提供产品和服务从而实现相互塑造的过程，继而带来了社会的平台化[4]。从微观来看，平台企图成为人们生活的"操作系统"[5]。平台逻辑伴随内容产业的变革，渗透到了具体的内容生产实践和文化环境中[6]。从中观来看，平台通过提供公共服务（特别

---

[1] Plantin J C, Lagoze C, Edwards P N, et al. Infrastructure studies meet platform studies in the age of Google and Facebook[J]. New media & society, 2018, 20(1): 293-310.

[2] Plantin J C, Lagoze C, Edwards P N, et al. Infrastructure studies meet platform studies in the age of Google and Facebook[J]. New media & society, 2018, 20(1): 293-310.

[3] Plantin J C, Punathambekar A. Digital media infrastructures: pipes, platforms, and politics[J]. Media, culture & society, 2019, 41(2): 163-174.

[4] Van Dijck J, Poell T, De Waal M. The platform society: Public values in a connective world[M]. Oxford University Press, 2018.

[5] Vaidhyanathan S. Antisocial media: How Facebook disconnects us and undermines democracy[M]. Oxford University Press, 2018.

[6] Van Dijck J, Poell T. Understanding social media logic[J]. Media and communication, 2013, 1(1): 2-14.

是共享经济[①②]），重塑了城市生活中的社会、制度、经济关系[③]，形成了所谓的"平台城市化"[④]。从宏观来看，一方面，平台生态系统的拓展逐渐向既有的社会制度和结构相融合，基础设施化平台开始向既定的社会安排渗透[⑤]；另一方面，平台渗透到了社会的核心部分，对制度、经济、社会和文化实践等产生了深远影响，进而迫使国家和政府调整其法律和民主结构[⑥⑦]。因此，平台化不仅赋予了互联网企业空前的经济实力，更值得警惕的是，它们正在汲取公民力量，包括催化集体行动、传播新闻、影响政治选票等能力[⑧]。

一个"平台社会"正在崛起[⑨]。这个经典的隐喻强调了在平台与社会结构之间存在着一种解不开的关系，互联网平台向现实社会制度及实践的渗透和融合过程，使得社会主体运转和组织的底层逻辑发生了变化。在平台这个容纳了公、私主体的生态系统中，平台逻辑影响了既有的制度逻辑和程序，重塑了公共价值的实现方式。因此，在更广泛的社会化意义上，平台化被视为数字基础设施、经济进程、平台治理框架在不同经济部门和生活领域相互渗透的过程[⑩]。类似于工业化和电气

---

① Stehlin J, Hodson M, McMeekin A. Platform mobilities and the production of urban space: Toward a typology of platformization trajectories[J]. Environment and Planning A: Economy and Space, 2020, 52(7): 1250-1268.

② Van Doorn N. A new institution on the block: On platform urbanism and Airbnb citizenship[J]. New Media & Society, 2020, 22(10): 1808-1826.

③ Graham M. Regulate, replicate, and resist–the conjunctural geographies of platform urbanism[J]. Urban Geography, 2020, 41(3): 453-457.

④ Barns S. Platform urbanism: negotiating platform ecosystems in connected cities[M]. Springer Nature, 2019.

⑤ Van Dijck J, Poell T, De Waal M. The platform society: Public values in a connective world[M]. Oxford University Press, 2018:16.

⑥ Chadwick A. The hybrid media system: Politics and power[M]. Oxford University Press, 2017.

⑦ Van Dijck J. The culture of connectivity: A critical history of social media[M]. Oxford University Press, 2013.

⑧ Moore M. Tech Giants and Civic Power[M]. CMCP, Policy Institute, King's College London, 2016. https://doi.org/10.18742/pub01-0

⑨ Van Dijck J, Poell T, De Waal M. The platform society: Public values in a connective world[M]. Oxford University Press, 2018.

⑩ Poell T, Nieborg D, van Dijck J, et al. Concepts of the Digital Society: Platformisation[J]. Internet Policy Review, 2019, 8(4).

化[1]，平台化是全球化社会的一次多维度转变[2]。

三、"平台化"的实现机制

"平台化何以实现"是平台研究关注的核心问题。已有研究基于不同企业或行动主体的平台实践，勾勒出平台利用其"资产"（用户参与、数据化、模块化、可编程性等）重构商业逻辑和社会关系并从中赢得商业利益和竞争优势的社会图景。有西方学者对平台化的实现机制或作用机理进行了系统总结。

Van Dijck 将平台化的作用机理总结为"数据化""商品化""筛选化"[3]。其中，数据化指的是互联网平台将现实世界中诸多尚未被量化的事物转化为数据的能力[4]，特别是用户行为数据（比如用户发帖、交友等行为反映出的地理意义、行为意义、关系意义上的用户特征）[5][6]。平台之所以可以成为"生态系统"，正是因为数据能够以互认的形式不停地在各种平台间相互交换、流通。在技术层面，网络活动是高度标准化的，从而实现用户数据的自动化处理，使得实时分析和预测成为可能，对开展定向广告投放、提供跨平台或领域的服务具有关键意义。API是数据流通的重要机制，平台通过给予第三方获取其内部信息的权限，构建出自主可控的数据通联、共享矩阵[7]，在吸引更多主体参与的同时，也让关键的数据资源得到充实。商品化指的是线上或线下的物品、活动、情绪、观念等转化成可交

---

[1] Van Dijck J. Van Dijck J. Seeing the forest for the trees: Visualizing platformization and its governance[J]. New Media & Society, 2021, 23(9): 2801-2819.

[2] Poell T, Nieborg D, van Dijck J, et al. Concepts of the Digital Society: Platformisation[J]. Internet Policy Review, 2019, 8(4).

[3] Van Dijck J, Poell T, De Waal M. The platform society: Public values in a connective world[M]. Oxford University Press, 2018.

[4] Mayer-Schönberger V, Cukier K. Big data: A revolution that will transform how we live, work, and think[M]. Houghton Mifflin Harcourt, 2013.

[5] Kitchin R. The data revolution: Big data, open data, data infrastructures and their consequences[M]. Sage, 2014.

[6] Nieborg D B. Free-to-play games and app advertising: The rise of the player commodity[M]//Explorations in critical studies of advertising. Routledge, 2016: 38-51.

[7] Bucher T. Objects of intense feeling: The case of the Twitter API[J]. Computational Culture, 2013 (3).

易物的过程。平台不仅为多方交易主体提供了对接供需、完成交易的基础设施，更直接地制定和把控着这个多边市场的规则。一方面，在商业化逻辑下，内容也成了商品；另一方面，内容往往是免费商品，以此换来的是用户规模的增长，用户数据资源的扩充。用户越多，多边市场的效益越高，这种"网络效应"是互联网企业开启平台化的经济根源。筛选化指的是平台由用户、算法驱动的信息筛选机制，一般包括个性化、信誉和趋势、内容调适三种类型，对平台信息流进行操纵和规制。平台筛选过程往往是半透明的，一部分是用户反馈的结果，但更大部分则是被藏在"黑箱"中的技术-商业策略。

以"治理平台"为出发点，Van Dijck 提出了"平台化树"（Platformization Tree）[①]的知识谱系，以更形象地刻画互联网平台汲取权力的动态机制。其中，"树根"是数字基础设施，包括计算机硬件和设备、数据中心设备、互联网通信协议、互联网交换节点、网络电缆等；"树干"是中介平台，包括在线零售、社交网络、应用商店、邮件和通信服务、搜索引擎、支付服务、在线广告、数据分析服务、身份认证服务、浏览器、云基础设施服务等；"枝叶"是具体领域或经济部门的应用或平台。数据是平台生态系统的"氧气"和"二氧化碳"，平台借助其无所不在的 API 广泛吸取数据并将其转换成"营养"，由此促进"平台化树"的生长。平台化的动态机制主要包括三个方面：一是垂直整合，即从基础设施技术到中介平台再到具体服务的垂直性整合，有助于强化平台的中介作用，比如苹果自带的支付系统便是一种从芯片到系统再到服务的垂直性整合；二是平台的基础设施化，超级平台往往具备成套的基础应用体系，比如 Facebook 的应用体系包含 WhatsApp、Instagram、Messenger、Login、Advertising、Analytics，基础设施化服务增大了用户的迁移成本，有助于确立平台的主导性和不可替代性；三是跨部门兼并，大型平台持续向细分市场拓展其商业版图，为的是从不同领域获取用户信息和行为数据。

总的来说，互联网企业之所以能够获得当前的影响力和向心力，是因为它

[①] Van Dijck J. Van Dijck J. Seeing the forest for the trees: Visualizing platformization and its governance[J]. New Media & Society, 2021, 23(9): 2801-2819.

们通过运营一系列兼具竞合关系的平台，掌握了全球数字信息系统的核心，从而在经济、社会、政治等领域释放出空前的控制力[1]。互联网企业是平台化进程的最主要行动者，互联网企业的平台化实践构成了平台研究最重要的观察入口和经验资料。以上述 Van Dijck 对"平台化实现路径"的规律性总结为参照，结合国外不同主体的平台化实践，本文从**技术层面的基础设施、市场层面的运营策略、理念层面的话语建构**三个方面，就其他学者对"平台化"的解剖做进一步梳理。

（一）技术层面的基础设施

在技术层面，数据是平台的核心资源[2]，平台在向用户提供服务的同时，也在广泛收集用户的内容和行为数据[3][4]。数据为平台间相互连接提供了"燃料"。通过API，平台间的数据交换得以实现，为捕捉用户需求并基于用户行为和反馈进行应用或平台创新提供了便利[5]。平台的数字物质性是平台化的前提，由此平台能够被拆解成多种基础服务，新的产品在其基础服务上建立[6]，延伸了平台的功能性和影响力[7]。

这种特性被称为"可编程性"，平台通过向其他主体提供"边界资源"，从而

---

[1] Van Dijck J. Seeing the forest for the trees: Visualizing platformization and its governance[J]. New Media & Society, 2021, 23(9): 2801-2819.

[2] Tavmen G. Data/infrastructure in the smart city: Understanding the infrastructural power of Citymapper app through technicity of data[J]. Big Data & Society, 2020, 7(2): 2053951720965618.

[3] Kitchin R. The data revolution: Big data, open data, data infrastructures and their consequences[M]. Sage, 2014.

[4] Nieborg D B. Free-to-play games and app advertising: The rise of the player commodity[M]//Explorations in critical studies of advertising. Routledge, 2016: 38-51.

[5] Helmond A. The platformization of the web: Making web data platform ready[J]. Social media+ society, 2015, 1(2): 2056305115603080.

[6] Aradau C, Blanke T, Greenway G. Acts of digital parasitism: Hacking, humanitarian apps and platformisation[J]. new media & society, 2019, 21(11-12): 2548-2565.

[7] Blanke T, Pybus J. The material conditions of platforms: Monopolization through decentralization[J]. Social Media+ Society, 2020, 6(4): 2056305120971632.

实现可编程性[1]。这些资源主要是 API 和 SDK，包含基于平台研发应用和服务所必需的软件工具和信息，通过揭露平台的技术架构为应用研发提供便利[2][3]，其本质是数据生产的去中心化（向外界提供接口和软件包）和数据采集的再中心化（统一数据和技术标准）[4]。可编程性一方面促进了平台间的交流[5]，将其他主体广泛吸引到平台自己的生态系统中[6]，另一方面，帮助平台建立起自主可控的技术框架[7]和合作关系网络[8]，支撑了平台在社会和经济上的竞争优势[9][10]。平台与其他主体（如合作伙伴、内容生产者、广告主等）之间形成了一种"寄生"关系，大型平台致力于拓展其基础服务的多样性，在帮助其他开发者缩减开发成本的同时也在延伸其自身作为基础设施的影响力[11]；而其他主体通过各自的创新实践，丰富了平台既

---

[1] Mackenzie A. From API to AI: Platforms and their opacities[J]. Information, Communication & Society, 2019, 22(13): 1989-2006.

[2] Eaton B, Elaluf-Calderwood S, Sørensen C, et al. Distributed tuning of boundary resources[J]. MIS quarterly, 2015, 39(1): 217-244.

[3] Dal Bianco V, Myllärniemi V, Komssi M, et al. The role of platform boundary resources in software ecosystems: a case study[C]//2014 IEEE/IFIP Conference on Software Architecture. IEEE, 2014: 11-20.

[4] Helmond A. The platformization of the web: Making web data platform ready[J]. Social media+ society, 2015, 1(2): 2056305115603080.

[5] Helmond A. The platformization of the web: Making web data platform ready[J]. Social media+ society, 2015, 1(2): 2056305115603080.

[6] Mackenzie A. From API to AI: Platforms and their opacities[J]. Information, Communication & Society, 2019, 22(13): 1989-2006.

[7] Braun J. Building the infrastructures of connected viewing[J]. Connected viewing: Selling, streaming, & sharing media in the digital age, 2013: 124-143.

[8] Eaton B, Elaluf-Calderwood S, Sørensen C, et al. Distributed tuning of boundary resources[J]. MIS quarterly, 2015, 39(1): 217-244.

[9] Bodle R. Regimes of sharing: Open APIs, interoperability, and Facebook[J]. Information, Communication & Society, 2011, 14(3): 320-337.

[10] Skeggs B, Yuill S. Capital experimentation with person/a formation: how Facebook's monetization refigures the relationship between property, personhood and protest[J]. Information, Communication & Society, 2016, 19(3): 380-396.

[11] Blanke T, Pybus J. The material conditions of platforms: Monopolization through decentralization[J]. Social Media+ Society, 2020, 6(4): 2056305120971632.

有的功能体系，进一步加速了平台的基础设施化进程[1]。

可编程性实践及其代码蕴含了平台价值、主体地位、权力关系等意义，为追踪平台化路径提供了重要线索[2]。有学者通过探究互联网平台技术和服务的共现网络发现，平台垄断的形成源于其服务的去中心化，促成整体意义上的技术整合，Facebook、Google 等大型平台成为其他所有应用的资源节点，共享着包括数据分析、广告、社交分享、数据趋势、洞察、事故报告等在内的基础服务[3]。Facebook 是考察平台可编程性的常用案例。Facebook 从社交网站向社交媒体平台的转变是平台功能去中心化与数据再中心化的双向动态过程，可编程性是其中重要的技术逻辑[4]。Facebook 通过对外提供 API 和 SDK，参与到应用程序开发者社区中，并通过其开放计算项目（Open Compute Project）宣扬其开放性和中立性主张，旨在推广平台资源开放原则[5]。值得注意的是，近年来，Facebook 开始在其编程代码中融入预测模型，从 API 到 AI，平台结构的开放性和不稳定性进一步增强，平台成为一个动态内生的"实验系统"，但也进一步强化了维系平台核心竞争优势的不透明性（技术代码及其背后的经营策略），同时分散了平台责任[6]。平台可编程性还在其他平台和场景得到检视。对于内容生产者而言，如果他们想增强内容的可见性，实现传播效果，达成传播目的，就必须理解和适应平台的可编程性机制，借助社交网络的意见领袖和算法媒体的作用，这个过程被称为"微平台化"

---

[1] Nieborg D B, Poell T. The platformization of cultural production: Theorizing the contingent cultural commodity[J]. New media & society, 2018, 20(11): 4275-4292.

[2] Mackenzie A. From API to AI: Platforms and their opacities[J]. Information, Communication & Society, 2019, 22(13): 1989-2006.

[3] Blanke T, Pybus J. The material conditions of platforms: Monopolization through decentralization[J]. Social Media+ Society, 2020, 6(4): 2056305120971632.

[4] Helmond A. The platformization of the web: Making web data platform ready[J]. Social Media+ Society, 2015, 1(2): 2056305115603080.

[5] Plantin J C, Punathambekar A. Digital media infrastructures: pipes, platforms, and politics[J]. Media, culture & society, 2019, 41(2): 163-174.

[6] Mackenzie A. From API to AI: Platforms and their opacities[J]. Information, Communication & Society, 2019, 22(13): 1989-2006.

（Micro-Platformization）[1]。谷歌地图依赖于用户参与，它借助API向用户提供可供编程的基础地图，并致力于将自身发展为地理空间网站的标准，成为一系列应用和服务的基础地图服务商，由此获得了大量用户，创造出基础设施级别的数据库[2]。

（二）市场层面的运营策略

在市场层面，平台凭借其信息组织和通联能力和效率，在交易主体间搭建"桥梁"，让后者能够绕过传统意义上的机构或组织开展灵活自主的交易，平台由此成为社会实体间主要的连接方式。在此过程中，平台运营者开发、控制着接口、算法、数据流等形塑交易模式的关键资源，从而把握了市场游戏规则的主导权[3]。按作用对象，平台的运营策略可以分为"商家策略"和"用户策略"。

"**商家策略**"包含合作[4][5]与兼并[6]两个层面。在合作层面，平台积极构建并拓展着合作伙伴关系。API、SDK等资源的使用权限，一般以平台合作伙伴项目的形式予以管理和分配。对于合作伙伴（如广告商、商业合作伙伴、媒体发行商、内容生产者等）而言，加入合作伙伴项目可以让他们获取平台提供的基础性工具、产品和服务，以及平台雄厚的用户数据资源[7]。对于平台而言，合作伙伴关系的建

---

[1] Hutchinson J. Micro-platformization for digital activism on social media[J]. Information, Communication & Society, 2021, 24(1): 35-51.

[2] Plantin J C. Digital traces in context| Google maps as cartographic infrastructure: from participatory mapmaking to database maintenance[J]. International journal of communication, 2018, 12: 18.

[3] Van Dijck J, Poell T, De Waal M. The platform society: Public values in a connective world[M]. Oxford University Press, 2018:40.

[4] Alaimo C, Kallinikos J, Valderrama E. Platforms as service ecosystems: Lessons from social media[J]. Journal of Information Technology, 2020, 35(1): 25-48.

[5] Helmond A, Nieborg D B, van der Vlist F N. Facebook's evolution: Development of a platform-as-infrastructure[J]. Internet Histories, 2019, 3(2): 123-146.

[6] Smith H. People-based marketing and the cultural economies of attribution metrics[J]. Journal of Cultural Economy, 2019, 12(3): 201-214.

[7] van der Vlist F N, Helmond A. How partners mediate platform power: Mapping business and data partnerships in the social media ecosystem[J]. Big Data & Society, 2021, 8(1): 20539517211025061.

立使其兼具"关系优势"（与合作关系网络各主体产生直接关系）和"模糊偏向"（平台技术机制如程序化广告的运行机制是不透明的）[1]，有利于维系平台核心利益。更长远地来看，平台的合作伙伴通过使用平台的基础服务，进一步放大了平台的基础设施作用[2]。比如在网络视频直播领域，Facebook 通过与多家媒体企业建立伙伴关系，以资金、流量支持等方式换来传统媒体的内容生产积极性。后者被迫适应 Facebook 平台的内容生产和消费环境，调整其内容生产策略，采取与平台相协同的新闻生产方式，调整其内容生产机制，建立专门的网络视频直播团队和相关制度。平台的扶持降低了传统媒体转型的试错成本，同时也将传统媒体"绑"在了平台的"传送带"上。平台由此主导了网络视频直播行业的规则和发展逻辑[3]。在兼并层面，除了头部平台或应用（如前文所述的基础设施平台），互联网企业还不遗余力地通过自主开发或投资兼并，持续拓展着自己的业务边界（向部门平台渗透）[4]。Messenger 的基础设施化发展便反映了 Facebook 的"雄心壮志"，Facebook 构建了自己的"应用程序家族"，使其平台足迹遍布全球，成为全球性的数据基础设施[5]。

"用户策略"主要有"免费策略"和"格式化策略"两种方式。平台指向网络效应的经济逻辑使其十分依赖用户参与，为了鼓励用户参与、降低用户参与门槛，平台多采取"免费策略"[6]，通过向用户提供免费便捷的服务，换取用户的个人信

---

[1] Broughton Micova S, Jacques S. Platform power in the video advertising ecosystem[J]. Internet Policy Review, 2020, 9(4).

[2] van der Vlist F N, Helmond A. How partners mediate platform power: Mapping business and data partnerships in the social media ecosystem[J]. Big Data & Society, 2021, 8(1): 20539517211025061.

[3] Rein K, Venturini T. Ploughing digital landscapes: How Facebook influences the evolution of live video streaming[J]. New media & society, 2018, 20(9): 3359-3380.

[4] Van Dijck J, Poell T, De Waal M. The platform society: Public values in a connective world[M]. Oxford University Press, 2018:15-17.

[5] Nieborg D B, Helmond A. The political economy of Facebook's platformization in the mobile ecosystem: Facebook Messenger as a platform instance[J]. Media, Culture & Society, 2019, 41(2): 196-218.

[6] Van Dijck J, Poell T, De Waal M. The platform society: Public values in a connective world[M]. Oxford University Press, 2018:10.

息和数据[1]。这种"免费"不仅体现在直接的费用减免上，还体现在平台对用户的"赋能"上。比如在短视频平台，平台方为内容生产者提供了丰富的编辑工具和内容模板，最终形成了"模因化"的传播模式。在这种传播模式下，用户"拿来"便能使用、生产内容并能收获较好的传播效果，其时间、精力、能力成本得到减免[2]。进一步地，平台逻辑下，内容成为商品。作为一种交易物，内容需要有明确的价值尺度和标准，为此平台对内容生产实施了格式化设计。比如日本主流的社交应用 Line 使用具有日本地域特色的贴纸作为其主要的内容产品，并通过内容格式化（贴纸包）、市场格式化（创作者市场）、生产者主体性格式化（如何生产贴纸的说明书）主导了平台乃至社会的内容和文化生产逻辑[3]。又如抖音和 TikTok，作为同一母公司下分别向国内和国外市场投放的"拳头产品"，尽管两者结合目标市场及用户特性在运营策略上存在一些差异，但在内容生产上，两者共同维护着有限创造性（Circumscribed Creativity），即在向用户提供简单便捷的内容生产功能（包括音乐、滤镜、视频效果等）的同时，平台始终把持着这些功能的使用规则和创新权限，从而实现了所谓的"平行平台化"[4]。

（三）理念层面的话语建构

在理念层面，平台极力构建出"技术中立"的话语体系，以此明确并向监管主体（政府、公众）宣贯自己的有限责任。首先，平台的基础设施、商业模式、话语构建都是"表演式的"，平台以十分"外显"的方式（同时掩盖的是其技术方

---

[1] Schneier B. Data and Goliath: The hidden battles to collect your data and control your world[M]. WW Norton & Company, 2015.

[2] Zulli D, Zulli D J. Extending the Internet meme: Conceptualizing technological mimesis and imitation publics on the TikTok platform[J]. New Media & Society, 2020: 1461444820983603.

[3] Steinberg M. LINE as super app: Platformization in East Asia[J]. Social Media+ Society, 2020, 6(2): 2056305120933285.

[4] Kaye D B V, Chen X, Zeng J. The co-evolution of two Chinese mobile short video apps: Parallel platformization of Douyin and TikTok[J]. Mobile Media & Communication, 2021, 9(2): 229-253.

式和战略意图）构造着新的价值体系[1]。**平台有意将自己描述为"纯粹的中介"**。比如 YouTube 使用"平台"一词，表明自己仅仅是内容生产者和消费者的中介，自身不会对内容产品的生产和消费做出任何干涉或改变，即不为内容生产和传播负责，以此明确自身在治理体系中的有限责任[2]。Facebook 则以免费浏览和人际关系为原则阐明其企业运营理念，旨在建立一个安全的、用户支持和知情的、公民参与和包容的社区[3]。相应地，**平台始终拒绝将自己称为"媒介组织"或"基础设施"**。尽管已经有相当大规模的用户通过其社交网站的新闻推送接收新闻资讯，但 Facebook 直到 2017 年都一直拒绝将自己称为媒介组织[4]。Uber 为了逃避社会安全责任，也仅仅将自己定位为"数字服务提供商"[5]。有趣的是，**平台与此同时又志在构建"公共性"话语**，以支持其跨领域、跨国界的扩张计划。平台经常声称其初衷是为了实现公共利益，却不明确他们自己的利益诉求是什么[6]。Facebook 并不满足于将自己定义为"社交网站"或"社会名录"，即不只是将 Facebook 置于社会中，更多的是将社会置于 Facebook 中。凸显自己在科技公司中主导地位的同时，强调平台与用户、商业主体间的平等地位，揭示了 Facebook 希望成为基础设施的发展愿景[7]。阿里巴巴则将自己包装在"一带一路"倡议下，旨在建立一个全球性的在线贸易平台，实现一种"具有包容性的全球化"[8]。YouTube 的"平台"

---

[1] Van Dijck J, Poell T, De Waal M. The platform society: Public values in a connective world[M]. Oxford University Press, 2018:24.

[2] Gillespie T. The politics of 'platforms'[J]. New media & society, 2010, 12(3): 347-364.

[3] Rider K, Murakami Wood D. Condemned to connection? Network communitarianism in Mark Zuckerberg's "Facebook manifesto"[J]. New Media & Society, 2019, 21(3): 639-654.

[4] Napoli P, Caplan R. Why media companies insist they're not media companies, why they're wrong, and why it matters[J]. First Monday, 2017.

[5] Van Dijck J, Poell T, De Waal M. The platform society: Public values in a connective world[M]. Oxford University Press, 2018:28.

[6] Hoffmann A L, Proferes N, Zimmer M. "Making the world more open and connected": Mark Zuckerberg and the discursive construction of Facebook and its users[J]. New media & society, 2018, 20(1):199-218.

[7] Hoffmann A L, Proferes N, Zimmer M. "Making the world more open and connected": Mark Zuckerberg and the discursive construction of Facebook and its users[J]. New media & society, 2018, 20(1):199-218.

[8] Vila Seoane M F. Alibaba's discourse for the digital Silk Road: the electronic World Trade Platform and 'inclusive globalization'[J]. Chinese Journal of Communication, 2020, 13(1):68-83.

话语包含多个维度的含义，既是"技术平台"，也是"话语平台""机会平台"，平台希望以此调和与用户潜在的矛盾关系，彰显自己保障用户自由表达的公共性价值[①]。

四、"平台化"的中国路径

平台研究兴起后，研究对象主要集中在由美国主导的大型互联网企业，研究情境主要是以欧美发达国家为代表的西方社会，引发了学界对"西方中心主义""平台全球主义"的反思。不可否认的是，平台化是经济全球化的表现，但对于强调社会建构作用的平台研究而言，"在地性"同样是其重要的考察维度——尽管有相互借鉴甚至照搬照抄，但平台化终究不是一个统一的过程[②]。同时，近年来中国的互联网企业及其平台飞速发展，借助移动互联网发展的技术红利和中国互联网普及带来的用户人口红利，以淘宝、微信、抖音等为代表的"超级平台"相继涌现，并形成了与美国大型互联网平台分庭抗礼的"中美"平台割据局面。在**理论与现实的双重驱动下**，学者们将目光投向中国，对中国的平台及其扩张、影响展开研究。以具体的互联网平台为研究对象，基于中国语境的平台化研究可以按照平台类型分为**社交媒体平台化、网络内容生产与传播平台化、电子商务（含共享经济）平台化**三个方面。

社交媒体平台化尤以微信的基础设施化为典型案例，微信的基础设施化是其**作为通信工具的传播特性、作为社交平台的商业策略、作为治理主体的政府关系等因素共同作用的结果**。作为通信工具，微信没有执着于社交媒体时代对于"在线活跃的大众"的追求，而是采取了小规模、私人化的传播方式。这种方式在促进人际信任和联系的同时，从话语空间上阻碍了更大规模群组及公共话语的形成，这在一定程度上与官方"管控"取向的网络舆论管理策略相契合，得到了官方的

---

① Gillespie T. The politics of 'platforms'[J]. New media & society, 2010, 12(3):347-364.
② De Kloet J, Poell T, Guohua Z, et al. The platformization of Chinese society: Infrastructure, governance, and practice[J]. Chinese Journal of Communication, 2019, 12(3): 249-256.

支持，并构建了中国社会连接和关系的新形态[①]。作为社交平台，API 同样是微信拓展业务、开展合作的核心资源。通过有选择性、阶段性地开放 API，主导 API 接入权限和标准，微信不断增强了其连接、组织和融合能力，并形成了结构化甚至具有"垄断性"的平台生态[②③]。作为治理主体，微信的基础设施化不只在于其建立了在线支付系统，更重要的是它形塑了一种技术民族主义式的治理体系。一方面，微信的发展在很大程度上得益于国家对本土平台的"庇护"；另一方面，平台也在以一种"国家代理"的方式，协助官方开展内容治理、公共服务[④]。这种"政企合作"关系的作用和特殊性，使得微信成为平台研究去西方化的重点案例。

内容生产与传播平台化主要以视频平台为案例，"响应国家政策"是此类平台生存与发展的关键。抖音的基础设施化过程包含两个层次，一是通过向"知识科普"领域进军，打造"视频百科全书"，积累了商业可持续维度的内容产品资源和基础设施可持续维度的用户数据资源；二是积极与中央和地方政府对接，开始涉足城市品牌宣传和旅游领域，在内容管理方面获得"官方背书"[⑤]。与其海外版本 TikTok 不同，抖音平台化不仅要在技术功能上更符合目标市场用户的审美取向（如"美白"）、媒体使用和消费习惯（如移动优先、打赏经济、直播带货），更重要的是在更加严苛的政府管控下，在内容治理上始终以主流意识形态为底线（如设置"正能量"板块），并采用范围更广的内容审查标准[⑥]。与抖音不同，快手用

[①] Harwit E. WeChat: Social and political development of China's dominant messaging app[J]. Chinese Journal of Communication, 2017, 10(3): 312-327.

[②] 毛天婵, 闻宇. 十年开放？十年筑墙？——平台治理视角下腾讯平台开放史研究（2010-2020）[J]. 新闻记者, 2021(06):28-38.

[③] 束开荣. 社交媒体研究的媒介物质性路径——以微信 API 开放与使用项目为个案的研究[J]. 新闻界, 2020(05): 80-90.

[④] Plantin J C, De Seta G. WeChat as infrastructure: The techno-nationalist shaping of Chinese digital platforms[J]. Chinese Journal of Communication, 2019, 12(3): 257-273.

[⑤] Zhang Z. Infrastructuralization of Tik Tok: Transformation, power relationships, and platformization of video entertainment in China[J]. Media, Culture & Society, 2021, 43(2): 219-236.

[⑥] Kaye D B V, Chen X, Zeng J. The co-evolution of two Chinese mobile short video apps: Parallel platformization of Douyin and TikTok[J]. Mobile Media & Communication, 2021, 9(2): 229-253.

户的"草根"属性更强，快手高度依赖此类"草根"用户生产的内容，其商业模式（倡导"草根"创业精神）与"互联网+"和"双创"战略相呼应，但同样受到网络内容治理的约束，塑造出一种多方协商下充满随机性的数字文化[1]。相较于短视频平台，爱奇艺则更注重专业内容的分发。但有别于国外视频平台强调用户的个性化需求和体验，爱奇艺诉诸集中式的正能量宣贯[2]，发挥着类似于主流媒体培育核心价值观的作用[3]。

电子商务（含共享经济）平台化强调平台为多方主体搭建多边市场的桥梁作用，相关研究更关注行动主体，特别是微观行动者，如用户、外卖小哥、网约车司机等在其中的作用。从纵向来看，阿里巴巴瞄准并利用小资本主义传统中国家与中小企业的结构性张力，通过不断调整国家、中小企业、风险资本、平台机制之间的关系以实现平台扩张的历程[4]。从横向来看，在淘宝平台的基础设施化进程中，支付宝与菜鸟物流扮演着关键的网络关口角色[5]；同时，平台通过对信息技术和虚拟社区的"去蔽"赋予消费者更大的话语权，进而在多个行动者间建立起关乎电子商务模式存续根基的信任关系[6]。滴滴之所以能够成为数字公共设施，在宏观层面得益于其主动回应官方需求，即将自身技术创新与服务主动贴合国家战略（"现代化发展""经济转型"等）、回应"失业""交通拥堵"等现实问题；在微观层面，滴滴横跨公私部门的能力则源自对用户和司机参与及其数据的深度依赖，其中传统的出租车司机被强行纳入系统，扮演着"服务提供者"和"数据提供者"

---

[1] Lin J, de Kloet J. Platformization of the unlikely creative class: Kuaishou and Chinese digital cultural production[J]. Social Media+ Society, 2019, 5(4): 2056305119883430.

[2] Wang W Y, Lobato R. Chinese video streaming services in the context of global platform studies[J]. Chinese Journal of Communication, 2019, 12(3): 356-371.

[3] 易前良. 平台研究：数字媒介研究新领域——基于传播学与STS对话的学术考察[J]. 新闻与传播研究，2021，28(12):58-75+127.

[4] 管泽旭，张琳. 阿里巴巴的进化史与小资本主义的平台化：对本土语境平台化的考察[J]. 国际新闻界，2020，42(02):28-49.

[5] 段世昌. 从"寄生"到"共栖"——淘宝平台如何走向基础设施化[J]. 新闻记者，2021(07):86-96.

[6] 周桂林，何明升. 行动者网络理论的困境及出路——以虚拟社区系统的社会建构为例[J]. 自然辩证法研究，2009，25(09):78-83.

的双重角色①。在外卖平台，平台在通过"问题化""权益化"方式构建协同创新行动者网络②的背后，是无数在算法控制下被"订单压力""客户投诉""游戏化管理"三重牵制而疲于奔命的外卖员③。

综观已有研究，对"平台化"的中国路径的考察主要呈现出三个特色。

一是注重融入中国语境，特别关注国家/政府在平台化中的作用④⑤⑥。在中国，政府因素对平台化的形塑包含发展和监管两个向度。在发展向度上，平台化（或平台基础设施化）趋势与中国政府建立新型基础设施的雄心高度契合，政府与企业相互"缠绕"，加速并深化了平台化进程，促使平台基础设施进一步向社会各领域渗透⑦。在监管向度上，有别于西方的自由市场和小政府形态⑧（或所谓的"平台资本主义"⑨），政府监管和干预使得中国的平台化进程面临着与西方不同的现实问题⑩。

二是更加重视用户与平台的关系，对西方平台研究聚焦于平台企业主体实践

---

① Chen J Y, Qiu J L. Digital utility: Datafication, regulation, labor, and DiDi's platformization of urban transport in China[J]. Chinese Journal of Communication, 2019, 12(3): 274-289.

② 屠羽，彭本红，鲁倩. 基于行动者网络理论的平台企业协同创新研究——以"饿了么"为例[J]. 科学学与科学技术管理，2018, 39(02):74-84.

③ Sun P. Your order, their labor: An exploration of algorithms and laboring on food delivery platforms in China[J]. Chinese Journal of Communication, 2019, 12(3): 308-323.

④ 易前良. 平台研究：数字媒介研究新领域——基于传播学与 STS 对话的学术考察[J]. 新闻与传播研究，2021, 28(12):58-75+127.

⑤ Zhang Z. Infrastructuralization of Tik Tok: Transformation, power relationships, and platformization of video entertainment in China[J]. Media, Culture & Society, 2021, 43(2): 219-236.

⑥ De Kloet J, Fung A Y H. Youth cultures in China[M]. John Wiley & Sons, 2016.

⑦ De Kloet J, Poell T, Guohua Z, et al. The platformization of Chinese society: Infrastructure, governance, and practice[J]. Chinese Journal of Communication, 2019, 12(3): 249-256.

⑧ Zhang Z. Infrastructuralization of Tik Tok: Transformation, power relationships, and platformization of video entertainment in China[J]. Media, Culture & Society, 2021, 43(2): 219-236.

⑨ Srnicek N. Platform Capitalism[M]. Cambridge: Polity Press, 2016.

⑩ Zhang Z. Infrastructuralization of Tik Tok: Transformation, power relationships, and platformization of video entertainment in China[J]. Media, Culture & Society, 2021, 43(2): 219-236.

的研究视野形成补充[1]。用户实践（既有用户参与，也包含平台数字劳工等问题）因时、因地而异[2]，不同的用户实践蕴含了不同的文化内涵，在微观意义上更加细致地反映了平台化进程中平台与社会的相互作用和关系[3]。

三是关注平台汲取公共性的实现机制。每个国家的政府对于文化/科技公司的干预程度是不同的。在中国，互联网企业会成立专门的部门以处理企业与政府的关系[4]，其对公共关系（特别是政府关系）的重视程度可见一斑。对比不同语境下的平台化实践，不难发现中国的互联网平台具备更深层次的公共性（比如被纳入技术民族主义治理体系的微信、类似主流媒体肩负着传播正能量任务的爱奇艺等）。以及对公共事务更深远的嵌入性。显然，对于平台的发展，中国政府部门并非一味地管制，而是在"管得住、用得好"的理念下，将平台置于社会治理协同者的角色。本文通过综述发现，无论是平台自主开展治理，还是平台自觉接受治理，平台都在更广泛意义上试图通过参与社会治理获取作为基础设施的公共性。

---

[1] 易前良. 平台研究：数字媒介研究新领域——基于传播学与 STS 对话的学术考察[J]. 新闻与传播研究，2021, 28(12):58-75+127.

[2] De Kloet J, Poell T, Guohua Z, et al. The platformization of Chinese society: Infrastructure, governance, and practice[J]. Chinese Journal of Communication, 2019, 12(3): 249-256.

[3] 易前良. 平台研究：数字媒介研究新领域——基于传播学与 STS 对话的学术考察[J]. 新闻与传播研究，2021, 28(12):58-75+127.

[4] De Kloet J, Poell T, Guohua Z, et al. The platformization of Chinese society: Infrastructure, governance, and practice[J]. Chinese Journal of Communication, 2019, 12(3): 249-256.

互联网平台的反垄断规制分析与政策建议

【摘　要】 互联网平台，以其规模体量之大、业务范围之广，已成为国民经济的重要组成部分。2020年以来，针对部分互联网平台的反垄断规制措施落地，引起了全社会热议。本研究梳理归纳了互联网平台反垄断规制的现状、背景和思路原则，并提出了互联网平台规制的三方面具体操作和建议：明确反垄断、反不正当竞争、引导和激励一体的规制体系；增强对规模、主体业务、衍生业务的全方位规制力度；针对资本、数据、技术等垄断产生要素进行重点规制。本研究对当下的反垄断规制体系建设提出建设性意见，也指出反垄断规制体系应兼顾可预期性、适度性，推动数字经济时代互联网平台的健康发展。

【关键词】 互联网平台　反垄断　规制　政策建议

　　移动互联网的崛起与发展，使人类的生活发生了巨大的改变，互联网平台提供的服务也越来越成为人们日常生活的重要组成部分。在网络经济发展的大潮中，也涌现出了一批优秀的公司，这些互联网平台不仅为社会的数字化做出了贡献，也成为经济发展的重要"创新引擎"之一。但与此同时，互联网平台在发展过程中暴露出的各种问题，也引起了全社会的广泛关注。

　　从目前的发展状况来看，中国是全球网络用户数第一、互联网平台企业市值第二的互联网大国。近年来，一些大型、超大型互联网平台出现，总市值超过500亿元人民币以上的互联网平台公司共计16家。其中，已经上市的大型互联网企业，包括腾讯、阿里巴巴、美团、拼多多，它们的总市值达到了1万亿元人民币。像字节跳动这样尚未上市的独角兽公司，估值也突破千亿美元大关，尤其是TikTok（抖音国际版）已成为海外最热门的短视频平台应用之一。

　　互联网平台的快速增长，对经济社会发展产生了一系列积极影响，使人们的衣食住行生活产生了巨大的改变，而且这些改变仍在潜移默化地进行中。互联网平台不仅深刻地改变了人们的购物、社交、支付、出行等行为习惯，也对数字经济发展起到了重要作用，为商品交易、内容生产、信息交互等各个环节提高了效率，并催生出一系列周边产业，在社会经济发展过程中所扮演的角色越来越重要。

然而，互联网平台广泛的市场影响力也引发了一系列社会问题。其掌握的商品、服务环节和流量入口，促使头部的互联网巨头开始占据主导地位，甚至独自掌握流量入口、定价权、关键渠道，在竞争中占据绝对有利态势。例如，滥用平台管理权，或是要求商家签订"二选一"协议，抑或在业务开展过程中更加倾向于扶植自营业务而侵害中小商家的权益，互联网平台的这些做法都可能侵害平台上某些群体的利益。同时，平台滥用自身的数据和算法优势、对用户的数据进行跨平台收集、实施并购或内部整合不合理等问题，引起了大众的广泛关注。

2020年以来，平台经济反垄断成为全年的重要热门议题，监管力度的加大，势必会对平台方及平台上的利益相关者造成一系列重大影响。自相关反垄断政策发布以来，在中国香港、美国等地上市的中国互联网公司市值开始出现了下滑趋势。如图1所示，截至2022年3月11日，中国互联网平台企业市值自2019年的最高点

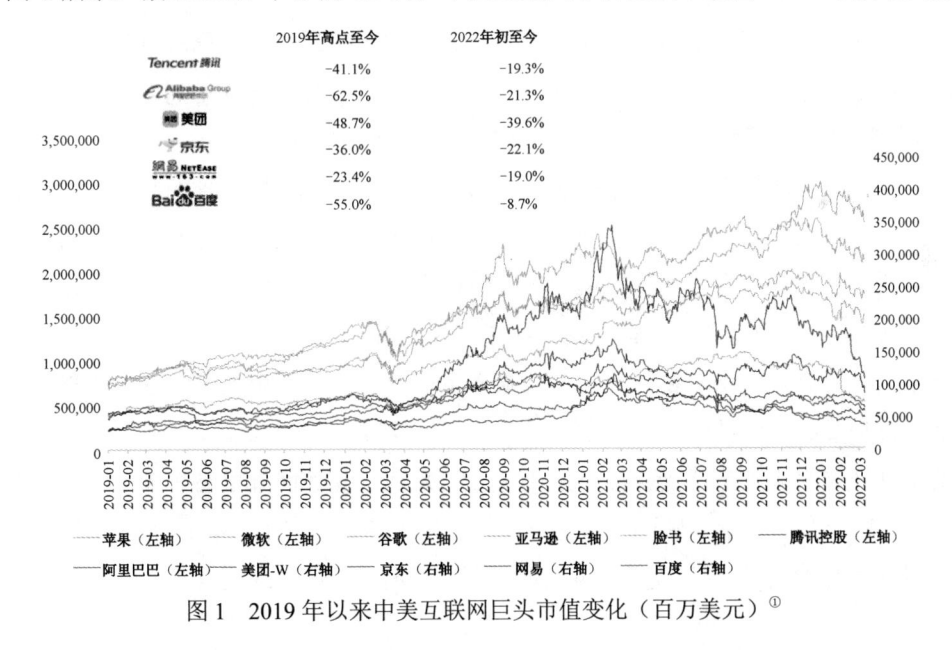

图1　2019年以来中美互联网巨头市值变化（百万美元）①

---

① 根据Wind资讯数据库上公司市值数据整理，截止日期为2022年3月11日。

已经下滑了44.4%。图2也显示了2021年以来中美互联网巨头的相对市值变化，可以看到以腾讯、阿里巴巴、美团、京东为代表的中国互联网巨头市值呈现下降趋势。

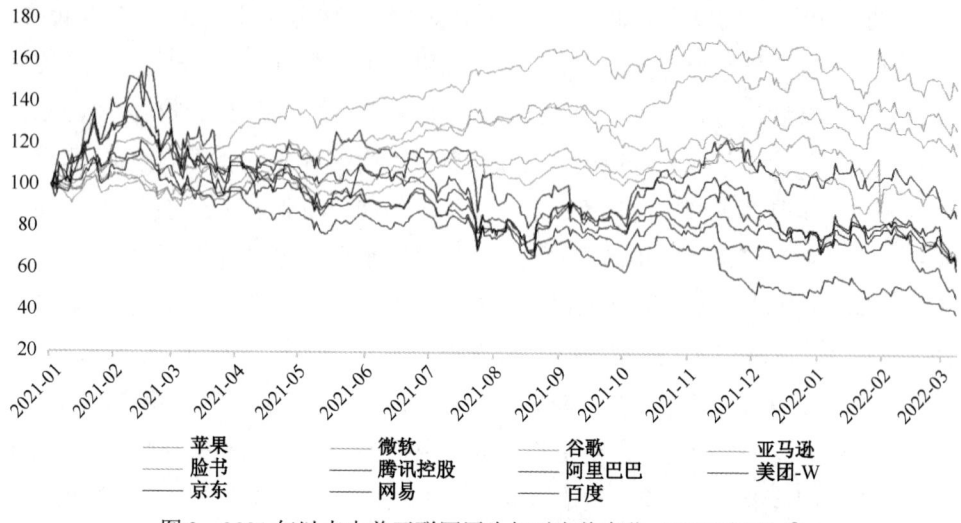

图2　2021年以来中美互联网巨头相对市值变化（百万美元）[①]

2020年11月发布的《关于平台经济领域的反垄断指南（征求意见稿）》（以下简称《反垄断指南（征求意见稿）》）出台后，由于是征求意见稿，市场各方都认为还有很大的调整空间，还尚未预期这次反垄断的决心和力度，因而当时股价和市值并没有明显下降。互联网平台的市值，是大众都可以见到的客观指标，这一过程预期的变化，揭示了在对互联网企业反垄断规制政策进行发布时，需综合考量政策对企业业绩、企业市值、国家综合实力、国际竞争力等多方面的影响。

2020年11月，《反垄断指南（征求意见稿）》向全社会征求意见，以此为指导原则，针对互联网平台企业的监督管理也越来越规范，更多政策开始要求更好地规范和发展平台经济，并引导、推动其健康发展。《反垄断法》自2008年8月实施以来首次修订，《反垄断指南》是基于《反垄断法》而推出的有关平台经济的一般原则。鉴于中国互联网平台这一行业的发展特点[②]，2021年10月，由三部委共同发布的《"十四五"电子商务发展规划》指出，要逐步细化反垄断和反不正当

---

① 根据Wind资讯数据库上公司市值数据整理，截止日期为2022年3月11日。
② 刘晓春，王敏昊.2020年度平台经济领域反垄断事件盘点[J].中国对外贸易，2021(2):42-45.

竞争规则,加强反垄断与反不正当竞争执法司法,防止资本无序扩张。

平台和政府、平台和用户、平台和社会、平台和平台之间的摩擦,有不少是由于滥用平台权力、泛化平台责任造成的。一些摩擦直接损害了用户基本权利,或者损害了行业和社会的利益,给传统治理模式带来前所未有的挑战和冲击。互联网平台涉嫌垄断的行为频发,该如何监管?传统企业的反垄断措施是否同样适用于互联网平台?上述问题已成为超越单个国家和单一法律部门的新型社会问题,也成为影响中国互联网平台和企业未来发展的关键问题。随着互联网平台企业深入社会生活的每一个角落,对互联网平台企业的规制与监管就显得更加迫在眉睫。

一、互联网平台反垄断规制的背景:推动数字经济健康发展

为了推动数字经济健康发展,互联网平台反垄断规制的制定有其必要性与紧迫性,厘清国家层面、产业层面和用户层面的核心目标与诉求,能够更好地推进互联网平台规制的合理制定。从国家层面出发,建设网络强国,推动经济高质量发展,进而推动社会共同富裕与长效发展,是新时代的重要目标,更是互联网平台规制过程需要坚守的第一原则。从产业层面出发,打造关键信息基础设施,提升各行业数字化转型水平,激发互联网产业创新活动,也是互联网平台规制的另一考量因素。而从用户层面来看,用户的隐私与信息安全不仅关系到用户自身的安全,更是国家信息安全的体现。因此,基于以上背景与分析,本文将分析互联网平台的反垄断规制的背景、思路原则与政策建议,从而推动数字经济更好地发展。

(一)建设网络强国,推动经济高质量发展

随着新媒体技术进化周期越来越短,其作用力度所带来的影响与日俱增,如何在新时期、新形势下进一步发展与管理新媒体,完善相关顶层设计与战略布局,

是国家治理层面具有相当紧迫性的重要话题[①]。

党的十八大以来，以习近平同志为核心的党中央准确把握时代潮流，立足中国互联网发展与治理实践，围绕什么是网络强国、怎样建设网络强国提出一系列新思想、新观点、新要求，指导中国网络安全和信息化工作取得重大成就。

要建设高质量发展的网络强国，首先要发展网络底层技术，鼓励互联网企业发展。当前，尽管对互联网平台的垄断问题有着较为严格的规制，但中国对互联网平台的态度依然是以鼓励发展为主，通过科学的监管手段鼓励平台健康发展。

当然，利用平台规则、数据、算法、技术等垄断风险依然存在。如头部企业掌握资源分配权、掐尖并购等问题抑制行业创新、"二选一"竞争失序，要建设高质量发展的网络强国，必须先解决好互联网平台的这些负面问题，加以合理规制。

（二）推动社会共同富裕长效发展

平台经济是先进生产力的重要组成部分，只有在资源配置、科技进步等方面发挥好作用，才能促进互联网企业发展，促进社会共同富裕。

要促进共同富裕，首要是要做大蛋糕。2020年中国数字经济规模达到39.2万亿元，占GDP比重达38.6%，互联网平台在做大经济规模、提供就业岗位的过程中做出了突出贡献，这是值得肯定的。然而，互联网平台的发展损害了部分用户和劳动者的利益，反而有损害于共同富裕的目标。

要推动社会共同富裕长效发展，仍然存在一定差距的共同富裕，不是整齐划一的平均主义同等富裕，要靠共同奋斗，要继续把做大蛋糕和分好蛋糕两件事情办好，不搞"杀富济贫"。但同时，也要注意互联网平台损害社会福祉的情况，适时加以规制。

---

① 谢新洲. 专题：新媒体发展与管理[J]. 信息资源管理学报，2019, 9(03):18.

（三）打造关键信息基础设施建设

构建高速、移动、安全、泛在的新一代信息基础设施是当下互联网平台发展的重要考量。除了全光网络、5G 技术、大数据、云计算、工业互联网等基础技术进步，互联网平台间的互联互通也至关重要。

随着 2021 年 4 月 27 日《关键信息基础设施安全保护条例》的出台，大型互联网平台或被纳入互联互通的范围内。长期以来，互联网平台掌握用户数据和流量入口拒绝向竞争对手开放，造成用户使用不便、企业发展受困。备受关注的淘宝页面和抖音视频无法通过微信直接分享、淘宝页面通过微信不需要跳转打开等事件，即是当前平台之间基础设施尚未完全施行互联互通的表现。

总体来说，基础设施互联互通，就是防止企业将自己某一方面的优势（流量入口、数据优势）滥用在其他领域，引导企业聚焦产品，真正扩大消费者福利。

（四）激发互联网产业创新活力

首先，垄断会抑制企业创新的动力，针对垄断的规制有助于重新焕发互联网产业的创新动力。中国的基础设施和信息基础设施在全世界比较领先，再加上巨大的人口基数、比较集中的人口分布，给中国互联网平台企业的商业模式创新提供了非常肥沃的土壤，这是中国互联网平台快速发展的动力源泉。

然而随着平台发展，出现赢者通吃、大企业之下寸草不生的情况，不利于中小企业的创新和整个社会的发展。规制垄断问题，有利于恢复企业活力，重塑行业创新生态。

第二，引导互联网产业加强技术创新，推动产业结构转型升级。欧美的互联网平台企业更多关注硬件或者偏硬科技方向。国内互联网平台仅靠商业模式创新就可以获得大量的利润和收益，更愿意去做门槛或者难度稍微小的领域。在反垄断情况下，通过一系列规制和引导，企业可能会寻找一些新的方向去做突破，实现技术创新，为实体经济的转型发展贡献力量。

（五）保障用户隐私与信息安全

现代社会中数据已成为一种重要生产资料和宝贵资产。个人网络行为信息，因其能够转化为潜在消费行为的数据资源，更加具有稀缺性和经济价值，成为互联网平台关注的重点内容。然而，对于数据的收集和使用面临着用户隐私侵犯和信息安全等多方面安全挑战。

第一，保障用户数据隐私安全。对于用户使用和生产的数据，应当明确用户对于数据的所有权，禁止平台的不当收集和使用。《2016 中国网民权益保护调查报告》显示，中国网民因诈骗信息、个人信息泄露等遭受的经济损失高达 915 亿元，用户数据信息安全应当被引起重视。目前，《中华人民共和国网络安全法》针对互联网平台收集用户信息的保密制度、不得向他人提供个人信息、违反用户数据安全的相关处罚的问题已经做出了细致的规定。网络平台数据的公、私双重性及其背后的历史文化隐喻使得数据确权成为一个涉及多方利益的复杂的法学问题。

第二，保障平台数据隐私安全。互联网平台收集充分多的个人信息后，便会得到关于社会经济整体运行发展的其他信息。这些信息的安全保护重要性不言而喻。对于大数据的商业化使用、所有权明确等方面的制度仍需进一步完善。以字节跳动为例，字节跳动能产生大量的视频流，对用户的意识形态、信息传播的影响十分关键。因此，引入相关国家监管，防止信息外泄，也是互联网平台监管应该考虑的内容。

二、互联网平台反垄断规制的思路与原则

在平台成长初期，法律法规尚不完备的过程中，政策整体是较为宽容的。然而，当平台露出垄断的端倪后，继续野蛮生长就会有合规性的压力。所以说从这个角度而言，怎么样给企业提供一个稳定的政策预期和环境，使得未来的企业家能够继续安心成长，在针对大型平台垄断的问题上准确、有力地规制，同时不损害中小企业的创新能力和创新意愿，是规制机关设计总体的反垄断政策时需要考

虑的问题。

（一）建立稳定市场预期，规制手段有法可依

在反垄断规制体系中，需要注意流程"有法可依"和企业"有所预期"。否则就会出现政策宽松的时候，投资者看好；政策一旦收紧，投资者跑不出来。在这种情况下，很多价值在这个过程中蒸发掉，国资和其他持有者无法收到相应的收益，不利于市场经济的长期发展，有运动性治理的色彩。

建立稳定的市场预期，需要和资本市场提前沟通，引导预期，还需要保持政策的一致性、稳定性。投资者还会关心一点，就是中国法规的一个特点——窗口指导与法规的出台相比差异很大。例如，对平台经济、美股的数据安全、网络合规这些审查来说，法规出来了不代表事情就能够往前推。实际窗口指导会远比法规更严格。

建立稳定的市场预期，需要保持政策有依据、手段有依据。例如最近美团服务费费率的调整，国家相关部门只是建议进行相关的调整优化，但是给资本市场的解读则是政府通过行政手段、有形的手来调控具体互联网平台的运营细节。这种政策落地过程中的"误差"和"解读"也会影响市场预期。

（二）以保障民生为重点，关注消费者和劳动者合法权益

当前，互联网平台的反垄断规制政策频频出台，除了保护市场的有效竞争，同样也是为了保护民生。互联网平台经济下劳动参与者的合法劳动权益往往得不到保障，企业用工出现违反《劳动法》的情况而缺乏有效监管，产业升级带来失业问题，用户的消费者权益遭到侵犯等。真正关心经济体中每个参与的个体的福祉，应当是反垄断规制的重要目标。

（三）以生产要素为抓手，在垄断的形成过程中介入监管

互联网平台问题频发，和监管时效性不足有一定关系。当前，互联网平台规

模大、业务广，针对垄断问题的监管更多聚焦于现有的负面影响。在后续的规制中，应该投入更多关注在垄断的产生机制中。本文提出资本、数据、技术、土地、劳动力这五大生产要素对垄断产生的重要作用。如果能在垄断尚未生成之前就对这些要素加以规制，那就可以更好地限制企业的垄断产生。

（四）适度规制，确保互联网平台健康有序发展

反垄断规制同样需要关注适度性。在反垄断规制政策频繁出台的情况下，业界和专家学者有一些隐忧。

一是要避免扼杀企业创新活力。 对于企业而言，如果意识到公司的业务发展和规模扩张会导致更严格的反垄断规制，可能会损害企业发展业务的动力。通过明确反垄断监管范围和监管对象，有助于减少企业的疑虑。

二是要保持企业的国际竞争力。 例如，针对 Tiktok 等有国际影响力的软件平台，我们既要保证其合规发展，又要鼓励其"走出去"，提高文化输出和技术影响力。

三是要维护资本市场对中国的信心。 资本在国民经济中的作用是非常复杂的。一方面，资本的逐利性推动了企业达成垄断；另一方面，资本一旦恐慌或者不信任中国，也会增加企业的融资成本，企业发展变得更困难。

更重要的是，在规制过程中如果出现国际资本对股权市场、债券市场的信心下降情况，出现资本外逃，可能会影响中国汇率市场的稳定，对国民经济造成更深远的影响。

三、互联网平台反垄断规制的政策建议

在互联网平台的发展中，资本、数据、技术等要素产生了重要的促进作用。基于互联网平台反垄断规制的层次、互联网平台的分类及生产要素特点，本文明确提出以下三方面的规制建议。

（一）完善反垄断、反不正当竞争、引导、激励一体的规制体系

反垄断的监管面临"一放就乱，一管就死"的两难。一方面，为了充分发挥市场的活力和作用，政策在发展过程中应强调激发企业创新驱动的动力，强化市场的主体地位发挥的作用，从而提高创新资源的配置效率。因此在行业发展初期阶段不应当限制过于严格，而是应当以鼓励的角度发布引导性的政策。但另一方面，当互联网平台企业业务扩张后，自然会出现利用自身流量入口的能力限制其他行业的发展，或者整合行业供应链后提高自身产品服务的价格，攫取超额利润的问题，这最终会损害互联网行业的发展。

因此，区分"不正当竞争"与"垄断"有着重要意义。不正当竞争与垄断行为有着明显的区别。不正当竞争的前提是有竞争，只是竞争手段不适当。垄断本身是对竞争的排斥与抗拒。垄断是不正当竞争演变程度加剧的后果，企业开始出现对竞争的排斥，利用自身地位消除行业内部的竞争产生。因此，针对互联网平台，反不正当竞争与反垄断是监管的两个重要手段，缺一不可[①]。互联网平台规划的不同手段见图3。

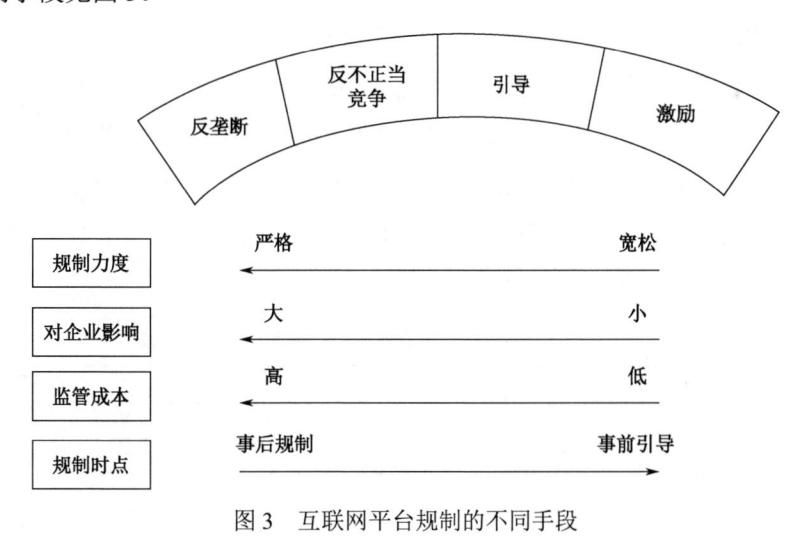

图3 互联网平台规制的不同手段

---

① 孔祥俊. 论新修订《反不正当竞争法》的时代精神[J]. 东方法学, 2018, (01):64-80.

对互联网平台企业的反垄断规制应当着重关注"大而不能倒"的垄断行为。依据互联网平台反垄断判断标准，对"二选一""大数据杀熟"等典型问题进行限制和处罚，防止企业利用自身垄断地位扩张，损害行业发展。

而对互联网平台企业的反不正当竞争规制应该采取更加温和的手段。通过对具体业务的审核，明确企业发展中的业务行为是否合理。例如《反不正当竞争法》规定如何判断互联网企业"强制进行目标跳转""误导、欺骗、强迫用户修改、关闭、卸载其他经营者合法提供的网络产品或者服务""恶意不兼容""擅自使用数据"等行为，针对这些行为的监管应依据相关业务的实际情况而展开，避免"一刀切"。

对互联网平台业务进行反不正当竞争规制，对互联网平台企业行为进行反垄断规制。通过松紧有序、层次清晰的规制体系，更好地激发企业在市场竞争中的活力，同时也不损害市场的公平竞争和发展。

当然，目前中国的反垄断和反不正当规制的界限尚不明晰，平台企业往往成立内部法务部门解决反垄断相关的争议，并没有从不正当竞争这一视角加以规避。

只有向企业传递明确的信号，区分正常经营范围内的不正当竞争审核和针对垄断行为的反垄断规制，才能真正做到有层次地规制互联网企业的发展。

采用较为温和的规制手段意味着在监管手段之外，也要考虑引导等手段并用。对于互联网平台企业达到目标的，对社会做出 ESG（社会责任感投资）的，应当明确鼓励形式，激励更多企业表现。以表 1 为例，每年互联网平台企业高管会提出一系列两会提案，监管部门应当对企业进行回访，追踪企业的表现，对于在过去一年中在这些领域做出突出贡献的人予以表彰。

表 1 2022 年互联网企业高管两会提案

年份	政协委员/人大代表代表姓名	公司名称	职务	提案领域
2022 人大代表	雷军	小米	小米创始人及董事长	新能源汽车
2022 人大代表	雷军	小米	小米创始人及董事长	数据安全
2022 人大代表	雷军	小米	小米创始人及董事长	环境保护
2022 人大代表	马化腾	腾讯	腾讯董事会主席兼 CEO	数字经济
2022 人大代表	马化腾	腾讯	腾讯董事会主席兼 CEO	公共服务
2022 人大代表	马化腾	腾讯	腾讯董事会主席兼 CEO	文化产业

续表

年份	政协委员/人大代表代表姓名	公司名称	职务	提案领域
2022 人大代表	马化腾	腾讯	腾讯董事会主席兼 CEO	乡村振兴
2022 人大代表	马化腾	腾讯	腾讯董事会主席兼 CEO	区域发展
2022 人大代表	姚劲波	58 集团	58 同城 CEO	小微企业
2022 人大代表	姚劲波	58 集团	58 同城 CEO	职业教育
2022 人大代表	姚劲波	58 集团	58 同城 CEO	数字经济
2022 人大代表	姚劲波	58 集团	58 同城 CEO	二手车
2022 人大代表	姚劲波	58 集团	58 同城 CEO	住房
2022 人大代表	张近东	苏宁	苏宁集团董事长	绿色物流
2022 人大代表	张近东	苏宁	苏宁集团董事长	小微企业
2022 人大代表	张近东	苏宁	苏宁集团董事长	公共服务
2022 人大代表	张近东	苏宁	苏宁集团董事长	养老服务
2022 政协委员	丁磊	网易	网易公司董事局主席兼 CEO	新能源
2022 政协委员	丁磊	网易	网易公司董事局主席兼 CEO	医疗健康
2022 政协委员	丁磊	网易	网易公司董事局主席兼 CEO	交通安全
2022 政协委员	李彦宏	百度	百度董事长兼 CEO	自动驾驶
2022 政协委员	李彦宏	百度	百度董事长兼 CEO	智能交通
2022 政协委员	李彦宏	百度	百度董事长兼 CEO	碳中和
2022 政协委员	周鸿祎	360	360 董事长兼 CEO	数字安全
2022 政协委员	周鸿祎	360	360 董事长兼 CEO	智能网联
2022 政协委员	周鸿祎	360	360 董事长兼 CEO	科技创新
2022 政协委员	周鸿祎	360	360 董事长兼 CEO	小微企业

从互联网企业高管提案来看，他们所聚焦的领域都与国家、社会、民生发展的重点领域不谋而合，他们在创业成功、功成名就之后，一方面从自身的业务出发，找到与业务的契合点进行硬核技术创新，另一方面，他们也更多地开始关注国计民生与乡村振兴等重要议题，从科技、医疗到民生，方方面面都希望贡献自己的力量。他们在平台企业经营的过程当中，如果能够根据提案来经营，真的成为科技创新的引领者与开拓者，把平台拥有的资源、经验与生产要素投入到这些领域当中并取得实效，除了引导，更应该奖励。从"赏罚分明"的角度来说，奖励能从另一个角度更大程度地鼓励更多的人和力量加入真正的科技创新中来。

2021 年 12 月，腾讯公司宣布将以中期派息的形式，将其持有的 4.6 亿股京东股权发放给股东，这笔股份价值相当于 1200 亿元人民币，交易后腾讯对京东的持股比例将从 17% 下降到 2.3%，腾讯从而不再担任京东集团的第一大股东。这一行为也被解读为腾讯对密集的反垄断监管的积极回应。通过这一退出形式，腾讯放弃了对京东的控制权，转而和其他股东一样，成为看好京东价值、长期持有获得回报的中小股东之一，而非利用垄断地位牟利的大股东。对于这一类行为，政策应当加以引导、鼓励。

对互联网平台业务进行反不正当竞争规制，对互联网平台企业行为进行反垄断规制，对企业的正向行为加以表彰。通过松紧有序、层次清晰的规制体系，才能更好地激发企业在市场竞争中的活力，同时也不损害市场的公平竞争和发展。

（二）构建规模大小、主体业务、衍生业务视角的全方位规制体系

互联网平台有非常多种类型的分类方式。每一种分类方式对应着其业务的不同方面和企业的不同特征。因此，在规制互联网平台时，常常会出现"权责不明""监管对象不明""监管机构不明"等各种类型的问题。要加强对互联网平台的规制力度，就要完善规制体系，从规模、业务、功能等各方面打造互联网平台的规制体系，更好地促进和引导互联网平台健康发展，保护消费者权益。

按照互联网规模大小分类规制是最直观、最容易实现的监管方法。通过对业务、财务等指标（如用户规模、营业收入、用户使用时长）的监控，可以快速筛选出需要重点监管的企业，从而进行监管。这一监管的优势是显而易见的。首先，这种监管模式非常容易操作，覆盖更多用户，营收更高的企业势必在经济体量中占据更重要的地位。因此，按规模大小进行分类后规制，明确对超级平台的监管是最直接地关注经济中的重点企业的方法。其次，关注规模的监管能够更好地帮助有关部门限制企业发展到"大而不能倒"的程度，从而危害经济本身的稳定性，避免产生系统性风险。最后，关注规模的监管有"杀鸡儆猴"的作用。针对行业领先、社会知名的互联网平台进行监管，明确规制手段和处罚原因，对剩余行业参与者是很好的"风向标"的作用。

按照主体业务分类规制是抓住各企业最核心的业务进行分类。对于阿里巴巴而言，其核心优势在于通过打造电子商务和支付工具作为经济发展的基础设施，作为涉猎其他行业业务的重要途径。通过深度绑定阿里巴巴系企业和传统行业，为传统企业赋能。而对于腾讯而言，其核心优势是通过社交和内容软件作为重要

的流量入口，从而为其他业务吸引流量，并从中获取用户偏好和个人信息。因此，针对阿里巴巴和腾讯就应当从基础设施和流量入口这两个核心优势背后的主体业务进行监管。可以说，如果没有这些主体业务的支持，其他业务的竞争优势也不复存在。因此，主体业务的优势是其垄断地位和垄断优势达成的重要原因，需要着重监管。

按照功能属性分类的规制则更关注平台的全面业务。在对互联网平台的业务进行规制时，既应"抓大放小"，又应该"应管尽管"。对于所有互联网平台涉及的业务，都应该明确管理部门和管理事项，对企业而言在具体业务问题上有归口部门进行规制。

厘清不同视角的管理体系是进行全面规制的重要环节。互联网平台在发展历程中的重要业务——往往也是其建立核心优势的业务，是垄断审查的重心，但这一垄断地位也会渗透到其他业务的开展中，为其带来优势。互联网平台利用自身的规模和能力为新业务的开展进行流量、资金等扶持是受到严格监管的。对互联网平台进行分类视角的多条线管理，有助于更好地加强规制力度，实现"应管尽管"。

（三）针对资本、数据、技术等垄断产生要素进行重点规制

资本、数据、技术、土地、劳动力等要素在垄断的产生过程中起到了重要作用。互联网平台的发展和壮大离不开这些要素的推动，但这些要素反过来又会促使企业达成垄断地位。

因此，针对互联网平台垄断的规制应当前置到垄断的形成过程。规制不应当只针对垄断的"表现"进行规制，同样应该对垄断的"形成原因"进行规制。因此，本文提出如下建议。

第一，限制资本在互联网平台企业中的作用。在投资过程中，限制战略投资者在企业中设立"一票否决权"、增加投票权、"战略防御型投资"等投资行为。在企业的资本运作方面，严格限制企业的境外上市、并购交易、VIE 结构等资本运作的合规性审查。

第二，加强数据所有权确权，明确平台对用户数据的收集和使用范围。确定

数据权属的过程中遇到的对数据财产权界定的私有和公有两种取向，一种是"数字乌托邦"取向，强调开放、共享、自由、平等，另一种是"圈地运动"的取向，对数据的掠夺与独占[①]。当下，互联网平台企业由于掌握流量入口，存在以限制使用等行为来采集数据。同时，针对用户的数据存在跨平台收集等问题。欧盟最新的法规已经明确要求对用户数据的收集和使用加以限制，这一政策可以被国内规制体系借鉴。

第三，限制平台利用算法、技术的滥用行为。监管企业在利用算法和技术追求商业利益的同时损害消费者合法权益和社会福祉，加强对算法相关功能使用过程中用户成瘾性、信息茧房、隐私保护、信息过载等使用负面影响的监督。同时，当技术可能构成基础设施时应当探索企业技术的共享模式。

第四，"虚拟地租"参照土地进行管理，明确区分所有权、使用权，防止企业构建"虚拟地租"，掌握经济命脉。对于电子商务、生鲜、地图导航、物流等涉及国计民生的行业，要加强监管力度。随着互联网平台扩张，少部分企业掌握了相关领域绝大多数设施，平台得以提高议价权，攫取超额利润。更严重的，传统设施或者实体设施的供给可能不足以满足这些需求，一旦互联网平台运营管理失控，将出现不可想象的后果。

第五，加强对灵活用工、高素质人才两类劳动力使用的监管。要限制企业通过逃避社保缴纳、侵害员工福利、超负荷工作等形式对员工的劳动权益进行侵害。

对依赖劳动权益侵害攫取超额利润的，应该加大监管力度。针对高素质人才竞业协议、长时间工作、"30岁下岗"等社会关注的突出问题，也应加强监管，防止企业以损害劳动力权益的形式获得利润形成垄断，或者利用垄断地位损害劳动力权益。

---

① 谢新洲，宋琢. 游移于"公""私"之间：网络平台数据治理研究[J]. 北京大学学报（哲学社会科学版），2022, 59(01):137-146.

当前互联网适老化改造面临的问题及其对策分析

【摘　要】我国已步入人口老龄化与互联网信息技术加速发展的交汇期。新冠肺炎疫情期间，互联网加速向老年群体渗透，也让代际数字鸿沟问题重回公共视野。在政府统一决策部署下，首批主要互联网平台及其应用已按要求基本完成适老化改造，但在老年受众和公共舆论中的感知度和满意率均明显偏低。本文基于典型产品实测、老年受众线上调研和舆情大数据分析，对当前互联网适老化改造的效果进行整体评估，分析改造陷入"高期待、弱感知、低满意度"现象背后的主要原因，并从进一步优化政策设计和增强主体驱动力等方面提出对策建议。

【关键词】互联网适老化　人口老龄化　数字鸿沟　数字包容

第七次全国人口普查结果显示，我国老龄化速度正在明显加快，而在今后相当长一段时期内，人口老龄化将是我国重要的基本国情。与此同时，互联网信息技术还在加速发展。特别是新冠肺炎疫情所带来的"加速度"，让代际数字鸿沟问题重回公共视野。不可否认，一方面，数字技术为国家积极应对人口老龄化和丰富老年群体生活提供了新机遇。另一方面，老年人在数字生活融入过程中遇到的融入难甚至数字排斥问题，也越来越成为一项很重要的社会关切。互联网的适老化水平与老年人期待之间的差距，已被越来越多的学者持续追踪和重视。国内有学者认为，"数字化"和"老龄化"是当今中国社会的基本特征[①]。

正是在这一背景下，国家加大对互联网技术及其应用适老化改造的决策部署。2020年11月，国务院印发《关于切实解决老年人运用智能技术困难的实施

---

① 赵娜，谭天. 社交媒体中的积极老龄化探析——基于马斯洛需求层次理论[J]. 新闻爱好者，2021, (03):22-26.

方案》[1]。一个月后，国家工业和信息化部宣布，启动为期一年的互联网应用适老化及无障碍改造专项行动[2]。2021年4月，国家工业和信息化部发布《互联网网站适老化通用设计规范》《移动互联网应用（App）适老化通用设计规范》等，进一步细化互联网应用适老化改造的政策规定[3]。与此同时，各主要互联网平台纷纷开启适老化改造之路。目前，首批试点改造工作已进入验收阶段。相关互联网平台及其应用的改造效果究竟如何？老年受众和公共舆论的实际感知和评价怎样？本文旨在厘清当前政策与改造实效的关系并分析其背后深层次的原因，为下一步适老化改造工作提供政策建议和行动参考。

一、互联网适老化研究的理论回顾

目前，学界关于老年数字生存及互联网适老的研究，在理论框架层面，主要集中在数字融入、数字适老及"可供性"理论三个方面。

一是数字融入。学者彼得·米尔沃德（Peter Mill Ward）最早将老年群体的数字化使用障碍称为"银发数字鸿沟"。在此基础上，弗朗西斯卡·科莫内洛（Francesca Comunello）等学者提出"移动银发鸿沟"概念，用于指称移动互联网时代的老人数字鸿沟。保罗·艾特威尔（Paul Attewell）将数字鸿沟分为两种类型，分别是接入沟和使用沟。在此基础上，国内学者韦路、张明新提出第三道沟——知识沟，代指数字化使用者的信息素养及其所需的一系列技能。有学者进一步指出，接入沟从技术接入层面制约老年群体的数字接入，使用沟指数字技能影响老年群体的触网习惯，知识沟是指信息素养缺失危害老年群体数字安全[4]。在这一理论框架下，学者将研究聚焦于老年人这个"数字弱势群体"在数字社会中的边缘处境，

---

[1] 国务院办公厅印发关于切实解决老年人运用智能技术困难实施方案的通知[EB/OL]. [2020-11-24]. http://www.gov.cn/zhengce/content/2020-11/24/content_5563804.htm

[2] 工业和信息化部关于印发《互联网应用适老化及无障碍改造专项行动方案》的通知[EB/OL]. [2020-12-24]. http://www.gov.cn/zhengce/zhengceku/2020-12/26/content_5573472.htm

[3] 工业和信息化部办公厅关于进一步抓好互联网应用适老化及无障碍改造专项行动实施工作的通知[EB/OL]. [2021-04-12]. https://www.miit.gov.cn/zwgk/zcwj/wjfb/txy/art/2021/art_b04e1baa455c448b80fb790d7c50bfd4.html

[4] 刘海明，马晓晴. 断裂与弥合："银发数字鸿沟"与人本主义伦理建构[J]. 新闻爱好者, 2021, (03):18-22.

并从心理需求、自我建构等层面来分析和解释老年人的数字融入困境。学者赵娜、谭天从马斯洛需求层次理论出发,认为老年人生理需求和安全需求成为其数字化融入的阻力,而归属和爱的需要、社交的需要,以及尊重和自我实现的需要,是其数字融入的动力源[1]。学者徐丽娟等基于新传播形态的框架分析,揭示了老年形象建构从以媒体为主的他者建构转变为以老年群体为主的自我建构[2]。学者田丰则关注新冠疫情下老年人的互联网融入呈现出数字分层的特征,指出老年人从"数字移民"变成"数字遗民",正成为经济社会发展过程中不容忽视的社会问题[3]。

二是数字适老。与数字融入聚焦老年人主体在面对数字生活时主动或被动的行为及其影响不同,数字适老则是侧重研究数字生活供给方的视角。学者注意到,人工智能时代,智能科技产品越来越多,但为老年群体开发设计、真正适合老年人使用的却很少,人工智能的飞速发展与广泛嵌入使"线下人群"的老年人与"在线人群"的数字鸿沟进一步扩大。学者孟博文等指出,基于社交关系的媒介素养传授方式往往具有自限性,传受双方都不是专业的讲师或程序设计者,无法涉及内在的问题,所传授的"媒介素养"也就仅限于某个具体的正在面临的问题的解决方法,是"治标不治本"的,老年人媒介素养的提升需要社会力量的介入[4]。一项关于金融类移动应用适老性的研究指出,应当探寻年长用户在生理、心理、经验、文化、环境等方面移动应用的操作体验,以"认知生活化、操控自由化、体验游戏化、收益视觉化"作为老年金融类移动应用的设计原则[5]。目前,学界从适老化改造的供给侧改革视角切入,关注和思考如何推进互联网的适老化进程的不多。

三是"可供性"理论。"可供性"概念用于互联网设计与改造也是研究者关注

---

[1] 赵娜,谭天. 社交媒体中的积极老龄化探析——基于马斯洛需求层次理论[J]. 新闻爱好者,2021(03):22-26.

[2] 徐丽娟. "银发网红"的自我呈现与形象塑造——基于抖音短视频的框架分析[J]. 新媒体研究,2020(09):49-51+59.

[3] 田丰. 后疫情时代的互联网适老化研究[R]. 中国社会科学院社会发展战略研究院课题组. 2021.

[4] 孟博文,殷文. 老年传播视角下新媒介适老性研究——以智能手机与微信、抖音等 App 为例[J]. 传媒观察,2021,8:76.

[5] 高森孟. 基于用户体验的金融类移动应用适老性研究[D]. 成都:西华大学,2020.

点之一。由美国心理学家詹姆斯·吉布森提出，强调主体与物体之间的功能框架、互动关系及所产生的协调性，进而揭示出"人—技术/物—社会"更为本真的关系[1]。学者诺曼（Donald Arthur Norman）在1990年首次将可供性概念引入设计界，随后在产品设计、人机界面等领域得到广泛应用[2]。学者哈特森（Hartson）从用户行为框架与诺曼（Norman）行为阶段模型之中区分了可供性发生作用的阶段，认为人机交互过程中存在"认知交互、物理的交互、知觉行为交互"三个层次，因此提出了四种可供性类别与之对应[3]：认知可供性对应于诺曼的感知可供性，帮助用户认知行为；物理可供性对应诺曼的真实可供性，帮助用户物理操作；知觉可供性帮助用户进行感知行为；功能可供性与用户的使用目的和物体的有用性相关。有学者进一步指出，可供性可以分为真实可供性和感知可供性，前者强调技术的实际属性，而后者强调的是主体对技术所能采取的行动的主观感知[4]。

由此可见，数字融入理论更侧重对由内而外的老年数字生存现状及其问题的发现，数字适老理论从互联网应用主体的供给侧表现切入，为研究互联网适老化改造打开了由外而内的视角指导，而可供性理论从供需两端及其适配性切入，能更立体并动态地认识与指导数字化适老实践。本文即是在这一理论框架下，从客体供给和主体感知出发，对第一阶段的互联网适老化改造成效及其与老年人实际需求、主观期待之间存在的差距进行量化评估。

二、互联网适老化改造的现状及其问题

随着数字技术应用的不断扩大，越来越多的老年人在常规生活中也都无法规避使用互联网，使用网络从一道选择题变成了必答题，但网络生活与日常生

---

[1] 殷乐，高慧敏. 智能传播时代的社会交往：场景、逻辑与文化[J]. 中国编辑，2021(10):77-81.
[2] 唐纳德. 诺曼著. 设计心理学. 梅琼译[M]. 北京：中信出版社，2010:10.
[3] Rex Hartson, Cognitive, physical, sensory, and functional affordances in interaction design, Behaviour & Information Technology[J]. 2003, 22(5):315-338.
[4] 薛翔，赵宇翔. 基于感知示能性理论框架的移动音乐 App 用户体验评估研究[J]. 图书情报知识，2020(06):88-100+156.

活习惯仍然有着比较大的差异，特别与现实生活之间有着截然不同的底层逻辑。数字生活空间困境和难题是老年人自身无法真正克服的。这需要政策制定者和社会提供广泛而全面的保障和支持，为老年人群体搭建顺利接入数字生活的桥梁。

2021年，有115个公共服务类网站和43个互联网App应用，被国家工业和信息化部列入首批适老化改造专项行动，涵盖了新闻资讯、社交通信、生活购物、金融服务、旅游出行、医疗健康等多个领域。基于2020年第4季度至2021年10月有关互联网适老化改造相关网络舆情的数据挖掘[①]和企鹅有调面向全国范围内50岁及以上手机网民展开的线上问卷调研[②]，并针对其中14个公众使用普遍的互联网App应用进行在线实测[③]，研究对首批互联网应用的适老化改造效果进行了整体评估。

（一）典型产品实测：改造按"任务"推进，效果不及预期

实测发现，从**改造进度**看，截至2021年10月，微博等14款热门互联网App应用均已按照政策要求着手推进适老化改造（见图1）。但改造整体节奏偏慢，有一半互联网应用是在2021年9月中下旬才对外公开发布的。从**改造形态**看，分为独立开发新的适老版应用和原版应用下内嵌适老模块两种改造模式，占比分别为43%和57%，少数应用的适老内嵌模块被诟病"入口不明显，操作流程复杂"。从**改造内容**看，"大字体、大图标和页面简化"等官方明确要求的可感知项均有明显改进，但在"无广告内容或插件"等安全性设计方面，仍有两成App应用未严格按照标准要求落实改造。而在触及产品设计核心的涉适老内容打造和新增特定功能服务等改造项方面，虽然也有部分App应用有相关改进，但整体仍表现出明显的"强娱乐、轻内容、弱服务"的倾向。

---

① 主要是网络新闻、微博、微信公众平台等渠道涉话题有关的传播和评论数据。
② 调查时间为2021年9月上旬，通过网络问卷方式，共收集来自全国范围内1446个50岁及以上的中老年人样本。
③ 被列入实测的14个互联网App应用分别是，新闻资讯类（腾讯新闻、今日头条、微博、百度），社交通讯（微信、QQ），生活购物（淘宝、京东、抖音、美团），金融服务（支付宝），旅游出行（百度地图、滴滴出行、12306）。

类型	App名称	改造模式	上线时间	大字体	大图标	页面简化	专属热线服务	适老内容推荐或特色服务	语音辅助功能	无广告内容或插件	亲情守护功能
新闻资讯	腾讯新闻	关怀版	2021年9月	✓	✓	✓				✓	
	今日头条	大字版	2021年3月	✓	✓	✓		✓		✓	
社交通讯	微博	大字版	2021年9月	✓	✓	✓					
	微信	关怀模式	2021年10月	✓	✓	✓	✓			✓	
	qq	关怀模式	2021年1月	✓	✓	✓					
生活购物	百度	大字版	2021年10月	✓	✓	✓	✓	✓	✓	✓	✓
	淘宝	长辈模式	2021年5月	✓	✓	✓	✓	✓	✓	✓	✓
	京东	长辈模式	2021年8月	✓	✓	✓		✓	✓	✓	
	抖音	长辈模式	2021年6月	✓	✓	✓		✓		✓	
金融服务	美团	关怀版专区	2019年6月/2021年7月	✓	✓	✓	✓	✓		✓	
	支付宝	关怀版小程序/长辈模式	2021年9月	✓	✓	✓			✓	✓	✓
旅游出行	百度地图	关怀版	2021年1月	✓	✓	✓		✓		✓	
	滴滴出行	老年版小程序/老人打车模式	2021年5月	✓	✓	✓				✓	
	12306	爱心版	2021年9月	✓	✓	✓		✓			

图 1　14 款热门 App 应用适老化改造效果实测图

统计截至2021年10月

（二）受众端：老年群体感知度弱、使用率低

企鹅有调在线调查结果显示，2021年，在老年人使用最多的社交资讯类互联网应用中，仅有14.3%的中老年网民明确表示有使用过专门的适老版（见图2）。而在中老年网民使用率增长最明显的金融支付类工具方面，也仅有11.5%的中老年网民表示曾使用过专门的适老化版本（见图2），对适老版支付类的互联网应用整体感知较低。

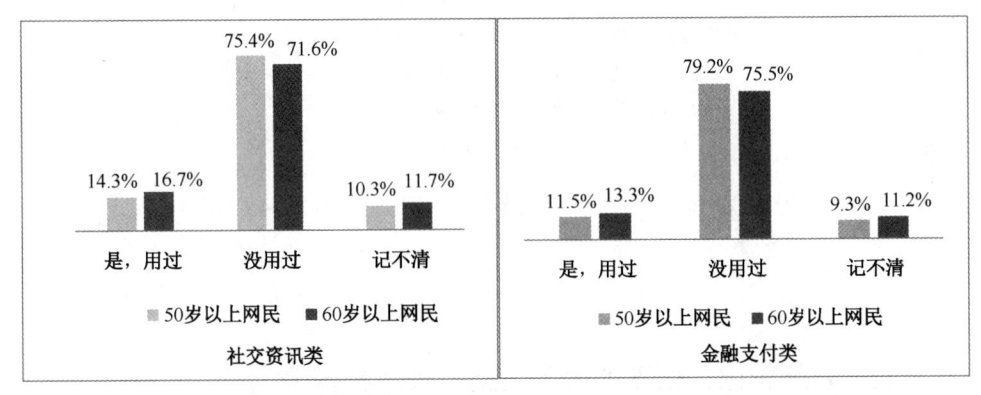

图2 社交资讯类、金融支付类适老版互联网应用的中老年人使用情况

在对已使用专门适老版应用的老年网民的感知情况[①]进一步调查后发现，感知明显的主要集中在大字体、大图标和操作时间充足等信息辨识层面，平均得分均在4.2分以上；而远程协助、一键直达服务、方言语音识别等特定功能及服务的感知均相对较弱，平均得分都在4分及以下（见图3）。

---

① 感知情况由被调查对象按0~5分自行评分，0分表示没有感到改善，5分表示感到有极大改善，5分为满分，图表所示为题项最终平均分。

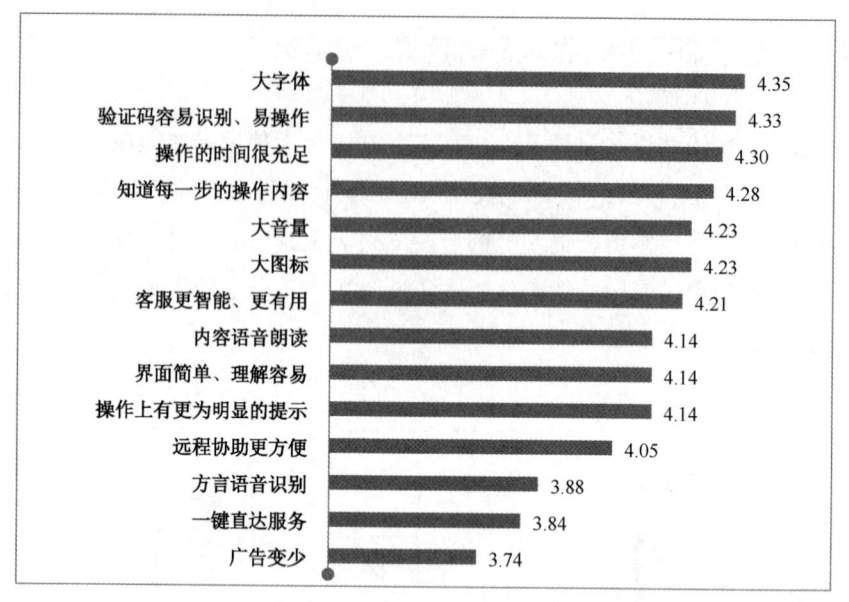

功能	评分
大字体	4.35
验证码容易识别、易操作	4.33
操作的时间很充足	4.30
知道每一步的操作内容	4.28
大音量	4.23
大图标	4.23
客服更智能、更有用	4.21
内容语音朗读	4.14
界面简单、理解容易	4.14
操作上有更为明显的提示	4.14
远程协助更方便	4.05
方言语音识别	3.88
一键直达服务	3.84
广告变少	3.74

图 3　60 岁以上老年人对适老版互联网应用的功能感知情况

（三）公共舆论：行动期待高、结果关注和评价低

互联网适老话题在新冠肺炎疫情暴发后不久，便逐渐成为网络舆论的一大热点。数据显示，自 2020Q1 开始，相关话题的境内舆论传播热度就开始持续攀升（见图 4）。根据舆论议题重心变化，可分为三个阶段：一是**问题牵引期**（2019Q4 至 2020Q3），这个阶段以聚焦老年人触网中的各种问题表现为主，呈散点多发态势，舆论热度和网民情绪均表现出明显的波动性；二是**政策牵引期**（2020Q4 至 2021Q1），受前期舆论驱动影响，政策面陆续回应，舆论关注的重心开始转向有关适老改造政策的指导性和落地性的讨论；三是**行动牵引期**（2021Q2 至今），这个时期各互联网应用相继推出或升级适老化版应用，舆论重心转向对各产品应用的改造行动及效果的关注与讨论。

专题三　互联网产业发展前沿

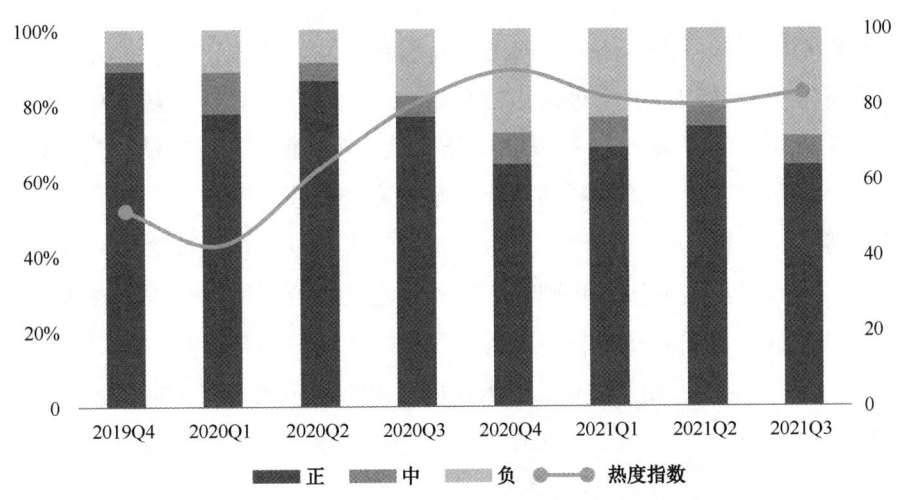

图4　近两年互联网适老话题网络舆论热度指数及网民情绪走势图

值得注意的是，在整个舆论周期中，话题传播热度峰值出现在2020年第四季度（2020Q4），也就是国家部委针对互联网适老化改造做出有关决策部署时。在改造进入结果公开阶段后，相关舆论热度反而有所下降。选择六个比较有代表性的应用（见图5），对其适老化改造发布后1个月内的舆论数据进行统计后发现，相关应用所引发的话题关注热度普遍都不高。最高的是12306"爱心版"和微信"关怀模式"上线，其舆论关注度指数[①]也仅在66~67之间，低于国家反诈中心App和微信"拍一拍"两个功能（或应用）上线的关注度指数，分别为71.65和83.47。

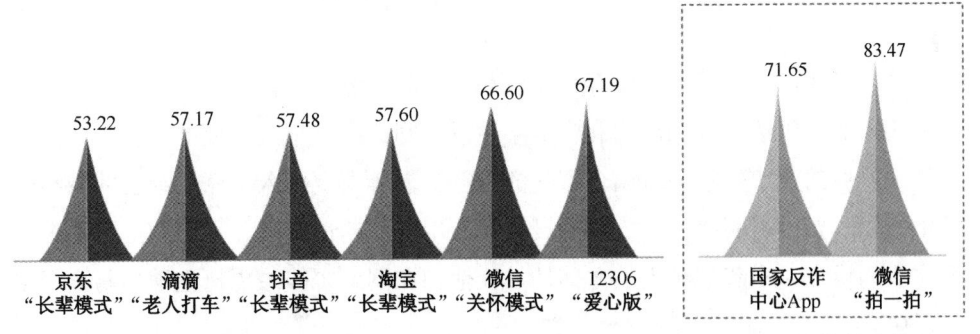

图5　六款适老版App应用与同期其他App应用新功能发布的舆论关注度指数比较

---

① 舆论关注度指数，对新闻、微博、微信公众平台等舆论渠道的传播和曝光数据进行综合加权并指数化，取值区间为0至100。

从舆论内容和网民情绪看，对适老化改造行动，媒体和公众其实表露出高于政策标准要求的期待。在进入第二和第三个阶段后，舆论对互联网适老化改造的关注重点，已经从"补短"转向"扬长"，从"适老"话题延伸至"助老、护老"等。所以，当主要互联网应用按政策要求将改造重点集中在大字体和简化操作等"接入端"时，舆论认为这种未触及产品设计核心理念的初级改造是"形式大于内容"。这直接影响到了网民对各互联网应用适老化改造表现的满意度。数据显示，各互联网产品适老版的舆论好评度整体都不高，表现最突出的12306的好评度指数[①]为75.60，低于国家反诈中心App的82.33和微信"拍一拍"的87.14，见图6。

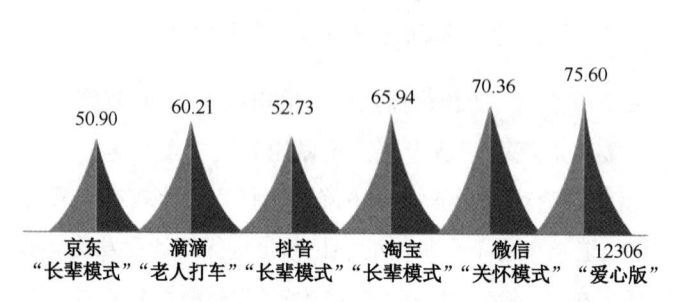

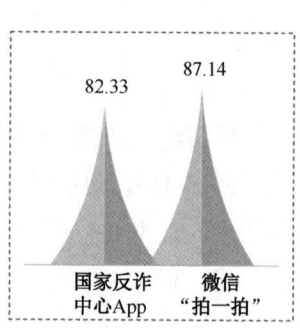

图6 六款适老版App应用与同期其他App应用新功能发布的舆论好评度指数比较

三、应用适老化改造不足背后的原因分析

数字时代，数字鸿沟不仅存在于代与代之间，老年群体内部也同样存在。老年人接入数字生活空间的能力和在数字生活空间内满足个人需要的层次，决定了老年人群体的数字生活呈现出分层化的特征。老年人要融入互联网社会的网络生活中去，既要做好网络接入、硬件设备和应用软件的适老化，更要通过更系统、深层次的设计，唤起老年人的主体性，让他们在网络实践中更自主地参与到网络生活中来。

目前，互联网应用按照政策要求陆续推出改造后的适老化应用，无论是老年

---

① 舆论好评度指数，对网络新闻、微博、微信公众平台等舆论渠道的网民评论正面情绪总量和占比进行指数化，取值区间为0至100。

群体感知度,还是公共舆论关注度,都明显低于预期,并且整体满意度都不高。适老化改造在老年受众和公共舆论中呈现出"高期待、弱感知、低满意度"的情况,其背后主要有以下三个深层次原因。

(一)强行政驱动,市场动因不足

当前,互联网所供给的产品、内容和资源与老年人日益增长的物质文化需求不匹配。要缓解甚至解决这一问题,引导互联网行业主体主动参与改造并面向老年人需求加大线上线下投放,让数字社会呈现出适老化的多元面貌是关键。

当前,互联网适老化改造行动具有很强的行政指令性。其优点是,可以推进标准化改造,并在短期内驱动目标成效达成。缺点是,在行政指令性任务导向下,短期目标导向往往会抑制改造行动的长期价值思考,所以互联网主体改造的整体自驱力不足。

客观来说,以年轻人为主要服务目标的互联网业态,在现阶段关于老年人互联网服务的自有价值和协同价值仍相对有限。要激发各主体适老化改造的自驱力,需平衡考量数字经济产业政策,综合运用政府和市场这"两只手",综合监管与鼓励扶持双管齐下。但目前的互联网适老改造政策,主要聚焦于技术操作层面的行政指导,缺乏系统性规划。如缺乏将数字经济和老龄化社会相结合全面规划的产业指引、缺乏利用市场规律调动市场主体参与的激励政策,也缺乏吸引社会力量的配套机制等。

(二)标准细则层次性不够,期望与需求匹配度低

行政指导性改造标准的制定,需要考虑普遍性和可操作性,往往以划定底线为原则,但在细则层面应结合主体特点、外部场景等进行多层次、可定向的具体设计。

由于互联网适老问题是一个新命题,加上老年人群体差异性大,不同的互联网平台及应用特性也不尽相同。所以,对标准的细则设计要求高。一方面,现阶段的互联网应用适老化改造标准在细节上没有推出层次性设计,与公众多元化的

需求之间存在天然落差，并且标准阶段性处于静态，而公众期待不断变化。随着时间的推移，预期和现实的落差会更加凸显。在互联网适老化改造话题网络舆论三个阶段中，网民情绪在第三个阶段后出现向下拐点，其负面情绪主要集中在对改造效果不及预期的不满上。

另一方面，部分改造要求未综合考量负外部效应，容易被解读为"一禁了之"，可能出现"运动式"治理后遗症。以涉广告治理相关规定为例，一是渠道趋向隐秘，加大行业监管和平台管理风险敞口。取消正常呈现渠道，利益驱使下广告呈现将更加复杂而隐蔽化，为虚假、恶意诱导类广告提供更广泛的土壤，老年人面临的广告风险挑战将会更多；二是广告投入是各产业、行业主体将线下资源往线上匹配的侧面体现，禁止广告投放，相当于屏蔽了行业、产业主体的线上展示渠道，会影响各主体在线上和线下相关适老资源的重视度和投入度，其结果与打造数字社会资源及服务均等化的目标背道而驰。从实际执行效果看，类似的改造要求在小型互联网平台中表现出明显接受度不高、观望态度浓厚，从而也影响了改造进度和效果感知。

（三）"适老"标签化，"老即是弱"刻板认知加大心理排斥感

互联网适老化改造，目的是构建数字包容，让老年人更自主、自由地参与并融入数字社会的日常生活中，重点在于激发老年人自身的互联网主体性。但当前政策的重心主要在于保护老弱者，具体举措上，重在解构当前老年人进入互联网的入口壁垒，还没有将重心真正转向对老年人互联网主体性的建构上。在政策落地的过程中，又因为个别操作失序引发了"唯老化"，甚至强迫数字融入等，从而也影响了改造效果的整体感知。

具体来说，目前社会对"老即是弱"普遍有着先入为主的刻板认知，当前一些互联网适老化产品为了突出对老年人权益的保障，将"适老"标签化，过于强调产品的"老年"属性。在某种程度上，会助长对老年群体的社会性歧视，进而加大老年人在互联网融入时的心理排斥感。同时，适老化线上改造，还成为一些企业和机构降低或减少线下服务的借口。比如，在推动各种数字化便民制度的同时，适老化变成了"非数字化"的替代选项，剥夺了老年人"数字断连"的自主

权利。

推动互联网适老化改造，旨在激励和引导互联网企业和平台面向老龄时代加大技术创新和软硬件研发设计，为老年人有效融入数字生活提供科技和服务支撑。也就是说，补齐老年人在互联网接入、使用乃至知识等层面的短板甚至空白。对于互联网产品应用来说，推动适老化改造，需要不断提升互联网产品和服务的多元性、平等性和包容性。所以，适老化改造并非是要互联网产品唯老年化，重在推动融合，而不是制造隔绝。培育对老年人友好的互联网环境，"画网为牢"不能从根本上解决问题，过度保护在某种程度上还会屏蔽老年人分享互联网发展的成果[1]。同时，融入"数字生活"是可选项，而非必选项，提倡数字融入，而非强迫数字融入，只有这样才能体现数字社会的善意与温度。

四、关于进一步推进适老化改造的建议

后疫情时代的数字技术更迭仍在保持加速惯性，老年人面临的"数字焦虑""数字鸿沟""数字排斥"等挑战将更加严峻。从构建数字包容的角度，互联网适老化改造应从重视和唤起互联网老年人主体性出发，让政策设计更精细化、系统性。

一是协同改造，责任定位。让老年人在数字时代得到更多融入感，需要政府、互联网企业和家庭等多方参与形成合力。现阶段，政府仍需发挥主导作用，重点放在适老化改造政策等系统化设计和精细化管理上。所以，应该迅速从行政性措施向政策性措施转变，特别是充分发挥法律、经济、技术和行政等手段进行综合施策，确保适老化改造能够形成一个与互联网社会并行的长效机制。互联网企业则要保持承担社会责任的自觉意识。完善技术支撑体系、内容供给机制和安全保障体系，从老年群体的主体特征、核心需求和应用场景等维度，从安全和可持续发展等角度，分层分类化解老年人在数字生活中的痛点问题，从而推动适老化改造从形式到内容的升级。此外，面对横亘在前的"老年数字鸿沟"问题，中国独

---

[1] 田丰，高文珺等. 中老年互联网生活研究报告[R]. 中国社会科学院国情调查与大数据研究中心等. 2018.

特的"家文化"所形成的家庭内数字反哺①现象，为其提供了"中国式的解决方案"。因此，在互联网适老化改造上，从老人的家庭等社会支持网层面，编织有机连接，从而协同筑牢老年人线上参与和风险应对的生态安全屏障。

二是分层改造，问题定向。老年人本身也不是一个均质化的群体，客观上个体身心差异、社会经济地位不同，主观上对互联网的接受度和参与意愿也存在分层。一方面，在需求满足上，要分清主次，重点聚焦与老年人日常生活相关的高频事项和服务场景，如出行、医疗等；另一方面，在问题治理上，要加大风险识别和问题定向。仍以广告治理为例，从舆论端看，目前围绕广告在老年人互联网参与上的负面影响，主要体现在两大方面：虚假违规广告的安全性风险和广告形态对老年人网络正常使用的干扰。因此，对于广告及其引发的问题，也不宜一禁了之。其中，前者原本就在禁止之列，需要在实操层面进一步落实各方主体监督责任。后者则应根据实际影响的公共感知，进行分类指导并改善。比如，在风险度较低、使用影响的公众感知较弱的信息流类广告，一方面可以进一步强化其形式的规范性、可识别及关闭操作的便捷性等，另一方面要继续强化内容价值核查。让合规广告在老年人互联网参与上继续发挥价值引导作用，同时也是尊重老年消费者的知情权和选择权。

三是人本改造，价值定性。互联网适老化改造，体现的是整个社会的人文关怀。就互联网企业而言，适老化改造应当是现代企业社会价值的一部分，而不是社会价值的外延。对老年人互联网参与的权益保障，应回归互联网的基本属性，在开放、公平、共享的理念下，软硬件改造只是老年人上网的前置条件，打破老年人刻板的负面数字形象，尊重老年人的话语权和主体性才是至关重要的。而这些社会性因素的改变，并非是软硬件改造所能实现的，需要在全社会营造尊老、爱老、敬老的新文化，在互联网相关的行业和平台也要着力打造"科技为老"的企业新文化。代际数字公平的本质是机会公平，解决问题亦需要通过发展技术来解决，在这个问题上，政府一方面要做好政策指导，另一方面也要给予数字企业、

---

① 陆杰华，韦晓丹. 老年数字鸿沟治理的分析框架、理念及其路径选择——基于数字鸿沟与知沟理论视角[J]. 人口研究，2021(3):17-30.

普通大众以充分的想象空间,给他们创新的正当性[1]。毕竟智能技术创新体现的是发展的"速度",适老化改造则体现的是政策的"温度"。科技适老、政策适老、理念适老,才是整个社会和时代所需要的人文关照。

---

[1] 邱泽奇. 建设代际公平的数字社会[N]. 盘古智库,2021-3-29.

当前电竞产业发展的现状、问题与建议

【摘　要】 新冠肺炎疫情加速电竞破圈,"千亿电竞""黄金时代""电竞城市""数字体育""电竞入亚"等舆论热词,折射我国电竞产业融合发展的良好势头。借助舆情大数据,本文对当前电竞产业发展现状、问题和对策建议进行分析,以助力新一轮"电竞热"实现创新发展、健康发展、可持续发展。

【关键词】 电竞　数字文化　电竞城市　电子竞技

近年来,电竞产业成为全国各大城市发力数字经济的重要抓手。除了用户的爆发性增长、产业链的快速完善,在外界舆论层面,电竞也正在被主流圈层接纳。电竞产业具备"线上+线下""科技+文化""游戏+体育"等多重跨界融合属性,未来发展潜力巨大。电竞入亚、EDG夺冠等重大热点事件加速电竞主流化趋势,但整个行业如何实现创新发展、健康发展、可持续发展,需要政府、社会、企业等多元主体的协同配合。

一、当前电竞产业发展的突出特征

电竞产业作为近年来蓬勃发展的新兴产业,其在不断创新的同时也在不断走向标准化、规范化和主流化。中国电竞产业发展周期虽短,但整体市场规模不断扩大,行业影响力与日俱增,下文就将详细介绍中国电竞产业发展的特点、特征。

(一)中国超越北美成为全球最大电竞市场

游戏工委和游戏产业研究院发布的 2020 年中国游戏产业报告显示,2020 年中国电竞产业规模是 1365 亿元，比 2019 年同比增长 44%。与快速发展的产业规模相适应的是与日俱增的用户规模，我国目前的电竞用户规模已达到 4.88 亿元，同比增长了 9.65%[1]。据 Newzoo、艾瑞等多家第三方机构数据，2019 年我国电竞市场规模突破 1000 亿元，2020 年起中国超越北美成为全球最大电竞市场[2]。从舆论角度来看，近三年电竞话题热度也呈现逐年递增趋势，尤其 2020 年明显迈上一个新台阶，"电竞北京 2020"系列活动、上海英雄联盟 S10 全球总决赛等助推舆情热度攀升。如图 1 所示，截至 2021 年 8 月底，2021 年电竞话题网络关注度已经超过 2020 全年[3]。

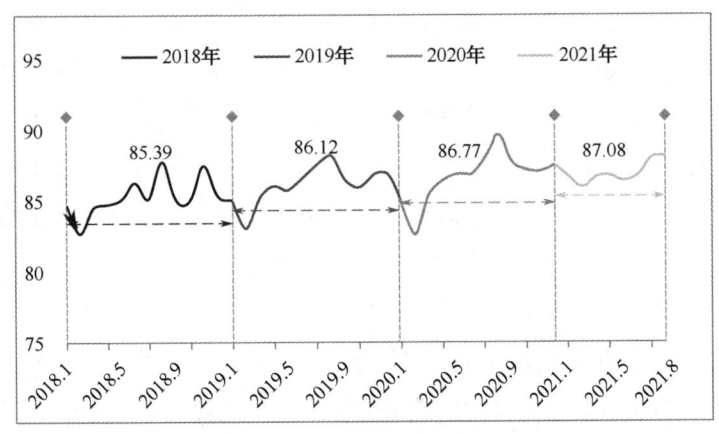

图 1　电竞话题网络关注度趋势及关注度指数年均值

（二）电竞行业标准化、规范化发展迈上新台阶

电竞行业陆续制定和发布行业标准，推动我国电竞产业逐步走上规范化、标准化道路。目前电竞行业的标准化体系包括电竞场馆方面的《电竞场馆建设规范》及《电竞场馆运营服务规定》，直播方面的《电子竞技直转播技术管理规范》及《电

---

[1] 中国音数协游戏工委(GPC),中国游戏产业研究院. 2020 年中国游戏产业报告[R/OL]. (2020-12-17)[2021-05-20]. https://www.chinaxwcb.com/uploads/1/file/public/202012/20201217143001_pugg63oor3.pdf.

[2] 艾瑞咨询研究院. 2021 年中国电竞行业研究报告[R/OL]. (2021-04-30)[2021-05-20]. http://pg.jrj.com.cn/acc/Res/CN_RES/INDUS/2021/5/11/107169af-c516-4493-8b3a-5e033327739e.pdf.

[3] 数据来源：基于微博、新闻、跟帖等公开场景信息，通过算法模型计算出网络舆论关注热度变化。

子竞技直转播平台管理规范》等。2018 年，上海制定了电子竞技运动员注册管理办法，后续逐步推出全国性的电竞场馆建设、运营服务、直播等领域的行业标准。2021 年 2 月 10 日，人社部官网首次颁布《电子竞技员国家职业技能标准》，成为电竞行业标准化进程中的重要一步，为不同类型的电竞从业者指明发展方向，也标志着电子竞技行业标准化迈上一个新的台阶。

（三）"电竞×城市"创新发展模式，强化双向赋能

在向数字经济转型的大背景下，全国各地方政府聚焦新兴产业发展，致力于为城市发展找到创新驱动力。依托"线上+线下""游戏+体育"等多重跨界融合属性，电竞逐渐成为推动数字经济发展、激活消费动力、提供就业机会的重要抓手。据不完全统计，自 2016 年以来，已经有超过 25 个省份、直辖市出台了不同层次、不同种类的电竞产业促进政策。如北京发布《关于推动北京游戏产业健康发展的若干意见》，广州发布《促进电竞产业发展三年行动方案》等。除释放政策红利外，地方政府还积极引进国际知名电竞赛事、打造地方赛事 IP。同时，通过打造电竞主场战队的方式增加城市辨别度，带动当地的旅游经济发展，并希望以发展电竞产业为动力助推城市实现数字化转型。在此背景下，上海、北京、广州、深圳、成都、重庆、武汉等多个城市也成为舆论场上最热门的电竞城市（如图 2 所示）。

（四）电竞发展呈现主流化趋势，舆论认可度提升

电竞近年来正在突破行业壁垒，从小圈层向主流化的方面昂首迈进。一方面，电子竞技获得主流体育赛事认可。2020 年 12 月 16 日，亚奥理事会宣布，2022 年杭州亚运会新增设电子竞技作为正式竞赛项目。数据显示，2018 年以来舆论对电竞的正面评价占比呈不断上升趋势，质疑否定态度占比持续降低（如图 3 所示）[①]。

[①] 数据来源：公开数据统计，基于微博、新闻、跟帖等公开场景网民评论文本，通过算法模型计算出网民不同情绪态度变化。

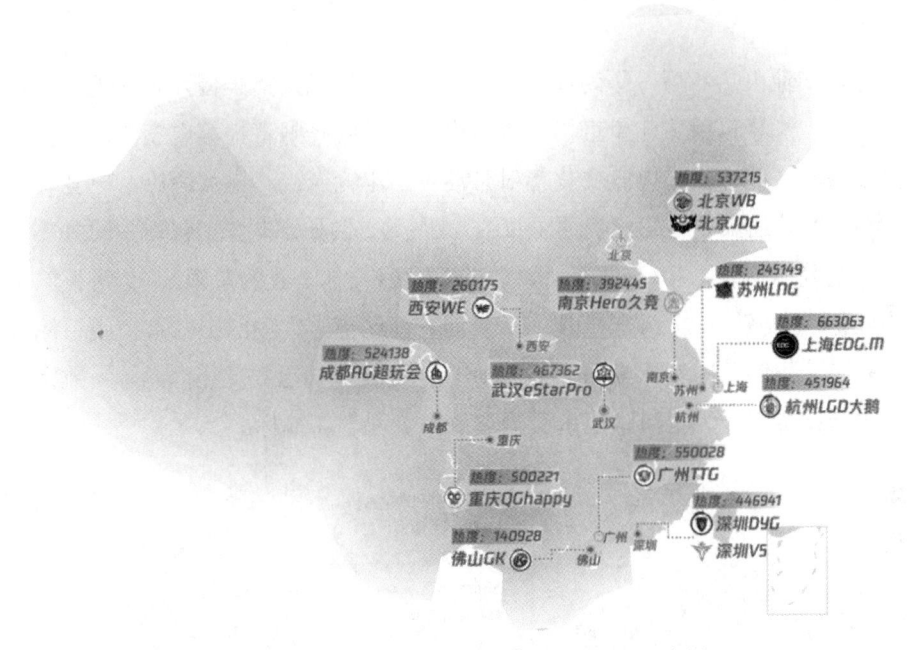

图 2 全国电竞城市舆论热度①及主场战队示意图

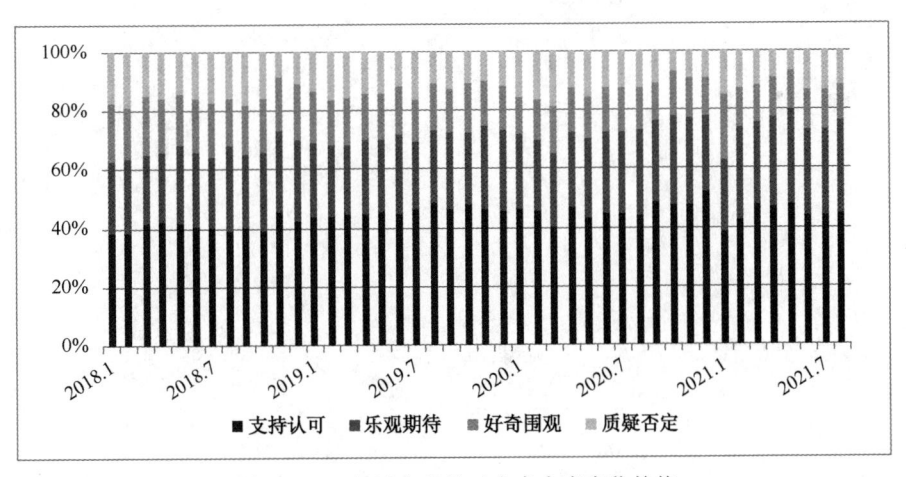

图 3 2018 年以来舆论对电竞态度变化趋势

---

① 数据来源：基于微博、新闻、跟帖等公开场景电竞话题中各城市相关信息量计算得出每个电竞城市的舆论热度。

（五）电竞文化助力融合发展，电竞+产业全面开花

电竞产业火热背后，作为连接产业与用户的电竞直播平台开始迎来新一轮发展黄金期，虎牙直播、斗鱼直播、企鹅电竞、哔哩哔哩直播等电竞游戏直播平台关注度攀升。此外，在电竞文化辐射带动下，电竞影视、电竞酒店、电竞文旅等"电竞+"产业迎来更多发展机遇（如图4所示）。例如，电竞主题相关的大热影视作品《亲爱的热爱的》《全职高手》《穿越火线》《你是我的荣耀》，全网播放总量近200亿次。再如，2020年落地上海市浦东新区正大广场的国内首个线下综合电竞体验馆——腾讯电竞 V-Station 体验馆，以科技形式承载文化内涵，用数字艺术诠释中国精神，成为上海本地备受欢迎的电竞科普新地标。

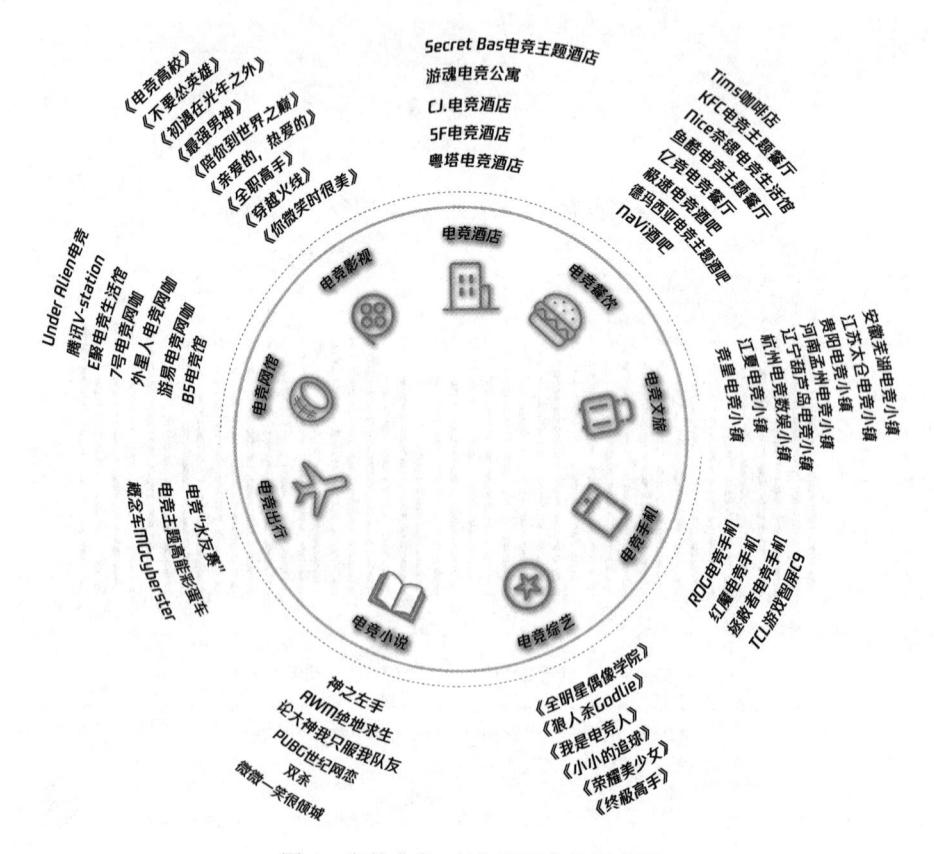

图4 当前电竞+产业发展态势示意图

二、电竞产业面临的问题和挑战

在电竞入亚、EDG 夺冠等多方面因素共同影响下，电竞产业发展备受瞩目。与此同时，作为数字文化新兴产业，电竞在中国的发展仍然面临诸多问题与挑战。

（一）未成年人健康保护与价值引导

2021 年 4 月 2 日，教育部发布通知，明确每日 22:00 到次日 8:00 不得为未成年人提供游戏服务；2021 年 8 月 30 日，国家新闻出版广电总局下发《关于进一步严格管理切实防止未成年人沉迷网络游戏的通知》，规定网游企业仅可在规定日期向未成年人提供 1 小时服务。

从管网吧到防沉迷，再到限制充值、游戏宵禁，针对游戏的未成年人保护立法及规范早已从严，然而并未有效解决未成年人网络游戏沉迷与成瘾问题。有专家指出，这是因为青少年监护本质上还是家长的义务，孩子的健康成长根本上还是需要父母正确的引导和言传身教。有专家称，世界上大部分没有实现网游实名制的地区，都将青少年游戏管控的重点放在了家长引导层面。此外，要区分未成年人成瘾和沉迷游戏是症状还是原因，未成年人沉迷网络游戏有可能是青少年家庭问题的表现。也有专家认为，沉迷实际上是一个教育问题，我们应该帮助家长更好地教育孩子，规范他的生活方式。目前，政府、企业、家庭、社会等各个层面都在积极行动，致力于形成未保工作合力，对未成年人健康保护与价值引导寻求最优解。

（二）电子竞技的定义及定位问题

近年来电竞快速发展，产业规模和行业地位都在不断提升。2017 年国际奥委会认证电子竞技为正式体育项目，并入选 2018 年雅加达亚运会表演赛及 2022 年杭州亚运会正式比赛项目。电子竞技逐步被官方认可，但"电子竞技算不算体育运动""电子竞技是否等同于游戏"等仍是争议性话题。至少在国内，公众尚未完全消除"当运动员是强身健体,练职业电竞玩物丧志"的固有观念,大众反对声音依然存在。厘清游戏与电竞、体育与电竞之间的关系势在必行。有专家认为,一方面,电子竞技无法回避其本身就是一种以游戏为媒介的竞技性活动,不能为倡导电竞而污名化游戏;另一方面,游戏和电竞更接近群众体育和竞技体育的关系,也像兴趣爱好和职业体育的关系。

(三)从业者的健康和权益问题

目前,围绕电子竞技赛事已经发展出上百个职业工种,包括电子竞技俱乐部层面、媒体及内容制作层面、赛事活动公司层面、直播平台层面等。其中,最核心的仍然是电竞选手,也是舆论关注度最高的电竞从业者。在媒体报道中,电竞选手永远光鲜亮丽,网页上时常出现关于热门选手天价转会费的报道。然而背光处是大多数默默无名、满身伤痛的电竞选手。电竞选手的生存困境集中在两个方面:一是退役年龄小,退役后的出路晦暗难明;二是选手退役后伤病缠身,如23岁退役的电竞选手简自豪患有手伤和二型糖尿病,这些都是"工伤"。目前,部分从事电竞行业的企业尝试与专业医院合作,为电竞选手提供专业的医疗解决方案,给电竞选手提供骨骼纠正等服务,保障电竞选手身体健康及职业生涯。此外,专家呼吁要切实保障电竞行业内包括解说、导播、赛事执行等群体的合法权益,改善电竞行业薪酬制度,并为相关从业者提供职业教育,为电竞产业发展提供强大的人才保障配套。

三、促进电竞发展的策略与建议

为更好地推动电竞行业的持续发展,政府、企业等相关主体需要合力建设,加强社会宣传、拓展应用场景、加快标准化进程、提升电竞素养、实现文化传播。

(一)加大产业真实全景宣传,推动社会认知迭代

电竞作为近年来崛起的新兴产业,不仅要推动生态产业链发展,更要在保护

青少年健康基础上结合发展"五新",发挥其举旗帜、聚民心、育新人、新文化、展形象的积极作用,提升社会、经济和文化等领域的正面价值,更好地推广中华传统文化。同时,通过社会有效沟通和充分的信息传达消除社会偏见,以全景式的纪录片、综艺节目、科学研究等深度、全面、客观的优质内容,让大众建立起对电竞行业的理性认知,进一步引导社会正确看待电竞产业。

(二)探索电竞体育等应用场景,助力产业持续发展

电竞商业模式可持续发展的前提是盈利能力,围绕科技发展趋势,促进关联产业增值,产生更多附加值。一方面,未来需要把电竞融合在科技、文化、体育中,挖掘出更多电竞属性,让电竞应用可以深入到教育、娱乐、健康、科普等场景,通过技术发展促使电竞产业成为业态形成的重要推动力。另一方面,鼓励创新线下电竞,利用电竞的体育功能,让虚拟现实转移到增强现实中来,增强运动和锻炼的功能,把健身、运动设计成电竞模式,让每个人都可以参与到电竞生态中,形成新的行业、新的商业模式,帮助其他业态实现产业升级。

(三)加快行业标准化进程,保障电竞加速向好发展

首先,电竞产业发展需要做好顶层设计,编制电子竞技产业相关标准体系,让公众对电竞行业有更加清晰的认知,让电竞企业能够更加规范地运营。其次,落实年轻人积分落户制度,健全优化职称认证标准,完善人才体系,保证电竞行业生命力。此外,围绕亚运赛事及亚运场馆相关需求来制定更多赛事规范;在学校教育方面推出通用电竞教材,推动国内电竞教材规范发展。在此过程中,各地政府部门还要充分发挥协调指引作用,针对电竞产业人才缺口问题在人才培训、能力素养培训等方面开展更多的服务工作。

(四)企业主动承担责任,提升公众游戏电竞素养

在国家新闻出版广电总局游戏新规出台后,各大电竞赛事迅速启动电竞选手

年龄合规审查工作，这不仅是企业主动承担责任的体现，同时也有助于整个电竞产业从根源上降低或规避未保相关风险，保障行业健康和可持续发展。与此同时，电竞本身植根于游戏，有责任提升社会公众的游戏素养和电竞素养。相关企业应在提升青少年、家长、老师等各个群体的游戏素养、电竞素养等方面下功夫，帮助每一个家庭、每一所学校乃至全社会正确认识和看待游戏、电竞及其所代表的新兴数字文化产业。

（五）电竞与文化有机结合，双向赋能促进文化传播

电竞作为最先进的文化艺术形式之一，可以在游戏场景中灵活运用中国传统文化，用游戏人物讲好中国故事，用电竞直转播等赛事制作技术实现文化输出，以游戏、电竞为载体推动中国文化走出去，让全球青少年在电竞中感受中国文化的魅力。同时，中国文化包罗万象，文化为电竞产业赋能亦反哺线下舞蹈、音乐、建筑等文化产业的数字化蓬勃发展。而电竞出海不应局限于产品本身，还应包含更广泛意义上的文化输出、价值观输出，让电竞在将来成为新的"文化大使"。

国际传播视角下
我国游戏产业出海面临的问题和建议

【摘　要】 近年来我国游戏产业蓬勃发展，出海规模和影响力持续扩大。游戏成为数字文化出海中最具影响力的产品形态，有效提升了国外游戏用户对中国形象的评价，游戏产业成为我国国际传播的"突破口"和"桥头堡"。与此同时，在缺少系统出海支持、中西意识形态碰撞、国内舆论空间狭小等背景下，当前游戏产业出海面临内外因素制约，对已取得一定优势的出海局面带来不利影响。基于舆情和问卷调查研究，通过分析游戏产业在国际传播中的价值、现状、困境，从政府和企业两个层面提出进一步利用游戏提升国际传播效能的对策建议。

【关键词】 国际传播　效能　游戏产业　出海

当今世界正处于百年未有之大变局，新形势下推进国际传播能力建设，是提升中国国际影响力和国际话语权的有效路径。我国综合国力和国际地位不断提升，国际社会对我国的关注前所未有，但中国在世界上的形象很大程度上仍是"他塑"，而非"自塑"，我们在国际上存在着信息流进流出的"逆差"、中国真实形象和西方主观印象的"反差"、软实力和硬实力的"落差"。要下大气力加强国际传播能力建设，加快提升中国话语的国际影响力，让全世界都能听到并听清中国声音[①]。

当前，融合"文化+科技"双重属性的游戏产业正加快发展，我国自主研发游戏在海外市场实际销售保持高速增长态势[②]，涌现出《原神》《PUBG Mobile》《荒

---

① 人民网. 习近平：让全世界都能听到并听清中国声音[EB/OL]. (2019-01-10)[2021-11-15]. http://cpc.people. com.cn/xuexi/ n1/2019/0110/c385474-30514168.html.

② 中国音数协游戏工委（GPC），中国游戏产业研究院. 2020 年中国游戏产业报告[EB/OL]. (2020-12-17) [2021-11-15]. https://file.pubdatamall.com/RegisterImg/1211.

野行动》等一批具有国际影响力的游戏产品，获得一定海外用户基础。我国游戏产品在参与全球市场竞争的过程中，根据不同区域、不同用户群体特点进行本地化、分众化的精准表达，也在这个过程中润物细无声地传播了中国优秀文化，讲述中国故事。在提升国际传播效能和国际话语权上，游戏产业或可成为中外文化沟通和交流的"突破口"，发挥国际传播"桥头堡"的作用。

目前，学界对国际传播相关研究较为丰富，如从"一带一路"传播影响、政治话语分析、中国故事叙事、互联网传播体系建设、传播逻辑转向等视角有诸多研究结论。但由于游戏产业出海成绩近两年才显现等因素影响，游戏产业出海相关研究较少，对游戏产业出海在国际传播中扮演的角色和价值研究不够，尤其是在问题和建议方面，仅看到从政府和产业层面出发的宏观分析，缺乏从企业和舆论层面微观分析。因此，新形势下重新厘清游戏产业在提升国际传播效能中的角色和价值，分析游戏产业在国际传播中遇到的具体困难并提出建议具有重要的现实意义，进而为政府决策和产业发展提供科学参考。

一、游戏产业在国际传播中的角色和价值

新形势下，国际传播的重点是提升国际传播效能。分析我国国际传播面临的困境，以及游戏产业在国际传播中所扮演的角色及其独特优势，找到加强和改进国际传播工作的新的切入点。

（一）新形势下国际传播工作的重点

当前，中国面临的是世界多极化、经济全球化、社会信息化、文化多样化深入发展，世界面临的是不稳定、不确定因素正在增加[1]。在新形势下，讲好中国故事，传播好中国声音，展示真实、立体、全面的中国，是加强我国国际传播能力

---

[1] 新华社. 习近平在第十七届中国—东盟博览会和中国—东盟商务与投资峰会开幕式上的致辞（全文）[EB/OL]. (2020-11-27)[2021-11-15]. http://www.xinhuanet.com/politics/leaders/2020/11-27/c_1126792459.

建设的重要任务[1]。为应对国际发展新形势，我国国际传播必须实现逻辑转向，即从"让中国了解世界、让世界了解中国"的二维逻辑转向"中国看世界""中国向世界报道世界""中国影响世界""建立平衡国际传播秩序和话语权力"等多维视角[2]。而提升国际传播效能，即既强调国际传播的效率和效果，更强调具备持续优化国际传播效果的能力，关键是要建立具有中国特色的、融通中外的话语体系，创新、丰富新媒体环境下的国际传播方式，让世界各地能够听见中国声音，认同中国声音。

（二）我国国际传播工作面临的问题

我国历来重视国际传播工作，尤其是党的十八大以来，大力推动国际传播守正创新，理顺内宣外宣体制，着力打造具有国际影响力的媒体集群，积极推动中华文化走出去，有效开展国际舆论引导和舆论斗争，初步构建起多主体、立体式的大外宣格局，我国国际话语权和影响力显著提升[3]。

然而，国际传播仍然面临中外意识形态话语体系、议程框架、文化隔阂等差异带来的困难和阻碍，尤其在中美竞争加剧、后疫情时代国际政治局势日趋复杂等背景下，中西方叙事对立更为明显，部分国际传播工作遭西方重新审视。在国际形势日趋严峻而传统国际传播手段受限的现阶段，国际传播工作急需找到"新方式""新路径""新阵地"。

（三）游戏产业在国际传播中的角色和价值

近年来，以网络游戏、网络文学、网络动漫等为代表的数字文化产业蓬勃发展，其影响力逐渐从国内向国外延伸，随着海外成为数字文化产业的"第一增量

---

[1] 新华社. 习近平在中共中央政治局第三十次集体学习时强调 加强和改进国际传播工作 展示真实立体全面的中国[EB/OL]. (2021-06-01)[2021-11-15]. http://www.xinhuanet.com/politics/leaders/2021-06/01/c_11275 17461.htm.
[2] 李玉洁. 中国国际传播的逻辑转向与话语升级[J]. 河南大学学报（社会科学版），2021（6）：129-134.
[3] 新华社. 习近平在中共中央政治局第三十次集体学习时强调 加强和改进国际传播工作 展示真实立体全面的中国[EB/OL]. (2021-06-01)[2021-11-15]. http://www.xinhuanet.com/politics/leaders/2021-06/01/c_11275 17461.htm.

市场"[1],对于相关企业而言,海外市场拓展已从被动选择变为主动发展战略[2]。游戏产业在数字文化出海中占据重要地位,作为一门"全球通用语言",游戏文化传播影响广泛,或可成为我国国际传播中的"突破口"和"桥头堡"。

首先,游戏产业是数字文化出海的重要组成部分。通过分析国外网民在推特上发表的跟中国数字文化出海相关信息,计算不同类型数字文化产品在海外舆论场中的关注度和认同度,发现在中国数字出海产品中,游戏已超越影视剧、网络文学、网络动漫等,成为中国数字文化出海最具影响力、认同度也较高的表达形式(如图 1 所示),也说明中国游戏产品在国外已经具有一定的传播基础。

其次,游戏作为一种娱乐方式,具有全球通用性和广泛用户基础。相较其他数字文化产品而言,游戏具有更强的用户参与性、互动性、娱乐性,更强调由用户自主创造内容和价值。与其他国际传播方式不同,游戏具有更强的普适性和中立性,游戏本身更多的是作为环境、场景,一般不做过多的"内容灌输",而是通过用户使用、参与,潜移默化地实现文化渗透、观念输出。当前全球游戏用户持续不断增长,达到近 30 亿人[3],游戏主题是 YouTube 上最受欢迎的内容之一[4],这些都能说明游戏在全球范围内所具有的通用性和易触达性。

最后,游戏作为一种文化载体,能够承载内容和价值观,后者可以植入游戏的内容文本、故事情境、关卡设置等方面,通过沉浸式体验对用户产生影响。作为内容生产者,游戏生产方掌握设置议程主动权,借助游戏中人机、人际的多元高频互动,引导构建围绕游戏信息的拟态环境。游戏产品可从经济、文化、社会、生态文明等视角切入,打造带有中国文化符号、彰显中华民族精神、体现中国道路智慧的多重叙事,润物细无声地传播中国话语和中国故事。

---

[1] 经济日报. 数字文化产业爆发式增长曙光已现[EB/OL]. (2022-10-22)[2021-11-15]. http://www.xinhuanet.com/tech/2019-08/19/ c_1124891148.htm.

[2] 国务院发展研究中心, 中国社科院中国文化研究中心, 腾讯社会研究中心. 中国数字文化产业发展趋势研究报告[R]. 2019.

[3] Newzoo. 2021 年全球游戏市场报告[EB/OL]. (2021-07-06)[2021-11-15]. https://newzoo.com/insights/articles/the-games-markets-bright-future-player-numbers-will-soar-past-3-billion-towards-2024-as-yearly-revenues-exceed-200-billion-chinese.

[4] 皮尤研究中心. YouTube 热门内容分析报告:新闻视频聚焦国际儿童视频最受欢迎[EB/OL]. (2021-09-17)[2021-11-15]. https://lmtw.com/mzw/content/detail/id/175729/keyword_id/-1.

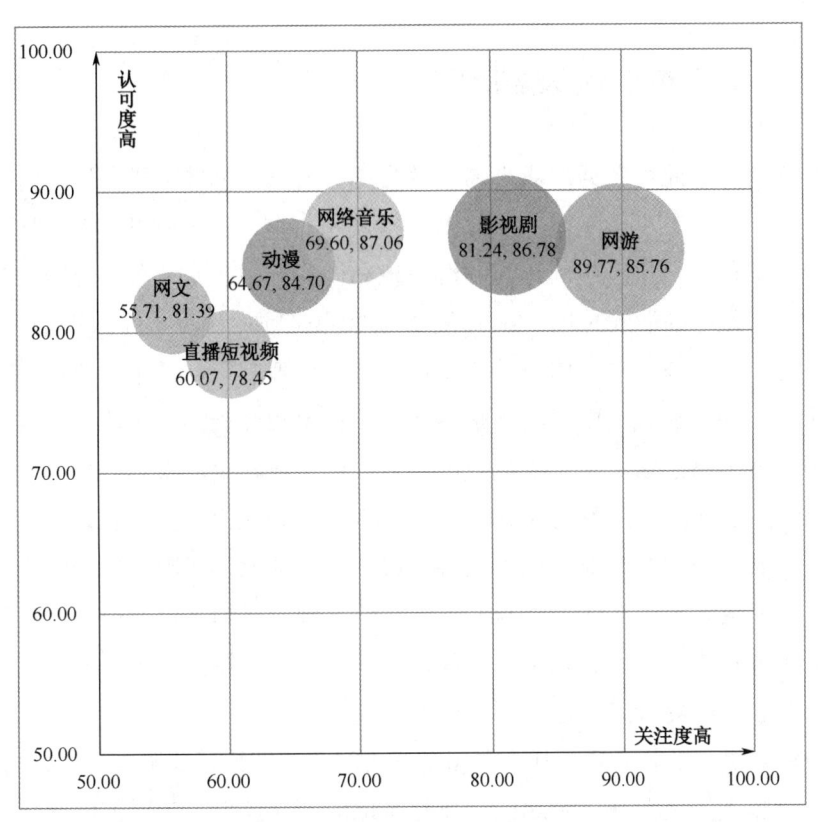

图 1　境外舆论对中国数字出海产品中展现的中国文化关注度和认可度情况

二、我国游戏产业出海现状和舆论认同情况

我国游戏产业发展起始于改革开放，经历从"输入"到"输出"的转变，目前我国在移动游戏领域的头部海外市场份额占比全球第一[①]。我国游戏产业出海不仅带来经济收益，也提升了我国文化影响力。

---

① Google, Appannie. 2021 移动游戏出海洞察报告》[EB/OL]. (2021-08-10)[2021-11-15]. https://google.36kr.com/static/Google%20x%20App%20Annie%20%E3%80%8A2021%E5%B9%B4%E7%A7%BB%E5%8A%A8%E6%B8%B8%E6%88%8F%E5%87%BA%E6%B5%B7%E6%B4%9E%E5%AF%9F%E6%8A%A5%E5%91%8A%E3%80%8B.pdf.

（一）我国游戏产业发展历程

我国游戏产业可依据游戏终端设备变迁分为三个发展阶段：**一是游戏机时代**，改革开放至 21 世纪初为我国游戏产业萌芽时期，这一时期以"舶来"为主，主要引进美国、日本及中国台湾的游戏机和游戏产品，是一种由外至内的游戏"输入"；**二是电脑游戏时代**，21 世纪初至 2013 年前后，随着个人电脑的普及，游戏产业获得快速发展，国内游戏企业一方面代理韩国、日本、美国等国外游戏，另一方面也在代理中逐渐积累游戏开发技术和经验，自主研发单机游戏、网页游戏和网络游戏，这一阶段我国游戏产业出海较少，大量国外游戏在国内市场中占据主导；**三是手机游戏时代**，2013 年前后至今，立于长期积累的研发和运营经验，在游戏产业链逐步完善、成熟的基础上，我国游戏产业步入以自研为主的发展阶段。在政策引导和市场竞争等因素影响下，游戏产业积极布局海外业务并逐步实现弯道超车，实现从"输入"到"输出"的转变，在全球手游市场竞争中取得一定优势。

在游戏机和电脑游戏时代，我国游戏市场曾长期被国外游戏开发公司把持，不仅巨额收入流失海外，游戏领域文化阵地的主导权也旁落国外厂商。比如，提起三国类游戏，全球玩家耳熟能详地往往是《三国无双》《三国志》等日本游戏，但这些游戏在"三国"的外衣下实质包裹的却是武士道、忍者等日本文化内核，异化的"三国"文化通过游戏的方式，深刻地影响甚至歪曲了全球玩家的历史认知。2003 年度中国网络游戏峰会评选的年度最具人气十大网络游戏，仅有两款为国产自研游戏。经历数十年发展，如今自研游戏已成为我国游戏市场主力，我国自主研发游戏销售比例不断上升，2019 年首次突破 80%[①]（如图 2 所示）。

[①] 中国音数协游戏工委（GPC），中国游戏产业研究院. 2021 年中国游戏产业报告[EB/OL]. (2021-12-16)[2022-01-15]. https://file.pubdatamall.com/RegisterImg/1214.

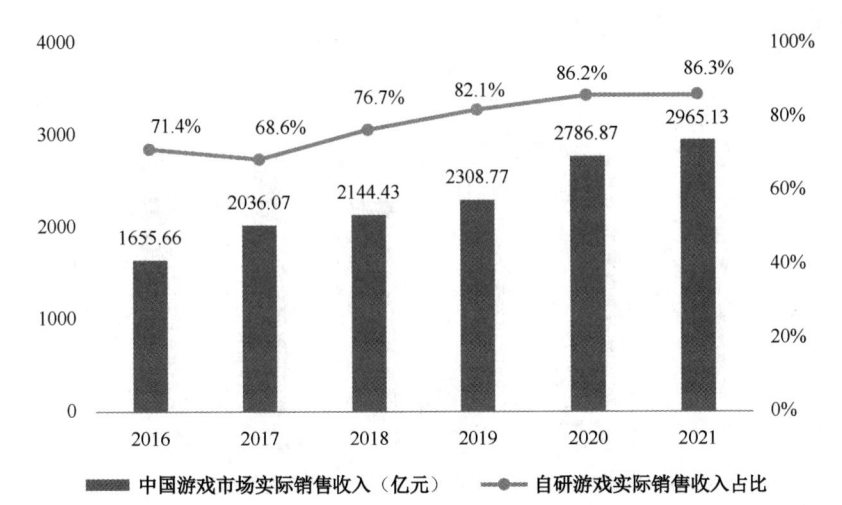

图 2　中国自研游戏实际销售占比趋势图[①]

（二）当前我国游戏产业的国际地位

当前，全球游戏市场呈现出主机游戏和电脑游戏收入下降、手机游戏收入持续上升的趋势[②]。乘移动互联网发展风口，我国游戏产业在移动游戏上实现弯道超车，打破以往全球游戏市场被发达国家游戏开发商把持的局面，同时也在主机游戏和电脑游戏出海上保持探索。近年来，我国涌现出《原神》《PUBG Mobile》等一大批优秀手游作品，形成长线发展态势，2021 年我国自主研发游戏海外市场实际销售收入 180.13 亿美元，比 2019 年增加了 25.63 亿美元，同比增 16.59%[③]（如图 3 所示）。

[①] 中国音数协游戏工委（GPC），中国游戏产业研究院. 2021 年中国游戏产业报告[EB/OL]. (2021-12-16)[2022-01-15]. https://file.pubdatamall.com/RegisterImg/1214.

[②] Newzoo. 2021 年全球游戏市场报告[EB/OL]. (2021-07-06)[2022-01-15]. https://newzoo.com/insights/articles/the-games-markets-bright-future-player-numbers-will-soar-past-3-billion-towards-2024-as-yearly-revenues-exceed-200-billion-chinese/.

[③] 中国音数协游戏工委（GPC），中国游戏产业研究院. 2021 年中国游戏产业报告[EB/OL]. (2021-12-16)[2022-01-15]. https://file.pubdatamall.com/RegisterImg/1214.

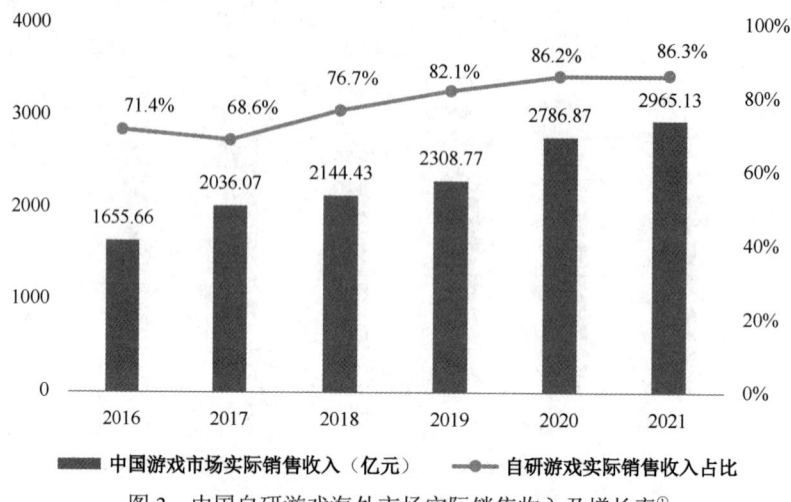

图 3 中国自研游戏海外市场实际销售收入及增长率①

从全球移动游戏用户支出情况分析，近年来，我国移动游戏出海在全球移动游戏市场所占份额持续上升，2021年上半年取得前所未有的成绩：海外用户在我国研发的移动游戏上的支出增长47%，我国游戏开发商在头部海外游戏市场份额超过 23%，在海外市场成为全球第一②，这也为利用游戏产业出海提升我国国际传播效能打下了良好的基础。

（三）游戏产业出海提升国外用户对中国的整体评价

为研究游戏产业出海产生的具体国际传播效果，本文就国外用户对中国游戏的参与情况和对中国文化、国家形象的认知情况展开问卷调查。被调查者为来自美国、英国、法国、俄罗斯、日本、韩国、印度尼西亚、越南、泰国、阿联酋、沙特阿拉伯11个国家的中国出海游戏玩家和非移动游戏用户，根据相应国家人口

---

① 中国音数协游戏工委（GPC），中国游戏产业研究院. 2021 年中国游戏产业报告[EB/OL]. (2021-12-16) [2022-01-15]. https://file.pubdatamall.com/RegisterImg/1214.

② Google, Appannie. 2021 移动游戏出海洞察报告[EB/OL]. (2021-08-20)[2022-01-15]. https://google.36kr.com/static/ Google%20x%20App%20Annie%20%E3%80%8A2021%E5%B9%B4%E7%A7%BB%E5%8A%A8%E6%B8%B8 8%E6%88%8F%E5%87%BA%E6%B5%B7%E6%B4%9E%E5%AF%9F%E6%8A%A5%E5%91%8A%E3%80%8 B.pdf.

结构随机抽样,并针对性别、年龄等设定标准化配额①,最终共回收5547份有效问卷。

上述中国出海游戏玩家为过去3个月内玩过18家重点中国游戏厂商游戏产品的国外用户（N=2603）;对照组为这些国家的非移动游戏玩家（N=2944）。通过显著性分析（T检验）,发现中国出海游戏玩家和非移动游戏玩家在对中国国家形象的整体评价上存在显著差异,近期玩过中国游戏的国外用户对中国国家形象的评价明显更高（如图4所示）。中国出海游戏玩家中,58%的玩家认为中国出海游戏很大程度上影响了他们对于中国国家形象的看法。

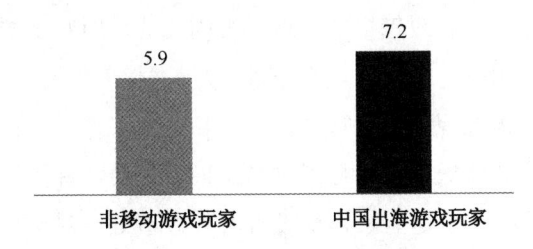

图4 11国问卷调研受访者对中国国家形象整体评价（满分10分）

将2021年1月至8月推特网民发表的与中国文化搭载游戏出海相关信息进行分析,发现中国传统节日受到的关注最高,艺术表现、历史神话和哲学、自然人文景观等分列其后。同时,中国出海游戏激发海外玩家对中国的兴趣,推特上不少网民因为玩中国游戏而想要学中文,对中国更加向往,希望来中国旅游、学习或生活。

三、当前游戏产业出海发展面临的问题及其影响

尽管已经取得一定的发展和成绩,但当前游戏产业出海仍面临"内忧外患"的局面。内部来看,游戏产业出海的顶层设计仍需探索,同时舆论对游戏产业价值认知不全则不利于形成正向社会支持和市场反馈。外部来看,技术投入不足导

---

① 问卷最终共回收5547份有效问卷,具体采集情况如下分布:美国654份;英国549份;法国545份;俄罗斯550份;日本546份;韩国542份;印度尼西亚540份;越南545份;泰国548份;阿联酋258份;沙特270份。

致产品缺乏实质创新和国际竞争力，海外市场竞争压力日益增加。

（一）顶层设计处于初步摸索期，出海服务工具箱相对缺乏

纵观美、日、韩等国的文化输出路径，其背后往往长期有国家力量的推动和支持，仅依靠单个政府部门、单个企业是无法独立完成的。发达国家建立起政府、企业、智库、高校、社会组织等多元主体共同参与和打造出海支持体系。以韩国为例，1998年正式提出"文化立国"战略，确立了文化产业作为韩国支柱产业的地位，此后从法律制度、政策推动、组织机构设立、财政支持等多方面持续引导和助力文化产业走出去：出台《电影振兴法》《文化韩国愿景21》等一系列法律和文件；设立文化体育观光部主管文化发展和交流工作，下设韩国文化产业振兴院、韩国国际文化交流振兴院、韩国电影振兴委员会、韩国知识产权委员会、韩国观光公社等机构，并且这些机构均设有海外办事处；对文化产业的投资和文化财政预算逐年增加；三星、CJ集团等私营企业的广泛参与[1]。

我国政府在文化发展上有一定的战略布局，但在文化出海层面，从顶层设计到中微观落地上，还处于初步摸索期，支持体系还有待加强和完善。2021年10月，商务部、中宣部等17部门出台《关于支持国家文化出口基地高质量发展若干措施的通知》，从健全共建机制、完善财政支持政策、优化金融服务、提升服务水平、深化国际合作五个方面提出措施，助力国家文化出口基地建设提质增效[2]。以上可见，文化出海涉及政府部门众多，在如何相互配合、落地实施上，仍存在不少难点；应对海外风险、做好出海服务的工具箱体系，需要多元主体长期共建；对比发达国家数十年的投入，我国相关政策布局和体系建设还有较大差距。

在缺乏政策、法律、情报、智力、人才、金融等多方面支持的情况下，当游戏出海企业面临海外贸易、数据保护、文化等监管政策或壁垒时，往往只能以一家之力进行斡旋或谈判，背后缺乏体系化支撑，使得我国游戏产业在出海进程中

---

[1] 复旦发展研究院．观点｜邢丽菊：韩国文化"走出去"的制度机制研究[EB/OL]. (2021-08-26)[2022-01-15]. ttps://fddi.fudan.edu.cn/13/60/c21257a398176/page.htm.

[2] 商务部．中央宣传部等17部门关于支持国家文化出口基地高质量发展若干措施的通知[EB/OL]. (2021-10-22) [2022-01-15]. http://www.mofcom.gov.cn/article/zwgk/gkzcfb/202110/20211003210161.shtml.

整体的外部抗压能力和适应性较差。

（二）舆论对游戏产业缺乏全面认知，合理讨论空间被挤压

当前，国内对游戏产业的社会认知仍以游戏的负面、消极影响为主，针对游戏产业的官方媒体报道中"危害青少年"仍是主要议题[①]。在这样的舆论环境下，游戏具有的文化、艺术、教育、技术、经济等多重属性和价值，以及其在国际传播中的重要作用等容易被忽视，对游戏产业自身合理性和正当性的讨论空间被严重挤压。

近年来，对游戏的"去污名化"一直是社会讨论的热点。一方面，社会舆论对立愈发明显，社会共识难以形成：一方以家长为代表呼吁严管甚至关闭游戏行业，一方则以年轻人为代表希望家长落实"监护责任""救救游戏"。另一方面，我国游戏学相较西方游戏学约五十年的学术积淀而言基础十分薄弱，游戏领域得不到学理化、体系化研究，游戏的规律和价值得不到充分的提炼和重视，使得产业发展和政策制定缺少智力支持。而在相对负面的舆论环境下，游戏产品或无法获得及时、准确的市场反馈，产品迭代、功能优化缺乏信息来源和经济来源，将直接影响游戏产业的高质量发展。

（三）硬核投入相对不足，产业发展浮于应用层

游戏产业依赖于科技发展，美、日的游戏产业竞争历史证明，技术革新可以颠覆现有产业竞争格局。20世纪末，在赢得游戏机标准制定权后，日本游戏厂商曾统治包括美国在内的全球游戏市场约20年。直到IBM制定了X86架构的PC硬件，让PC硬件就此定型，美国游戏厂商重夺主动权。当日本的程序员还在遵循匠人精神打磨游戏时，美国游戏早已开始使用游戏引擎提高开发效率，全球游戏产业竞争格局由此悄然重组。

---

① 何威，曹书乐. 从"电子海洛因"到"中国创造"：《人民日报》游戏报道（1981-2017）的话语变迁[J]. 国际新闻界，2018（5）：57-81.

以上说明，如果我国游戏产业未能在核心科技和硬件标准上掌握主动权，很可能遭遇"降维打击"。游戏是全球科技创新的试验场和助推器，为我国在芯片、"智"造、虚拟现实等方面赶超欧美提供了更多可能性。投入不足可能致使游戏产业在软硬件层面错失技术革新机遇，错失下一代技术和硬件的标准制定权，游戏产业的未来发展也可能遭遇类似当前芯片产业"卡脖子"的情况。

四、推动游戏产业出海的对策建议

游戏产业出海对提升我国国际传播效能具有重要意义。进一步推动游戏产业出海，需要政府、社会和企业的共同努力，对内促进优质游戏产品的孵化，为产业发展争取必要的舆论空间，对外打造立体的服务工具箱，为游戏走出去提供从宏观到中微观的落地支持。

（一）政府层面

一是国家层面加强顶层设计布局，**完善推动游戏产业出海的管理和服务体系**。游戏产业国际化发展不仅依靠国家战略支持，还需要多部门建立常态化工作机制，畅通多主体间的协作沟通机制，共同打造游戏产业出海服务工具箱，从智库、金融、人才、法律等多方面为相关企业跨越出海壁垒、处理海外风险提供体系化支持。

二是引导社会公众全面认知和评价游戏产业，**为产业发展争取必要的舆论空间**。在规范游戏产业发展、关注未成年人健康成长的同时，鼓励媒体、专家充分阐释游戏产业的多重社会价值，为多种声音提供表达和讨论的空间，引导社会公众全面认识游戏产业在经济、教育、艺术、传播等方面多重属性和价值。

三是加大科技研发投入，**深化产学研一体化融合**。加强产学研一体化是助力我国掌握未来核心科技的关键路径。游戏产业的科技进步更有赖于政府、科研机构、高校和企业的通力合作。建议加强企业与学界、科研机构的深度融合，推动游戏领域相关科技创新从实验室成果向市场产品转化，形成科研与应用的良性循环，以更好地适应以技术发展为根基、以用户需求为导向的游戏市场及其快速迭代趋势。

（二）企业层面

一是寻找文化共性，从政治、市场、法律等多方面做好本地化。各国文化有差异也有共性，以共性为切入点让国外玩家接受游戏内容和设定，才有机会通过游戏传递中国文化。企业应考虑外国用户的文化需求，再适当加入中国文化符号、价值观念，以"全球和当地元素，中国表达"来展现中国文化特色。此外，还要加强对目标国家或地区的政治、市场、法律等环境的充分调研，尊重当地的政治、市场、法律等环境，以合法、合规的方式开展本地化运营，避免因此产生的风险和损失。

二是充分挖掘中华优秀传统文化。游戏产业竞争的实质仍是"内容为王"，实践证明源自中华优秀传统文化的游戏元素、音乐、人物、故事、价值观等，同样能受到全球玩家的喜爱。典型如《原神》中"璃月港"对应着的是中国文化区，从游戏场景（建筑、风景、音乐等）到人物设计（肖像、服饰等）等环节融入了大量中国元素；春节期间《PUBG MOBILE》的玩家可以通过参与特别活动获得具有中国特色的游戏道具……这些设计和活动受到国外玩家的喜爱，在海外社交平台上引发热烈讨论。可见，游戏出海企业应深挖中华传统文化内核，坚守精品化发展，深耕中国特色内容，才能在国际市场上获得更广阔的生存空间。

三是加大核心科技和硬件标准的研发投入。游戏业务的拓展有赖于技术的革新，为不错失"下一个风口"，让企业保持核心竞争力，游戏企业应该主动参与国际科技交流，加大对新一代核心科技和硬件标准的研发和投入。具体而言，硬件方面，游戏对计算密度需求较高，需要CPU（中央处理器）、GPU（图形处理器）向更高算力和效率迭代，芯片向高运算、低延迟方向革新；游戏对沉浸式体验的追求，还有赖于虚拟现实设备的研发和向消费级产品的转化。软件方面，游戏则对人工智能、3D制作、引擎和云渲染技术具有高要求。只有掌握核心科技和硬件标准，企业才能维持核心竞争力，在游戏出海进程中把握主动权。

专题四

网络内容治理与数据治理

在技术驱动下，内容产业的新变化促进了网络空间的繁荣发展。经济上，迅猛增长的互联网内容产业对国民经济展现出提振作用；从政治和文化维度看，互联网孕育的内容、符号、价值观及社会关系与现实社会的联结愈发加深，作为结构性和制度性要素的一部分与社会处于双向复杂演化之中。同时，网络内容也表现出其不可回避的阴暗面：虚假信息、低俗不良内容泛滥，泥沙俱下的网络内容极大地危害了舆论生态和文化风气。党的十八大以来，网络内容治理的战略高度不断提升，逐渐成为网络综合治理体系、"推进国家治理体系和治理能力现代化"这一重大命题的关键组成部分。党的十九大提出："加强互联网内容建设，建立网络综合治理体系，营造清朗的网络空间[①]。" 2019年12月发布的、于2020年3月开始正式实施的《网络信息内容生态治理规定》用生态化理念定义网络内容治理："政府、企业、社会、网民等主体，以培育和践行社会主义核心价值观为根本，以网络信息内容为主要治理对象，以建立健全网络综合治理体系、营造清朗的网络空间、建设良好的网络生态为目标，开展的弘扬正能量、处置违法和不良信息等相关活动[②]。"这是第一次针对互联网内容治理颁布系统全面的部门规章，标志着

[①] 新华社. 决胜全面建成小康社会 夺取新时代中国特色社会主义伟大胜利——在中国共产党第十九次全国代表大会上的报告[EB/OL]. (2017-10-27)[2022-04-26]. http://www.xinhuanet.com/politics/19cpcnc/2017-10/27/c_1121867529.htm.

[②] 国家互联网信息办公室.网络信息内容生态治理规定[EB/OL].中国网信网, (2019-12-20)[2022-04-26]. http://www.cac.gov.cn/2019-12/20/c_1578375159509309.htm.

互联网内容治理跨越了新的节点、进入生态化治理的新阶段。

2021年，网络内容治理作为我国互联网治理和国家治理的重要组成部分，依旧是国家治理领域的热点话题。为了贯彻落实《网络信息内容生态治理规定》，中央网信办、公安部、国家广播电视总局等部门或单独、或联合地针对网络生态环境开展了集中整治行动，如网信办牵头开展的2021年网络"清朗"系列专项行动、全国"扫黄打非"办公室组织的"新风2021"集中行动等。行动主要涉及以下核心任务——整治网上历史虚无主义、整治春节网络环境、打击网络水军、流量造假、黑公关、算法滥用行为治理、整治未成年人网络环境、整治网上文娱及热点排行等乱象、规范网络账号运营、整治PUSH弹窗突出问题等。这些行动取得了突出的效果，一些重要社交平台，如豆瓣、新浪微博被约谈并要求整改，大量违规账号和信息被依法处置。网络平台被视为网络内容治理的重要抓手。

本专题论文关注美国社交平台内容治理的现状与问题，总结出中美两国普遍存在的三角角力与公私对列的矛盾和困境，以美国的实际案例为参照，为中国网络平台内容治理建言献策。同时，针对2021年"清朗行动"中涉及的"饭圈乱象"和历史虚无主义，本专题特别关注饭圈治理和自媒体"大V"的军史传播，通过具体案例考察这两类内容的传播特征和治理难点，并从技术手段、法律规范、社会培育等方面提出了治理措施。

大数据、云计算、人工智能、物联网等新信息技术的推动和数据驱动的智能应用的同样带来了数据生产、使用与开发的权责问题。2020年4月9日，《中共中央　国务院关于构建更加完善的要素市场化配置体制机制的意见》中提出要加快培育数据要素市场，根据数据性质完善产权性质。企业产生的商业信息数据作为最具市场性的一种数据类型，其经济价值更为突出。市场的竞争性使得不同的企业、组织对21世纪的"石油能源"——数据展开了争夺。网络平台的民营企业的私有制属性与作为社会基础性设施的公共性之间存在着明显的双重属性，在"公""私"的对峙和博弈中，利益失衡、秩序失范的情况屡屡出现，亟需平衡好数据权属的私有性与开放共享的发展需求。2021年6月通过的《中华人民共和国数据安全法》主要目的就是保障数据安全，促进数据开发利用，保护公民、组织的合法权益，维护国家主权、安全和发展利益。对平台使用数据具有法律规范作用。网络内容治理不再局限于传统意义上的"内容层"，而是深入到数据层面，对以数据为中心的平台发展、数字经济秩序进行规范和调整。

  本专题中的两篇论文一篇从学理角度分析平台数据的公私属性，为数据确权提供法学和传播学角度的思考。另一篇则聚焦后疫情时代防疫工具健康码的使用，考察数据的原始生产主体用户对于数据被第三方使用的得失感知如何影响对健康码的接受程度，并对平台在重大公共健康事件中的数据攫取与权力制衡问题提供了实证方面的经验证据。

三角角力与公私对列：
美国社交平台内容治理研究

【摘　要】社交平台的兴起带来的网络内容治理成了数字平台环境下一个棘手的问题，以企业为代表的私人部门凭借着技术和资本的优势，在社会公共问题上的权力越来越大，甚至可以一定程度地左右公共事件的讨论和决策。社交平台的治理问题涉及国家（政府）、平台、用户等多主体之间的互动关系，呈现出复杂的博弈局面。本文以美国政府与社交平台之间的争端为例，研究美国社交平台内容治理的现状，从相关规定的制定与执行中发现治理存在公权力私有化、政府与平台公私对抗、三角关系冲突等问题。结合美国经验，本文从政府、平台、用户的角度对中国的社交平台内容治理提出对策和建议。

【关键词】美国社交平台　平台治理　私权力

社交平台的兴起改变了信息的传播环境。社交平台不但能发挥媒体的内容功能，组织内容的社会化生产，而且拥有强大的技术、庞大的用户群和将不同群体相连接的能力，引发了各种社会资源连接和分配方式的结构和制度性的变革。与之相伴的，社交平台上假新闻、仇恨言论、淫秽色情、侮辱诽谤、恐怖主义等有害内容也频繁出现，并威胁到现实社会中的国家安全和个人权益。从信息资源的角度看，社交平台上的内容以数字化的形式被生产、记录和传播，从中也可以提炼出一些具有信息和情报属性的内容，严加限制可能会阻碍思想创新、经济发展和社会进步。如何在自由与秩序、安全与发展之间寻求平衡，成了平台数字环境下一个棘手的问题。

2021年1月，在美国国会大厦被特朗普的支持者暴力闯入并引发巨大骚乱后，Twitter（推特）和Facebook（脸书）相继宣布关闭或暂停特朗普的社交账号。Google

(谷歌)、Apple（苹果）也以存在大量"煽动暴力"的内容为由陆续在应用商店下架了特朗普支持者聚集的小众社交平台Parler。Amazon（亚马逊）则宣布因为Parler没有有效处理暴力内容，停止为其提供网络服务。特朗普及其支持者一时之间在网络上面临着"销声匿迹"的境地。具有垄断性质的超级平台、科技巨头是否夺取了数字时代言论的控制权成了一个不可回避的问题。

与单纯依靠国家（政府）规制（regulation）的传统媒体时代不同，以企业为代表的私有企业凭借着技术和资本的优势，在新闻出版和言论自由等公共问题上的权力越来越大，社交平台的相关问题涉及国家（政府）、平台、用户等多主体之间的互动关系。此外，由于互联网的无边界性，互联网内容领域的监管问题不再限于国界之内，成为全球化背景下的公共议题。传统的理论和实践并不能适应发展现状。一些学者用治理（governance）来描述这种有竞争关系的多主体共同施加权力，协商合作，应对处理公共事务的持续过程[1][2]。本文沿用已有学术研究的使用习惯[3][4]，描述政府对网络内容的一些限制性、强制性行为时用"规制"、"监管"（regulation），而在描述社交平台作为企业的自我管理（self-regulation）行为及不同主体共同参与的互动行为时，则用"治理"（governance）。

作为当今世界互联网领域最为发达的国家，美国在网络空间的内容层也占有绝对优势。知名社交平台，诸如Facebook、Instagram、Twitter（推特）等具有庞大的跨国别的国际用户群，美国社交平台的内容治理受到国际瞩目，甚至会影响国际舆论环境。本文在回顾内容治理相关研究的基础上，分析美国社交平台内容治理现状和特征，从中窥探社交平台治理面临的共性困境，进而对中国的社交平台内容治理提出对策和建议。

---

[1] 夏锦文. 共建共治共享的社会治理格局：理论构建与实践探索[J]. 江苏社会科学，2018(03):53-62.
[2] Laurence J. O'Toole Jr. Kenneth J. Meier. 新公共治理下的执行和网络化管理. 选 Stephen P. Osborne. 新公共治理？公共治理理论和实践方面的新观点[M]. 北京：科学出版社，2017:305.
[3] Balkin J M. Free Speech is a Triangle[J]. Columbia Law Review, 2018(118):2011-2056.
[4] Klonick K. The New Governors: The People, Rules, and Processes Governing Online Speech[J]. Harvard Law Review, 2018(131):1598-1670.

一、网络内容治理的相关研究

2005年在信息社会世界峰会上正式出台了《突尼斯信息社会议程》，其中明确了互联网治理对象及目的是为了解决域名限制、网络犯罪、垃圾邮件、信息使用自由、互联网恐怖主义、网络安全、个人数据和信息隐私、数字鸿沟等问题[①]。在这些领域中，个人数据和信息隐私等与"网络内容"相关。本文所说的"网络内容治理"主要是对互联网空间中偏向社会文化层面的信息对象，既包括文字、图片、视频等数据内容对象，也包括整体的内容生态环境进行治理。

在治理主体方面，国内外研究都开始关注和强调多元主体的力量。"治理"的主体越来越多地指向政府及市场、社会组织、民众等非政府的力量。在新媒体环境下，有学者认为应当将用户看作主动的公民社会（civil society）的行动者，让他们参与到媒体治理的过程中，将分散的、具有不同属性的用户纳入正式或者非正式组织中，这也是帮助他们在公共领域表达自己、参与政治过程、达致民主社会的途径[②]。一些国内研究者也认为，面对新的社会情况，提高治理效率、推动治理现代化绝不是单个"主体"通过"管理""监管"的思路来展开工作，而是多个治理主体，比如政府、企业、行业组织、网民等参与到具体治理领域中来[③]。这也是国家政权进行自我调适和扩大政治参与的有效途径。

而在互联网内容治理模式方面，目前的主流思路多是协调多方主体力量，尤其是"政府"主体和"非政府"主体之间的协作，有效利用各个供给主体的功能优势和资源条件，为社会公众提供整体性、无缝隙的公共服务。比如多利益攸关方模式就认为互联网治理是政府、私营企业、公民社会通过发展和应用共同的原则、规范、准则、决策程序和计划来影响互联网发展和使用[④]。多利益攸关方模式

[①] World Summit on the Information Society. Tunis Agenda for the Information society[EB/OL]. (2005-11-18) [2020-01-15]. http://www.itu.int/net/wsis/docs2/tunis/off/6rev1.html.

[②] Uwe Hasebrink. Giving the Audience a Voice: The Role of Research in Making Media Regulation More Responsive to the Needs of the Audience[J]. Journal of Information Policy. 2011(1):321-336.

[③] 谢新洲，朱垚颖．网络内容治理发展态势与应对策略研究[J]．新闻与写作，2020(04):76-82.

[④] Governance, W. G. on I. Report of the Working Group on Internet Governance, 2005(June), 1–24. Retrieved from www.wgig.org，转引自：钱忆亲，陈昌凤，袁烨，戴佳．互联网治理：一种综合路径的探索[J]．全球传媒学刊，2017, 4(02):4-31.

中的"协同"更多地体现在对政策的商讨和审议上。修正过的多利益攸关方模式主张根据主体类型的不同和主体之间的权威关系确定一种多层次的模式，比如分化出的政权代理形式就是政府委托私营企业来进行网络监管、内容审查、阻止违法信息等[1]。总体而言，协同治理有助于促进资源流动、调和不同主体关系及解决责任认定的难题，在对话、协商、博弈中，最终达致公共价值。协同治理的关键则在于，提供制度化的沟通渠道和参与平台，将不同主体整合进一定的结构安排中，包含纵向和横向的网络结构，便于交换信息、表达诉求、调整战略和集体行动[2]。

目前，专门针对美国网络内容治理的研究还较少，已有的研究多从美国整体网络空间政策角度研究内容治理，比如有学者梳理了奥巴马和特朗普时期美国政府网络空间政策后发现，特朗普时期对网络信息自由和互联网公司的限制变得较为强硬[3]。还有一些研究聚焦政府主体下的监管行为，认为美国政府在信息监管方面注重自由和安全的平衡，监管标准层次细致，行政管理架构清晰，尤其在特朗普执政后，高度重视美国所面临的网络安全威胁，要求企业主动配合政府工作，强化了政府的主导地位[4]。

二、美国社交平台内容治理模式探讨

已有的对美国政府网络内容规制的研究多以"9·11"事件为节点。2001年9月11日，在小布什政府统治时期，恐怖分子以互联网为联络工具，策划了震惊世界的撞击纽约世贸中心和华盛顿五角大楼的恐怖袭击事件，在为美国带来巨大的人员伤亡和经济损失的同时也引发了美国对网络信息安全的强化和控制。其中最具有标志性的措施是颁布了《爱国者法案》《联邦信息安全管理法》《国土安全法》等一系列旨在增强政府干预能力、维护网络安全、打击恐怖主义的法律文件。此后的奥巴马政府高度重视网络安全，对外在国际网络空间领域

---

[1] 劳拉·德拉迪斯. 互联网治理全球博弈[M]. 北京：中国人民大学出版社，2014/2017:15, 转引自：刘锐，徐敬宏. 网络视频直播的共同治理：基于政策网络分析的视角[J]. 国际新闻界，2018, 40(12):32-49.
[2] 谢新洲，宋琢. 构建网络内容治理主体协同机制的作用与优化路径[J]. 新闻与写作，2021(01):71-81.
[3] 任政. 美国政府网络空间政策：从奥巴马到特朗普[J]. 国际研究参考，2019(01):7-16+57.
[4] 刘恩东. 美国网络内容监管与治理的政策体系[J]. 治理研究，2019, 35(03):102-111.

进行扩张，维护美国的霸主地位，倡导多利益相关方治理模式；对内则继续强调对"言论和结社自由、珍视个人隐私和信息的自由流动"等原则的重视，推动公共和私营部门的协作①。

特朗普上台后继承了奥巴马政府重视网络安全的做法，也更注重国家利益，强调"美国优先"。特朗普政府 2018 年 9 月 20 日颁布的首份《国家网络战略》可以视作对美国网络政策的整体规划与实施纲要②。本文着重关注特朗普上台后颁布和实行的关于社交平台内容规制的一系列政策，从政府和平台的角度阐述美国社交平台内容治理现状。

（一）规制理念：网络自由中强化政府的主导作用

作为当今世界上互联网领域最为发达的国家，美国在网络内容治理方面实行的是政府指导下的行业自律、多元共治模式。与长久以来的自由主义倾向相契合，美国在这方面也秉持着政府不直接干预，或者少干预的原则。

一方面，特朗普政府将经济繁荣作为国家利益的核心，数字经济则是重要的经济增长点，以技术创新为驱动，释放高新技术的活性，完善知识产权保护体系，维护美国的利益。2018 年出台的《国防部网络战略》中也指出"美国的繁荣、自由及安全有赖于公开且可靠的信息获取。网络使我们能够更多获得新的知识、商业机会及各种服务，使我们更加强大，也令我们的生活更加丰富③。"

另一方面，特朗普也在一贯的"网络自由"理念中强化政府的主导作用。2017 年 12 月，特朗普公布了任内的首份《国家安全战略报告》，其中提出"信息治国战略"（information statecraft），认为媒体、互联网公司等私营部门应当承担责任，

---

① US White House. International Strategy for Cyberspace: Prosperity, Security and Openness in a Networked World[EB/OL]. (2011-05)[2021-01-15]. https://obamawhitehouse.archives.gov/sites/default/files/rss_viewer/international_strategy_for_cyberspace.pdf

② 人民网. 美 15 年来首份网络战略出炉[EB/OL]. (2018-09-28)[2021-01-15]. http://military.people.com.cn/n1/2018/0928/c1011-30318360.html

③ The U.S Department of Defense. Department of Defense Cyber Strategy[EB/OL]. (2018-09-28)[2021-01-15]. https://media.defense.gov/2018/Sep/18/2002041658/-1/-1/1/CYBER_STRATEGY_SUMMARY_FINAL.pdf

促进公民价值观的形成，抵御有害信息的传播[①]。这表明网络自由不代表信息的无限制传播。2018年6月，特朗普废止了2010年奥巴马时期通过的《开放互联网法令》（Open Internet Order），这也是"网络中立"原则的法律基础。"网络中立"原则要求互联网中的信息应对一切内容、站点和平台保持中立，避免提供互联网接入服务的网络运营商在应用层和内容层施加影响，保护网民平等访问互联网、自由发表言论的权利。在奥巴马政府2015年通过的"网络中立化"提案中提出了三个"禁止"：禁止封锁、屏蔽；禁止流量干预；禁止以付费名义给予某些网站优待。废止该法令则意味着运营商可以在利益的驱动和政府的监管下控制网络中不同信息的可见性和流动速度，变为一种"变相审查"。对"国家安全"的过分强调造成了滥用，安全部门可以以"反恐""维护国家安全"的名义不经法院同意监控互联网通信内容，任何侵犯个人权利的管控措施都可以贴上此类标签，甚至窃取他国情报、干预外国互联网运行、制造贸易壁垒等行为也可被纳入"防范威胁"的范围。这表明美国政府不断收紧对网络空间的控制，维护其在互联网领域的战略优势。

从话语建构和权力争夺的角度看，"互联网自由"作为美国政府在互联网领域标榜的理念，虽然并不存在于真实的实践之中，但被美国政府视为美国核心价值观在新领域的彰显，并努力推动其成为普适化、全球化的准则，甚至以此为标准抨击、干预他国的网络内容监管。这也是美国按照自己的意志建构网络空间的国际秩序，试图脱离传统主权概念的束缚，在互联网领域争夺霸权的话语手段之一。

（二）组织架构：立法、行政和司法体系的协同共治

在组织架构方面，与美国"三权分立"的政治体制相呼应，互联网规制也离不开立法、行政和司法三个体系的协同共治。立法方面，国会作为联邦最高立法机构，主要颁布和审议互联网规制的相关法案。司法机关则负责具体案件的审判，对法律条文进行阐释和演绎。行政方面，特朗普政府为实施网络战略，在联邦层

[①] US White House. National security strategy[EB/OL]. (2017-12-18)[2021-01-15]. https://trumpwhitehouse.archives.gov/wp-content/uploads/2017/12/NSS-Final-12-18-2017-0905.pdf

面形成了"1+4+2"的政策执行框架，白宫作为统领，国防部、国土安全部、国务院和国家情报总监办公室履行核心职能，财政部和司法部负责提供政策工具[①]。此外，商务部、能源部等部门也在特朗普政府划定的与政府网络与基础设施网络安全相关的涉网部门之列。

具体到互联网内容规制，由美国国会授权创立的联邦通信委员会（Federal Communications Commission，简称 FCC）则是主要机构。FCC 直接对国会负责，具备立法、行政和司法三方面的职能，但也受联邦司法系统的监督。它负责统筹美国的通信产业，包括广播电视、有线电视、国内和国际电话、固定电话和移动电话的通信行业及卫星行业、互联网行业等，保护媒介的表达自由，规范市场行为，监管网络内容。主要手段则包括界定网络内容违法标准、划分内容等级、发布年度报告、监测违法行为、受理举报投诉等。

（三）规制手段：法律与技术并行

法律与技术是美国政府监管与规制网络内容的主要手段。美国是世界上最早对互联网领域进行立法监管的国家之一，也是相关法律最多的国家。自 20 世纪 70 年代颁布的《联邦计算机系统保护法》将计算机系统列入法律监管与保护范围以来，后续的《电子通信隐私法》《电信法》《爱国者法案》等法律中均有涉互联网内容规制的相关条例。美国并没有专门的法律来规范网络内容管理，而是散见于众多条文中，并通过判例的形式在实践中逐渐明晰一些模糊的观念。

在这一系列的法律条文中，有两条较为重要的，涉及言论自由的，用以规范政府和个人、政府和平台的关系的条文。一是宪法第一修正案。美国于1789年通过的宪法第一修正案明确规定"国会不得制定任何法律……剥夺言论自由和出版自由。"这一原则被美国视作"新闻自由"的根基，在后续各种判例的演绎和完善中发展出了言论自由的信仰体系。任何针对网络言论的监管与限制都要在宪法第一修正案的框架下进行。互联网，尤其是社交平台的出现拓宽了媒体的边界，用户在社交平台上发布内容也被视作个人表达的一种形式，是个人参与公共生活的

[①] 汪晓风. "美国优先"与特朗普政府网络战略的重构[J]. 复旦学报（社会科学版），2019, 61(04):179-188.

重要途径，对其约束时也可适用这一原则。而对这一原则的追溯与应用也为美国互联网内容规制中的行业自律、言论自由等原则提供了历史化的语境。比如奥巴马政府时期，国务卿希拉里任命的创新官罗斯就认为"互联网自由"是美国前总统杰弗逊和富兰克林提出的"四种自由"之外的第五种自由，政府不应予以过多地干预。二是《通信规范法案》（Communication Decency Act，简称 CDA）第 230 条对"Internet Intermediaries"（网络中介，在这里被宽泛地定义为网络中的中介主体，包括服务提供商、主机供应商、网站、社交媒体、搜索引擎等，下简称 230 条款）赋予的特殊豁免权，即"交互式计算机服务"的提供者不被视作出版商（Publisher），免于承担由用户发布的内容所引起的法律责任。只要平台所有者不参与违规内容的创建，或者选择"善意地"删除内容，以限制对用户认为淫秽、暴力、骚扰或其他令人反感的内容的访问，无论这些内容是否受到宪法保护，都无须为用户在平台上发布的内容负责。这为社交平台提供了法律上的庇护，初衷是督促社交平台出于维护公共利益的目的积极地监管有害内容，给予其一定的"自我治理"的空间，不必因为担心政府审查而采取严格的限制措施，进而侵犯用户言论自由的权利[1]。近年来，伴随着网络犯罪的猖獗，国会有意收紧对社交媒体的管控，削弱"230 条款"给予的豁免权。2018 年 4 月生效的一项新法律就限制了故意托管第三方内容，以促成卖淫和性交易的在线服务提供商的豁免权[2]。

技术手段则有分级系统、过滤/屏蔽系统、监控技术等。使用技术手段的主要目的是，对网络上可能出现的危害美国国家安全、侵犯个人权利的内容进行甄别和处理，一方面保护网民免受内容的侵害，另一方面增强美国对虚拟空间的管理能力，打击网络恐怖主义等网络犯罪。

总之，美国政府提供法律和技术保障，制定的法律法规在实际判罚中会参照具体情况，如是否会对社会造成实质性危害等。在美国法律中，政府对网络内容及言论自由监管的标准和限度通过一些法律原则体现，比如"明显且即刻危险"原则、逐案权衡原则、事后限制原则和表达内容中立原则等，还将言论分为政治

---

[1] Stuart, Allyson, Haynes. Social Media, Manipulation, and Violence[J]. South Carolina Journal of International Law and Business, 2019, 15(2):100-132.

[2] Stuart, Allyson, Haynes. Social Media, Manipulation, and Violence[J]. South Carolina Journal of International Law and Business, 2019, 15(2):100-132.

性、商业性和不受保护的言论三类,每类言论受法律保护的界限不同。

(四)执行实施:对社交平台施以外部压力

在执行实施中,美国不得不引入社交平台这一主体。依靠着技术和资本的优势,社交平台在涉及新闻出版和言论自由等网络内容治理问题上的权力趋于扩张。平台的"自我治理"成为一项可能影响舆论走向和现实行为的公共过程。而且由于美国独特的政治体制和文化氛围,平台高举"言论自由"旗帜,受到相关法律条文的庇护。政府难以直接介入,主要以行政令等方式对其施加外部压力,敦促平台完善治理手段。本部分以推特[①]为例,考察其如何在政府的干预下实施内容治理。

首先,在规则制定方面,推特声称对用户内容的保护与治理基于美国人权法案和欧洲人权公约。规则制定多以社区指南(Community Guidelines)的形式出现,指平台开发管理用户行为的规则(服务条款和条件),这些文件对不同主体的权利和责任进行了分配,明确用户在平台上可以做的和不可以做的行为,以及违反规则时面临的后果,是对用户的教育和约束。最新版本的推特规则中的限制性内容以维护安全、隐私、信息真实性为目的。规则中针对每一项限制的内容都标明了适用情境、例外情况、用户举报方式及违反规则可能导致的后果。比如在特朗普2020年5月份违反的"禁止合成和操纵媒体"这一项说明中,就明确规定用户不能欺骗性地合成或操纵媒体,推特会根据具体情况给包含合成和操纵媒体的推文贴上标签或直接移除,帮助人们理解其真实性,提供额外的上下文。

其次,推特的规则执行包括将推特上的某些内容标记为有问题的,决定内容是否违反条款和条件,以及应采取什么行动等,是对成文规则的落实。根据工作驱动力,又可以分为内部的日常工作流程和外部机构压力。内部的日常工作流程指推特通过机器算法和人工审查的方式对平台上不符合规则的内容做出贴标签、屏蔽、删除等决定,对违反规则的用户施以警告、暂停、封号等处罚。推特针对每条推文都为用户提供了举报工具,用户可以将这条推文标记为有问题的,理由

---

① 后文中所有对推特规则的描述:https://help.twitter.com/en

是违反了上文提到的推特规则中的某条规定。推特举报页面的一级目录里的理由包括"不感兴趣""欺骗性或垃圾内容""侮辱或伤害性内容""表达了自我伤害或自杀倾向",每一项则包含更具体的二级目录以帮助用户进一步将内容存在的问题精确分类。平台收到标记后即会根据情况对内容做出处理。推特几乎完全依赖用户举报作为审查和删除不当内容的触发因素,而某些社交平台则会采取主动审查和用户举报相结合的方式,比如脸书(Facebook)。对用户举报内容做出处理的人工审查员通常是公司的底层员工,他们使用内部的操作手册,结合自己的认知和以往的经验,对收到的海量信息快速做出决策。这一过程是不透明的,并且伴随着对效率的要求,由于推特上的信息过于庞杂,一些决策必须在几秒之内完成[①]。

政府审查主要作为一种外部机构压力作用于推特的规则执行。政府会以维护国家安全、公民权利和公共利益的名义,要求删除推特上的某些内容,或者获取特定账号的隐私信息。执法机关并不能够直接封禁或者限制推特上的内容,而是采用授权审查的方式将这一权力委托给了推特等私有企业。推特从2012年起每年都会发布Transparency Report(透明度报告),向公众报告收到的来自各类机构的请求及执行情况。数据表明,推特收到的外界压力主要来自各个国家的法院、政府机关、执法部门、非政府组织等,推特并不会同意每条请求,存在很大比例地拒绝服从命令的情况。推特发布的2020年透明度报告表明,本年度推特共收到来自53个国家的42220条法律请求,要求删除85375个账号上的内容,这是从2012年发布透明度报告以来数量最多的一次。推特的服从比例大约为31.2%[②]。

最后,在改进反馈阶段,推特会收集内部团队及信任与安全委员会(Trust & Safety Council)的反馈,作为政策语言更新的参照,以适应全球不同的文化和社会背景。除此以外,外界的一些压力也会促使推特修改规则,比如政府压力、社会舆论、学术机构、公民组织等。

[①] Klonick K . The New Governors: The People, Rules, and Processes Governing Online Speech[J]. Harvard Law Review, 2018(131):1598-1670.

[②] https://transparency.twitter.com/en/reports/removal-requests.html#2020-jan-jun

三、美国社交平台内容治理存在的问题

结合上文的分析,可以发现,美国已经建构了对社交平台的较为完整的治理体系,传统媒体时代对内容进行规制的"政府—个人"的二元分析框架不再适用于全新的数字环境下政府、平台、用户三者之间的关系,后者表现出一定的张力,必须将这三者的关系予以深入剖析。

(一)"私"平台的公共性与"公"权力的私有化

社交平台的技术属性将大众传播与人际交流的特点结合了起来,信息的流动既可能是面对明确或潜在受众的"广播",也可能是内嵌于社会关系和社会网络中,携带了丰富社会标识和信号的私人谈话。这一特征模糊了人际交流与公共表达的界限,公私领域在社交平台环境中日益交叠。伴随着信息交互、公共表达、用户社会化生产等特征加剧,社交平台逐渐成为意见和言论的"集散地",甚至成为一些重大公共事件的发源地和公共议题的辩论场,公共性和政治性日益凸显。互联网平台虽然由私人公司设立并经营,却由用户创造内容、吸引流量,并形成垄断地位,这类私人企业因此具有了某种公共属性[①]。

私有企业成了"公共论坛"的所有者,凭借技术和资源优势在缺乏监督的情况下对不同主体发布的内容进行审查和监管,行使议程设置和内容把关的职能,进而对公共舆论的走向产生影响。作为私主体,其获得的权力并不来源于人民赋权,而是以管理、监督、支配其他私主体的形式,将公共内容治理的公权力私有化。

平台私权力的正当性来源于以服务条款、用户许可协议等形式出现的平台和用户之间签订的"合同"和"协议"。虽然从法律层面来看,社交平台基于用户条款获得的是一种契约性"权利",但赋予的却是管理用户的"权力"[②],体现在数

---

① 高薇. 互联网时代的公共承运人规制[J]. 政法论坛, 2016, 34(04):86-98.
② 张小强. 互联网的网络化治理:用户权利的契约化与网络中介私权力依赖[J]. 新闻与传播研究, 2018, 25(07):87-108+128.

据捕获和算法规则两方面。首先，用户在接入平台的那一刻起就无偿向其提供个人数据作为商用。推特在服务条款中明确写明，用户的基本账号信息、公开信息、联系方式和地址、地理位置、支付信息、浏览记录等都会被平台收集并提供给广告主和一些第三方机构。通过 Application Programming Interface(API，即应用程序接口)，外部网站和应用可以对处理过的结构化的数据进行访问和编程，数据的传送将不同功能的网站、应用链接起来，在统一的数据格式之上运行，转化为大平台下彼此依存、相互协作的子平台，渗透进用户生活的基础领域及公共服务领域。用户的个人数据被"俘获"，被迫"格式化"，迁移成本增高，对平台产生依赖，以"寄居者"的身份附着在平台之上。

其次，在算法规则方面，"互联网的基本通信协议、过滤软件、加密程序等技术构造决定了信息如何在互联网上被传播[1]。"虽然社交平台本身是开放的，用户参与的门槛较低，但是平台在打通信息传播各环节的同时也制定了信息生产、过滤和分发的规则，掌握了信息组织和呈现的权力，规制信息流，干预了内容的公共性。平台操纵内容的可见性来施加权力，用户看到什么内容、内容如何排布在很大程度上取决于平台编制的算法。平台还能处置裁决用户间的争议，对违反规则的内容和用户施以惩罚，甚至可以单方面以"封禁"的形式将用户驱逐出平台。一方面，以推特为代表的社交平台对限制性内容的规定一直以来面临着过于模糊的批评[2]；另一方面，举报机制虽然为用户提供了参与内容治理的途径，看似是在双方都认可、维护的价值观下进行共同治理，但用户举报、平台处理、用户反馈的整个流程是个人化、非公开的，用户只能将自己反感的内容按照平台设定好的条目加以分类，不能够表达为什么反感及更深层次的感受，用户之间也缺乏联结和沟通。用户只知道他们的举报被添加到了一个等待处理的队列中，可能由人工审查员或者机器算法，又或者两者的结合来裁决，但并不知道为什么会收到这样的结果，平台规则中的一些模糊之处在具体情境下又是如何操作的。以内容调节（Content Moderation）的名义，平台有权删除在它的规则界定下危害公共安全、侵

---

[1] 薛虹. 论电子商务第三方交易平台——权力、责任和问责三重奏[J]. 上海师范大学学报(哲学社会科学版), 2014, 43(05):39-46.

[2] Aswad, E. The Future of Freedom of Expression Online[J]. Duke Law & Technology Review, 2018(17): 26-70.

犯个人权利的不当内容，行内容审查之实。平台构建的私人秩序具有权力不对等的特征，删除内容、封禁账号的手段可能侵犯个人的言论自由权等受宪法保护的权利。

平台作为私有企业制定的针对平台用户的"法律"与真实的法律相比还存在较大的差距。首先是在制定方面，"平台与用户所缔结的协议是平等主体之间的民事协议，但用户却缺乏实质上的议价能力[①]。"平台的规则具有强制性，用户实际上并不具备协商的能力，"同意"也不一定代表用户的真实意志，而是其使用平台的必需条件。其次是平台"法律"在执行时并不遵循"正当程序"原则，存在不确定性，可能出现前后不一致的情况，大大削减了公正性。一些内容审查员在访谈中就表明，推文的转发量等指标会影响他们的判断，受欢迎的推文更有可能被保留，因为这符合公司吸引关注和攫取流量的利益[②]。推特曾经在以往的案例中给予特朗普一些"特权"，保留他的一些争议性推文，而普通用户发布类似内容则会被判为违规[③]。对于不满意、不合理的判决，用户申诉陈辩的机会也很有限。而在透明性方面，平台规则的执行过程也是非公开的，用户只能收到一个结果，而且由于人工审查员工作的特殊性，一些平台对其讳莫如深，推特高层甚至拒绝透露雇用的员工人数[④]。

集立法、执法、司法等功能于一体，社交平台发挥着类似美国国会、政府、法院等公权力机构的作用，但私有企业主体的身份又免除了它服务公共利益的责任和义务，逃离了宪法的限制和民主程序的控制[⑤]。掌握社交平台的大型互联网公司也极力将自己描述为一个科技公司，平台上出现的假新闻、血腥暴力、淫秽色情等内容仅仅是系统上的技术失误，平台拥有技术能力和法律权利来操

[①] 孔祥稳. 网络平台信息内容规制结构的公法反思[J]. 环球法律评论, 2020, 42(02):133-148.

[②] MacKenzie F. Common. Fear the Reaper: how content moderation rules are enforced on social media[J]. International Review of Law, Computers & Technology, 2020, 34(2):126-152.

[③] MacKenzie F. Common. Fear the Reaper: how content moderation rules are enforced on social media[J]. International Review of Law, Computers & Technology, 2020, 34(2):126-152.

[④] https://www.theguardian.com/media/2017/mar/14/face-off-mps-and-social-media-giants-online-hate-speech-facebook-twitter.

[⑤] Kim, N. S., & Telman, D. Internet giants as quasi-governmental actors and the limits of contarctual consent. Missouri Law Review, 2015, 80(3):723-770.

控系统，无需对用户承担道德或法律责任①②。平台试图将控制公共舆论和公共活动的行为"去政治化"为私有企业适应市场、改进管理模式的自我升级和调适，弱化公共属性。

（二）平台对用户的货币化与劳动剥削

推特在平台规则的开篇就写明："推特致力于服务公共对话。暴力、骚扰和其他类似行为会使人们失去表达自我的信心，并最终削弱全球公共对话的价值。我们的规则是为了确保所有人都能自由安全地参与公共对话。"作为内容服务商，社交平台有责任为用户营造良好的发言环境和交流氛围，否则用户可能因为使用感不佳而离开平台。出于企业社会责任感和企业形象的考量，则必须表现出对公共利益的关切，回应社会公众的需求，维持自我规制的合法性。推特等社交平台享有豁免权的前提也是基于 Good Samaritan 的设想，即认为这些平台会像好心的撒玛利亚人一样"乐于助人"，删除网上的侵犯性、危害性内容。

虽然类似推特的社交平台在规则中多次强调对公共价值的尊重，其治理行为一定程度上也维护了作为一个线上社区的可持续性。但"平台的兴趣不仅在于促进意见和观念在全球的传播，还在于建立一个数字环境，让用户可以自由地共享信息和数据，从而为商业网络和渠道提供信息和数据，特别是吸引来自广告的利润"③。正如脸书（Facebook）高层 Dave Willner 所说："Facebook 之所以能盈利，是因为当你把很多微不足道的互动加起来时，它突然间就价值数十亿美元④。"用户在平台上的浏览、分享、点赞等行为留下的数字痕迹和用户生产的内容被平台无偿占有，作为商品投入市场流通，维系和吸引流量，增加商业利润。平台依靠

---

① Creech B. Fake news and the discursive construction of technology companies' social power[J]. Media Culture & Society, 2020, 42(6):953-968.

② Suzor, N. Digital Constitutionalism: Using the Rule of Law to Evaluate the Legitimacy of Governance by Platforms[J]. Social Media + Society, 2018(6):1-11.

③ Tarleton Gillespie, 'Regulation of and by Platforms' in Jean Burgess, Alice E. Marwick and Thomas Poell (Eds), The SAGE Hand book of Social Media (Sage 2018), 254-78.

④ Klonick K. The New Governors: The People, Rules, and Processes Governing Online Speech[J]. Harvard Law Review, 2018(131):1598-1670.

扩张和"剥削"用户的数据和内容吸引广告主，留住用户的目的是依靠用户盈利，最终还是出于私利。当经济利益与社会效益产生冲突的时候，就可能出现一些商业性压制公共性的行为。这可能导致一些博眼球的商业性内容在审查中享受着更为宽松的标准。

更进一步地，平台还试图组织、塑造和主导用户的内容生产和文化劳动。一些平台用共享广告收入的形式与内容生产者开展合作，比如 YouTube 的"合伙人计划"（YPP，Youtube Partner Program），与一些有影响力的用户签约，用物质和流量资源激励用户积极地投入内容生产。这种做法将零散的、生产不稳定的、业余或职业的用户组织起来，将他们的创意性参与行为转化为可供剥削的"劳动"。用户并不知道自己生产的内容能创造多大的价值，因为流通和交换的过程都由平台掌控。每个用户相对于平台是可见的，然而用户对平台，尤其是平台的算法机制只有一些模糊的、朴素的感知。这给专业的内容生产者带来了巨大的风险，他们发现自己能否接触到受众取决于变化无常的算法，除非他们有能力与管理者进行谈判[①]。此外，平台和用户并不是正式的雇佣关系，用户缺乏基本的工资保障，用户的工作变为了零工经济的一部分。YPP 还造成了签约者与非签约者，签约者内部的结构化的不平等，平台会根据是否签约、粉丝量、受欢迎程度等因素分配流量和收入，广告主的需求和平台的奖惩机制反过来又塑造了用户的内容生产。

依靠基础设施、算法和协议，平台成了个人用户、新闻媒体、广告主等不同主体之间的中介，重新定义和结构化了主体之间的关系。平台作为"数字中介"，因为拥有垄断的分配权力而位于信息传播的中心，"再中心化"了"去中心化"技术特征的互联网，具有高度不可见性，"他们可能有意或以其他方式控制或限制新闻的获取，或影响其商业可行性……他们对数字世界中新闻的传播和货币化越来越重要"[②]。

[①] Caplan, R., & Gillespie, T. Tiered Governance and Demonetization: The Shifting Terms of Labor and Compensation in the Platform Economy[J]. Social Media + Society, 2020(4-6):1-13.

[②] Efrat Nechushtai. Could digital platforms capture the media through infrastructure?[J]. Journalism, 2018, 19(8): 1043-1058.

（三）平台和政府的对立：合作与冲突

互联网的兴起加速了社会系统的自主发展，公共领域逐渐从单一的国家政治系统转移到了专业性组织，特别是经济系统中的大型企业[①]。社交平台私权力的扩张使其在内容规制方面对政府在公共领域的主导地位形成了挑战，出现了一种"平行"治理的局面。政府对平台的私人治理的干预主要有两种措施：一是用行政命令加以干预，二是以更细致的方式形成外部压力，促使平台逐步实现有效的自我设限[②]。而在美国社交平台的案例中，第一种方式由于合法性不足往往使政府"左支右绌"，陷入"违宪危机"，因此更多使用的是第二种方式，即在不违宪的情况下对平台做出纠正，将自身的需求嵌入平台已有的规则体系中。两者关系在政治、技术、市场等要素塑造的社会动力机制中，在"去规制—再规制"的螺旋演进中，处于竞争、冲突、合作、协商的动态博弈中。

1. 合作：平台代政府行监控和审查之实

政府一方面因为技术劣势没有能力直接介入平台规制，另一方面以《通信规范法案》第230条为代表的法律限制了政府直接向平台施压干预言论自由的力度。为了维护"民主自由"的表象，掩盖数据监控和内容审查的本质，政府借由社交平台实行"代理审查"之实。对社交平台而言，政府频繁施加外部压力会带来一些不必要的麻烦，因此会选择与政府合作以寻求一个友好的、稳定的、可预测的经济发展环境。政府用直接规制、协议、非正式的"软办法"等手段哄骗、诱使或强迫私人平台所有者按自己的意愿行事，帮助政府监督和规范言论，领域则主要集中在未成年保护和保障国家安全领域[③④]。230法案赋予了平台"善意地"删除内容，无论这些内容是否受宪法保护的权利。换言之，平台有权删除的内容范

[①] 陆宇峰. 中国网络公共领域：功能、异化与规制[J]. 现代法学，2014, 36(04):25-34.
[②] 肖梦黎. 平台型企业的权力生成与规制选择研究[J]. 河北法学，2020, 38(10):73-87.
[③] Balkin, J. M. Free speech in the algorithmic society: Big data, private governance, and new school speech regulation[J]. U. C. Davis Law Review, 2018, 51(3), 1149-1210.
[④] 匡文波，杨春华. 走向合作规制：网络空间规制的进路[J]. 现代传播（中国传媒大学学报），2016, 38(02):10-16.

围比政府更广，对个人言论自由的限制也更大。政府希望由平台为他们阻绝那些不愿意看到的，但又无法"合宪禁止"的内容[1]。此外，互联网公司具有较强的技术能力，善于利用科技语言美化数据挖掘和监控的行为，将之包裹在为个人提高服务效率和产品质量的外衣下，降低了用户的敏感度和警惕性。平台企业在面对规制部门、媒体与公众时，提出了一个精心策划的叙述：将数据处理与"创新"联系起来，并把隐私和"创新"描述为对立面[2]。在数据监控和隐私侵犯这方面，平台也受到了一些法律法规的豁免和优待。《外国情报监视法》(Foreign Intelligence Surveillance Act) 在 2008 年的改革中规定，当企业违反与消费者签订的协议中的隐私条款，与政府共享信息时，可以免于违约索赔[3]。微妙的是，政府和平台在达成这种隐秘合作的同时，都不愿意承担侵犯言论自由的法律和道德层面的压力，会将责任部分地推卸给对方。脸书、推特等社交平台每年发布透明度报告的一个目的就是，向用户表明对于一些敏感内容的管制来自公权力。

2. 冲突：公权与私权的争夺

平台是市场主体，对于生产力的组织、生产要素的分配和流转具有重要影响，日益成为数字基础设施[4]。这一领域若政府完全退出交由市场调节，容易造成私人掌控者对广大公众的排斥、歧视和剥削，将用户置于附属地位[5]。

特朗普执政时期，社交平台上"假新闻"、侵犯用户隐私、非法利用个人数据等问题频发，平台自律的有效性受到了强烈质疑。特朗普政府在网络内容治理方面的地位愈加强势[6]。2019 年，美国参议院通过了《深度伪造报告法》，两党参议

---

[1] 张金玺. 美国网络中介者的诽谤责任与免责规范初探——以《通讯端正法》第 230 条及其司法适用为中心[J]. 新闻与传播研究，2015, 22(01):70-87+127-128.

[2] Julie E. Cohen. The Surveillance-innovation Complex: The Irony of the Participatory Turn[J]. Social Science Electronic Publishing, 2014, 207:218-222.

[3] Kim, N. S., & Telman, D. Internet giants as quasi-governmental actors and the limits of contarctual consent[J]. Missouri Law Review, 2015, 80(3), 723-770.

[4] 刘权. 网络平台的公共性及其实现——以电商平台的法律规制为视角[J]. 法学研究，2020, 42(02):42-56.

[5] Rahman K S . The New Utilities: Private Power, Social Infrastructure, and the Revival of the Public Utility Concept[J]. Social Science Electronic Publishing, 2017.

[6] 任政. 美国政府网络空间政策：从奥巴马到特朗普[J]. 国际研究参考，2019(01):7-16+57.

员提出了《过滤气泡透明度法案》等以应对社交媒体平台上的"假新闻""信息茧房"等问题[①]。美国政府有意地收紧网络内容管理政策，实则是对平台权力无限扩张、侵入公共生活领域的应对，也意味着在这一领域政府角色的回归。然而美国宪法主要限制的是国家行动者和组织，规定的是公共部门和私人部门的关系，第一修正案保护个人的言论自由权利时设想的最大威胁是以政府为代表的强大的公权力机构。当私人部门对私人部门施加权力时，则缺乏相应的法律约束。尤其是"230条款"法案偏重言论自由，给予了平台等网络中介非常宽松的豁免条件。政府对平台的规制缺少技术工具和法律遵循。如果用私法来规范平台和平台内主体的关系，则常常会忽略同样作为私主体的平台和用户之间的力量对比悬殊，传统民事领域的意思自治原则并不完全适用。

政府和平台之间的冲突从2020年5月开始爆发的特朗普与推特等社交平台的交锋中逐渐达到了高潮。美国时间 2020 年 5 月 26 日，美国总统特朗普的两则关于 2020 年总统选举的推文被社交媒体 Twitter（推特）贴上"事实核查"标签，认为这是虚假新闻并可能误导用户。这是推特首次对特朗普推文进行事实核查。特朗普回应称推特正在干预 2020 年总统大选。作为回击，2020 年 5 月 27 日，特朗普连连发推怒斥推特，威胁要"严格监管"社交媒体平台甚至"关停它们"，并于 5 月 28 日签署一项针对社交平台公司的总统行政令，该命令可能免除《通信规范法案》第 230 条给予社交平台的特殊豁免权，剥夺推特的"事实核查"能力。行政令是美国宪法赋予总统的行政特权，美国总统有权通过总统行政令来实现政策目标，但不允许越过法律的允许范围。特朗普的行政令点名批评以推特为代表的社交媒体控制了美国公共和私人通信，推动美国联邦通信委员会（FCC）针对《通信规范法案》的第 230 条做出新规则，方便起诉社交平台。这是对社交平台长久以来享有的豁免权的重要威胁。美国网民对其表现出巨大关注，因为这一权利的保留与否直接关系到平台自我实施内容治理的规则，关系到网民在平台上的行为如何被约束和塑造。

在 2020 年 5 月 27 日至 7 月 7 日期间，针对特朗普推文被贴事实核查标签这

---

① 戴丽娜. 2019 年全球网络空间内容治理动向分析[J]. 信息安全与通信保密，2020(01):22-26.

一话题，美国网民情绪倾向如图 1 所示①。

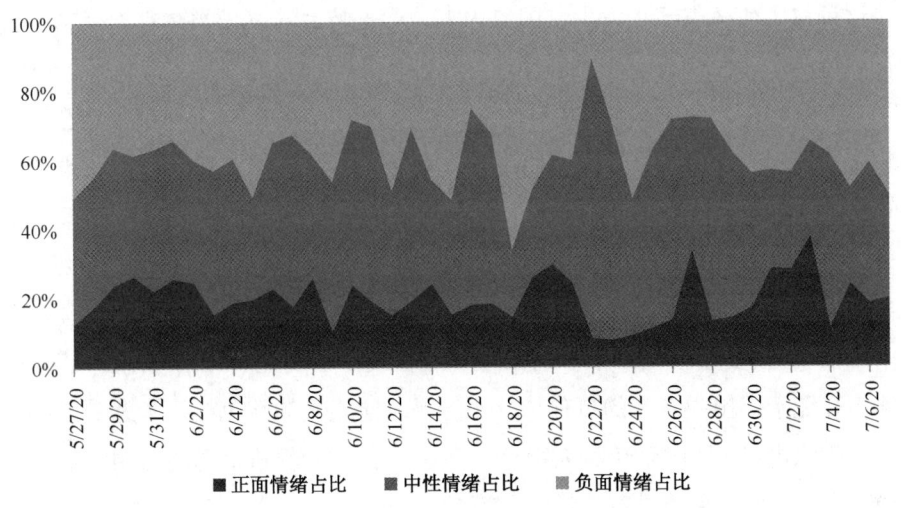

图 1　针对特朗普推文被事实核查话题，美国网民情绪倾向调查

数据表明，美国网民对这一话题的中性和负面情绪占了绝大比例。随着时间推移，这一状况并没有明显改变。一些转发量较高的推文表明了对推特的声援和对特朗普的不满，认为特朗普的发言的确有不当之处，推特有权对这些内容进行事实审查。相反，特朗普认为推特的措施违反了宪法第一修正案对言论自由的保护。此外，特朗普在美国新冠肺炎疫情期间的不作为也激起了一些人的愤怒，一条点赞超过 2 万的推文讽刺特朗普如果在面对疫情的时候也有签署行政令反击推特的工作效率，美国的死亡人数也不会达到 10 万人。也有一些声音表达了对推特权力过大的担忧，一条转发超过 2 万、点赞量超过 6 万的推文认为推特封禁账号、审查内容的行为侵犯了公民的合法权利。

2021 年 1 月社交平台、科技公司对特朗普的"封杀"与"围剿"，让这一矛盾愈演愈烈，也引发了国际社会对跨国企业权力膨胀的担忧。德国总理发言人表示，默克尔对特朗普推特账号被冻结的方式持保留态度，并补充称，应该由立法者（而非私营企业）决定针对"言论自由"的必要限制。欧盟外交政策负责人博雷尔（Josep Borrell）则认为欧洲需要更好地规范社交网络内容，但"言论自由"

---

① 以下数据来自 2020 年 5 月 27 日-7 月 7 日期间以"Trump""Twitter""fact-check"等为关键词搜集的推文。

方面的管理不能主要根据私人主体制定的规则和程序来执行①。

这种权力的争夺不止发生在国家内部，像推特、脸书一类具有国际影响力的平台获得的全球性权力也会冲击其他主权国家及其构成的国际治理体系。2019年8月，针对中国"香港地区示威事件"，推特、脸书、谷歌三大平台发布公告，宣布删除、查封一批来自中国内地的账号，因为这些账号有"官方背景"，涉嫌传播关于中国香港地区情势的"假新闻"，破坏中国香港地区示威的"合法性"。可见，如果对平台不加以监督，平台所有者的意识形态倾向甚至会扰乱国际公共秩序。

政府和平台的冲突体现了在平台数字环境下，原有的规制思路和治理模式逐渐"脱嵌"，主要原因在于平台的角色和地位发生了变化。"230条款"让平台等网络中介免于"出版者"的责任，几乎给予了无限制的豁免权，本意是鼓励平台善意地删除内容，同时避免私人审查和"寒蝉效应"，促进信息的自由流通和公民知识提升。然而平台通过算法设计和流量分配，实际上扮演了"出版者"的角色，对平台上传播的内容有编辑控制权，甚至可以主导内容生产，将其视为完全中立的"渠道"或"信息集散地"，显然是不合理的。而且，与传统媒体环境中的出版者，即报社、出版社、电视台不同，社交平台不断向公共服务领域扩张，公共基础设施特征明显，足以影响一些平台用户的日常生活。用户的退出成本过高，很多时候并不存在第二个选择。但若废除"230条款"，除了将更多的限制施加给用户之外，也会导致平台投入大量的资源监管用户，运营成本提升，外界环境的不确定性和法律风险增加，抑制互联网企业的创新发展。在传统媒体时代，传播政策的知识图式是二元框架的，关注的问题是政府如何代表消费者（公民）对媒体进行规制，以平衡双方权益，在规制过程中，宪法第一修正案再对作为规制者的政府进行约束②。平台的加入打破了这一平衡，平台还试图弱化自身的公共属性以追求私利最大化，政府对媒体的规制手段不再适用，甚至可能因为平台的巨大资源优势遭到反制。

在平台数字环境下，政府、平台、用户的关系呈现为三角结构，政府与平台

---

① https://www.thepaper.cn/newsDetail_forward_10756143

② 易前良. 网络中立：媒介架构视域下互联网规制的政策渊源与利益协商[J]. 湖南师范大学社会科学学报，2020，49(01):120-126.

协作，将部分权力转让给平台，平台则在明文法律与隐性规定限定的框架下对用户实施私人审查。这种超越二元模式的新型内容规制模式中公权力、私权力、私权利三者同时存在，用户的私权利受到公、私两个权力主体的威胁。在统筹考虑平台生态内所有权利人的权益的情况下[①]，形成相对稳定的权力主体运行边界，是维持三角结构稳定运转、保障治理正当性的基础。

四、美国社交平台内容治理经验及启示

虽然中国与美国的政治文化生态迥异，网络内容治理模式也很大差别，但社交平台权力扩张导致的治理困境则是全世界面临的共同难题。本部分在上文总结的相关问题的基础上，吸取国外值得借鉴的经验，对中国社交平台内容治理提出对策建议。

（一）主体协同取代单向宰制

"公私对列"原是一个法学概念，在法治体系中表现为国家规制经济权力和市场主体经济权利此消彼长的对列格局[②]。在内容治理领域，这种对列则表现在，国家对传媒行业的科层式行政控制权力和新兴产业在技术驱动下寻求商业模式突破、"去规制化"倾向之间的纠缠与冲突。国家与市场并非是不可调和的，两者之间的制度性缝隙恰恰是新兴产业在生长和发展中可获得的弹性利益空间。有学者指出，公权力与平台私权力既对峙又合作的状态更有利于权利的保障[③]。对峙的优势在于，平台天然的逐利特性可以抵制公权力滥用，公权力受监督的特征也可以对私权力进行规范。合作的优势在于两者可以通过正式或者非正式的制度网络，达成优势资源交换与利益协调，既确保政府主导的"安全"这一价值取向的落实，也符合网络技术环境下的市场特征，实现互联网治理在形式和实质上的多样性和

---

① 周辉. 网络平台治理的理想类型与善治——以政府与平台企业间关系为视角[J]. 法学杂志, 2020, 41(09):24-36.
② 翟国强. 经济权利保障的宪法逻辑[J]. 中国社会科学, 2019(12):100-120+201-202.
③ 周辉. 网络平台治理的理想类型与善治——以政府与平台企业间关系为视角[J]. 法学杂志, 2020, 41(09):24-36.

有效性。

在我国语境下，则是要将美国社交平台治理中出现的公私冲突转化为政府主导下的主体协同。当前中国政府与平台的关系主要表现为行政执法机关课以平台义务，督促平台展开自我治理。这一做法最早可以追溯到 2000 年 12 月，全国人大常委会通过的《关于维护互联网安全的决定》，其中要求从事互联网业务的单位"发现互联网上出现违法犯罪行为和有害信息时，要采取措施，停止传输有害信息，并及时向有关机关报告"[①]。在政府和企业的互动中，政府扮演行政监管者的角色，用行政发包的形式将权力派发给平台，以潜在制裁为手段，对平台上最终呈现出来的内容予以限制性规定，表现出较强的结果导向。这种"政府管平台，平台管用户"的局面将成本转移给平台，平台变为公权力的中介，监管部门则隐匿其后，免于暴露于司法评价之下[②]。

本文所提的主体协同，则是要在政府主导下，从顶层设计到落实开展的全过程中，吸纳主流媒体、平台企业、自媒体、网民、社会组织等多个主体，形成参与、互动、协商、协作的治理模式，加强不同部门间的相互渗透与影响。

首先，在决策制定与执行的过程中，政府内部应增强联动，突破科层管理的桎梏，改善并协调好中央—地方、地方—地方多区域、多部门之间的关系，建立跨层级、跨区域的协作联动机制。

其次，在政府与平台的关系中，政府从不必扮演全知全能的角色，转为对平台运行的架构和标准进行设计与监督，细节则由平台自行落实，激励平台实现自我治理。在具体的执行过程中，则是要以内容、技术、资本为纽带，实现政府与商业平台之间的优势互补。从内容治理的角度看，被动的监管只是一方面，还需要往互联网内容生态中，注入正面内容。商业平台在内容生产方面的优势是掌握了更先进的传播技术，能对不同的信息进行编辑，并通过分发机制影响其在平台上的可见性。为了节约治理成本，政府可以将自己掌握的资源提供给商业平台，为其设置议程，商业平台及平台上的自媒体生产者返还给政府的是内容生产能力和已有的平台影响力。和政府的合作还能为商业平台获得官方"背书"和外部合

---

① 匡文波，杨春华. 走向合作规制：网络空间规制的进路[J]. 现代传播（中国传媒大学学报），2016, 38(02):10-16.
② 赵鹏. 私人审查的界限——论网络交易平台对用户内容的行政责任[J]. 清华法学，2016, 10(06):115-132.

法性，被社会中其他组织和机构承认，这种认可是一种非常重要的政治激励，是一种无形的社会资本。

第三，在政府、企业、公众和社会组织构成的关系网络中，政府发挥的作用主要是从管理型向服务型转变，担当宏观管理的调控者，积极回应并调节各主体关系，制定合理的协商规则，为主体权益提供保障，激发社会治理内生动力。2020年3月份开始生效，由国家互联网信息办公室颁发的《网络信息内容生态治理规定》（以下简称《规定》）中就明确了网络信息内容生产者、网络信息内容服务平台、网络信息内容服务使用者、网络行业组织等多个主体的责任，将它们置于整体网络信息内容生态中，以科学的眼光加以调节。下一步应当在实践中检验《规定》中条款的执行性和可操作性，将对违法信息的评判规则不断具体化，为不同主体设定对等的权责结构。

（二）合理设置平台责任，帮助商业平台发挥社会价值

针对平台将公权力私有化这一普遍的现象，政府应当合理设置商业平台的企业主体责任，为其界定清晰、明确的内容治理要求。应当明确的是，平台履责的前提有二：一是从自身发展角度看，构建良好的平台秩序、树立正面的社会形象是吸引优质用户、维持可持续发展的内在需求；二是从权责一致的角度看，平台本应承担与私权力相匹配的公共责任，平台所有者还能直接或间接地从平台上的一些违法行为中获益，自然要为此付出代价。

第一，平台必须履行披露义务，明确告知内容审核的标准和执行过程。企业可以通过建立数据库的形式，将典型案例公开，详细说明如何在社交媒体平台上执行规则。同行之间也可以在保护商业利益的情况下建立共享数据库，共同协商对有害内容的识别标准。

第二，用户应享有基本的正当程序的保护，知道自己发布的内容或账号为什么会遭受处置，保有对平台的操作的质询和申诉的权利。平台对遭受不公正判决的用户应提供一定补偿。用户若对于申诉的结果仍不满意，可向网络信息监管部门上诉，请求政府的介入，对违规企业进行追责和处罚。

第三，要求商业平台具备完善的内容监管体系，全面建立内部控制体系、主

动辟谣机制、突发事件应对机制、水军识别、黑色产业链信息处置等，确保内部管控全天候、全流程、全覆盖。而对于一些资本逻辑侵入过于严重的平台，"采用追惩性规制方式来避免和解决传媒领域的越轨行为"[1]，既不能束缚其资本驱动的活力，也尽量减少对舆论生态造成的危害。对于网络平台上的内容违法行为，在民事领域采用"通知—删除"这一事后规避措施，对互联网平台则采取"事后追责"，平台则不负有事前审查的责任。当前，出现了强化平台履行行政监管职责的趋势，即在行政违法领域主张平台全面监控，承担监管部门的行政成本[2]。这无疑对平台的责任设置了过高要求。合理设置平台责任的一个原则应是针对不同类型的违法信息和特点，比如行政违法和民事违法，侵犯公共利益和私人利益，设定不同的审查和发现责任。比如有学者主张的"技术性审查"[3]，对平台上可能侵犯公共利益的内容，不要求平台承担全面审查义务，也无需对每一条信息均进行发布前的人工审查，但可要求平台建立符合技术特点的信息筛查和风险防范系统。

除了督促商业平台尽义务之外，国家层面也应当把握时机发展中国互联网平台的数字优势，为其发展提供良好的政策环境，释放数字红利，将单一的内容限制规则升级为对信息资源管理与服务的综合体系搭建。商业平台可以借助5G、大数据、人工智能、工业互联网等技术在创新商业模式、推动产业升级的同时将数据技术延展到社会生活的各个领域，与政府建立数据共享机制，深刻嵌入到社会治理之中，增强科技治理能力。比如在此次抗击新冠疫情的过程中，政府具备强大的资源动员能力，而互联网平台企业则能帮助政府搜集、发布疫情信息，实现资源分配的信息协同与高效配送。主流媒体不仅有文化权威性，还有政治意义上的权威性，应当在政府和商业平台的协作模式中发挥主流媒体在内容生产、信息资源方面的优势，使其作为纽带联结政府与商业平台、自媒体等，让信息资源能在不同的主体之间流动和传播，实现协同发声、同频共振的传播效果。

---

[1] 黄楚新，郭海威. 论资本影响与媒体舆论的博弈[J]. 国际新闻界，2018,40(11):82-97.
[2] 钟瑛，邵晓. 技术、平台、政府：新媒体行业社会责任实践的多维考察[J]. 现代传播（中国传媒大学学报），2020,42(05):149-154.
[3] 姚志伟. 技术性审查：网络服务提供者公法审查义务困境之破解[J]. 法商研究，2019,36(01):31-42.

（三）赋权用户的同时规范其行为

用户是网络内容的生产者、传播者和消费者，作为主体的实践行为直接影响了社交平台内容治理现状。然而由于用户既不具备资本和技术的优势，也没有国家强制力的保障，在"政府—平台—个人"的三角结构中往往处于弱势地位。为了发挥用户的主动性，必须鼓励和帮助用户实现自我赋权。美国推特上的由反骚扰行动的志愿者自发创造的"骚扰黑名单"（Bot-Based Collective Blocklists）就是一次有益的实践。利用推特为第三方客户端开发的应用程序编程接口，反骚扰行动的志愿者可以通过集体协作的方式将他们认定为骚扰者的用户加入共享的黑名单中，推特上的其他用户则可以订阅这一名单，并将名单中的用户及其发布内容屏蔽。有了黑名单，反骚扰工作可以更有效地被分配到一个对网络骚扰达成共识的群体中[1]。此外，与权利相伴的是义务。社交平台举报机制工作效率较低的一个原因在于用户有时会出于私人原因恶意举报，事后也并不需要承担相应的责任。因此在对用户赋权的同时也必须对其行为加以规范和约束，尽量避免出现因私人利益干扰公共事务的现象。

针对当前社会公众参与机会有限、参与动机不足的问题，首先，可以搭建公开透明的信息共享与互信平台，帮助公众正视和树立自己在内容治理中的主体地位。

其次，建立分地区的分级信息公开系统，公众可迅速投诉、举报网络中的违法有害信息，完善举报系统、查询系统、反馈系统，及时监督并反馈政府、企业在网络内容治理中的行为和信息。

第三，培育一些社会组织，帮助分散的公众有机联结起来，通过集体协作的方式交流在平台上遇到的各类问题，对一些经常出现的困惑在交流中达成共识，人为地扭转社交平台自上而下的不透明决策机制，共同探索优化治理途径。

---

[1] R. Stuart Geiger. Bot-based collective blocklists in Twitter: the counterpublic moderation of harassment in a networked public space[J]. Information, Communication & Society, 2016, 19:6, 787-803

最后，通过多种传播渠道，尤其是政策咨询会、研讨会、通报会等形式在网络内容治理政策的制定和执行过程中吸纳公众意见，为舆情提供合法化、制度化的表达渠道，加大宣传与引导，培育社会力量，激励更具足够技能和专业知识的公众行使自身的参与权。

游移于"公""私"之间：
网络平台数据治理研究

【摘　要】 企业产生的商业信息数据作为最具市场性的一种数据类型，其经济价值极为突出。网络平台的民营企业的私有制属性与作为社会基础性设施的公共性之间存在着明显的双重属性，在"公""私"的对峙和博弈中，利益失衡、秩序失范的情况屡屡出现，亟需平衡好数据权属的私有性与开放共享的发展需求。以此为背景，从商业平台的数据俘获为切入点，探讨平台数据如何摇摆在私人所有与公共所有两种属性之间，并从互联网文化的角度溯源"公""私"对立困境的深层原因。在此基础上，对提升平台数据资源价值、释放数据活力进行必要的路径设计。

【关键词】 网络平台　数据治理　数据确权　私权力

在大数据、云计算、人工智能、物联网等新信息技术的推动下，数据驱动的智能应用渗透进生产与生活的方方面面，以海量数据作为新型基础资源的数字经济蓬勃发展。鉴于数字经济彰显出的巨大潜力，中共中央十九届四中全会通过的《中共中央关于坚持和完善中国特色社会主义制度　推进国家治理体系和治理能力现代化若干重大问题的决定》之中首次将数据列为生产要素[①]。2020年4月9日，《中共中央　国务院关于构建更加完善的要素市场化配置体制机制的意见》中提出要加快培育数据要素市场，根据数据性质完善产权性质[②]。

企业产生的商业信息数据作为最具市场性的一种数据类型，其经济价值更为

[①] 新华网. 中共中央关于坚持和完善中国特色社会主义制度推进国家治理体系和治理能力现代化若干重大问题的决定[EB/OL]. (2019-11-05)[2021-07-20]. http://www.xinhuanet.com/politics/2019-11/05/c_1125195786.htm.

[②] 新华网. 中共中央国务院关于构建更加完善的要素市场化配置体制机制的意见[EB/OL]. (2020-04-09)[2021-07-20]. http://www.xinhuanet.com/politics/zywj/2020-04/09/c_1125834458.htm.

突出[①]。近年来，以腾讯、阿里巴巴、抖音为代表的平台型企业急剧扩张，平台不但能发挥媒体的生产和传播内容的功能，而且拥有强大的技术、庞大的用户群和将不同群体相连接的能力。在凭借技术和资本优势不断渗透进公共生活领域的过程中，获取了用户及其生存的自然环境、社会环境中的海量数据，成了重要的数据掌握、使用和交易主体。市场的竞争性使得不同的企业、组织对21世纪的"石油能源"——数据展开了争夺。网络平台的民营企业的私有制属性与作为社会基础性设施的公共性之间存在着明显的双重属性，在"公""私"的对峙和博弈中，利益失衡、秩序失范的情况屡屡出现，亟需平衡好数据权属的私有性与开放共享的发展需求。2021年6月10日通过的《中华人民共和国数据安全法》主要目的就是保障数据安全，促进数据开发利用，保护公民、组织的合法权益，维护国家主权、安全和发展利益，对平台使用数据具有法律规范作用。

本文以此为背景，从商业平台的数据俘获为切入点，探讨平台数据如何摇摆在私人所有与公共所有两种属性之间，并从互联网文化的角度溯源"公""私"对立困境的深层原因。在此基础上，本文对提升平台数据资源价值、释放数据活力进行必要的路径设计。

一、平台数据的理论和实践探讨

本文所说的网络平台数据指用户在使用平台提供的网络服务的过程中"产生的被网络平台收集、存储、传输、处理和使用的各种电子数据"[②]。网络平台数据既包括用户个人的静态身份信息、动态使用网络平台留下的电子痕迹，也包括平台所有者对初始用户数据进行加工和分析后的数据集合、数据产品等。数据与信息是包含关系，信息是数据经过加工处理后得到的另一种形式的数据，内涵和外延均小于个人数据[③]。

[①] 李晓阳. 大数据背景下商业数据的财产性[J]. 江苏社会科学, 2019(05):158-167.
[②] 陈荣昌. 网络平台数据治理的正当性、困境及路径[J]. 宁夏社会科学, 2021(01):72-80.
[③] 黄国彬, 张莎莎, 闫鑫. 个人数据的概念范畴与基本类型研究[J]. 图书情报工作, 2017, 61(05):41-49.

（一）平台数据权属的理论探讨

针对网络平台数据所有权的问题，国内外的研究主要聚焦在如何解决个人数据保护和企业的数据商业化利用之间的关系。随着个人生活对平台的依附性增强，网络平台上的数据是用户线上行为的真实产物，沟通了虚拟和现实场域，携带了个人身份识别、个人隐私相关的信息，个人有权排除他人非法获取和利用。数据经济的发展强化了数据的资产化特征，平台对数据的处理赋予了其超越原始用户数据属性的资产性质，经营者有权对其进行商业化利用并从中营利。但平台开发和利用数据的市场行为可能受其自利倾向的影响，在开放性的技术特征下，可能对外部主体产生不良影响，比如侵犯用户的知情权和隐私权，利用用户信息操纵消费行为等。而对于存在竞争关系的企业主体来说，数据产权界定不清晰，企业无法拥有并保护数据的产权，不能通过正常的交易从自身的劳动中获利，更会放大商业机密泄露的风险，因此企业倾向于排他地独占数据[①]。主体之间的利益冲突是网络平台数据确权的必要性基础。数据确权就是要通过法律设计，兼顾正当性与效率，在维护用户和经营者的合法权益的同时调和两者之间的利益关系。这也是数据获取和交易制度的核心，能够完善数据要素的市场化配置，促进数据资源共享利用。

平台数据的属性复杂，若遵循物权的排他性原则将数据完全归于个人或者平台所有，势必会倾向于公平与效率的价值坐标轴中的某一极。目前，研究者们基本都认为由于数据经济体现出一种围绕数据经营和利用而展开的复杂动态关系，应当从用户和数据经营者（平台）两个层面构建数据权利体系。其中最具有奠定性和代表性的观点是龙卫球构建的双边新型财产权体系。他认为，结合数据经济的双向动态结构，考虑到数据从产生到交易的全部经济环节中用户和不同层次的数据从业者的地位和利益关系，应当对数据进行两个阶段的权利建构，用户位于第一阶段，也是底层环节，对用户配置人格权益和财产权益；对数据经营者（企业），则基于利益驱动的机制需求，动态地配置数据经营权和数据资产权。同时数

[①] 戚聿东，刘欢欢. 数字经济下数据的生产要素属性及其市场化配置机制研究[J]. 经济纵横，2020(11):63-76+2.

据经营者也负有维护数据安全及保护个人数据的义务，形成一种权责对等、动态依存的体系关系[1][2]。

基于类型化数据的数据权利或权益的探讨对于数据共享范式的构造具有奠基作用[3]。一些学者提出了数据权属的场景化界定方式，认为对企业或平台数据确权应当采用场景化的保护进路，在具体场景中确定数据的性质与类型，并根据具体场景中各方的合理预期来确定相关主体的数据权益，保护个人隐私的前提下促进数据的共享与互联互通[4]。这一观点得到了其他学者的认同，唐要家认为数据确权的目的不是将数据产权赋予谁，而是不同的权益如何在消费者和使用者之间实现最佳配置，他提出了"情景依存"的"有限产权"原则，将数据的"绝对保护"转为"有限保护"，无限的"绝对产权"转为有限的"相对排他性产权"，即数据产权不是绝对的产权，其范围和时间是有限的，应放置于数据开发利用的动态价值链当中来配置权益[5]。除了划分场景外，一些研究对数据类型进行划分，将数据分为个人数据（原始数据）和增值数据。增值数据是凝结数据控制者脑力劳动所创造的产品，但原始数据是增值数据的"原材料"，数据控制者对增值数据的产权必须在生产者的约束下配置，以生产者权益不受侵害为底层逻辑[6]。

（二）平台数据的合理使用

针对平台数据、企业数据的数据产权问题，有学者认为可以搁置争议，着力于建立企业数据利用与分享机制。作者列出了一些可被利用、具有交换价值的数据的利用形式，包括公共利益需要、消费者福利、产业生态构建等，可以对这些类型化数据设定数据标准及定价标准，并判定企业不同的权能配置方式[7]。王利明

---

[1] 龙卫球. 数据新型财产权构建及其体系研究[J]. 政法论坛, 2017, 35(04):63-77.
[2] 刘新宇. 大数据时代数据权属分析及其体系构建[J]. 上海大学学报（社会科学版），2019, 36(06):13-25.
[3] 李爱君. 数据权利属性与法律特征[J]. 东方法学, 2018(03):64-74.
[4] 丁晓东. 数据到底属于谁?——从网络爬虫看平台数据权属与数据保护[J]. 华东政法大学学报，2019, 22(05):69-83.
[5] 唐要家. 数据产权的经济分析[J]. 社会科学辑刊, 2021(01):98-106+209.
[6] 戚聿东, 刘欢欢. 数字经济下数据的生产要素属性及其市场化配置机制研究[J]. 经济纵横, 2020(11):63-76+2.
[7] 姚佳. 企业数据的利用准则[J]. 清华法学, 2019, 13(03):114-125.

认为，在设计数据共享规则时，应当在区分不同个人信息类型的基础上，根据是否涉及人格利益、是否为敏感信息设计信息主体的授权规则[1]。有学者基于商业平台独占商业信息数据的事实，提出了构建商业信息数据有偿共享制度，这避免了所有者独占商业信息数据导致产品供给不足的情况，同时由于补偿的存在，不会打击所有者生产商业信息数据的积极性，使各方经营者能够充分、有效地进行市场竞争[2]。陈兵等人认为，平台和用户的授权和"同意"机制是数据共享进程中的关键设置，提出在"差别且平等"的数据共享原则下，以"数据相关行为"为动态基准将数据区分为原始数据、衍生数据和派生数据，设计"主体+行为+场景"的动态平衡同意机制[3]。对于第三方平台抓取网络开放平台数据涉及的利益分配问题，有学者认为，应对被抓取数据的性质进行判断，为第三方创新留下空间，避免对于网络平台的过度保护[4]。

还有学者提出了网络平台数据治理的概念，认为当前最主要的矛盾是平台的私有制特点、自利性倾向与其掌握的数据公共性之间的冲突，多元主体应当在法律规则约束下对平台数据的呈现与使用进行监管，从治理观念、法律法规、治理主体、治理机制等方面优化路径，实现平台、用户、政府等多主体利益最大化[5][6]。

目前，已有的研究多从个人信息保护和企业商业开发利用的角度探讨数据确权面临的问题，主要思路还是在私法的领域中调节不同私主体的利益，确保数据产业中包括数据生产者、经营者在内的各参与者的权益，本质还是聚焦于数据的私权。随着大型平台承担了越来越多的公共职能，平台成为一些公共活动的重要场所，其公共性日益突显。平台数据中汇聚了规模庞大的与公民权利、国家安全、社会发展密切相关的基础性数据，涉及广泛的公共利益，具有公共物品的属性。

---

[1] 王利明. 数据共享与个人信息保护[J]. 现代法学, 2019, 41(01):45-57.

[2] 胡元聪, 曲君宇. 商业信息数据有偿共享制度构建研究[J]. 福建论坛（人文社会科学版）, 2020(09):82-96.

[3] 陈兵, 顾丹丹. 数字经济下数据共享理路的反思与再造——以数据类型化考察为视角[J]. 上海财经大学学报, 2020, 22(02):122-137.

[4] 王燃. 论网络开放平台数据利益分配规则[J]. 电子知识产权, 2020(08):45-55.

[5] 陈荣昌. 网络平台数据治理的正当性、困境及路径[J]. 宁夏社会科学, 2021(01):72-80.

[6] 蒋国银, 陈玉凤, 匡亚林. 共享经济平台数据治理: 框架构建、核心要素及优化策略[J/OL]. 情报杂志: 1-10. (2021-06-09)[2021-08-03]. http://kns.cnki.net/kcms/detail/61.1167.g3.0210608.1150.012.html.

如何平衡私人利益与公共利益，对平台数据施加公权力的监管与约束，而不是由私主体平台凭借技术优势吞噬公权力边界，已成为了一个需要从理论、实践等多方面探讨的问题。此外，已有的研究多立足于法学、经济学，缺乏从互联网的技术特性、平台的社会角色、技术的社会建构等方面挖掘"公""私"对立的深层原因。

鉴于上文提到的现有研究中的所得与缺失，本文着重从私人财产与公用品的角度分析平台数据的属性，并溯源互联网和平台的孕育与发展，从技术的社会想象与塑造方面探讨数据确权的根源性矛盾，为促进数据领域权利保障、创新发展与公共福祉之间的动态均衡提供解决途径。

二、商业平台的数据俘获：私人财产与公用品之辩

监管俘获（Capture）一词原指监管机构倾向于依附它们监督的权力和利益，被行业"收编"或"并购"，并主要受其利益驱动而完成相关的设计和管理。相关研究也表明，私人利益可以通过各种方式影响立法者和执法者，以达到监管"俘获"的目的[①]。本文借用这一概念，此处的数据俘获则指用户从接入商业平台开始，双方以"知情—同意"原则为核心，平台收集和利用个人数据。这是商业平台运作的基础，在这一过程中，数据从个体向平台的迁移与汇聚使得平台所有者占据了中心地位，形成了对数据的实际控制，由此引发了一系列关于数据所有权的问题。

（一）将数据作为私人财产的保护思路

将数据视为私人所有的私法保护体系强调对数据静态的、排他性的占有和控制，核心在于确立数据产权。

---

① Efrat Nechushtai. Could digital platforms capture the media through infrastructure?[J]. Journalism, 2018, 19(8): 1043-1058.

1. 数据生产者和数据控制者之间的矛盾

首先要面临的是数据生产者和数据控制者之间的矛盾，即如何解决用户和平台之间的对立。数据并不是凭空产生的，用户的静态属性和动态行为以数字化的形式被平台记录和收集，虽然原始个人数据的利用价值有限，但其依然是企业数据、行业数据、政府数据甚至国家数据的逻辑起点[1]。个人在数据产生、收集、加工和商业化利用的整个价值链条中的基础性地位决定了个人对数据享有绝对的、不容置疑的权利。现行我国法律中并没有明确的"个人信息权""个人数据权"等表述，实践中对个人信息的私法保护主要遵循如下两种路径。

一是人格权路径，认为个人信息是人格不可分割的一部分，可反映个人特征并通过一些技术手段被识别。2017年开始正式施行的《网络安全法》第四十一条规定：网络运营者收集、使用个人信息，应当遵循合法、正当、必要的原则，不得收集与其提供的服务无关的个人信息，不得违反法律法规和双方约定[2]。2020年5月颁布的《民法典》在人格权篇中规定"自然人的个人信息受法律保护"，自然人有权控制个人信息，他人或组织不得对个人信息非法处理导致个人蒙受人身或财产损害，对个人信息的处理主要指收集、存储、使用、加工、传输、提供、公开等[3]。上述规定都表现为一种防御性的权益，这条路径沿袭的是对个人隐私的保护进路，将对个人信息的控制视作维护人格尊严和自由表达的重要组成部分。信息通信技术不断发展的背景下，个人的一切特征和行为都被记录在案且有迹可循，个人想要追求受自我控制的、不被他人打扰的独处空间越发困难，将隐私权扩展到"以电子或者其他方式记录的能够单独或者与其他信息结合识别特定自然人的各种信息"也是对这一现实问题的回应。

二是财产权路径。随着数字经济的发展，数据在资源的高效配置、产业的更新迭代和社会治理的现代化生活中发挥的作用日益显著。个人或商业主体拥有的数据具备了财产属性，仅仅通过消极和被动的人格权防御手段不利于数据流通和

---

[1] 王融. 关于大数据交易核心法律问题——数据所有权的探讨[J]. 大数据，2015, 1(02):49-55.
[2] 中华人民共和国网络安全法[EB/OL]. (2016-11-07)[2021-07-20]. http://www.cac.gov.cn/2016-11/07/c_1119867116.htm.
[3] 中华人民共和国民法典[EB/OL]. [2021-07-20]. http://www.npc.gov.cn/npc/c30834/202006/75ba6483b8344591abd07917e1d25cc8.shtml.

数据资产的市场体系的构建。一些学者主张将数据财产化，明确个人或企业等组织在数据方面的财产利益，赋予其对数据更为积极的自决权能，比如主动使用、收益和处分等商业化利用的权利[①]。从财产权路径保护个人和商业数据本意是肯定数据价值，鼓励个人积极分享数据，企业提升数据加工的能力，激发市场活性，然而在实际运用中用户和平台同时作为私主体，对数据产生所做的贡献如何分辨，以及双方应当主张怎样的财产利益成了一个具有冲突性的话题。

以用户或者平台为中心的单边保护框架难以适应数字环境下平台对用户进行数据俘获的现实，必须考虑到数据从个人向平台转移的过程中两者的关系结构和不同权责。

以"知情—同意"原则为核心，无论是出于主观接受还是被迫同意，用户想要获取服务方的相关服务，就必须同意平台的服务协议和隐私声明，将包括基本账号信息、公开信息、联系方式和地址、地理位置、支付信息、浏览记录等在内的数据与平台共享，并允许平台将这些数据加工后提供给广告主和一些第三方机构用以营利。比如，Twitter 的隐私政策中就明确告知用户，Twitter 会广泛而即时地将个人的公开信息传播给各种用户、客户和服务提供者，包括将 Twitter 内容整合到其服务中的搜索引擎、开发商和出版商，以及包括大学、公共健康机构和市场调研公司在内的组织机构，帮助它们获取市场洞见。如果用户还启用了定位功能，那么他们的准确位置也会和发布的推文相关联[②]。根据是否可被公开访问，用户对平台的数据贡献分为两类，一是用户在平台上的发布、分享、评论、标记等自愿参与行为产生的数据，这些可被公开浏览和访问；二是平台通过跟踪用户活动收集到的数据，这些数据并不会被公开，但可能会被商业化利用[③]。

用户数据是平台拥有的商业数据的逻辑基础，但是原始的、单条的个人数据并没有实际的利用价值，未经加工的个人信息也不足以成为商业资源（公共人物的信息除外），能够发挥商业潜能的数据是经过加工、处理和分析的海量数据的集合，需要平台花费人力和物力，负担技术成本。这才是平台挖掘数据的潜在价值、

[①] 龙卫球. 数据新型财产权构建及其体系研究[J]. 政法论坛, 2017, 35(04):63-77.

[②] Twitter. Help center [EB/OL]. [2021-07-20]. https://help.twitter.com/en.

[③] Scassa, T. Law enforcement in the age of big data and surveillance intermediaries: Transparency challenges[J]. SCRIPTed: Journal of Law, Technology and Society, 2017, 14(2), 239-284.

开拓新的商业服务模式的动力之源。集中化和规模化的数据经营活动赋予了用户数据额外的商业价值,是一种具有创造性的智力活动,平台也拥有了数据所具备的财产权益。这也是数据资产化的过程,即将用户的原始数据通过数据的集合、加工、利用或交易形成各类具有效益或收益的数据资产,如分门别类的数据库、数据平台等[1]。

平台不仅占有了数据资产,还通过技术手段制定了数据流通和分发的规则,网络上的参与和生产行为变为了一个由数据驱动的货币化过程。平台是个人用户、新闻媒体、广告主等不同主体发生互动的场所,为用户提供连接和匹配的信息服务,作为"数字中介"重新结构化了主体之间的关系,又作为经营者从数据中提取价值来开拓新的资本积累模式。平台运作的数据基础依赖于个人的浏览、评论、分享、互动等行为产生的数据,这些数据又被整合到更广阔的数字网络中,投入到新一轮的数据流通中。相较用户对于平台的透明度,平台的内在数据处理机制则较为隐蔽,用户对自己提供的数据具体将被如何利用知之甚少,"数据来源的广泛性和依托数据研发应用场景的开放性与平台数据处理的隐蔽性及行为商业性存在张力[2]。"大部分平台并不会直接向第三方销售用户数据,而是利用对数据的统计、分析预测用户行为、研判市场动向,帮助广告商选择恰当的内容及内容生产者,将广告精准地送达用户。

从人格权的角度看,个人、集体用户对底层数据有着绝对权利。而从财产权的角度看,虽然平台已经通过提供免费服务的方式对用户进行了相应补偿,但由于用户在技术上的弱势地位,用户对平台设施和算法规则几乎一无所知,遇到不公正待遇时也会束手无策。若将个人数据的财产权归于企业,个人数据为价值创造的源头却无法分享数据收益,反而会遭受类似大数据"杀熟"等侵害消费者权益的事件。平台实际上以一种并不对等的价格占有了用户劳动,从中榨取价值,将用户数据变成了商品。而且企业被商业利益裹挟,并没有充分激励在合理合法的范围内使用和保护个人数据,但若过分强调用户个人的财产权,虽然使用户获得了议价能力,但企业在每一次收集和使用数据前都需通过烦琐的程序征求用户

---

[1] 刘新宇. 大数据时代数据权属分析及其体系构建[J]. 上海大学学报(社会科学版), 2019, 36(06):13-25.
[2] 陈荣昌. 网络平台数据治理的正当性、困境及路径[J]. 宁夏社会科学, 2021(01):72-80.

同意并向用户支付报酬。这又会导致资源利用不足，市场交易效率低下，打击企业开发利用数据的积极性，最终带来数字经济创新发展的迟滞。

2. 作为市场竞争者的平台之间的矛盾

在平台与其他平台的关系中，平台作为经济主体对数据资产的强制控制可能导致"数据孤岛"和"数据垄断"的困境。平台将数据视作核心资产和商业秘密，将其定义为私有区域，维护自身在数据搜集、使用与控制方面的中心化优势，拒绝与其他主体共享，或者在极为严苛的条件下部分、有偿地共享数据。

平台对数据有封锁和垄断的权力，为了维护自身利益，防止竞争对手"搭便车"，可以通过网络的硬件设施层和软件逻辑层，阻碍、拦截、屏蔽竞争对手未经允许对其进行数据抓取。在一系列关于数据抓取与反抓取的案件中，新浪诉陌陌非法抓取微博用户数据的案件判罚中提出了"用户同意+平台同意+用户同意"的数据流动与使用的三重授权原则，以平台同意的形式赋予了平台控制用户数据的权力。微博的最新用户协议中也明确，平台不享有相对于用户的数据权利，但仍享有相对于其他平台的数据权利。然而数据对生产力的贡献主要体现在流通中，数据"流通"的过程是其价值创造的过程。平台以硬性技术手段和软性协议的方式强制性占有数据，形成市场壁垒，阻碍自由竞争，将利益固化在特定的垄断经营者手中，"被动或更加主动地出现平台企业滥用市场支配或相对优势地位的情形[1]"。

总之，在关于数据权属的争夺中，由于技术能力和地位的不平等，用户对自身数据的占有和从中获益的能力非常有限，基本无法脱离平台的技术架构。两者之间的关系处于严重失衡的状态。保护用户基于数据的人格权是后续一切数据使用行为得以存在的基础，而在财产权益的分配方面，则必须围绕公平与效率，使不同主体的"各种权利在行使上处于一种相互配合、相互限制的动态体系关系之中，彼此围绕数据经济的合理关系和生态结构而布局[2]。"

---

[1] 陈兵，顾丹丹. 数字经济下数据共享理路的反思与再造——以数据类型化考察为视角[J]. 上海财经大学学报，2020, 22(02):122-137.

[2] 龙卫球. 数据新型财产权构建及其体系研究[J]. 政法论坛，2017, 35(04):63-77.

（二）将数据视为公用品的保护思路

与私有权的"私"性质、独占性、排他性相悖，将数据视为公共所有，认为数据不能停留在私人领域的理论依据则可概括为公共设施说和生产资料说。

1. 公共设施说

沿袭"开放数据"（Open Data）的原则，西方一些国家认为，政府和一些公共机构，比如科研院所、社会组织等，在履行职能过程中采取、生产、获取和制作，并通过一定形式记录、保存的，来自个人、私营部门和公共部门的数据资源具有公共属性，应当在不可被追溯到具体个人的基础上，向公众公开并允许公众免费访问和利用。政府掌握的公共数据包括户籍身份数据、车辆房屋数据、身体状况数据、企业经营数据等。与信息公开、信息透明等其他经常被讨论的相关概念相比，"开放"是对"公开"的深化与创新，不仅要将加工处理过的、有价值的信息和数据对公众公开，更重要的是在不侵犯私主体利益的前提下提供"裸"数据给公众使用，释放数据的社会和商业价值，强调政府与社会、组织与个人在数据利用方面的合作[1]。开放数据的优势在于，向公众释放"数据利益"，增加数据要素市场的资源供给，提升公共服务的质量和效率，增强社会透明度，公众得以以知情的方式参与政策制定和资源分配的讨论[2]。开放数据的内在逻辑是政府是公共部门，行使公权力的过程中占有的信息数据资源不应由某一部门独占，而应由社会共享，接受民众的监督，使公共利益最大化。

网络平台凭借用户资源优势和平台互联互通的技术优势，提供泛化服务，不断向传统的基础设施领域和公共领域扩张，经济和行政等社会公共部门被编织进平台生态系统。2020 年疫情期间，政府出于防疫需求，与阿里巴巴公司和腾讯公司合作开发了全国范围内通用的健康码，让渡了一部分公共管理的权力，与此同

---

[1] 刘权. 政府数据开放的立法路径[J]. 暨南学报（哲学社会科学版），2021, 43(01):92-102.
[2] Borgesius, F., Gray, J., & Eechoud, M. Open data, privacy, and fair information principles: Towards balancing framework[J]. Berkeley Technology Law Journal, 2015, 30(3), 2073-2132.

时商业平台收集了海量的关于用户面貌、行程轨迹、身体健康状况等方面的生物数据和个人活动信息。平台作为谋求商业利益的民营企业，在信息通信时代借助基础设施和算法协议方面的技术话语权，正以一种较为强势的姿态"进化"为和政府平行的机构，介入到了社会治理中，获得了行政执法的"准公权力"。

平台的社会和经济价值在很大程度上源于其规模经济，它创造了一个集中化的中介机制，协调用户与信息相连接[①]。平台不仅能调动信息，规制信息流，制定进入和退出的标准，甚至左右公共物品和公共服务的分配，呈现出公共设施化的特征。以社交平台为例，公私两个领域在社交平台环境中日益交叠。伴随着信息交互、公共表达、用户社会化生产等特征加剧，社交平台逐渐成为意见和言论的"集散地"，甚至成为一些重大公共事件的发源地和公共议题的辩论场。私有企业成了"公共论坛"的所有者，凭借技术和资源优势对不同主体发布的内容进行审查和监管，行使议程设置和内容把关的职能，进而对公共舆论的走向产生影响。社交平台上的言论作为数据，在交流、辩论与共享中才能体现社会价值，是在公共领域中一步步碰撞和积累的"公共财富"。

平台获取、整合并利用的大量关于用户、服务提供商和其他利益相关者的数据，不仅会增加个人隐私泄露的风险，而且可能导致信息服务推送和定价方面的歧视和不公平现象。"超级网络平台自身拥有的数据和商业本质会不断推动其走向获取权力的目标"[②]。这些数据来源于公众的无偿授权，原本可以通过集成化、规模化的分析和处理提取出增进公共利益、优化公共决策的价值，但在平台的掌控下则沦为平台的牟利工具，政府出于行政和司法的目的想要使用这些数据甚至需要支付报酬。当私有企业对重要的社会基础设施施加了过多控制，行使准公权力攫取优势资源时，其私有企业主体的身份又使其免除了一些行政法律法规的限制和民主程序的监督，因此必须强调平台数据作为公共设施的属性，以强化平台服务公共利益的责任和义务。

[①] K. Sabeel Rahman. The New Utilities: Private Power, Social Infrastructure, And the Revival of the Public Utility Concept[J]. Cardozo Law Review, 2018, 39, 1621-1689.

[②] 方兴东，严峰．"健康码"背后的数字社会治理挑战研究[J]．人民论坛·学术前沿，2020(16):78-91.

2. 生产资料说

在商业平台上，用户留下的数字痕迹和用户生产的内容为网络平台提供了媒介产品，吸引更多用户，增加了平台的浏览量。此外，数据还可以作为生产资料，再生产出一些可供出售的商品，比如数据集合、数据服务等，最终"建构以数据经济为中心的唯一商业模式"[①]，增加商业利润。用户以消费者的姿态，在看似娱乐休闲的日常实践中承担了原本传统媒介中创作者、编辑、记者等角色所承担的必要劳动和剩余劳动，加上自身消费行为所产生的剩余劳动价值，用户使用网络平台的行为具备了劳动的性质。但是平台并没有向用户支付劳动报酬，甚至可能通过其他各种增值服务向用户收取费用。

对平台而言，重要的是对数据池的占有，通过大数据挖掘调动更多的财产和劳动，并以其排他地为平台定向生产[②]。数据是平台向广告主出售的"链接"服务的生产资料，但在平台不透明的操作下与生产者发生了分离，平台无偿地占有了用户的劳动成果，并且将用户隔绝在价值分配过程之外。因此，在马克思主义学者的观点中，用户作为劳动者有权与生产资料"相结合"进行生产活动并取得劳动收入[③]。将数据归公共所有一方面能确保用户从个人财产的角度获得收益，另一方面帮助用户从被动的使用者转变为积极的参与者，在集体性的协调与合作中主动控制自身数据的使用过程和流动去向。

三、"公""私"对立的根源：数据的公共价值与平台的圈地取向

在确定数据权属的过程中，会遇到对数据所有权界定的私有和公有两种取向，不仅体现了法学上的分歧，更是展现了两种截然不同的技术使用路径。本部分从

---

① Gallant, L. M., & Boone, G. M. Communicative informatics: an active and creative audience framework of social media [J]. tripleC, 2011, 9(2): 231-246.
② 胡凌. 超越代码：从赛博空间到物理世界的控制/生产机制[J]. 华东政法大学学报, 2018, 21(01):6-21.
③ 徐偲骕，张岩松. 国有化还是用户所有？——从"数据所有制"破解社交媒体治理之争[J]. 新闻界, 2019(06): 60-76.

技术史和观念史的角度追溯互联网诞生初始的特征及平台的演进逻辑，探讨"公""私"对立背后体现的技术的社会想象及技术与社会的互相塑造。

（一）"数字乌托邦"：开放、共享、自由、平等

如果将信息时代的数据视作各类资源依托互联网的技术架构调动、匹配与连接的副产品，那么探讨数据的本质则不得不从技术特征与文化氛围的角度溯源互联网的公共属性。

卡斯特认为互联网发展过程的罕见之处在于，它产生于大型科学研究、军事研究，以及自由主义文化的交汇点①。出于与苏联进行军事科技竞赛的需要，美国国防部组织了大学研究人员和学者成立了高级研究计划局，提供研发必备的人力、物质资源，从国家层面促成了阿帕网的诞生。民间计算机爱好者的创造实践亦丰富了计算机通信网络的应用形式，对互联网的形成也有一定贡献。

互联网从根源上是国家调动资源的强制力量与知识精英用科学改进社会的理想在"冷战"的特殊背景下相遇的产物。国家的强力控制与知识分子自由创新的追求之间往往存在龃龉，而在互联网的历史实践中，高级研究计划局的科学家得到了国防部的信任与独立广阔的空间。尽管"军工学"协作体制依靠官僚体系的支持，但实验室内部却体现了显著的非层级化管理风格，来自不同行业、不同学科背景的学者通过软件的公开交流与网络化协作进行松散有效的合作创新。开放源代码及合作共享由此成了互联网社会化进程中的历史传统与技术特征。

互联网发展早期的核心人物多数是来自美国知名院校的教授与研究人员，受到二十世纪六七十年代美国大学中盛行的"反主流文化"的影响，对核武器、自动控制机器、极权主义和等级秩序有着天然的反叛情绪和抗争心理，担心人会被机器剥夺和异化。他们期望将计算机理论转化为技术实践，满足个体对信息的需求，搭建全球的、公开的通信网络，摆脱现实世界中权力与资本的牵制。在早期核心人物对技术的构想中，计算机、互联网能够帮助个人改变对世界的认知方式，将组织结构变得扁平化，联系起分布在不同角落的社区。当计算机从安放在机房

---

① [美]曼纽尔·卡斯特. 网络星河——对互联网、商业和社会的反思[M]. 北京：社会科学文献出版社，2007.

中的大型计算机变成微型个人计算机时，象征意义就"从一种控制和标准化的机器变为促进自由及个性化的技术"①。

而在技术的社会想象方面，互联网等信息技术的个人赋权意义也提供了一整套关于跨界、融合、自由、平等的阐述，甚至可以对现实世界的权力秩序产生冲击。1996年，约翰·巴洛在《网络空间独立宣言》中呼吁要让工业世界的政府和巨人离开网络空间，强调现实社会中关于财产和身份的强制性法律在网络空间中不再适用，网络空间有独特的文化、道德、伦理和不成文的法典（代码）②。在互联网尚未商用化之前，巴洛的畅想反映了很多人对互联网的乐观期待，认为互联网能够帮助个人从传统组织基于暴力和财产的权力垄断中解放出来，推翻官僚机构，是寄托了"民主希望"的乌托邦。这种对国家强制力的排斥在后期与宣扬资本和市场力量的新自由主义经济思想方面表现出了某种程度上的亲和性，为互联网的商用化和个体化提供了思想基础和话语工具。但不容忽略的是，在早期对网络空间的构想中，传统政府和商业资本都是要被驱逐出公民自治社会的"铁血巨人"。无论是开放源代码的协作模式、技术协议，还是"数字乌托邦"的技术构象，"都坚定地确立了互联网开放、共享、自由、平等的核心价值观和技术规则"③。

不同于工业时代自上而下科层制的管理模式，用户在互联网上参与生产的数据可以借助互联网开放的技术架构，在自发的分享协作中产生公共价值。与其他有形的、客观的物品不同，数据的价值主要通过在社群中分享实现。信息是公共领域的公共素材和材料，个人信息的公共性体现在它可以作为资源被社会中的他人使用④。群体成员在分享数据时秉持着"互惠利他"的心理，认为将自己拥有的信息和数据和他人交换能解决信息不足的状态，满足自身的信息需求。"互惠利他"在进化心理学中指一种社会合作模式，即一人给另一人提供了好处，并不期待立

---

① 吴靖，云国强. 未来信息社会向何处去——中国语境中的技术变革与"互联网+"[J]. 人民论坛·学术前沿，2015(15):52-66.

② John Perry Barlow. A Declaration of the Independence of Cyberspace [EB/OL]. [2021-07-20]. https://en.wikipedia.org/wiki/A_Declaration_of_the_Independence_of_Cyberspace.

③ 方兴东. BAT开始站在互联网精神的对立面[EB/OL]. (2019-01-30)[2021-07-20]. https://www.sohu.com/a/292447815_115479.

④ 高富平. 个人信息保护：从个人控制到社会控制[J]. 法学研究，2018, 40(03):84-101.

即获得报答或补偿，但每个人都认为这种利他行为的普及可以引起合作的盈余[①]。互联网为"互惠利他"合作模式的实现提供了更便利的媒介工具，甚至可以说互联网蓬勃扩张的生态规则正是以数据的互惠分享为基础。共享经济的兴起就在于将信息分享与资源利用结合起来，改变了传统中介机构的业态[②]。互联网的技术特征强化了数据的可分享性、公共性等特点，个人数据只有脱离私人领域的、局部的限制，在公共领域中交汇、合并，才能创造出更大的合作盈余。在这种观念下，数据对个人来说并不是稀缺财产，无需强调对它的排他性占有，封闭的占有也无法实现数据的价值，而是在保证个人能够获取相应收益的前提下，从促进数据流动和公共利益的角度考虑规制、控制其他用户对它的使用行为。

（二）平台"圈地运动"：对数据的掠夺与独占

伴随着新自由主义经济思想的高歌猛进，早期以开放共享为核心的互联网精神逐渐失色。互联网商业化进程加快后，以扩张和攫取为天性的资本在互联网这块"公共荒地"上不断开垦，对财产的排他性占有重新成了互联网领域的"权威法则"。平台的出现引发了各种社会资源连接和分配方式的结构和制度性的变革，加剧了资本的集中化程度，呈现出平台开创私治理空间、在其中实行自己的社会整序机制，形成自成一体"领土"的"圈地"特征[③]，将去中心化的互联网再中心化。

互联网平台虽然由私人公司设立并经营，却由用户创造内容、吸引流量并形成垄断地位，并且逐渐侵入公共基础设施领域，这类私人企业因此具有了某种公共属性。作为私主体，其获得的权力并不来源于人民赋权，而是凭借资源优势，以管理、监督、支配其他私主体的形式，将社会治理的公权力私有化。虽然从法律层面来看，社交平台基于用户条款获得的是一种契约性"权利"，但赋予的却是管理用户的"权力"。

首先，通过 Application Programming Interface（API，应用程序接口），外部

[①] 梅夏英. 在分享和控制之间 数据保护的私法局限和公共秩序构建[J]. 中外法学, 2019, 31(04):845-870.
[②] 梅夏英. 在分享和控制之间 数据保护的私法局限和公共秩序构建[J]. 中外法学, 2019, 31(04):845-870.
[③] 刘晗. 平台权力的发生学——网络社会的再中心化机制[J]. 文化纵横, 2021(01):31-39+158.

网站和应用可以对处理过的结构化的数据进行编程和访问，数据的传送将不同功能的网站、应用链接起来，在统一的数据格式之上运行，转化为大平台下彼此依存、相互协作的子平台，渗透进用户生活的基础领域及公共服务领域。用户的个人数据被"俘获"，被"格式化"，迁移成本增高，对平台产生依赖，以寄居者的身份附着在平台之上。

其次，在算法规则方面，"互联网的基本通信协议、过滤软件、加密程序等技术构造决定了信息如何在互联网上被传播[1]。"虽然平台本身是开放的，用户参与的门槛较低，但是平台在充当信息中介的同时也制定了信息市场的规则，干预资源分配的公共秩序。平台操纵内容的可见性和信息链接可以施加权力，用户接收什么信息、信息如何排布在很大程度上取决于平台编制的内部算法。平台将对用户数据的掌握转为对用户的渗透和控制，引导和塑造用户行为，使用户的日常生活嵌入平台生态之中，将之圈定在平台的"领土"内。

平台还能处置裁决用户间的争议，对违反规则的用户施以惩罚，甚至可以单方面以封禁的形式将用户驱逐出平台。比如，淘宝平台就制定了规范在线电子商务交易的《淘宝规则》，甚至还设立了专门机构，规范网店和用户之间的交易行为，一旦网店和用户之间产生纠纷，该专门机构即负责裁决纠纷。为了降低治理成本，平台也会设立举报机制侦查平台上的违规行为。举报机制虽然为用户提供了参与内容治理的途径，看似是在双方都认可、维护的价值观下进行共同治理，但用户举报、平台处理、用户反馈的整个流程是个人化、非公开的，用户之间也缺乏联结和沟通。平台的处理过程及内在逻辑对用户而言则是不可知的"黑箱"。用户只知道他们的举报被添加到了一个等待处理的队列中，可能由人工审查员或者机器算法，又或者两者的结合来裁决，但并不知道为什么会收到这样的结果。

平台构建的私人秩序具有权力不对等的特征，删除内容、封禁账号的手段可能侵犯个人的言论自由权、财产权等权利。数据作为平台重要的生产资料，并且对新的经济模式的开拓具有驱动作用，也从公共资源转变为"私人平台控制的围墙花园"[2]。资本驱动下的互联网平台并不会自动维护公平、正义等价值，而是通

---

[1] 薛虹. 论电子商务第三方交易平台——权力、责任和问责三重奏[J]. 上海师范大学学报（哲学社会科学版），2014，43(05):39-46.

[2] 胡凌. 超越代码：从赛博空间到物理世界的控制/生产机制[J]. 华东政法大学学报，2018，21(01):6-21.

过不断攫取资源再加筑高墙阻击竞争者的形式消减了互联网的开放精神。互联网平台的"多边市场效应"使市场份额集中于少数平台，市场约束并不充分[①]。数据作为私有企业财产的意义被强化，以数据形式存在的信息资源被划入边界清晰的平台体系，受到平台内部不可见的算法规则的管理。

四、网络平台数据治理的政策建议

网络平台数据的公、私双重属性及其背后的历史文化隐喻使得数据确权成了一个波及多方利益的复杂的法学问题。本文无意于从法学角度确定数据权属性及其归属，而是从数据转移、流通、交易过程的动态视角为推动数据的合理有效使用、平台数据治理提出可行建议。

（一）加强政府顶层设计，构建多主体协同共治

最新颁布的《中华人民共和国数据安全法》中规定，国家支持开展数据安全知识宣传普及，提高全社会的数据安全保护意识和水平，推动有关部门、行业组织、科研机构、企业、个人等共同参与数据安全保护工作，形成全社会共同维护数据安全和促进发展的良好环境。网络平台数据的合理使用涉及资源分配和利益协调的问题，协同治理的思路能够动员政府、企业、个人、社会组织在既定的制度框架下，相互配合，实现数据保值增值，发挥数据的社会价值[②]。

平台的主体地位和优势日益突显，甚至和政府形成了"平行"治理的局面，然而政府却存在着执法成本高、能力不足等内在缺陷，如何协调政府和平台的关系是构建多主体协同共治的关键。平台的逐利特性可以激励其不断提升数据收集和处理的技术水平，公权力受监督的特征也可以对平台掌握的私权力进行限制和规范。政府与平台协作的目的在于，两者可以通过正式的或非正式的制度约束，

[①] 赵鹏. 平台、信息和个体：共享经济的特征及其法律意涵[J]. 环球法律评论, 2018, 40(04):69-86.
[②] 梁宇, 郑易平. 我国政府数据协同治理的困境及应对研究[J/OL]. 情报杂志: 1-7. (2021-06-09)[2021-08-06]. http://kns.cnki.net/kcms/detail/61.1167.G3.20210608.1538.038.html.

对一些看似冲突的目标进行整合，最终形成参与双方均认可的价值和目标，实现平台数据治理在形式和实质上的多样性和有效性。

首先，要优化治理主体结构，吸纳包括网民、平台企业、行业组织、产业从业者在内的非政府主体的参与。在政府与平台的关系中，政府应转变单一的管理者的形象，转为对平台运行的架构和标准进行设计与监督，避免出现平台侵吞利益、蚕食公权力的现象，但为激励平台实现自我治理，细节方面则交由平台自行落实。而在政府、企业、网民和社会组织等主体构成的关系网络中，政府要从管理型向服务型转变，担当数据共享与激励机制的主导者、设计者和调控者，既需要实践层面的制度安排，也要通过法律法规予以引导和规范。对于各主体对自身权益的考虑，政府应当主动构建协商渠道和合作网络，积极回应并调节各主体之间的关系，为主体权益提供保障，寻求利益平衡点，激发社会治理内生动力。

其次，在政府内部，对平台数据的管理受限于碎片化和部门化，针对平台数据使用中存在的私主体利益受损、公权力不断萎缩等问题，不同政府部门可能存在着职能重叠、目标冲突、权责不明等问题。要完善协同共治机制体系，应在国家层面成立统一的数据治理协调中心，再从横向和纵向两个方向上增强联动，突破科层体制和条块分割的桎梏，建立跨部门、跨区域、跨层级的综合数据治理平台，"有效协同与整合来源于政府、企业、社会组织和民众的分散化、多样化数据，解决信息和数据不对称问题"[①]。

（二）对平台数据采取弱保护模式，督促平台实现社会价值

对于平台而言，由于平台对数据收集和利用已经是既定事实，没有强大的技术和资本很难改变这种状态，所以对平台数据保护的主要任务便是，维护平台对数据控制的现有状态，以维持平台的相对竞争优势存在。对这种状态的保护不必采用确定所有权等强保护方式来实现，即没有必要规定平台数据归平台独占性、排他性地拥有。

[①] 梁宇，郑易平. 我国政府数据协同治理的困境及应对研究[J/OL]. 情报杂志：1-7. (2021-06-09)[2021-08-06]. http://kns.cnki.net/kcms/detail/61.1167.G3.20210608.1538.038.html.

可以沿用商业秘密保护中的"弱保护模式",既承认企业可以对其收集、分析、控制的数据主张权利,也保护企业利用数据服务和交易获利的权利,在法律上建立"行为导向"的数据基础秩序来获得规范[①]。这种保护模式既鼓励了平台对数据的开发和利用,又为数据共享提供了制度上的便利,是一种多方利益协调下的折中的保护模式。

除了用弱保护模式在信息保护和共享之间取得平衡外,国家层面也应当把握时机发展中国互联网平台的数字优势,强化平台企业的社会责任,为其发展提供良好的政策环境,释放数字红利,将单一的内容限制规则升级为对信息资源管理与服务的综合体系搭建。商业平台可以借助5G、大数据、人工智能、工业互联网等技术在创新商业模式、推动产业升级的同时将数据技术延展到社会生活的各个领域,与政府建立数据共享机制,深刻嵌入到社会治理之中,增强科技治理能力。

(三)根据数据类型,规范各类数据进入市场的机制

《中华人民共和国数据安全法》中要求,国家要建立数据分类分级保护制度,根据数据在经济社会发展中的重要程度,以及一旦遭到篡改、破坏、泄露或者非法获取、非法利用,对国家安全、公共利益或者个人、组织合法权益造成的危害程度,对数据实行分类分级保护。

在平台数据治理中,对数据按照不同的属性和标准进行分类处理,杜绝一刀切的情况是解决多方主体利益冲突的重要途径。平台数据要素的分类标准较多,从行业领域看,涉及健康、交通、金融、教育、饮食等领域,从开发利用的程度看,有原始数据、衍生数据、多方交互数据等。

从利益主体看,有涉及私人利益和公共利益的数据。对于不涉及公共利益的数据,应当在进行"去身份识别"处理、保护个人隐私的基础上,规范、有序、平等、有效地进入数据市场,促进平台企业或其他经济组织从自身的智力劳动中获利。对于涉及公共利益的基础数据,则应当在不危害国家安全的情况下向社会公开,避免其成为绝对的排他性私人品,促使其在社会中流转,服务于公共利益。

---

① 梅夏英. 在分享和控制之间 数据保护的私法局限和公共秩序构建[J]. 中外法学, 2019, 31(04):845-870.

得失权衡、主体信任与危机感知："健康码"常态化使用的影响因素研究

【摘　要】 作为新冠肺炎疫情催生的社会治理与应急管理技术，"健康码"的常态化使用不仅关系到技术工具的生命周期，更从社会接纳的角度检验了后疫情时代数据化社会治理方式创新的可行性与有效性。以技术接受模型为参考，构建了"健康码"常态化使用意愿模型。问卷调查结果表明，人们在形成常态化使用意愿时伴有"利益—风险"计算的心理过程，而得失权衡会随着技术效能的弱化、数据归属主体的介入及危机情境的反复而发生变化。实证结果为后疫情时代"健康码"的推广和优化、数据化社会治理方式的社会嵌入路径提供了启示。

【关键词】 "健康码"　常态化使用　社会治理　应急管理　数据治理

作为新冠肺炎疫情下产生的社会治理和应急管理技术，"健康码"通过追踪、管理用户的位置信息（包括用户自填到访轨迹、大数据行程监控等）和健康信息（包括用户自填健康状况，以及核酸检测和疫苗接种自动采集信息等），对用户接触新冠肺炎病毒的潜在风险进行评级，以此管理疫情期间的人员流动，并通过标准制定[1]和平台接入[2]，构建起跨部门、跨层级、跨地域的全国性防疫健康网络。"健康码"在疫情防控和复工复产工作中发挥了重要作用。抗击疫情期间我国绝大多数人都申领了"健康码"[3]，其申请比例和应用效果明显领先于世

---

[1] GB/T 38961-2020, 个人健康信息码参考模型[S]. GB/T 38962-2020, 个人健康信息码—数据格式[S]. GB/T 38963-2020, 个人健康信息码应用接口[S].

[2] 谢新洲, 石林. 国家治理现代化：互联网平台驱动下的新样态与关键问题[J]. 新闻与写作, 2021(04):5-12.

[3] 中国互联网络信息中心(CNNIC). 第47次中国互联网络发展状况统计报告[EB/OL]. (2021-02-23)[201-11-25]. http://www.cnnic.net.cn/ hlwfzyj/hlwxzbg/hlwtjbg/202102/P020210203334633480104.pdf.

界其他国家[①]。

  由于"健康码"或接触者追踪（Contact-tracing）技术的实际效用取决于其采纳和使用率，技术接受度成为该领域早期的研究重点。国外学者多从个体层面关注影响用户接受和使用接触者追踪技术的因素：社会接受往往伴随着隐私风险与技术效能之间的博弈[②]，并在不同地区[③④]、不同危机情境[⑤⑥⑦]、不同意识形态[⑧]下呈现出差异化的博弈结果。国内学者则多从组织层面关注影响政府部门推动"健康码"普及与扩散的因素：经济水平和技术能力直接影响地方政府内在驱动力的建立，用户需求、政策任务、组织关系等则对其构成外部环境压力[⑨⑩]，最终形成

[①] Li J, Guo X. Global deployment mappings and challenges of contact-tracing apps for COVID-19[EB/OL]. Available at SSRN:https://ssrncom/abstract=3609516.2020.

[②] Seto E, Challa P, Ware P. Adoption of COVID-19 Contact Tracing Apps: A Balance Between Privacy and Effectiveness[J]. Journal of Medical Internet Research, 2021, 23(3).

[③] Velicia-Martin F, Cabrera-Sanchez J P, Gil-Cordero E, et al. Researching COVID-19 tracing app acceptance: incorporating theory from the technological acceptance model[J]. PeerJ Computer Science, 2021, 7: e316.

[④] Zimmermann B M, Fiske A, Prainsack B, et al. Early perceptions of COVID-19 contact tracing apps in German-speaking countries: comparative mixed methods study[J]. Journal of medical Internet research, 2021, 23(2): e25525.

[⑤] Garrett P M, Wang Y W, White J P, et al. Young adults view smartphone tracking technologies for COVID-19 as acceptable: the case of Taiwan[J]. International journal of environmental research and public health, 2021, 18(3): 1332.

[⑥] Lewandowsky S, Dennis S, Perfors A, et al. Public acceptance of privacy-encroaching policies to address the COVID-19 pandemic in the United Kingdom[J]. Plos one, 2021, 16(1): e0245740.

[⑦] Garrett P M, White J P, Lewandowsky S, et al. The acceptability and uptake of smartphone tracking for COVID-19 in Australia[J]. Plos one, 2021, 16(1): e0244827.

[⑧] Wnuk A, Oleksy T, Maison D. The acceptance of Covid-19 tracking technologies: The role of perceived threat, lack of control, and ideological beliefs[J]. PloS one, 2020, 15(9): e0238973.

[⑨] 朱光喜, 杨海禄. 公共卫生危机中技术治理创新扩散的影响因素分析——基于"健康码"扩散的实证研究[J]. 领导科学论坛, 2021(11):13-21.

[⑩] 王法硕, 张桓朋. 重大公共危机事件背景下爆发式政策扩散研究——基于健康码省际扩散的事件史分析[J]. 电子政务, 2021(01):21-31.

以大型互联网企业所在城市为创新源、其他地区快速集聚的学习网络[1]。

然而,"健康码"到底是公共卫生危机下一个临时的"应急产物",还是社会治理语境下一次影响深远的"模式创新"?随着防疫工作趋于常态化,后疫情时代"健康码"的常态化使用引发了学者们的深刻反思。人民智库的问卷调查结果显示,38.54%的被访者认为"健康码"应继续优化,成为"常态化管理工具";37.63%的被访者则认为"健康码"应进一步"拓展应用场景"[2]。乐观观点下,"健康码"被视为社会治理迈向数字化、数据化的"跳板",在行政体系下有利于推进"智慧政务"的发展[3],实现"韧性治理"[4];在医疗卫生体系下有利于形成全民"医疗健康一卡通"[5],提供多元主体信息管理接口,实现社区居民健康常态化管理[6]。其他观点则认为,"健康码"常态化可能造成商业力量借机凭借其既有技术、数据和资本优势实现"监管俘获"[7]。从应急防控到常态应用的场景切换反而放大了因数据权限不明而导致的个人信息保护难题[8]。此外,数字鸿沟(如"无码人士")、数据作假(如"伪造健康码")、模式滥用(如"文明码")等问题的出现使得"健康码"的可持续性和可推广性存疑[9]。有的学者从法律视角出发,认为"健康码"是紧急状态下的一种紧急措施,后疫情时代须脱离强制性,发展成为基于公民自主意愿的公共服务[10]。

---

[1] 邹伟,李娉. 技术嵌入与危机学习:大数据技术如何推进城市应急管理创新?——基于健康码扩散的实证分析[J]. 城市发展研究,2021,28(02):90-96.

[2] 王虹. 调查报告:疫情后的"健康码",可能变得更有用[J]. 国家治理,2020(27):2-7.

[3] 陈禹衡,陈洪兵. 反思与完善:算法行政背景下健康码的适用风险探析[J]. 电子政务,2020(08):93-101.

[4] 王磊,王青芸. 韧性治理:后疫情时代重大公共卫生事件的常态化治理路径[J]. 河海大学学报(哲学社会科学版),2020,22(06):75-82+111-112.

[5] 史亚娟. 湖北"解封"!健康码会成"居民健康身份证"吗?[J]. 中外管理,2020(04):46-48.

[6] 段梦琪,沈世勇. 数据治理视角下健康码在社区健康信息管理中的功能优化[J]. 经营与管理,2021(10):122-126.

[7] 方兴东,严峰. "健康码"背后的数字社会治理挑战研究[J]. 人民论坛·学术前沿,2020(16):78-91.

[8] 鲍坤. 健康码数据常态化应用的比例原则限制[J]. 电子政务,2021(01):32-41.

[9] 谢新水. 疫情治理中的健康码:认同与张力——基于"一体两面"三重交互界面的探究[J]. 电子政务,2021(01):2-11.

[10] 许可. 健康码的法律之维[J]. 探索与争鸣,2020(09):130-136+160.

由此，本文提出研究问题如下：人们是否真正接受了以"健康码"为代表的数据化的社会治理技术？后疫情时代影响人们常态化使用"健康码"的因素有哪些？用户视角下"健康码"常态化发展的实现路径和潜在难点是什么？本文将通过实证研究挖掘"健康码"常态化发展的社会心理基础，不仅为后疫情时代应急管理与社会治理技术的优化和推广策略提供数据支撑，为社会治理模式的数据化创新提供可行性和有效性检验，更为"数字化生存"[①②]在社会治理视野下的呈现和演进提供学理探讨的场景和空间。

一、理论背景与研究假设

为充分理解用户形成"健康码"常态化使用意愿的心理过程，本文在技术接受模型的基础上，深入疫情之下"健康码"使用的技术特性和情境特性[③]，构建"健康码"常态化使用影响因素模型。

（一）技术接受与常态化使用

在经典的技术接受模型（Technology Acceptance Model，TAM）之中，人们接受新技术的意愿可被感知有用性和感知易用性正向预测。其中，感知有用性指的是人们认为新技术能够提升他们工作表现的程度；感知易用性指的是人们认为他们能够轻松驾驭新技术的程度[④]。自提出后，该模型对用户技术接受意愿的预测力

[①] 吴静. 从健康码到数据身体：数字化时代的生命政治[J]. 南通大学学报（社会科学版），2021, 37(01):8-15.

[②] 杨庆峰. 健康码、人类深度数据化及遗忘伦理的建构[J]. 探索与争鸣，2020(09):123-129+160-161.

[③] Tamilmani K, Rana N P, Wamba S F, et al. The extended Unified Theory of Acceptance and Use of Technology (UTAUT2): A systematic literature review and theory evaluation[J]. International Journal of Information Management, 2021, 57:102269.

[④] Davis F D. Perceived usefulness, perceived ease of use, and user acceptance of information technology[J]. MIS quarterly, 1989: 319-340.

和解释力得到了广泛检验,感知有用性对其他外部变量的中介效应尤为显著[1][2]。随着研究情境不断丰富,特别是相关研究开始向消费情境延伸,技术接受模型在与其他理论的结合下得到进一步拓展和丰富:在社会交换理论视角下,感知风险被纳入模型,考察人们所认为的使用新技术(一般伴随自我表露、数据泄露等)可能带来的潜在风险对感知有用性和技术接受意愿的负向影响[3][4][5];与期望确认理论相结合,衍生出以感知有用性、期望确认、满意度和持续使用意愿为核心变量的期望确认模型,从而考察影响人们持续使用信息系统的因素[6]。考虑到"健康码"最早是疫情防控的应急工具,用户起初可能不会带有太多正向预测"期待",难以从期望确认的角度形成满意度评估,本文主要以技术接受模型为参照构建研究模型。在因变量上,受"持续使用意愿"启发,提出"常态化使用意愿",充分体察"健康码"区别于一般产品或服务所具有的危机情境特性,更强调剥离危机情境(含强制措施)后人们对于"健康码"的接纳程度。

追踪技术(Tracking)的使用和推广往往伴随着这样一个问题,即人们在多大程度上愿意为了技术可能带来的健康和安全而让渡隐私、自尊等基本权利[7]。既有研究以"移动政务服务"App[8]、"国家公共文化云"App[9]等为例,验证了感知有

---

[1] King W R, He J. A meta-analysis of the technology acceptance model[J]. Information & management, 2006, 43(6): 740-755.

[2] Schepers J, Wetzels M. A meta-analysis of the technology acceptance model: Investigating subjective norm and moderation effects[J]. Information & management, 2007, 44(1): 90-103.

[3] Featherman M S, Pavlou P A. Predicting e-services adoption: a perceived risk facets perspective[J]. International journal of human-computer studies, 2003, 59(4): 451-474.

[4] Bélanger F, Carter L. Trust and risk in e-government adoption[J]. The Journal of Strategic Information Systems, 2008, 17(2): 165-176.

[5] Lu H P, Hsu C L, Hsu H Y. An empirical study of the effect of perceived risk upon intention to use online applications[J]. Information management & computer security, 2005.

[6] Bhattacherjee A. Understanding information systems continuance: An expectation-confirmation model[J]. MIS quarterly, 2001: 351-370.

[7] Hofmann B. Ethical challenges with welfare technology: a review of the literature[J]. Science and engineering ethics, 2013, 19(2): 389-406.

[8] 王法硕,丁海恩. 移动政务公众持续使用意愿研究——以政务服务 APP 为例[J]. 电子政务, 2019(12):65-74.

[9] 刘睿,韦景竹. 国家公共文化云 App 公众持续使用意愿研究[J]. 情报资料工作, 2020, 41(04):39-48.

用性对持续使用意愿的正向影响；以电子政务系统[1]、基于位置的服务（LBS）[2]等为例，验证了感知风险对感知有用性和持续使用意愿的负向影响。就"健康码"而言，疫情过后或疫情得到大幅缓解后，人们愿意继续使用"健康码"、把应急措施当作常态，在很大程度上是权衡"利益—风险"关系的结果[3]，即当感知有用性超过感知风险时，人们更倾向于常态化使用"健康码"。对英国 NHS COVID-19 接触者追踪应用的实证研究表明，当人们缺乏足够清晰的证据可以证明该应用确实有效时，便有可能放弃后续使用[4]。基于半结构式访谈的定性研究则发现，随着"健康码"的广泛应用，中国用户开始质疑"健康码"背后的算法及自主填报的数据准确性，加上部分地区"扫码检测"的随意性，对大数据的"技术崇拜"被逐渐消解；同时，出于对监控范围扩大的顾虑，人们对"健康码"常态化使用的必要性抱有质疑态度[5]。据此，本研究提出如下假设：

H1：感知有用性与常态化使用意愿呈正相关关系。

H2：感知风险与感知有用性呈负相关关系。

H3：感知风险与常态化使用意愿呈负相关关系。

（二）数据归属主体信任

同样是在消费情境（如电子商务、网络购物、网上银行等）下，信任被整合

---

[1] Santhanamery T, Ramayah T. The effect of trust in the system and perceived risk in influencing continuance usage intention of an e-government system[J]. Journal of Applied Environmental and Biological Sciences, 2016, 6(3): 7-18.

[2] Zhou T. Examining continuous usage of location-based services from the perspective of perceived justice[J]. Information Systems Frontiers, 2013, 15(1): 141-150.

[3] Seto E, Challa P, Ware P. Adoption of COVID-19 Contact Tracing Apps: A Balance Between Privacy and Effectiveness[J]. Journal of Medical Internet Research, 2021, 23(3).

[4] Horvath L, Banducci S, Blamire J, et al. Adoption and continued use of mobile contact tracing technology: Multilevel explanations from a three-wave panel survey and linked data[J]. medRxiv, 2021.

[5] Liu C, Graham R. Making sense of algorithms: Relational perception of contact tracing and risk assessment during COVID-19[J]. Big Data & Society, 2021, 8(1): 2053951721995218.

进了技术接受模型中，对感知有用性和使用意愿具有正向影响[1][2]。信任有多个维度，包括对技术、环境、技术主体、运作机制等的信任，本文重点关注的是主体信任，即个人对另一主体未来行为的积极预期[3]。一般而言，主体信任会让用户认为服务提供方会合理、得当地使用他们的个人信息（如 LBS 服务所需要的个人位置信息、电子政务所需要的个人身份信息），从而增强感知有用性，降低感知风险[4]，进而促进持续使用意愿[5]。

由于"健康码"或其他接触者追踪应用的技术逻辑基础是数据共享，技术提供方（或数据归属方）能否合理、合规地使用和保护用户数据，直接关系到"健康码"能否真正发挥效用、是否存在安全隐患。"健康码"等应用为了顺应人们的日常媒体使用习惯，往往由政府部门发起，借由互联网平台推广和运营，导致其背后实际存在两种技术主体（即政府和商业平台），以及可能存在的主体信任差异。有研究机构向被访者提供了三种在运营主体上存在差异的追踪技术，其中由平台（Apple 和 Google）运营的技术被认为有更大的风险，更容易被拒绝，而政府替代方案则被认为更值得信赖，并且只会收集必要的数据[6]。已有研究表明，对政府的信任能够正向预测接触者追踪应用的持续使用意愿[7]。对于"健康码"常态化使用

---

[1] Gefen D, Karahanna E, Straub D W. Trust and TAM in online shopping: An integrated model[J]. MIS quarterly, 2003: 51-90.

[2] Wu K, Zhao Y, Zhu Q, et al. A meta-analysis of the impact of trust on technology acceptance model: Investigation of moderating influence of subject and context type[J]. International Journal of Information Management, 2011, 31(6): 572-581.

[3] Mayer R C, Davis J H, Schoorman F D. An integrative model of organizational trust[J]. Academy of management review, 1995, 20(3): 709-734.

[4] Zhou T. Understanding user adoption of location-based services from a dual perspective of enablers and inhibitors[J]. Information Systems Frontiers, 2015, 17(2): 413-422.

[5] Wang E S T, Lin R L. Perceived quality factors of location-based apps on trust, perceived privacy risk, and continuous usage intention[J]. Behaviour & Information Technology, 2017, 36(1): 2-10.

[6] Garrett P M, Wang Y W, White J P, et al. Young adults view smartphone tracking technologies for COVID-19 as acceptable: the case of Taiwan[J]. International journal of environmental research and public health, 2021, 18(3): 1332.

[7] Prakash A V, Das S, Pillai K R. Understanding Digital Contact Tracing App Continuance: Insights from India[J]. Health Policy and Technology, 2021: 100573.

而言，由于"健康码"本质上是向公众提供的一种健康管理服务，因此无论是政府还是平台，数据归属主体信任都更有可能促进感知有用性和常态化使用意愿。两者的差异主要体现在与感知风险的关系上。有研究发现，在中国人隐私敏感度普遍不高的情况下，人们往往会从平台对数据管理的介入中感知到更大的风险[1][2]。由此，本研究再提出以下假设：

H4：信任数据归属政府与感知有用性呈正相关关系。

H5：信任数据归属政府与感知风险呈负相关关系。

H6：信任数据归属政府与常态化使用意愿呈正相关关系。

H7：信任数据归属平台与感知有用性呈正相关关系。

H8：信任数据归属平台与感知风险呈正相关关系。

H9：信任数据归属平台与常态化使用意愿呈正相关关系。

（三）危机情境下的技术接受

在工具理性或使用与满足的视角下，人们之所以接受或使用某种新技术，是因为该技术满足了人们的某种需要，帮助人们解决了某个问题。产生于新冠肺炎疫情下的"健康码"，本身就被赋予了防止疫情肆意蔓延的工具意义和价值期许。相关研究表明，一方面，危机情境放大了人们的信息需求，通过社交媒体满足信息需求能促使人们自发参与危机治理[3]；另一方面，对工具的需求下人们更愿意让渡个人隐私，有被访者在一项关于"健康码"社会认知的研究中就隐私问题发表过这样的观点："危机当头，不是谈论隐私的时候"[4]。可见，在不同的危机情境下，人们对技术效能的期待和对技术风险的容忍度是不同的，这也在多项接触者

---

[1] Horvath L, Banducci S, Blamire J, et al. Adoption and continued use of mobile contact tracing technology: Multilevel explanations from a three-wave panel survey and linked data[J]. medRxiv, 2021.

[2] Liu C, Graham R. Making sense of algorithms: Relational perception of contact tracing and risk assessment during COVID-19[J]. Big Data & Society, 2021, 8(1): 2053951721995218.

[3] 杨康，杨超，朱庆华. 情报理论与实践[J]. 情报理论与实践，2021, 44(03).

[4] Liu C, Graham R. Making sense of algorithms: Relational perception of contact tracing and risk assessment during COVID-19[J]. Big Data & Society, 2021, 8(1): 2053951721995218.

追踪应用社会接受研究中得到验证[1][2][3]。本研究继续提出如下假设：

H10：疫情危机感知与感知有用性呈正相关关系。

H11：疫情危机感知与感知风险呈负相关关系。

H12：疫情危机感知与常态化使用意愿呈正相关关系。

此外，考虑到性别、年龄、受教育程度、互联网使用经历在技术接受模型中的潜在影响[4]，本研究将以上四个变量视为控制变量放入到模型中，并将互联网使用经历替换为网龄以便于测量。最终形成"健康码"常态化使用影响因素模型图，如图1所示。

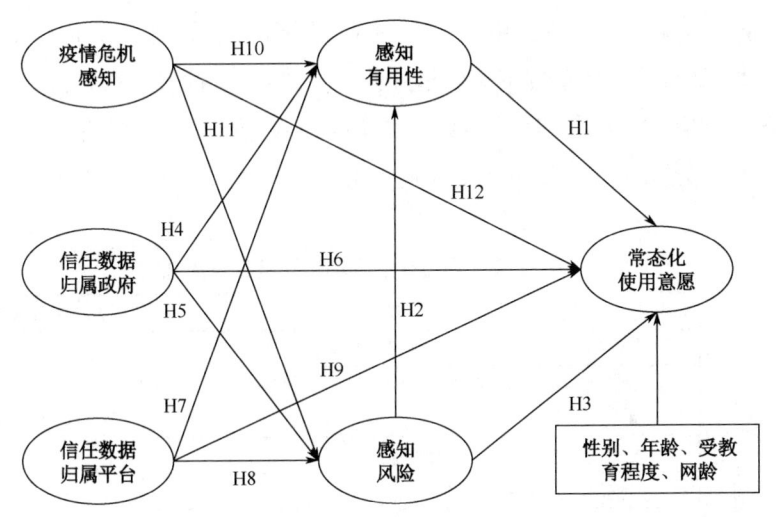

图1 "健康码"常态化使用影响因素模型图

---

[1] Wnuk A, Oleksy T, Maison D. The acceptance of Covid-19 tracking technologies: The role of perceived threat, lack of control, and ideological beliefs[J]. PloS one, 2020, 15(9): e0238973.

[2] Lewandowsky S, Dennis S, Perfors A, et al. Public acceptance of privacy-encroaching policies to address the COVID-19 pandemic in the United Kingdom[J]. Plos one, 2021, 16(1): e0245740.

[3] Velicia-Martin F, Cabrera-Sanchez J P, Gil-Cordero E, et al. Researching COVID-19 tracing app acceptance: incorporating theory from the technological acceptance model[J]. PeerJ Computer Science, 2021, 7: e316.

[4] Venkatesh V, Morris M G, Davis G B, et al. User acceptance of information technology: Toward a unified view[J]. MIS quarterly, 2003: 425-478.

二、研究设计与数据收集

本研究使用问卷调查法，获取用户关于"健康码"使用的感受、态度和行为意图等数据信息，从中挖掘"健康码"常态化使用的影响因素及其中的用户心理机制。

（一）量表设计

为保证问卷调查的有效性和权威性，本研究全部采用既有文献中的成熟量表，并结合"健康码使用"的研究情境做适度修正（如表1所示）。每个潜在变量的实际测量统一采用Likert7级量表，被调查者根据自身情况对相关表述进行同意程度打分（1分为非常不同意，7分为非常同意）。

表1 本研究问卷调查的题项设计及量表来源

潜在变量	测量变量	量表来源
疫情危机感知	1. 接下来的六个月，我有可能感染新冠肺炎。 2. 接下来的六个月，我在国内的朋友和家人有可能感染新冠肺炎。 3. 在国内，会有很多人感染新冠肺炎。 4. 我有可能感染新冠肺炎。	Dryhurst 等[①]
信任数据归属政府	1. 我认为我的个人数据信息应该由政府保管。 2. 如果我的个人数据信息由政府保管，我会感到放心。 3. 我相信政府能够保障我的个人数据信息安全。 4. 我相信政府不会将我的个人数据信息用于其他用途。	Garrett 等[②]

---

① Dryhurst S, Schneider C R, Kerr J, et al. Risk perceptions of COVID-19 around the world[J]. Journal of Risk Research, 2020, 23(7-8): 994-1006.

② Garrett P M, Wang Y W, White J P, et al. Young adults view smartphone tracking technologies for COVID-19 as acceptable: the case of Taiwan[J]. International journal of environmental research and public health, 2021, 18(3): 1332.

续表

潜在变量	测量变量	量表来源
信任数据归属平台	1. 我认为我的个人数据信息应该由商业平台保管。 2. 如果我的个人数据信息由商业平台保管，我会感到放心。 3. 我相信商业平台能够保障我的个人数据信息安全。 4. 我相信商业平台不会将我的个人数据信息用于其他用途。	Garrett 等[1]
感知有用性	1. "健康码"可以提高防疫检测效率。 2. 使用"健康码"可以降低我得新冠肺炎的几率。 3. "健康码"可以有效缓解疫情的扩散。 4. "健康码"可以更准确地捕捉人员流动情况，有助于疫情防控。	Davis[2]
感知风险	1. "健康码"会泄露我的健康信息。 2. "健康码"会泄露我的位置信息。 3. "健康码"的数据可能会被用于其他对我有害的用途。 4. "健康码"会让我始终处于被监控的状态。 5. 总的来说，使用"健康码"是有风险的。	Bélanger，Carter[3]；Miltgen 等[4]
常态化使用意愿	1. 就算没有强制性命令，我也还会继续使用"健康码"。 2. 相较于主动填报，我还会继续使用"健康码"。 3. 疫情之后，我还是会使用"健康码"。	Bhattacherjee[5]

（二）数据收集

本研究依托专业的市场调查公司益普索（中国）进行问卷发放，数据收集时间为 2021 年 3 月 1 日至 3 月 22 日。为确保问卷的信度、效度合格，在正式调查

---

[1] Garrett P M, Wang Y W, White J P, et al. Young adults view smartphone tracking technologies for COVID-19 as acceptable: the case of Taiwan[J]. International journal of environmental research and public health, 2021, 18(3): 1332.

[2] Davis F D. Perceived usefulness, perceived ease of use, and user acceptance of information technology[J]. MIS quarterly, 1989: 319-340.

[3] Bélanger F, Carter L. Trust and risk in e-government adoption[J]. The Journal of Strategic Information Systems, 2008, 17(2): 165-176.

[4] Miltgen C L, Popovič A, Oliveira T. Determinants of end-user acceptance of biometrics: Integrating the "Big 3" of technology acceptance with privacy context[J]. Decision support systems, 2013, 56: 103-114.

[5] Bhattacherjee A. Understanding information systems continuance: An expectation-confirmation model[J]. MIS quarterly, 2001: 351-370.

之前先发放了300份预调查问卷,根据问卷填答和数据情况对部分题项进行了调整,形成包含基本人口统计量和"健康码"使用情况(即表1)两大部分的正式版问卷。正式调查期间,调查公司向其既有样本库发放网络版问卷,并通过测谎题和填答时间门槛(10分钟以上)严格把控被调查者填答质量,最终回收有效问卷1739份。被调查者的人口统计学情况如表2所示,受调查公司样本库和网络调查形式所限,本次调查在19岁以下、居住地为农村、受教育程度低等方面的样本量相对较少。

表2 被调查者人口统计学情况

人口统计学变量	具体分类	人数(占比)
性别	男	828(47.6%)
	女	911(52.4%)
年龄	19岁以下	219(12.6%)
	20-29岁	594(34.2%)
	30-39岁	560(32.2%)
	40-49岁	275(15.8%)
	50岁及以上	91(5.2%)
受教育程度	小学及初中	126(7.2%)
	高中或中专或技校	704(40.5%)
	大专	471(27.1%)
	本科及以上	438(25.2%)
现居住地(城市级别)	一线城市	222(12.8%)
	新一线城市	434(25.0%)
	二线城市	237(13.6%)
	三线城市及以下	846(48.6%)
现居住地(城乡)	城镇	1614(92.8%)
	农村	125(7.2%)

三、数据分析与假设检验

本研究使用SPSS AMOS 23和Statistics 27软件进行数据分析和模型检验。

(一)测量模型检验

测量模型的有效性一般由内容有效性、内部一致性和区分性三个指标检验。

在内容有效性上，本研究使用的测量均借鉴了已有研究的成熟量表，并经过预调查和修正，表意清晰、准确。如表 3 所示，在内部一致性上，所有潜在变量的 CR（Composite Reliability）值均在 0.7 以上，Cronbach's Alpha 值均在 0.7 以上，说明测量模型具有良好的内部一致性和可靠性；AVE 均大于 0.5，说明测量具有较好的聚敛效度。在区分性上，各潜在变量的 AVE 平方根均大于该变量与其他变量间的相关性（如表 4），表明测量模型具有良好的区分性。进一步由测量变量对其所属潜在变量的因子载荷均高于与其他潜变量的交叉因子载荷（如表 5），反映出测量模型兼具良好的内部一致性和区分性[1][2]。

表 3　验证性因子分析

潜在变量	题项数	AVE	Composite Reliability	Cronbach's Alpha
疫情危机感知	4	0.775	0.932	0.930
信任数据归属政府	4	0.655	0.883	0.883
信任数据归属平台	4	0.760	0.927	0.928
感知有用性	4	0.556	0.833	0.833
感知风险	5	0.697	0.920	0.920
常态化使用意愿	3	0.644	0.844	0.835

表 4　潜在变量间相关系数和 AVE 平方根

	疫情危机感知	信任数据归属政府	信任数据归属平台	感知有用性	感知风险	常态化使用意愿
疫情危机感知	0.880					
信任数据归属政府	-0.166	0.809				
信任数据归属平台	0.382	0.015	0.872			
感知有用性	-0.219	0.603	-0.044	0.746		
感知风险	0.484	-0.154	0.253	-0.267	0.835	
常态化使用意愿	-0.117	0.540	0.129	0.627	-0.274	0.803

---

[1] Hair, J. F., Black, B., Babin, B., Anderson, R. E., Tatham, R. L.. Multivariate Data Analysis[M]. Pearson Prentice Hall, Upper Saddle River, NJ, 2005.

[2] Anderson J C, Gerbing D W. Structural equation modeling in practice:A review and recommended two-step approach[J]. Psychological bulletin, 1988, 103(3):411-423.

表 5　因子载荷和交叉因子载荷

	疫情危机感知	信任数据归属政府	信任数据归属平台	感知有用性	感知风险	常态化使用意愿
疫情危机感知 1	**0.891**	−0.051	0.167	−0.046	0.210	−0.031
疫情危机感知 2	**0.894**	−0.052	0.165	−0.058	0.211	−0.024
疫情危机感知 3	**0.788**	−0.078	0.162	−0.055	0.204	−0.004
疫情危机感知 4	**0.876**	−0.061	0.155	−0.065	0.236	−0.034
信任数据归属政府 1	−0.036	**0.833**	−0.013	0.175	0.067	0.064
信任数据归属政府 2	−0.040	**0.860**	0.000	0.215	−0.015	0.134
信任数据归属政府 3	−0.089	**0.783**	0.035	0.265	−0.078	0.216
信任数据归属政府 4	−0.073	**0.790**	0.042	0.148	−0.149	0.225
信任数据归属平台 1	0.164	−0.003	**0.878**	−0.020	0.139	0.034
信任数据归属平台 2	0.174	−0.009	**0.895**	−0.012	0.125	0.054
信任数据归属平台 3	0.112	0.021	**0.888**	0.048	0.070	0.042
信任数据归属平台 4	0.154	0.042	**0.888**	−0.009	0.027	0.072
感知有用性 1	−0.136	0.250	−0.039	**0.704**	−0.163	0.276
感知有用性 2	0.040	0.132	0.101	**0.786**	−0.041	0.106
感知有用性 3	−0.030	0.202	0.001	**0.823**	−0.075	0.135
感知有用性 4	−0.138	0.249	−0.085	**0.723**	−0.055	0.195
感知风险 1	0.191	−0.051	0.112	−0.075	**0.847**	−0.064
感知风险 2	0.098	−0.010	0.002	−0.024	**0.867**	−0.082
感知风险 3	0.190	−0.053	0.099	−0.066	**0.845**	−0.058
感知风险 4	0.158	−0.013	0.053	−0.048	**0.848**	−0.089
感知风险 5	0.280	−0.055	0.151	−0.138	**0.787**	−0.082
常态化使用意愿 1	−0.040	0.209	0.093	0.254	−0.141	**0.830**
常态化使用意愿 2	−0.082	0.283	−0.048	0.344	−0.078	**0.692**
常态化使用意愿 3	0.031	0.174	0.162	0.152	−0.128	**0.833**

（二）假设检验

本研究采用 Bootstrapping 检验结构模型，样本数为 2000，检验结果如图 2 所示。感知有用性、感知风险和常态化使用意愿的 R^2 分别为 0.397、0.246、0.481，说明该模型的预测效果较好。模型整体的适配度情况如表 6 所示，各维度的适配

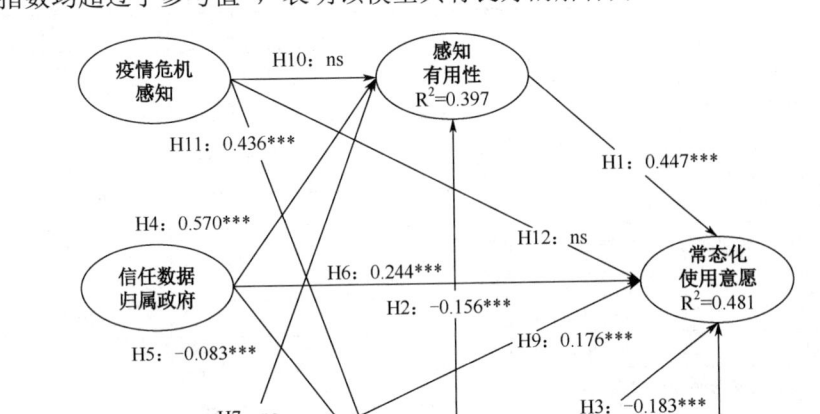

度指数均超过了参考值①，表明该模型具有良好的解释力。

图 2　AMOS 运行结果

表 6　模型适配度检验

CMIN/DF	RMSEA	GFI	AGFI	CFI	IFI	TLI
8.749	0.070	0.884	0.859	0.916	0.916	0.905

上述假设部分得到了验证（如表 7）。其中，在"利益—风险"权衡下的技术接受维度，感知有用性与常态化使用意愿呈现正相关，感知风险与感知有用性、常态化使用意愿均呈负相关；在数据归属主体信任维度，信任数据归属政府与感知有用性、常态化使用意愿均呈正相关，与感知风险呈负相关，信任数据归属平台与常态化使用意愿呈正相关，与感知风险呈正相关，与感知有用性的相关性则不显著；在危机情境下的技术接受维度，疫情危机感知与感知有用性、常态化使用意愿均不存在显著相关性，与感知风险存在相关性，但是为正相关。表 8 报告了路径检验的具体结果。

---

① Jackson D L, Gillaspy Jr J A, Purc-Stephenson R. Reporting practices in confirmatory factor analysis: an overview and some recommendations[J]. Psychological methods, 2009, 14(1): 6.

表7 假设检验结果

假设	检验结果
H1：感知有用性与常态化使用意愿呈正相关关系	支持
H2：感知风险与感知有用性呈负相关关系	支持
H3：感知风险与常态化使用意愿呈负相关关系	支持
H4：信任数据归属政府与感知有用性呈正相关关系	支持
H5：信任数据归属政府与感知风险呈负相关关系	支持
H6：信任数据归属政府与常态化使用意愿呈正相关关系	支持
H7：信任数据归属平台与感知有用性呈正相关关系	不支持 [a]
H8：信任数据归属平台与感知风险呈正相关关系	不支持 [b]
H9：信任数据归属平台与常态化使用意愿呈正相关关系	支持
H10：疫情危机感知与感知有用性呈正相关关系	不支持 [a]
H11：疫情危机感知与感知风险呈负相关关系	不支持 [b]
H12：疫情危机感知与常态化使用意愿呈正相关关系	不支持 [a]

注：[a] 不相关，[b] 与假设方向相反。

表8 结构模型的路径检验

路径	标准化系数	S.E.	C.R.	P
疫情危机感知→感知有用性	−0.051	0.016	−1.830	0.067
疫情危机感知→感知风险	0.436	0.029	16.443	***
疫情危机感知→常态化使用意愿	0.050	0.022	1.912	0.056
信任数据归属政府→感知有用性	0.570	0.024	19.767	***
信任数据归属政府→感知风险	−0.083	0.039	−3.442	***
信任数据归属政府→常态化使用意愿	0.244	0.037	8.172	***
信任数据归属平台→感知有用性	0.007	0.013	0.260	0.795
信任数据归属平台→感知风险	0.088	0.026	3.467	***
信任数据归属平台→常态化使用意愿	0.176	0.018	7.444	***
感知风险→感知有用性	−0.156	0.014	−5.734	***
感知风险→常态化使用意愿	−0.183	0.020	−7.081	***
感知有用性→常态化使用意愿	0.447	0.048	13.573	***

注：***表示 $P<0.001$。

为理解用户常态化使用"健康码"的心理过程，本研究进一步检验了感知有用性和感知风险的中介效应（如表9）。除了"疫情危机感知——感知有用性——常态化使用意愿""信任数据归属平台——感知有用性——常态化使用意愿"，其他中介路径均通过检验，感知有用性和感知风险在其中发挥了重要的中介作用。在感知有用性的中介作用下，信任数据归属政府对常态化使用意愿具有正向的间接效应。在感知风险的中介作用下,疫情危机感知和信任数据归属平台均对常态化使用意愿具有负向的间接效应,而信任数据归属政府对常态化使用意愿具有正向的间接效应。在感知有用性和感知风险的双重中介作用下,疫情危机感知和信任数据归属平台均对常态化使用意愿具有负向的间接效应,而信任数据归属政府对常态化使用意愿具有正向的间接效应。

表9 标准化的中介效应检验

路径	b	SE	Bias-corrected 95%CI Lower	Bias-corrected 95%CI Upper	P	Percentile 95%CI Lower	Percentile 95%CI Upper	P
疫情危机感知-感知风险-常态化使用意愿	-0.080	0.013	-0.108	-0.057	***	-0.105	-0.054	0.001
疫情危机感知-感知风险-感知有用性-常态化使用意愿	-0.030	0.007	-0.045	-0.019	0.001	-0.044	-0.018	0.001
疫情危机感知-感知有用性-常态化使用意愿	-0.023	0.013	-0.050	0.002	0.070	-0.050	0.002	0.069
信任数据归属政府-感知风险-常态化使用意愿	0.015	0.006	0.006	0.028	0.001	0.005	0.028	0.002
信任数据归属政府-感知风险-感知有用性-常态化使用意愿	0.006	0.002	0.003	0.011	0.001	0.002	0.010	0.002
信任数据归属政府-感知有用性-常态化使用意愿	0.255	0.028	0.205	0.316	0.001	0.202	0.314	0.001
信任数据归属平台-感知风险-常态化使用意愿	-0.016	0.006	-0.030	-0.006	0.001	-0.029	-0.005	0.002
信任数据归属平台-感知风险-感知有用性-常态化使用意愿	-0.006	0.002	-0.012	-0.002	0.001	-0.012	-0.002	0.002
信任数据归属平台-感知有用性-常态化使用意愿	0.003	0.010	-0.017	0.023	0.722	-0.018	0.022	0.801

注:***表示 $P<0.001$。

四、结论和讨论

本文以技术接受模型为参考，引入感知风险、主体信任、危机感知等相关变量，构建了"健康码"常态化使用意愿模型。实证检验结果表明，该模型具有较好的解释力。具体结论如下：（1）引入感知风险的技术接受模型得到验证，感知有用性显著正向影响常态化使用意愿，感知风险显著负向影响感知有用性和常态化使用意愿，感知有用性和感知风险对于其他自变量的影响起到了显著的中介作用，揭示了基于"利益—风险"计算的心理过程；（2）数据归属主体信任对常态化使用意愿呈显著正向影响，其中信任数据归属政府显著正向影响感知有用性，信任数据归属平台则与感知有用性不存在显著关系，两者在与感知风险的关系上也存在差异，即信任数据归属政府显著负向影响感知风险，而信任数据归属平台显著正向影响感知风险；（3）疫情危机感知仅显著正向影响感知风险，与感知有用性和常态化使用意愿均不存在显著关系。这些实证结果为"健康码"常态化使用及数据化的社会治理创新提供了理论和实践层面的启示。

（一）"利益—风险"计算与常态化使用

后疫情时代，"健康码"常态化使用是人们内心"利益—风险"计算的结果。一方面，在"健康码"类应用的技术接受研究中，数据是基本的分析单位。"健康码"之于疫情防控工作的应急管理作用，有赖于人们使用"健康码"并以此为通道上传个人数据，从而构建出线上与线下相联动的数据化防疫网络，实现对病毒的精准定位和防控。在此过程中，数据成为人们的"社会交换物"[1]，既可以让我们判断身边环境是否健康、安全，也可能让我们承受隐私泄露或被监控的风险。由于人们往往倾向于让利益最大化、让风险最小化[2]，数据流动所带来的利弊得失影响着人们对于"健康码"的价值判断，进而影响其常态化使用

---

[1] Blau P M. Exchange and power in social life[M]. Routledge, 2017.
[2] Becker L C. Reciprocity[M]. Routledge, 2014.

意愿。另一方面，除了既有研究已充分关注的接受态度或使用意愿，以常态化使用为结果变量，感知有用性和感知风险的解释效果同样显著，说明从应急到常态、从早期使用到后续使用，感知有用性和感知风险始终是预测"健康码"使用行为意愿的重要变量。这与来自加拿大[1]、英国[2]、新加坡[3]等地的研究结论相呼应。特别地，"健康码"的技术效能是社会系统性协作的结果，包含技术维度下"产品—平台—标准"、执行维度下"设点—检查—应急"等多个环节。伴随技术实践的深入，由于缺乏数据通联、制度规范、社会共识，各环节内部、环节之间的不确定性和不稳定性随时可能暴露出来，直接影响"健康码"常态化使用的可行性和有效性。

因此，有必要加强对上述"利益-风险"的管理，目的是让用户充分认识"健康码"的必要性、有用性和安全性。在必要性上，除了加大对"健康码"的宣传推广、对"扫码"行为的引导监督，更重要的是要培养用户在后疫情时代的危机意识，使其意识到"健康码"在疫情防控常态化和应急管理快速响应中的作用和价值，增强"健康码"的感知有用性。具体可以从数据、功能、执行三个层面着手：在数据层，应进一步增强数据的准确性，提升数据处理的精细度，夯实数据分析结果的参考价值，避免"简单化""一刀切"，同时建立报错和纠错机制[4]，增加市场化（产品化）逻辑在"健康码"常态化发展策略中的权重。在功能层，可进一步与相关功能衔接，如个人定制化健康服务、在线医疗服务、基层社区公共服务等，通过功能优化增强用户黏性。在执行层，应建立全国通用的"健康码"检测制度性规范，明确人员配置、工作流程、管理权限、应急措施，进一步推进"健康码"异地互认，以执行常态化带动使用常态化。

---

[1] Seto E, Challa P, Ware P. Adoption of COVID-19 Contact Tracing Apps: A Balance Between Privacy and Effectiveness[J]. Journal of Medical Internet Research, 2021, 23(3).

[2] Horvath L, Banducci S, Blamire J, et al. Adoption and continued use of mobile contact tracing technology: Multilevel explanations from a three-wave panel survey and linked data[J]. medRxiv, 2021.

[3] Goggin G. COVID-19 apps in Singapore and Australia: reimagining healthy nations with digital technology[J]. Media International Australia, 2020, 177(1): 61-75.

[4] 陈禹衡，陈洪兵. 反思与完善：算法行政背景下健康码的适用风险探析[J]. 电子政务，2020(08):93-101.

在安全性上，要降低甚至消除人们使用"健康码"的隐私顾虑和安全顾虑。人们实际上并不了解"健康码"及其背后技术的运行原理，更多的是基于自己的切身体验主观建构出对"健康码""大数据""算法"的社会性认知[1]。有必要以科普的方式向用户展示"健康码"的运行逻辑和数据处理逻辑（如采集哪些数据、如何利用这些数据、后续如何保存这些数据等），打开"算法黑箱"，以知识科普挤占片面"社会想象"的空间。出于常态化发展下隐私风险控制的考虑，有必要对"健康码"所采集的个人数据信息进行"去识别化"处理[2]，以公共服务为定位给予用户删除或匿名化处理个人已上传数据的权限[3]。还可以依照"比例原则"，制定数据标准以实现风险内控，提供事后法律救济以弥补风险损害[4]。

（二）"政府—平台"协同与主体信任差异

实证结果表明，尽管数据归属主体信任对感知有用性和常态化使用意愿均具有显著的正向影响，但在对感知风险的影响上，信任数据归属政府和信任数据归属平台存在明显的方向差异。同时，在感知有用性和感知风险的中介作用下，信任数据归属政府对常态化使用意愿具有正向的间接影响，而信任数据归属平台对常态化使用意愿具有负向的间接影响。这与已有研究中关于政府主体信任对持续使用意愿具有正向影响的结论相呼应[5][6]，并进一步补充了"健康码"数据权属结构中另一重要主体——平台的视角。此外，通过均值比较发现，此次调查中被访

---

[1] Liu C, Graham R. Making sense of algorithms: Relational perception of contact tracing and risk assessment during COVID-19[J]. Big Data & Society, 2021, 8(1): 2053951721995218.

[2] 陈禹衡，陈洪兵. 反思与完善：算法行政背景下健康码的适用风险探析[J]. 电子政务，2020(08):93-101.

[3] 许可. 健康码的法律之维[J]. 探索与争鸣，2020(09):130-136+160.

[4] 鲍坤. 健康码数据常态化应用的比例原则限制[J]. 电子政务，2021(01):32-41.

[5] Prakash A V, Das S, Pillai K R. Understanding Digital Contact Tracing App Continuance: Insights from India[J]. Health Policy and Technology, 2021: 100573.

[6] Horvath L, Banducci S, Blamire J, et al. Adoption and continued use of mobile contact tracing technology: Multilevel explanations from a three-wave panel survey and linked data[J]. medRxiv, 2021.

者对数据归属政府的信任程度（M=5.84）要远高于对数据归属平台的信任程度（M=3.66），印证了已有关于"健康码"数据权属关系的定性资料中信任政府多于信任平台的说法[1]。

在包括中国在内的很多国家和地区，"健康码"类应用多采用"公私合作"的运营模式。相较于商业平台或技术企业而言，政府部门拥有的治理资源（包括技术资源、数据资源等）和能力往往有限[2]，与商业平台或技术企业合作是一种更为现实的选择[3][4]。然而，对于广大用户而言，"到底是谁拥有了'健康码'获取的数据""数据拥有者是如何处理这些数据的"等问题却仍然是含糊不清的[5]。数据权属关系不明确，直接导致了用户感知风险的加剧。对此，有必要对"健康码"背后的数据权属主体、主体职能分工和管理权限等进行信息公开，应特别说明在"健康码"植入商业平台（如微信、支付宝）的情形下，商业平台对个人上传数据的使用和管理范围，以及网络社交数据与个人身份信息、健康状况、位置信息等的边界。平台方应定期公布数据处理报告，切实履行社会责任，增进用户对平台方的主体信任及对"政府—平台"协同模式的信任，以数据归属主体信任降低技术风险感知，促进常态化使用。

（三）"应急—常态"切换与感知风险转移

与研究假设相反，疫情状态感知对感知风险呈显著正向影响，经感知有用性和感知风险的中介作用，对常态化使用意愿呈间接负向影响，即人们越认为疫情严重，反而越能感知到"健康码"的潜在风险，进而越不愿意继续使用"健康码"，

---

[1] Liu C, Graham R. Making sense of algorithms: Relational perception of contact tracing and risk assessment during COVID-19[J]. Big Data & Society, 2021, 8(1): 2053951721995218.

[2] 谢新洲，石林. 基于互联网技术的网络内容治理发展逻辑探究[J]. 北京大学学报（哲学社会科学版），2020, 57(04):127-138.

[3] 谢新洲，宋琢. 平台化下网络舆论生态变化分析[J]. 新闻爱好者，2020(05):26-32.

[4] 鲍静，范梓腾，贾开. 数字政府治理形态研究：概念辨析与层次框架[J]. 电子政务，2020(11):2-13.

[5] Liang F. COVID-19 and Health Code: How Digital Platforms Tackle the Pandemic in China[J]. Social Media+ Society, 2020, 6(3): 2056305120947657.

打破了工具理性视角下的解释路径。对此，有研究以"隐私顾虑"为切口，解释了这一看似违背"常理"的现象（即疫情危机感知与感知风险的正相关关系）：疫情危机下，对病毒的恐惧和担忧激起了人们内心的自我防卫机制和保守主义心态，即更倾向于遵循既有的社会规范，避免与未知的他人进行过多接触，进而产生更强的隐私顾虑，导致持续使用意愿的降低[①]。

可见，在"应急—常态"的危机情境切换下，用户对于"健康码"的感知风险会随之转移。一方面，当前国内疫情得到显著缓解，生产生活逐渐恢复常态，危机感知的削弱为降低用户感知风险、激发用户互惠观念提供了机会；另一方面，防疫工作常态化意味着应急管理被纳入常态化的社会治理体系中，要求时刻做好应对疫情反复的准备。因此，对"健康码"常态化使用的引导和推广要因时而动，根据危机情境的不同而有所侧重。当疫情发展趋于平稳时，应着重从感知有用性角度对"健康码"进行功能建设和优化，尽快探索并建立"健康码"数据处理标准和执行管理规范，进一步强化基于数据的健康诊断、形势研判、病毒溯源、应急响应等能力；当疫情出现反弹时，要重点从感知风险侧进行数据风险和健康风险管理，及时做好知识科普、信息公开，顺应用户的自我防卫机制，通过疫情可视化地图、健康状况自查等提升数据效能可见性的方式增强个人数据管理的自我效能。

（四）"社会—数据"治理与嵌入路径探索

后疫情时代，秩序与应急交替，发展与危机并存，应急管理常态化下要求社会治理工具能够快速反应、灵活调度；"隔离""不接触"等物理区隔则使得人们的生产生活需要借助互联网实现社会资源的流通与配置；全球性的公共危机更让地方性的风险规避路径失效，急需多元主体形成合力[②]。在这样的背景下，数据发

[①] Chan E Y, Saqib N U. Privacy concerns can explain unwillingness to download and use contact tracing apps when COVID-19 concerns are high[J]. Computers in Human Behavior, 2021, 119: 106718.
[②] 张成岗. 灾害情境下的风险治理：问题、挑战及趋向——关于后疫情时代社会治理的探索[J]. 武汉大学学报（哲学社会科学版），2020, 73(05):137-145.

挥了重要的连接作用，越发成为关键的社会治理资源[1][2]。以数据为流通介质，社会治理的技术工具能够实现信息共享、业务融合、流程简化、效益提升[3]。关键是以数据为驱动和导向的社会治理方式创新能否真正被社会公众接纳而具有可持续发展能力。

本文通过实证研究"健康码"常态化使用的影响因素，为面向数据化的社会治理与应急管理方式创新及其社会嵌入路径提供了启示。在常态化使用语境下，人们内心基于"利益—风险"计算的心理过程仍然存在，即人们愿意用个人数据、隐私换取健康、安全。但随着疫情趋于平稳、技术实践逐渐深入，以"数据"为交换物的得失权衡可能会伴随技术效能的弱化、多主体对数据管理的介入及危机情境的反复而发生变化，影响常态化使用意愿的形成。为此，本文基于实证结果提供了三个维度下的突破口，即"利益—风险"计算维度下的技术效能提升与风险管控升级；"政府—平台"协同维度下的权责关系梳理与主体信任构建；"应急—常态"切换维度下的应急管理常态化与治理策略情境化。其核心是处理好工具创新与路径依赖的关系，准确识别创新实践中路径依赖的部分（典型案例如"层层加码"[4][5]），改"应急"模式为"管理"模式，变"指令"逻辑为"产品"逻辑，以顺应应急管理常态化、管理方式数据化的社会治理要求。

五、不足与展望

本研究仍然存在一些不足之处。就深挖"健康码"常态化使用影响因素，更全面地呈现用户常态化使用"健康码"的心理过程而言，本研究模型涉及的变量

---

[1] 谢新洲，石林. 国家治理现代化：互联网平台驱动下的新样态与关键问题[J]. 新闻与写作，2021(04):5-12.
[2] 张宇栋，王奇，刘奕. "后疫情时代"社区治理中的个人数据应用：问题与策略[J]. 电子政务，2021(02):84-96.
[3] 文宏，林彬. 应急需求、技术赋能与政务服务创新——对"健康码"数据流转的考察[J]. 电子政务，2021(01):12-20.
[4] 李雪松，丁云龙. 健康码"码上加码"的形成机制与双重效应——一项基于制度性事实的解释[J]. 公共管理学报，2021, 18(04):105-115+173.
[5] 史晨，耿曙，钟灿涛. 应急管理中的敏捷创新：基于健康码的案例研究[J]. 科技进步与对策，2020, 37(16):48-55.

还相对有限，未来有必要对更多的变量进行考察，比如社会影响和便利条件等[1]。囿于问卷调查的样本结构限制（均为网民，并且农村、低学历、老年样本较少），本研究未将经典的感知易用性放入模型，而是对年龄、受教育程度、网龄等加以控制。未来"健康码"常态化使用中的"数字鸿沟"问题同样值得关注。此外，由于"健康码"的推广和使用受政策环境、意识形态[2]等因素影响，未来还应将本研究模型放置于更多元的社会情境下以检验其解释力。

---

[1] Walrave M, Waeterloos C, Ponnet K. Ready or not for contact tracing? Investigating the adoption intention of COVID-19 contact-tracing technology using an extended unified theory of acceptance and use of technology model[J]. Cyberpsychology, Behavior, and Social Networking, 2021, 24(6): 377-383.

[2] Garrett P M, Wang Y W, White J P, et al. Young adults view smartphone tracking technologies for COVID-19 as acceptable: the case of Taiwan[J]. International journal of environmental research and public health, 2021, 18(3): 1332.

"大V"之殇：自媒体军史传播的问题与对策

【摘　要】 从一个军史谣言传播案例切入，借助大数据分析方法，发现当前自媒体参与军史传播存在的普遍性问题，并从内容生产、把关、纠错、垄断四个环节加以剖析，最后从提高门槛、明确责任、创新方式、加强教育四个方面提出规范自媒体军史传播的对策建议。对于军史传播及其他重大、严肃议题，都要认识到议题及相关公共讨论的严肃性和重要性。自媒体作为网络内容生态的重要组成部分，要明确权利与义务的统一性，规范自身行为，共同维护清朗的网络空间。

【关键词】 自媒体　军史传播　网络谣言　网络内容治理

在朝鲜战争中，美军曾为了让自己撤退，将照明弹打向英军上方从而为志愿军"指路"，让后者追击英军？经考证，这是一则谣言[1]。然而，这则谣言却经数位"大V"转发，得到广泛扩散。追溯该谣言的制造过程、传播路径及传播效果，剖析当前自媒体军史传播存在的问题，提出对策建议。

一、一则关于朝鲜战争的谣言：编造、传播、误导

事情起源于一条由阿富汗局势引申出的微博评论："英国人必须盯紧美国人，毕竟朝鲜战争上美国人为了自己跑路往英国人头顶上打照明弹给追击的志愿军指路那事，都还记着呢。"知名军事博主"大象军视"（粉丝数73万）对此提问（如图1所示），引来历史博主"忠义双全袁宫保"（粉丝数19万）的"科普"（如

---

[1] 王正兴. 1个大V造谣，18个大V传谣，仅仅一天时间，谣言就传遍网络[EB/OL]. 微信公众号"这才是战争"，(2021-08-25)[2021-09-07]. https://mp.weixin.qq.com/s/Y0m6MPWMaTSoHB5rH_bk7A.

图 2 所示），谣言由此产生。

图 1 军事博主"大象军视"对朝鲜战争中英美"照明弹事件"的提问

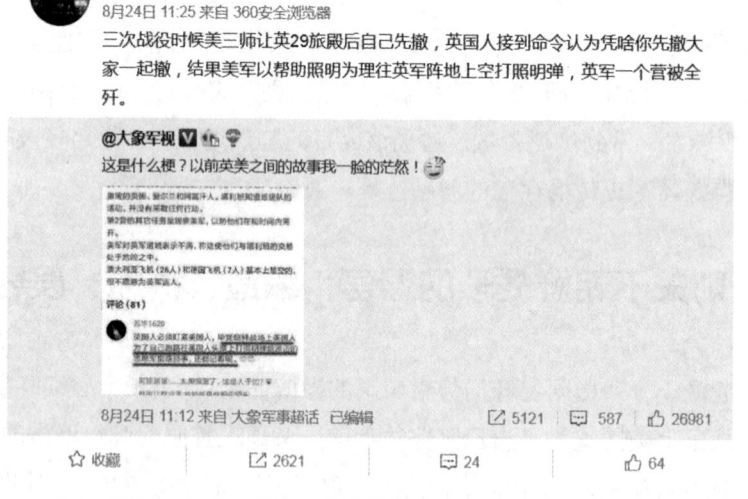

图 2 历史博主"忠义双全袁宫保"对"大象军视"提问的回答

该谣言以"大象军视"为发起点，由"忠义双全袁宫保"二次加工，受到大量转发，其中既有"乌合麒麟"（粉丝数306万）等热衷于时政评论的网络意见领袖，也不乏"战甲装研菌"（粉丝数778万）"军武菌"（粉丝数1108万）等直接相关的军事、历史类"大V"（如图3所示）。据统计，共18位"大V"参与了此次谣言传播，其粉丝数累计4125万[①]。除了微博，知名军事领域创作者"赵御史"随后又将该谣言原封不动地"搬运"到了今日头条。

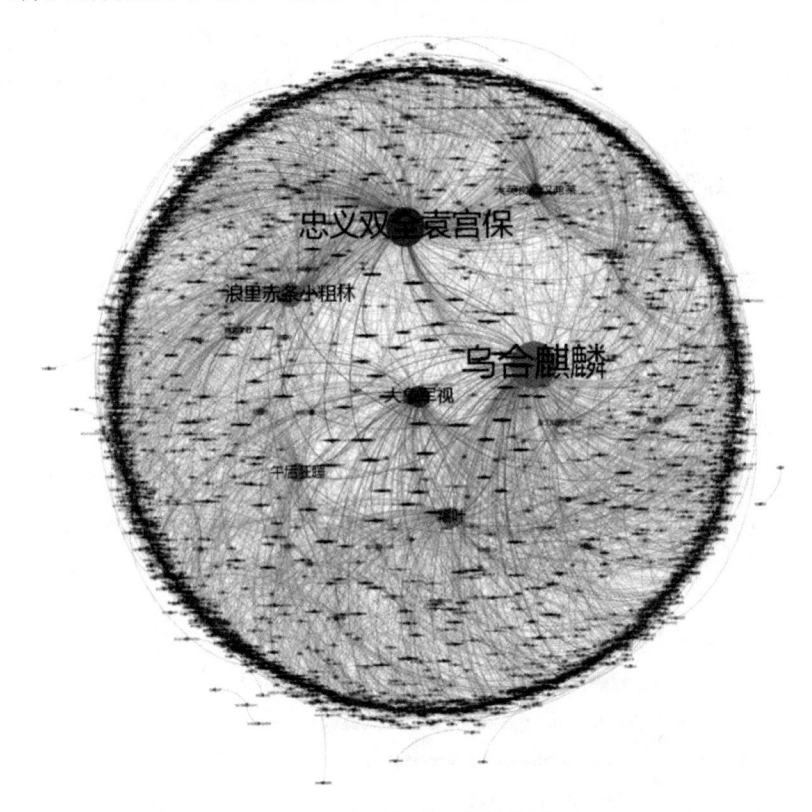

图3 该谣言的转发路径图

该谣言引起了网民的强烈反响，激起了较强的民族主义情绪。网民评论呈现出一边倒的态势，在既有对美英刻板印象的作用下，热门评论言语充斥"嘲讽"甚至"谩骂"。显然，谣言对广大网民形成了误导。尽管"大象军视"于2021年8月27日在原微博评论处进行了辟谣，并对该评论做了"前置"处理，但也仅得到6个评论和28个点赞，相较上千点赞量的热门评论，辟谣内容的影响力非常有限。

---

① 王正兴.1个大V造谣，18个大V传谣，仅仅一天时间，谣言就传遍网络[EB/OL]. 微信公众号"这才是战争"，(2021-08-25)[2021-09-07]. https://mp.weixin.qq.com/s/Y0m6MPWMaTSoHB5rH_bk7A.

二、自媒体军史传播存在的问题：不求甚解与博取眼球

此次谣言传播事件反映出当前自媒体在参与军史传播的过程中以流量为导向，不惜肆意编造、歪曲军史以博取眼球，未能意识到军史传播的严肃性和重要性，其专业性薄弱，内容把关和纠错机制严重缺位，内容生产与传播流程随意、不规范，未能尽到"大V"应有的科普义务和社会责任。

（一）盲目追逐流量，编制"军史"以调动民族主义情绪

此次谣言事件反映出自媒体军史传播存在明显的"流量导向"。通过对军事、历史类头部自媒体内容进行聚类分析[①]，发现其话题集中在大国动态、中国军事、热点区域、社会热点等方面（如图4所示），关键词频繁涉及世界主要国家及其关联的军事、历史事件（如图5所示）。在强调国际比较的话语体系及日趋紧张的国

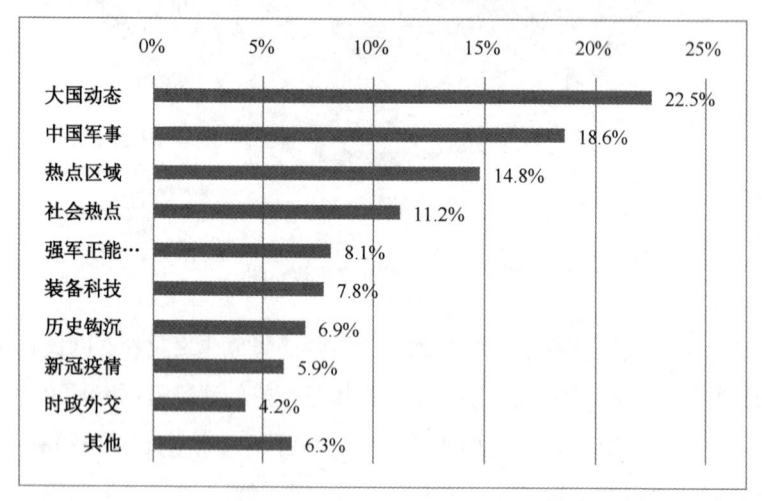

话题	占比
大国动态	22.5%
中国军事	18.6%
热点区域	14.8%
社会热点	11.2%
强军正能…	8.1%
装备科技	7.8%
历史钩沉	6.9%
新冠疫情	5.9%
时政外交	4.2%
其他	6.3%

图4 军事、历史类头部自媒体内容的话题聚类

---

① 数据来源：覆盖38个军事、历史类头部自媒体在2021年6月日至2021年9月7日期间发布的94947条微博内容。

图5 军事、历史类头部自媒体内容的词云图

际局势下，一些自媒体企图利用军事、历史类内容制造"话题"，调动网民潜在的民族主义情绪，从而赚取流量。这种做法助长了谣言的扩散，误导社会公众的历史认知和国际局势判断，与"大V"应有的知识科普和舆论引导功能相违背，更严重消解了军史题材的严肃性，引发舆论极化，不利于维系健康、良好的网络内容生态。国内自媒体或网民的错误言论还有可能经社交媒体转发至国外，形成二次发酵，甚至发展为国际性舆论事件，不利于我国的国际形象。

（二）专业素养普遍较低，内容把关机制严重缺位

此次由多位自媒体参与的"集体性传谣"反映出当前自媒体整体的**专业素养堪忧**。从此次谣言的转发路径可以看出，军史类内容传播具有较为清晰的节点性。一般而言，与军史题材直接相关的军事、历史类博主多为内容生产方，其专业性相对更强；其他领域（如科技、财经等）的博主则凭借更强的影响力，扮演内容传播方。然而，军事、历史类博主良莠不齐，大量该领域的"知名""专业"博主"名不副实"，知识储备有限，更缺乏对知识的敬畏感。其他领域的博主则普遍缺

乏信息辨别、求证的意识和能力，不加思索地转发虚假内容，不具备作为网络意见领袖应有的信息素养。内容生产方对于所谓的"史实"缺乏必要的考证，内容传播方对于这些"史实"则缺乏必要的审核，内容生产和传播的随意性较强，各传播节点并未能尽到"对内容负责"的义务。

（三）内容纠错意识淡薄，内容抄袭导致谣言"外溢"

由于未能及时纠错，此次谣言迅速扩散，并经内容"搬运"而不断"外溢"。参与此次谣言传播的自媒体普遍缺乏纠错的意识和能力。一方面，为了维护账号公信力，在受到质疑后，相关博主仍"据理力争""避重就轻"（如图6所示），或认识不到，或不承认错误，责任意识淡薄。另一方面，有的博主认识到错误后主动辟谣（如"大象军视"），但由于错失了时效性，并且缺乏更有效的纠错、辟谣机制和手段，辟谣效果非常有限。此外，内容纠错的作用效果还受到内容抄袭行为的制约。后者在军史类内容传播中屡见不鲜，其结果是将谣言从原始的传播路径中剥离出来，形成新的"信源"和传播网络，丢失了原始传播路径中谣言发起、加工及可能存在的求证、纠错等关键信息，使得谣言得以"外溢"，增大了辟谣的难度。

图6 在受到质疑后博主"忠义双全袁宫保"仍避重就轻地自我辩护

（四）相互转引形成"话语垄断"，组织化运营实现同频共振

自媒体的大量集聚使其主导了谣言传播链路，并压制了理性、质疑的声音。军事和历史类自媒体之间、专业和非专业自媒体之间往往相互转发、引用甚至印证（如图7所示）[1]，高度同质、同源的话语结构造成"话语垄断""专业垄断"甚至"知识垄断"，不利于理性探讨和客观求证，为谣言传播提供土壤。从此次谣言的转发路径还可以发现，作为关键传播节点的"忠义双全袁宫保""大英良心汉弗莱""浪里赤条小粗林"等账号从名称到转发路径均呈现出明显的关联性，初步推断其为有组织运营的系列"营销号"，表明除了自发性的谣言传播，此次谣言事件还存在有组织的"炒作""引流"情况。"营销号"的触角正在从传统的娱乐文化领域向军事、历史、社会、政治等其他领域延伸。

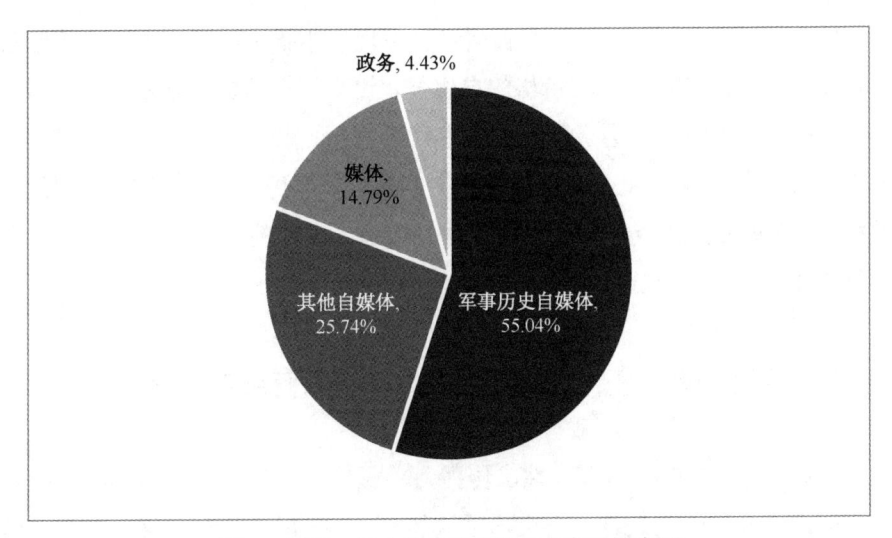

图7 军事、历史类自媒体微博内容引用来源

---

[1] 数据来源：覆盖38个军事、历史类头部自媒体在2021年6月日至2021年9月7日期间发布的94947条微博内容。

三、规范自媒体军史传播的对策建议：权利与义务的统一

军史传播是严肃议题，关系到军队形象、国家形象，影响着公众认知历史、判断当前国际关系形势的准确性，甚至关乎民族自信建立的根基。军史不得歪曲，有必要对当前自媒体军史传播行为予以规范，加强监管力度，强化自媒体社会责任。

（一）提高自媒体认证门槛，及时清退违规账号

针对当前自媒体专业素养参差不齐的问题，有必要在其申请加"V"认证的入门阶段便予以严控。**分领域设立自媒体认证的入门考核标准**，如军事、历史类自媒体应将思想政治、国家政策、军事和历史专业领域基本知识等列为重点考核内容，只有通过考核（形式可以是做题考试或提交申报书、承诺书等）才能获得加"V"资格。对获得加"V"资格的自媒体，设立 1 个月的考察期，对其网上行为是否合规、是否履行社会责任等加以考察，符合要求后方可予以加"V"认证，否则取消加"V"资格。**此外，应加强实名制管理，严厉打击"买粉""养号""制造水军"（操纵社会机器人）等违规行为，清理"僵尸粉"和违规账号，重点整治"营销号"及其产业链**。

（二）明确主体责任，加强对"大V"的内容审查力度

加"V"既是对自媒体专业性、传播力、影响力的认可，也是对其履行知识科普、舆论引导职能的期许。要突出强调加"V"认证中权利与义务的统一性，可以参照网络群组治理中的"群主管理制"，明确"大V"的主体责任及其违法、违规后果和相应的处罚措施，严格通过实名制等方式打通线上与线下连接，提高网络违法、违规的成本，要求其为自己的言行、内容（特别是转发内容）负责，督促其切实履行社会责任。设立专门的团队，加强对重点"大V"的内容及涉政、军、史等内容的审核力度，对违法、违规的要坚决进行处罚甚至封号处理，同时

要提高审核的精准度，拒绝"一刀切"。

（三）平台创新内容审核方式，建立辟谣、纠错机制

效仿国内外社交媒体的做法（比如推特的"事实审查"标签、微信的"原创"标签等）并加以细化，**通过"打标签"的方式对内容进行分类审核**。对于军事、历史领域的专业性内容，设置"科普"或"知识"标签并附以科普或知识类内容生产规范（比如应注明资料来源等），要求用户在上传相应内容时自行标记并严格遵守规范，后由平台通过算法和人工相结合的方式进行审核，对未主动标记的或不符合对应标签下内容生产规范的予以退回处理。**设立内容纠错机制，在博主主动纠错、辟谣后，提供站内信或公告栏等方式**，将相关信息传送给谣言传播路径上的各传播节点，及时纠正其认知偏误。对这些纠错、辟谣进行定期总结，**设立辟谣求真平台数据库**，供用户随时求证、调用、查询。

（四）加强对"大V"的网络素养教育，督促其履行社会责任

由相关部门牵头、平台配合，对重点"大V"进行名单化管理，向"大V"提供网络素养教育相关学习资料和在线课程，定期开办网络"大V"培训班、座谈会，引导其不断提升社会责任感，以及信息辨别和处理能力，避免成为谣言的制造者、助推者、受害者。与加"V"认证入门考核机制联动，定期开展网络素养和社会责任考核，对考核不达标的予以列入考察期或取消认证的处罚，督促其时刻牢记并切实履行社会责任。

饭圈治理新阶段出现的新问题及对策

【摘　要】近年来，饭圈乱象愈发凸显，尤其是2021年以来，以"倒奶事件"为代表的负面事件更是引发争议，中央网信办等多部门展开综合治理。以2021年"饭圈"系列治理为背景，梳理治理取得的阶段性成效，分析治理新阶段出现的新问题并剖析其产生的深层原因，探讨后续饭圈乱象治理的对策。

【关键词】饭圈治理　粉丝群体

2021年以来，"倒奶事件"引发的"饭圈"乱象问题逐渐扩大化，严重影响网络舆论生态健康发展，并伴随产生粮食浪费、网贷集资等社会问题，造成不良影响。鉴于此，中央网信办自2021年6月15日起，开展为期两个月的"清朗·'饭圈'乱象整治"专项行动，中宣部、国家广电总局、文旅部等部门相继发布相关举措协同治理。"饭圈"乱象综合治理取得阶段性成效，有关饭圈的正向话题明显增多，网民对饭圈的态度也有所好转。但值得注意的是，部分娱乐经纪公司及粉丝群体有令不行、有禁不止，"上有政策、下有对策"消极应对治理，进而衍生出控评集资隐蔽化、引战互撕、"合理化""顶风"应援、娱乐经纪公司"不作为"等新问题，阻碍了治理的持续推进。剖析饭圈治理新阶段暴露的新问题及原因，以期为后续治理工作提供相关依据及决策参考。

一、饭圈治理的阶段性成果

饭圈综合治理开展以来，各部门相继出台治理举措，舆论对治理行动表示认可支持，各大互联网平台也及时跟进，响应治理，饭圈相关正向话题占比明显提升。

（一）网民对饭圈的情感态势有所好转

从网民整体情感态势[①]来看（如图1），2021年4月以来，舆论对饭圈话题的情绪随"倒奶事件"、"饭圈"综合治理、"吴亦凡事件"等产生较大波动。**治理前**，网民"**厌恶**""**质疑**"等负面情感较为显著；随着治理行动启动、各地市级政府跟进监管属地文娱平台，"**赞扬**""**期待**"等正面情感占比大幅提升。**进入2021年7月后**，吴亦凡、张哲瀚等人相继曝出负面，粉丝无脑洗白，网民"**厌恶**""**质疑**"等情绪再度上升，相关情绪于2021年8月22日达到周期内峰值，占比为22.1%。同时，网民亦期待"饭圈"治理能对中国文娱行业起到振兴和促进作用。

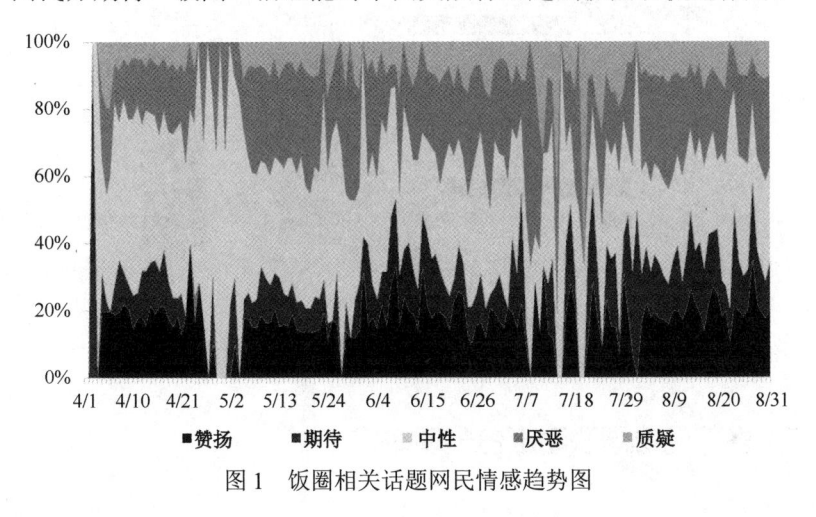

图1 饭圈相关话题网民情感趋势图

"饭圈"系列治理展开后，相关正向话题占比增幅明显（如图2），平台治理、粉丝公益等话题增多，如互联网企业积极开展自查自纠；粉丝群体为河南暴雨灾害捐款捐物等。引战互撕、应援集资等话题占比下降，凸显治理成效。但造谣网暴、反黑控评等占比有所上升，主要原因为，"吴亦凡事件"及"张哲瀚事件"突发，其二人粉丝短时间内疯狂"洗白"、网暴路人等，致周期内相关话题热度及数

---

① 分析网民在微博、新闻跟帖、微信公众平台精选评论等渠道针对饭圈及饭圈治理相关话题的评论文本，从赞扬、期待、中性、厌恶、质疑等五种情绪切入，利用情绪模型算法，得到统计时段内（2021年4月1日-8月31日）网民针对饭圈话题的情感占比情况。

量陡增。

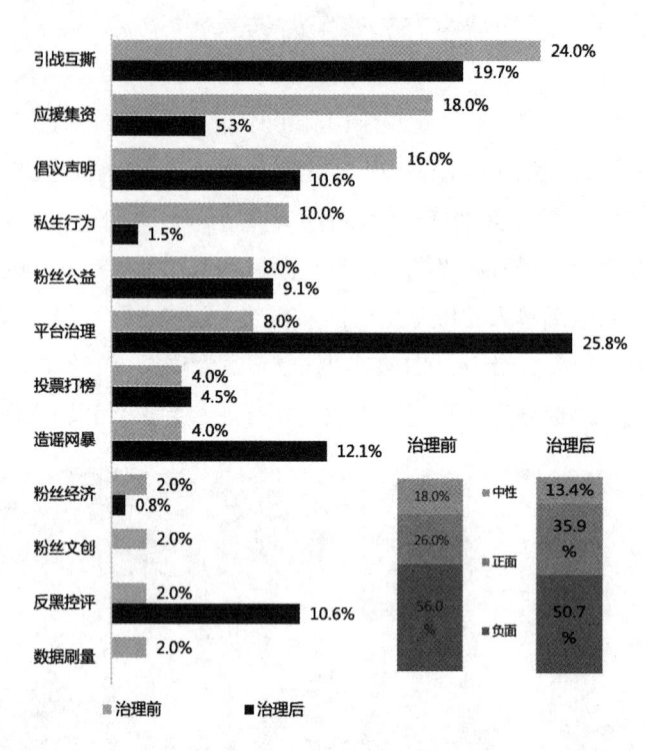

图2 治理前后饭圈相关话题类型占比及倾向分布[①]

（二）各部门协同联动出台多项举措

除中央网信办外，其他主管部门协同联动，共同推进饭圈及文娱行业的治理。2021年9月2日，国家广电总局发布《关于进一步加强文艺节目及其人员管理的通知》，将饭圈乱象治理扩展至"抵制违法失德人员""反对唯流量论""抵制泛娱乐化"等维度，并推出八大举措。此后，中国影协、音协、视协、中国演出行业协会等部门也相继召开会议积极发声，并发布相关治理举措（如图3）。

---

① 选取2021年4月1日-8月31日共计200个饭圈相关话题，以6月15日为节点，分析治理前后话题类型及倾向分布。

专题四　网络内容治理与数据治理

网信办启动"清朗·'饭圈'乱象整治"专项行动
93.49

网信办下发《关于进一步加强"饭圈"乱象治理的通知》
90.35

网信办：整治网络"饭圈"乱象等7类网上危害未成年人问题
87.35

中国演出行业协会：要求会员单位对演员张哲瀚进行从业抵制
84.71

广电总局开展一个月网络综艺节目专项排查整治
83.46

广电总局下发关于进一步加强文艺节目及其人员管理的通知
83.39

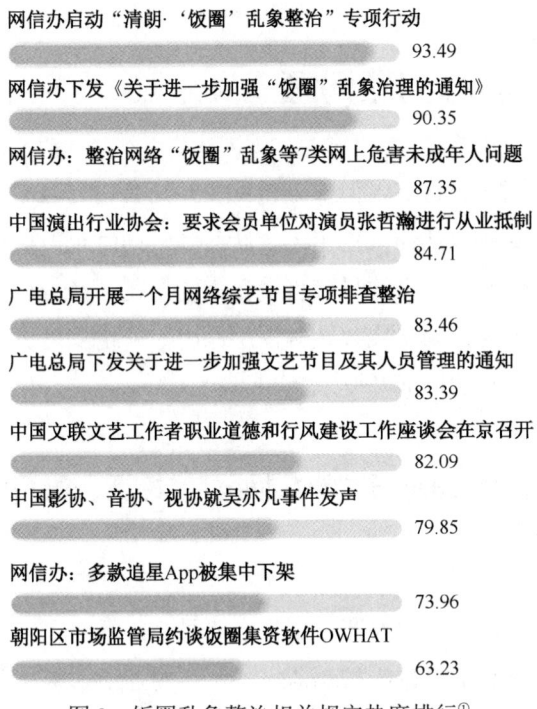

中国文联文艺工作者职业道德和行风建设工作座谈会在京召开
82.09

中国影协、音协、视协就吴亦凡事件发声
79.85

网信办：多款追星App被集中下架
73.96

朝阳区市场监管局约谈饭圈集资软件OWHAT
63.23

图3　饭圈乱象整治相关规定热度排行[①]

（三）互联网平台积极响应综合治理

微博、腾讯、抖音、快手等头部互联网平台均能做到在监管部门发文当天跟进发布治理措施，并阶段性公布执行效果。微博采取全面下线相关明星排行榜单、约谈重点明星经纪公司、工作室，推出《明星经纪公司及官方粉丝团社区行为指引》等；腾讯加大力度清理粉丝互撕谩骂、拉踩引战、造谣攻击、应援集资、刷量控评、诱导未成年人追星等各类有害信息，QQ音乐限制专辑重复购买等；抖音下线明星爱豆榜和明星话题榜，强制解除上千个打榜、应援、控评粉丝群等。

---

① 舆情热度由各个事件微信公众平台、微博、新闻网站、贴吧论坛等公开渠道信息传播量经归一化处理后加权计算获得，满分100分，数据周期为2021年4月1日-8月31日。

二、饭圈治理面临的新问题

饭圈治理不断深入获肯定，但部分粉丝及经纪公司为应付治理，在执行上打折扣、做选择、搞变通，从而衍生出一些新问题，同时也折射出监管部门制定相关治理举措时协同性不足、算法导致喜爱行为的异化、经纪公司节约成本不愿管理后援会、粉丝对自身行为认知欠缺等深层原因，一定程度影响治理行动持续推进，对综合治理形成新的挑战及要求。

（一）数据组、反黑站等"改头换面"，控评、集资等行为隐蔽性更强，加大治理难度

中央网信办明确规定，粉丝团、后援会账号必须经明星经纪公司（工作室）授权或认证，并由其负责日常维护和监督。不少粉丝后援会、数据站等因未获授权而改名，如改为某某的小星球、加油站、养殖场等。改名并不意味着功能消失，原先的数据组、反黑站等仍"换汤不换药"，继续开展着做数据、控评等工作。"改头换面"的数据组、反黑站等可能会成为监管部门及平台的管理"盲区"。

此外，因 Owhat、桃叭等集资 App 下架整改且社交平台等禁止发布集资信息，部分粉丝转移集资阵地，一些集资甚至转移至外卖平台，即后援会在外卖平台开设"店铺"，粉丝下单后店铺不发货，从而实现集资；集资方式也更加隐蔽，后援会可通过小型电商 App 上架商品达到集资目的，或通过点对点提供交易链接完成集资。

做数据、控评、集资等隐蔽化不仅加大了治理难度，同时也增加了粉丝被诈骗的风险。但目前各部门出台的治理举措无法全面做到无缝对接，落地执行力度也有差别，导致治理仍存在"空白区"。如中央网信办规定"及时发现、清理各类违规应援集资信息"，文旅部规定"为维护演出现场秩序，不得设置场外应援、礼物应援等"，但对于演出场馆内、演出时是否能够进行应援，并无相关规定。另外，配套治理措施未及时跟进，如整治饭圈违规账号的同时，并未一并加大对营销号、倒卖小号等黑灰产的治理，也成为新问题产生的原因之一。

（二）以治理的名义"美化"引战互撕，平台新增"饭圈违规"举报功能被少量粉丝滥用

治理行动以来，少量粉丝借治理名义"美化"引战互撕、谩骂网暴等行为。如肖宇梁粉丝与曾舜晞粉丝互撕①时带上#曾舜晞粉丝蔑视清朗行动引导饭圈撕逼#的微博话题，以协助治理名义行互撕之实，美化自身的非理性行为，更引发其他网民不满，一定程度影响治理的舆论观感。

此外，微博新增的"饭圈违规"举报选项也引发了讨论（如图4）。对于该功能的上线，网民还是表示支持及肯定的，但也有不少网民质疑仅仅设置此选项无法从根本上遏制粉丝做数据、控评等问题，反而会成为被粉丝利用的工具，甚至成为少数粉丝"排除异己"的"新利器"。通过分析非官方（娱乐经纪公司）授权粉丝反黑站、数据组等微博情况（如图 5）②，"饭圈违规"举报功能已成为部分粉丝反黑新"抓手"。超四成的反黑站账号每月发布指定举报贴 20 条以上，几乎为每日发布相关微博，并且多为头部艺人反黑站，引导粉丝对指定微博进行举报。

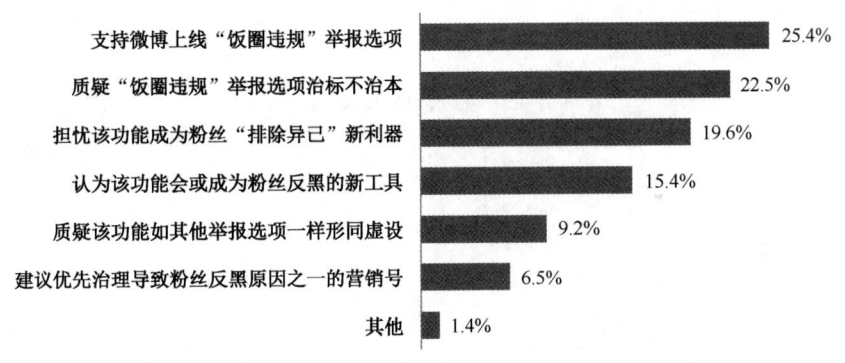

观点	比例
支持微博上线"饭圈违规"举报选项	25.4%
质疑"饭圈违规"举报选项治标不治本	22.5%
担忧该功能成为粉丝"排除异己"新利器	19.6%
认为该功能会或成为粉丝反黑的新工具	15.4%
质疑该功能如其他举报选项一样形同虚设	9.2%
建议优先治理导致粉丝反黑原因之一的营销号	6.5%
其他	1.4%

图 4　微博上线"饭圈违规"举报选项网民观点分布③

---

① 肖宇梁粉丝因曾舜晞粉丝质疑肖宇梁为"精日"而引发互撕。
② 数据来源：统计分析宋亚轩、杨幂、吴磊、迪丽热巴、李易峰等 30 位艺人非官方授权的数据组、反黑站等账号每月发布的有关要求粉丝针对指定微博利用"饭圈违规"进行举报的数量。数据周期为：2021 年 6 月 15 日-8 月 31 日。
③ 分析网民在微博、新闻跟帖、微信公众平台精选评论等渠道针对微博上线"饭圈违规"举报功能的态度，数据周期为：2021 年 6 月 15 日-8 月 31 日。

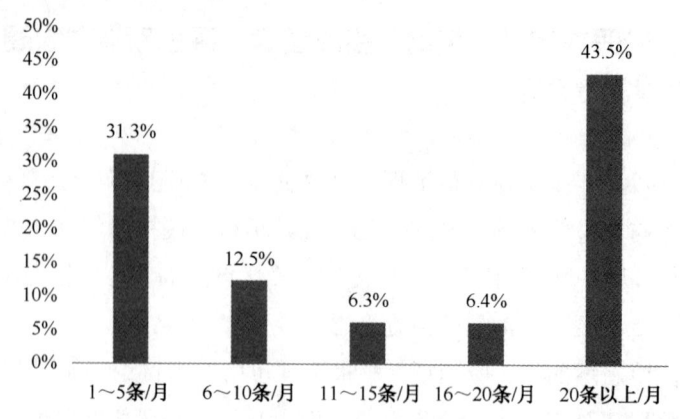

图 5　非官方授权账号发布"教唆"粉丝"新打卡"行为的微博数量占比

刚从数据中解放出来的粉丝又有了新的"努力"方向，此行为被称为新的"打卡"行为（如图 6）。该行为不仅背离该功能设置初衷，更加大了平台鉴别举报实情的难度，若处置不当甚至会成为互撕引战的"帮凶"。

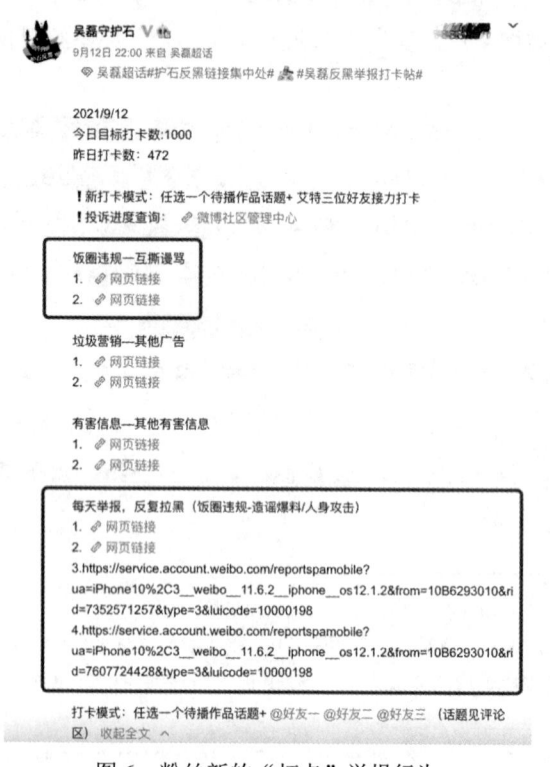

图 6　粉丝新的"打卡"举报行为

之所以会产生新的"打卡"行为，是因为算法将数据流量、商业利益及社交平台可见度深层绑定。本质上，粉丝反黑控评、做数据等是为了"控制"社交媒体的可见度，最大限度使普通网民浏览到的信息是偶像正面话题。因此，只要算法不改变，粉丝能做的只有"对抗"算法。出于对偶像的喜爱，粉丝群体将表达方式异化为做数据、反黑控评等行为。

（三）个别海外明星的中国粉丝"顶风"应援，禁止未成年人参与应援集资缺少相应抓手

中宣部规定，禁止处于义务教育阶段的未成年人参加线下应援活动。中央网信办也明确规定，各类违规应援集资信息应及时发现、清理，严禁未成年人应援消费，对诱导未成年人参与应援集资的网站平台，依法依规处置处罚。但个别海外明星的中国粉丝团[1]存有"'饭圈'治理仅对内娱有效"的侥幸心理，仍大张旗鼓进行应援。多数内地明星的粉丝后援会虽已明确表示，"拒绝未成年人集资应援"，但落地执行存在一定困难，后援会并没有明确有效的手段判断参与者年龄，"全凭自觉"无法达到约束作用。

产生上述问题的原因是，圈层间存在壁垒而沟通不畅，导致粉丝群体对自身行为造成的严重后果缺乏应有的认知。一方面，粉丝群体中未成年占比较高，思想、行为均处于不成熟阶段，容易被诱导进行应援；另一方面，粉丝群体之间及其与外界缺乏沟通平台，前者容易陷入自身的行为逻辑，对自身行为所产生的不良影响甚至是更加严重的后果，并无明确的认知。例如粉丝出于对偶像的支持，往往难以意识到公开集资、过度应援等行为背后的风险性和非理性，外界的声音会被他们选择性屏蔽，粉丝之间的"恶性竞争"反而会加剧上述行为。

---

[1] 韩国偶像团体防弹少年团成员朴智旻的中国粉丝后援会为庆祝其生日进行应援，于今年4月开始集资，3分钟集资金额突破100万人民币，1小时共集资230万元。该订制航线航线于2021年9月1日开始运行至11月30号，长达三个月。

（四）经纪公司缺乏参与治理的具体措施，部分中小型公司为逃避责任与后援会切割

通过对互联网平台、娱乐经纪公司及粉丝后援会三大主体响应治理的速率、质量、效果[①]进行分析（如图 7），互联网平台的响应情况明显优于娱乐经纪公司及粉丝群体，配合治理的措施手段多样化、可执行性强，舆论认可度及共识度均较高。反观娱乐经纪公司，整体响应程度甚至不及粉丝后援会。多数大型经纪公司仅能做到发布倡议并对旗下艺人粉丝后援会进行授权，但并未明确治理措施、执行细则及后援会管理手段，导致倡议沦为"一张废纸"。此外，部分中小型经纪公司为避免管理后援会带来的风险，迅速与之进行切割，拒绝授权，造成"散装"后援会无人管理的状况。

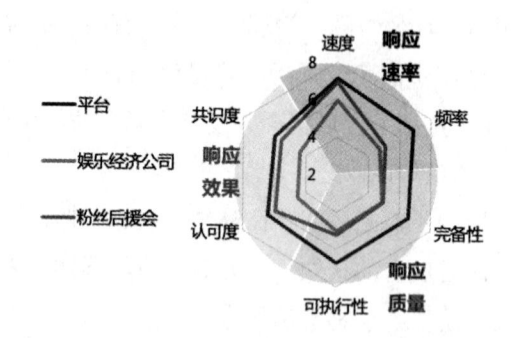

图 7　各大平台、经纪公司、粉丝群体响应情况[②]

娱乐经纪公司不愿管理粉丝后援会而多采取"暧昧"态度是因为：一方面，后援会相当于"免费劳动力"，无形承担着经纪公司诸多宣传甚至公关工作，"无事发生"时，经纪公司对控评、应援等多采取默许态度；另一方面，管理粉丝成

[①] 响应速率：监管部门发布治理政策后，三大主体进行反应的效率，包括发布措施的速度、次数等；响应质量：三大主体响应治理所采取的措施、手段、种类等以及是否可落地执行；响应效果：舆论对三大主体响应治理的认可及共识。

[②] 分析微博、腾讯、抖音、快手、爱奇艺；乐华娱乐、哇唧唧哇、丝芭传媒、时代峰峻、嘉行传媒；肖战、王一博、刘雨昕、TFBOYS、迪丽热巴等明星粉丝后援会，响应监管部门发布治理速度、频率；采取措施手段的完备性、可执行性；舆论对实施措施的共识度及认可度，数据周期为 2021 年 6 月 15 日-8 月 31 日。

本较高，个别粉丝的极端行为反过来会对经纪公司造成不利影响，因此经纪公司干脆"放任不管"，避免造成负面影响。

三、饭圈乱象治理的对策建议

饭圈治理是一个长期持续的过程，监管部门应不断完善、细化相关规定，指导经纪公司等建立相关行业规范，强化"饭圈"乱象负面案例的警示教育作用，引导粉丝树立底线意识。

（一）不断细化饭圈治理相关规定，提高可执行性，加大集资应援审核

针对目前"钻空子""上有政策、下有对策"等新问题，监管部门应深入研判，持续跟踪、掌握饭圈乱象的新场景、新变体，找到既有规定、治理手段与实际情况不相适应的地方，及时调整、细化有关规定，完善治理措施，增强治理措施的可执行性。此外，应加大对线下公共区域应援的审核及规范，加强执法力度。

（二）建立平台算法问责机制，推动平台优化算法，推进饭圈健康发展

监管部门应建立算法问责机制，明确平台的算法责任，对平台算法实行动态治理，规定平台在合理范围内有披露其算法的义务。此外，监管部门应重点整治"唯算法论"现象，定期对平台算法进行风险评估，对算法具有潜在危害和风险的平台进行问责，不断推动平台进行算法优化，以平衡社交媒体可见度与流量间的关系。

（三）指导娱乐经纪公司等建立行业规范及标准，设立黑白名录机制

目前娱乐经纪公司参与饭圈治理的主动性较弱，监管部门应明确经纪公司管

理引导粉丝的义务及责任。同时，主管部门应指导娱乐经纪公司制定行业自律规范。此外，主管部门应建立娱乐经纪公司、演艺人员黑白名录及信用机制，对积极配合治理、运营规范的经纪公司及艺人，适当给予政策倾斜；对屡教不改、违法违规的公司及艺人，主管部门可将其纳入黑名单，各类平台不予合作。

（四）强化"饭圈"负面案例警示教育作用，引导粉丝群体树立底线意识

粉丝后援会因违规集资应援被处罚等典型负面案例，让粉丝逐渐意识到互撕引战、过度应援等存在一定危害，并影响偶像"路人缘"。建议相关主管部门加强对"饭圈"乱象负面案例警示教育的宣传，引导粉丝树立底线意识，规范自身言行。

专题五

年度网络舆情盘点

　　网络舆情是对社会发展的记录，在热点事件的个案分析之上，进行长周期的整体回顾和梳理，有助于获得对舆论生态和社会运行更全面、系统的洞察。年度舆情盘点已经成为各类机构重要的研究方式，形成了众多覆盖不同领域、各有侧重的成果。在综合性分析方面，中国社会科学院发布的《2022社会蓝皮书》中，对2021年中国互联网舆论场进行了专题论述。报告认为，2021年社会心态较为平稳，舆论场的体制向心力和文化凝聚力强大。同时，网民对公众人物的道德评价增多，平台和行业强监管既有广泛民意基础，也引起有为政府与有效市场、有活力社会之间形成更有张力的边界的讨论，部分群体对经济社会发展的不确定感增强。这些舆论场新特征，是2021年政府、企业和社会更频繁互动的外在表现。在分领域、分行业方面，农业农村部、法制网、中消协、音数协等推出了2021年度三农、政法、消费维权、游戏产业方面舆情分析报告，进行了垂直研究。

　　本书以整体分析和重点方向分析相结合的方式，进行2021年网络舆情盘点。首先，在吸收借鉴已有研究成果基础上，构建基于舆论生态要素的分析框架，筛选网络热点事件作为样本，对比分析网络舆论生态的运行机制和变化特征。2021年，热点舆情事件向城市群进一步集中，社会矛盾冲突演变为舆情事件的路径进一步缩短，基层治理挑战增加。网民特别是青年群体对社会治理水平抱有更高期待，同时公众表达的情绪化有所增加，对各类舆论主体的舆情回应工作提出了更高要求。经济民生舆论压力走高，经济下行压力可能向舆论场持续传导。

　　其次，从网络热词和涉华舆论态势入手，在整体舆论生态分析之下，探讨舆论场在网络表达、外部环境两个方向的特征和规律。2021年，舆论场网络热词呈现鲜明的"后疫情时代"特色，青年群体以"玩梗"的方式表达更加个性化的生活态度和价值观念，呈现出"疫情—社会—个人"之间的复杂传导与影响。网络热词背后是社会心态和舆论诉求，充分理解、积极回应，有助于热点表达在舆论良性互动中发挥社会治理价值。2021年，国际对华舆论聚焦疫情防控、大国关系、"一带一路"、中国国内治理等话题，舆论好感度有所上升。各地区对华舆论姿态差异较大，其中美国舆论对华负面感知强，在重点话题上的全球舆论影响力仍然突出。我国仍需要在主动储备国际舆论议程、把握涉华新媒体舆论、着眼全球共性问题传播等方面持续作为。

最后，针对贯穿2021年的常态化疫情防控进行阶段性总结分析，呈现疫情相关热点事件的发酵情况及其对社会运行的影响。2021年，疫情相关舆论情绪心态理性、客观，"回归正常生活"的舆论期盼较高。协调疫情防控与经济社会发展、疫苗接种效用、边境口岸防疫效果等频受聚焦，争取舆论的"最大公约数"仍是涉疫舆情工作的关键。

年度网络舆论生态特征与趋势分析

【摘　要】随着互联网技术发展和应用普及，"公民"与"网民"的身份叠加比例日益增加，网络平台成为信息传播和意见表达的重要渠道，网络舆论生态也成为现实社会面貌的重要映射，研究其特征及趋势，对把握社会心理、关照社会现实具有不可或缺的作用。2021年是第十四个五年规划开局之年，也是"两个一百年"奋斗目标历史交汇期，叠加疫情下国际格局和世界秩序变化，社会发展、大众心理均受到了深刻影响，网络舆论表现亦突出反映上述变化及影响。在此背景下，基于舆论本体、舆论事件主体、舆论环境、舆论载体等关键要素，以1200多个网络热点事件为样本，对比分析网络舆论生态运行机制和规律变化，为网络治理及社会治理提供参考。

【关键词】舆论生态　舆论要素　比较分析

第七次全国人口普查结果显示，截至2020年11月，我国总人口数约为14.43亿[1]。第49次《中国互联网络发展状况统计报告》显示，截至2021年12月，我国网民规模达10.32亿[2]。公众在网络空间表达观点、态度，利用网络工具办理各项事务，充分体现出网络空间成为现实社会的重要延伸。因此，网络舆论生态，也成为反映社会现实的重要切面和观察社会动态的重要窗口。为系统、全面、准确地剖析网络舆论生态，本文由热点事件切入，基于网络舆论的本体、主体、环境和载体四个分析维度，观察2020年与2021年舆论生态呈现的特点与变化，并尝试探究表象背后的现实根源。

---

[1] 第七次全国人口普查公报[R]. 国家统计局. 2020.
[2] 第49次《中国互联网络发展状况统计报告》[R]. 中国互联网信息中心. 2022-02-25.

一、研究概念与方法说明

（一）概念界定

舆论生态理论研究中，研究对象及核心基本概念的厘定成为其中重要组成部分。对"舆论生态"概念的理论研究方面，刘建明在《当代中国舆论形态》指出舆论生态是"各种舆论形成的人际环境和促进舆论有序发展的各种因素相互作用的状态"[1]。施敏认为舆论生态是"在一定的社会环境中，舆论各构成要素之间、舆论之间、舆论与外部环境之间关联互动而达到的结构状态"[2]。可以看出，学者认识到"舆论生态"附属于社会、具有内部要素和结构，并且内部要素之间及内部要素与外部社会间形成了有机的、动态的、可相互作用的连接。

在此认识基础上，学界、业界对舆论生态构成要素的判定展开理论探索。赵学琳认为舆论生态由舆论主体、舆论环境、舆论规则和舆论信息等要素构成[3]，耿磊将舆论构成要素分成主体、本体、载体和环境[4]。可见，舆论本体、舆论事件主体、舆论环境三大要素已成为共识。依据加拿大学者麦克卢汉提出的"媒介即讯息"理论[5]，媒介形式，即舆论载体，会对信息的表达和理解产生重要影响。特别是在互联网场景下，信息形式由文到图、由长到短等趋势演变，无不与微博、短视频等媒介的出现和改变密切相关。综合考虑舆论生态要素应具有较高抗短期干扰与抗局部波动属性，本文选取舆论本体、舆论事件主体、舆论环境和舆论载体作为剖析网络舆论生态的四个维度。

舆论本体指在舆论生态中的各类信息、观点、意见等，在网络场景下，主要

---

[1] 刘建明. 当代中国舆论形态[M]. 中国人民大学出版社，1989:122-123.

[2] 施敏. 微博对中国舆论生态的影响研究[D]. 上海交通大学，2010.

[3] 赵学琳. 营造良好舆论生态的实践逻辑[EB/OL]. 中国社会科学网，(2020-11-13)[2021-12-30]. http://www.cssn.cn/index/zb/tsylydnljqysxtjs/202011/t20201113_5216524.shtml.

[4] 耿磊. 浅析构建健康的网络舆论生态[EB/OL]. 军事记者，(2020-4-14)[2021-12-30]. http://www.81.cn/jsjz/2020-04/14/content_9791620.htm.

[5] 马歇尔·麦克卢汉. 理解媒介：论人的延伸[M]. 何道宽译. 北京：商务印书馆，2000.

包括新闻报道、网民跟帖等；舆论事件主体指舆论生态中的各参与者，基于研究对象明确性与成果可借鉴性考虑，结合网络热点事件样本所涉对象，本文研究主体聚焦政府（含政务类公共部门和社会组织）、企业、个人、媒体四类；舆论环境指影响舆论生态运行的各类外部因素的总和，本文重点考量政治、经济、社会、文化四个方面；舆论载体指舆论生态中承载和传播舆论本体的各类渠道和平台，在网络场景下，主要指网站、微博、微信公众平台等。

（二）研究方法

热点事件汇集各类群体的不同观点意见和情绪，是舆论生态定量观测的理想对象。本文梳理 2020 年 1 月 1 日至 2021 年 12 月 31 日的热点事件，计算传播热度[①]，以每月热度排名前 50、累计约 1200 起热点事件作为样本，与舆论生态要素建立对应关系，引入比较研究方法，形成以"生态要素-数据指数"为经纬的分析体系，观察舆论生态要素的变化特征与规律。

二、舆论本体的表现与变化

网络舆论热点事件是观察舆论本体的重要视角，对其领域、地域、压力感知、风险感知等方面特征的多维度扫描，有助于全面呈现舆论本体的表现与变化，把握舆论注意力变化。

（一）舆论关注领域分布：时政大幅领先，热点领域排名映照时代变局

统计相关领域事件的网络帖文及其转评赞等数据，综合加权计算领域关注度占比发现，2021 年 TOP5 领域分别为时事政治（19.7%）、公共安全（13.5%）、教育科技（11.4%）、医疗卫生（11.3%）、文化生活（10.4%）等。相较于 2020 年 TOP5

[①] 统计新闻媒体、微博、微信公众平台、论坛贴吧博客等渠道传播量，加权归一计算获得传播热度。

领域中时事政治（17.6%）、医疗卫生（17.2%）、公共安全（16.2%）的"三足鼎立"，2021年领域占比排名出现时事政治独大，公共安全、教育科技、医疗卫生、文化生活等均衡分布的特征（如图1所示）。

领域	2020年	2021年
时事政治	17.6%	19.7%
公共安全	16.2%	13.5%
教育科技	11.1%	11.4%
医疗卫生	17.2%	11.3%
文化生活	5.9%	10.4%
经济金融	12.1%	8.6%
社会保障	5.7%	7.4%
司法执法	3.4%	4.7%
个人言行	1.8%	3.1%
环境保护	0.6%	2.1%
其他	8.4%	7.8%

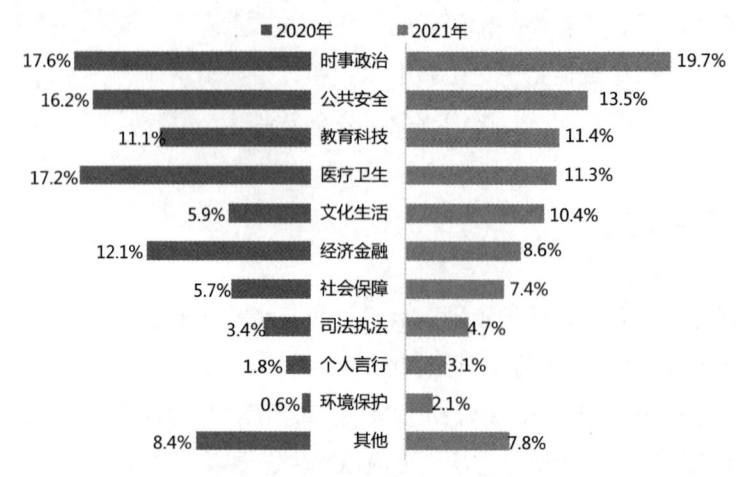

图1 2020年、2021年各领域[①]舆论关注度占比趋势

时事政治方面，中央整体布局有效凝聚社会发展信心，庆祝中国共产党成立100周年等重大活动贯穿全年，舆论主旋律热烈高昂，关注度占比远高于其他领域。公共安全领域关注度占比升至第二位，多起突发事件考验基层治理水平与舆论素养。受校外教培监管、"双减"政策发布、互联网行业监管等影响，教育科技领域关注度占比升高，与疫情好转后关注度占比下降的医疗卫生领域并列第三。相关领域关注度排名调整，直观反映了2021年我国经济社会的内外形势与发展格局之变，成为观察网络舆论生态的基本参照。

（二）热点事件地域分布：向边境与城市群地带集中

2021年，北京、江苏、河南、广东等中东部发达地区，黑龙江、云南等边境地区热点事件数量较多。黑龙江、云南等边境省份面临陆上跨境疫情防控难题，

[①] 基于可视化考虑，将司法执法、交通运输、社会保障、环境保护、个人言行等占比小、波动小的领域归入"其他"类。

云南野象群迁徙备受关注，相关热点事件推高舆论关注度。同时，浙江、河南、四川等省份在区域发展中表现突出，尤其是浙江杭州、河南郑州、四川成都等被舆论视为地区发展标杆，但在杭州"瞒豹"、河南暴雨、成都49中学生坠亡等事件中，地方部门在信息发布、情绪安抚等方面存在不足，累及政府形象。

（三）舆论压力分布：整体趋缓，公共安全压力较高

舆论对特定主体的批评、要求、期待等构成压力，本文基于热点事件传播量、媒体网民报道评论倾向评分等加权计算得出各领域网络舆论压力指数值。2021年，各领域舆论压力指数均值为13.0，低于2020年的15.5，舆论压力整体趋缓（如图2所示）。同时，公共安全领域季度舆论压力指数的平均值为43.9，高于医疗卫生（20.3），舆论压力较为突出。2021年，社会影响恶劣的报复性伤人案件达20余起，多起自然灾害、安全生产事故威胁人民群众生命财产安全，降低了舆论安全感。

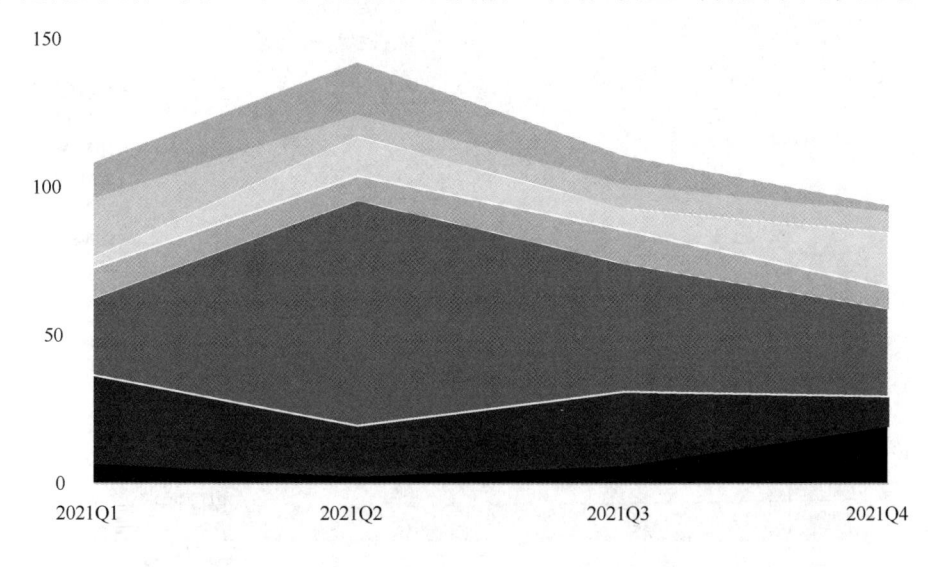

图2 2021年主要领域[①]舆论压力趋势

---

① 基于可视化考虑，将司法执法、交通运输、环境保护、个人言行等压力不明显的领域归入"其他"类。

（四）舆论风险感知分布：整体较弱，社会风险靠前

本文基于网络热点事件所涉主体、内容焦点、属性、关涉地域等要素，赋分量化加权计算危害性，利用境内外舆论场景下的话题传播态势计算感知度，搭建"重大风险舆论感知模型"，测算舆论风险感知。数据显示，2021年热度TOP100事件的风险平均值为58.8[①]，舆论风险感知整体较弱。仅部分地区疫情反复、河南暴雨、"新疆棉花"事件等处于高感知度、高危害性区间（如图3所示）。对比来

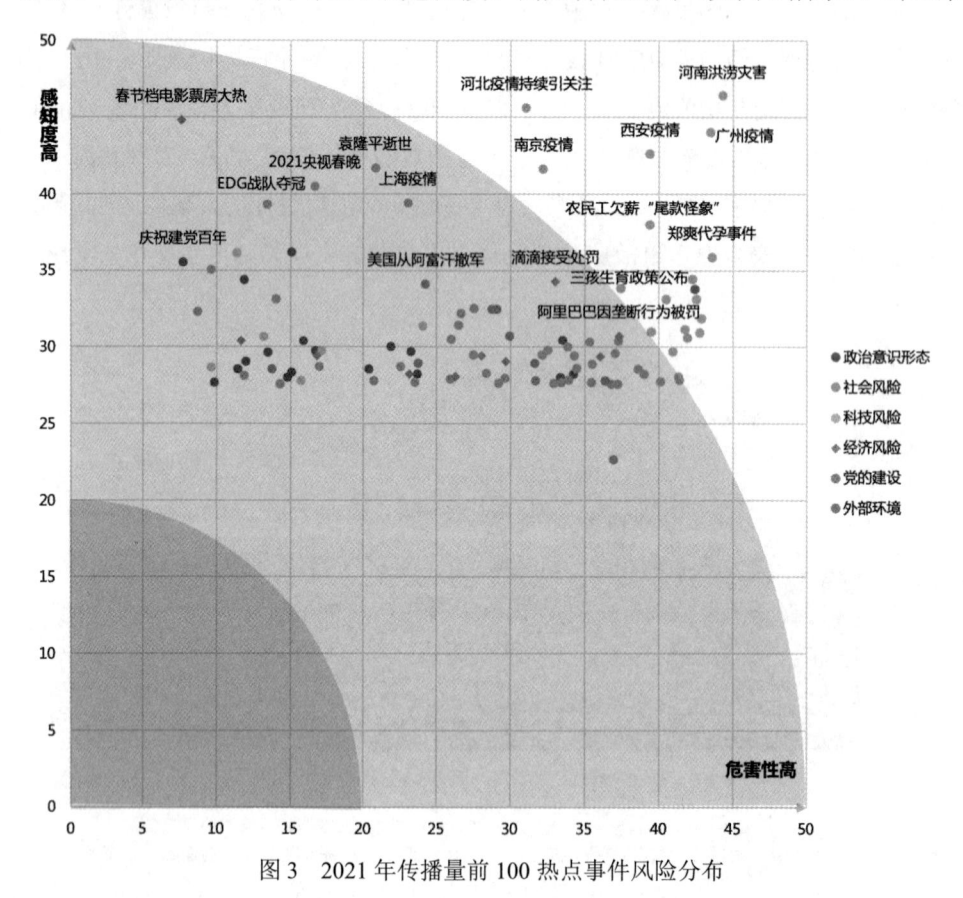

图3 2021年传播量前100热点事件风险分布

[①] 风险感知评估值分为五个层级：大于80为风险感知极强烈，威胁国家发展和社会进步；70-80为较强烈，危害性大、应对难度大；50-70为事件危害性、感知度突出，成为舆论热点；20-50为引起部分网民关注，需注意发酵动向；小于20为风险非常不显著，难以引起网民注意。

看，社会风险较为突出，主要来自疫情和灾害等非可抗力事件，公共安全事件（如昆明劫持人质案），社会治理事件（如西安地铁保安拖拽女乘客、甘肃白银山地马拉松事故），及农民工欠薪"尾款怪象"等问题。从舆论感知来看，社会风险事件易诱发公众产生情感共鸣与情绪代入，特别是在公共安全类事件中容易出现质疑事件处置、宣扬暴力、污化特定群体等现象，需要借助科学有效的回应与引导降低其对网络舆论生态运行的冲击。

三、舆论事件主体的热度与情绪态势

热点事件中，各主体的参与情况及引发的舆论感知对网络舆论生态走向有重要影响。因此，本文以反映不同主体在舆论场受关注程度的热度指数，以及反映舆论情绪感知情况的情绪指数为主要指标，呈现舆论事件主体的年度变化趋势。热度指数由不同热点事件各渠道传播量加权归一计算而得出，热度指数越高表明该主体在舆论场更趋活跃，更受舆论关注；情绪指数则通过对事件性质进行专家赋分，利用语义识别信息倾向，加权计算得出，分值越高表明该主体相关事件的舆论情感越强烈，分值为正数表示情绪积极、正面，分值为负数则表示情绪消极、负面。

数据显示，相较 2020 年，2021 年各舆论事件主体的热度指数分值基本稳定，政府部门维持最高热度，企业与个人热度持平，媒体热度有所增加但仍处低位（如图 4 所示）。同时，个人主体的舆论情绪指数分值显著回升，政府、企业主体的舆论情绪指数分值下滑（如图 5 所示）。

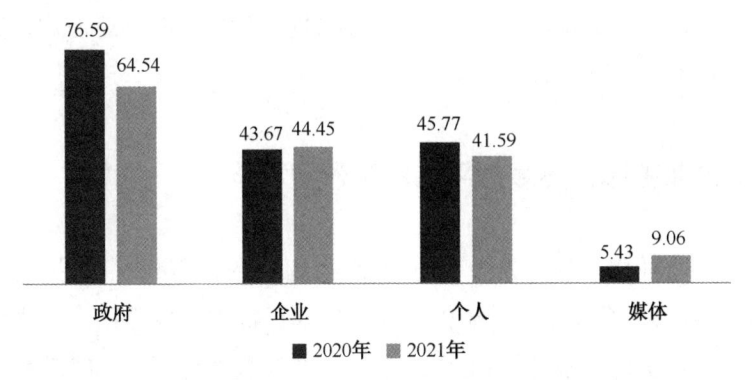

主体	2020年	2021年
政府	76.59	64.54
企业	43.67	44.45
个人	45.77	41.59
媒体	5.43	9.06

图 4　舆论生态中各主体舆论热度指数值分布

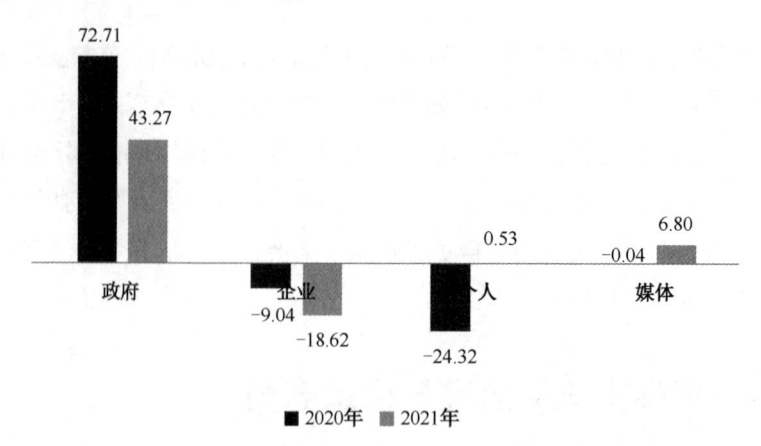

```
   72.71
        43.27
                                        0.53      6.80
                                             -0.04
    政府      企业       个人       媒体
          -9.04
              -18.62
                      -24.32
            ■2020年  ■2021年
```

图 5　2020 年、2021 年舆论生态中各主体舆论情绪指数值分布

（一）政府主体：热度居首，地方部门拉低情绪感知

2021 年，疫情防控与经济社会协调发展成为各级各地工作重心。政府部门舆论热度指数值较 2020 年稍降，但仍高居首位，同时舆论情绪指数值出现较大降幅。这源于部分地方防疫政策"一刀切"、执法简单粗暴。相较之下，中央部门在稳步推进疫情防控、经济发展的同时，推动反垄断、数据安全、个人信息保护等监管和规范政策密集落地，"规范和发展并重"获得舆论肯定。

中央与地方的舆论情绪评价差异，源于舆论对政府治理举措抱有普遍的较高期待，以及不同层级、不同职能部门治理能力差异的客观现实。热点事件中，舆论以相近标准评判各级部门工作，基层部门受舆情素养相对较弱、应对资源相对较少等影响，在面临新问题、新情况、新挑战时，往往力有不逮而难以满足舆论期待，进而承受相对更大的舆论压力。

（二）企业主体：热度持平，舆论形象承压

2021 年，企业舆论热度指数值与 2020 年基本持平，舆论情绪指数值持续走低（如图 5 所示），企业在舆论中的感知形象和评价进一步恶化。具体到热点事件，涉企负面及争议性事件增加至 64 起，涉及互联网企业、在线教育等监管，知名企业员工权益保护，涉企案件纠纷等，正面事件仅 22 起。其中，阿里巴巴、

滴滴、美团等企业声誉承压较明显，相关讨论触及企业文化、盈利模式、社会责任等多个维度，舆论对企业发展的评价维度融入了更多社会效益乃至国家利益的考量。

（三）个人主体：公众人物遭道德审视，青年群体表达现消极姿态

2021年，个人主体舆论热度指数值微降，舆论情绪指数值回升，袁隆平、屠呦呦、张桂梅等时代楷模，以及奥运健儿等人的事迹带动了正向评价。吴亦凡、李云迪等失德艺人则遭到普遍抵制，"有名先有德"成为舆论底线，对公众人物、行业发展形成强约束。值得注意的是，以奥运冠军杨倩、医生张文宏、法律科普工作者罗翔等被"扒坟"攻击为代表，部分网民对公众人物的道德审视也出现泛化倾向，造成舆论撕裂对立，干扰网络舆论生态秩序。

普通个体层面，以"躺平学""废话文学"为代表的"××学""××文学"成为青年亚文化表达的代表，有极端表达如"献忠学""姨学"出现反社会、反国家倾向。此类表达反映出部分青年应对生存压力、发展焦虑时的逃避姿态，并且此类表达内容壁垒、圈层壁垒高，为引导治理带来新课题。

（四）媒体主体：中央媒体担当舆论压舱石，地方媒体报道频引争议

2021年，舆论对媒体的感知较2020年整体有所好转，多个热点事件中的中央媒体发声穿透舆论"后真相"迷雾，廓清认知分歧，发挥出舆论引导力、影响力。如面对民营经济相关讨论，《人民日报》评论明确"三个没有变"；限电"大旗论"话题中，央视网评论深挖"谁在限电背后乱带节奏"。同时，部分地方媒体在成都49中学生坠亡、山西暴雨灾害、局部疫情反弹等热点事件中"失声"、失误甚至"翻车"，多次引发舆论诟病。

四、舆论环境的影响力与压力态势

舆论环境通过舆论主体、载体间接影响舆论生态，在作为样本的热点事件基

础上，统计数据周期内，政治、经济、文化、社会四大舆论环境的情绪感知关键词，计算不同环境在网络舆论生态中的影响力、舆论压力感知两方面指标，观测舆论环境的整体消长态势。环境影响力指数由各类环境相关热点事件在新闻媒体、微博、微信公众平台、论坛贴吧博客等公开场景中环境相关传播数据加权计算而来，环境影响力越高，表明环境对舆论生态的影响越直接；环境压力指数则基于语义分析技术标记公开场景中环境相关帖文情感倾向，加权计算得出，环境压力越高，表明舆论生态中的主体对来自各类环境的压力的感受越强。

数据显示，相比 2020 年，2021 年的环境影响力值、环境压力值进一步降低（如图 6 所示），网络舆论生态环境整体呈积极发展趋势。

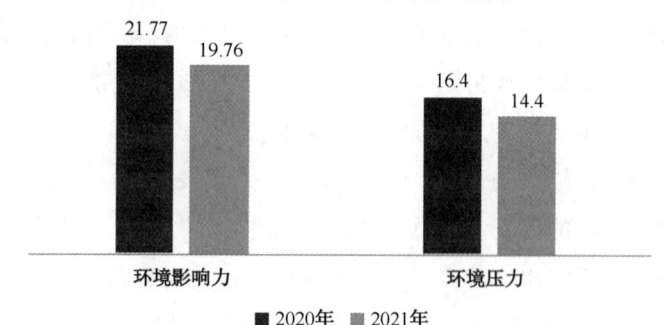

图 6 2020 年、2021 年环境影响力、环境压力对比

具体来看，社会环境持续"纾压"，而政治环境、文化环境的影响力、压力均有一定幅度增加（如图 7、图 8 所示），更多相关热点事件进入网络舆论议程，影响网络舆论生态；经济环境影响力小幅下降，但环境压力小幅升高，舆论的关

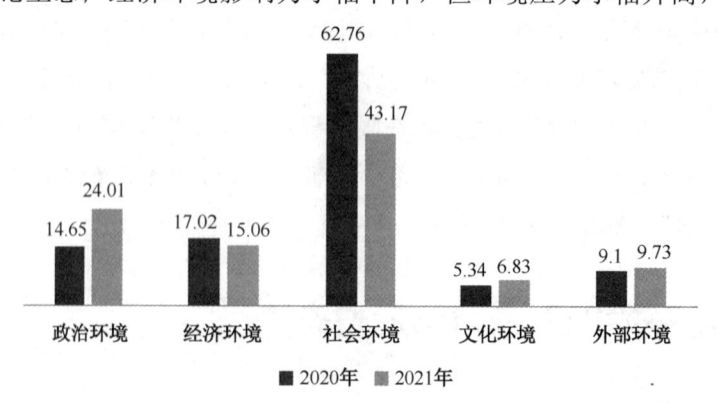

图 7 2020 年、2021 年各类环境影响力对比

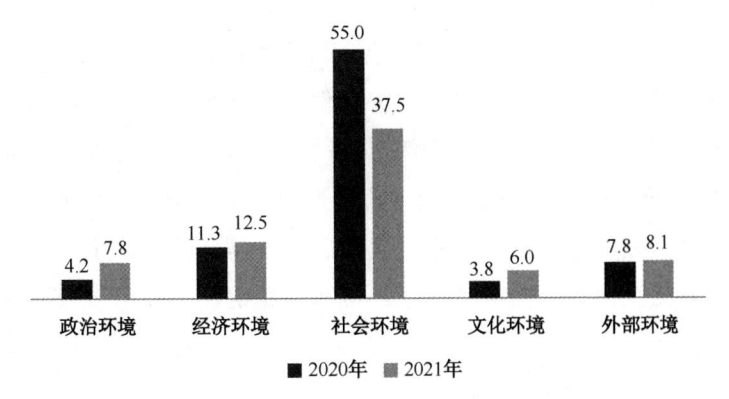

图 8　2020 年、2021 年各类环境压力对比

注点更加聚焦，担忧、焦虑等情绪浮现；外部环境维持稳定，2021 年舆论场涉外议题有所增加，但没有带动环境压力上升。

（一）社会环境：疫情"消而未退"，环境压力整体走低局部反弹

2021 年，全球新冠疫情总体得到遏制，我国坚守"动态清零"政策，取得了疫情防控和经济社会的协调发展。随着防控形势好转，社会环境的影响力、压力总体走低（如图 9 所示）。同时，全球疫情仍未消退，各国家和地区防控不均衡问题突出，传播速度快、感染能力强的新变种病毒迭出，我国疫情防控持续面临较大防输入压力，社会环境的影响力、压力指数整体仍处在较高水平。

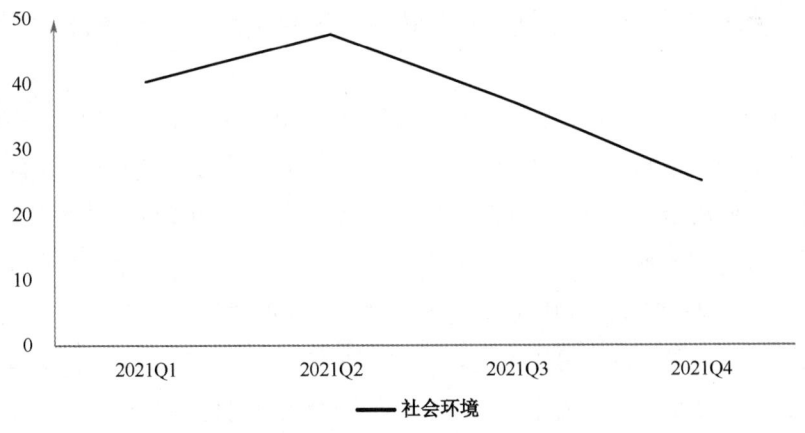

图 9　2021 年社会环境压力趋势

值得注意的是，2021年上半年社会环境压力出现反弹趋势。除疫情防控因素外，这一趋势的形成还受到事故灾害事件、恶性公共安全事件、基层治理失当事件等方面影响。以第二季度为例，连续发生河北卡车司机自杀事件、成都49中学生坠亡事件、甘肃白银山地马拉松事故、湖北十堰燃气爆炸事故、多起恶性伤人案件，使舆论对社会稳定的负面感知升高。疫情趋缓之下，有效处置应对突发公共安全事件，对维护社会环境和谐稳定，保障网络舆论生态平稳运行至关重要。

（二）经济环境：环境影响力与压力出现"倒挂"

2021年，经济环境在网络舆论生态中的影响力较2020年小幅下降（如图7、图8所示），经济环境的适应性增强，2020年年初以来的巨大震荡逐渐被抚平。同时，数据显示2021年经济环境的压力指数较2020年小幅上升，在关联事件数量少于2020年的情况下，出现与环境影响力的"倒挂"。

2021年经济环境压力指数的小幅增长，主要来自对经济增速放缓的感知。同时，教育、互联网等多个领域监管加码，舆论上出现对就业与市场活力等的担忧；"环保风暴"、民营经济生存环境恶化、经济"过冬"等疑虑，也推高了经济环境压力。

（三）政治环境：爱国情感充沛，非理性表达推高环境压力

2021年，政治环境影响力、压力的指数值仍处于相对低位，但较2020年有较大幅度增加，增幅分别达64%、86%。政治环境影响力的增长主要来自中国共产党成立100周年、辛亥革命110周年、西藏和平解放70周年等重大政治事件，以及围绕台海、冬奥会、新疆"人权"等方向的一系列外交博弈。以爱国主义为核心的舆论正能量充盈，网民借助更加多样、具象的传播符号表达爱国之情。

值得注意的是，网上爱国主义表达中，网络站队、人身攻击、恶意举报等非理性、极端化现象也随之而来。这类言行侵蚀爱国主义的深厚底蕴和丰富内涵，抑制舆论理性表达，成为政治环境压力指数升高的重要推力。舆论担忧非理性、

极端的爱国表达对外引起国际舆论误解，对内加剧舆论分化对立，恶化网络舆论生态，期待加强引导治理。

五、舆论载体的趋势与特征

2021年，网络舆论生态中的传播载体仍以新闻媒体、微博、微信、知乎、豆瓣及短视频平台等为主，暂未出现显著改变既有传播格局的新平台、新应用。相较2020年，2021年舆论载体表现出细分垂类平台的首曝优势增强、短视频影响力走高、功能性应用"初露峥嵘"等特征。传播格局的局部微调整，也在带动舆情传播机制和舆论生态的变化。

（一）事件首曝层面，垂类平台的差异化优势凸显

基于本文热点事件样本库中突发性、争议性较明显的45起典型事件的首发公开渠道分析显示（如图10所示），2021年争议性热点事件的首曝渠道更加多元，垂类细分平台作为首曝渠道的占比显著升高。典型如，拼多多员工猝死、阿里巴巴女员工被侵害等话题源发于脉脉，医疗黑幕被医生曝光于知乎等。

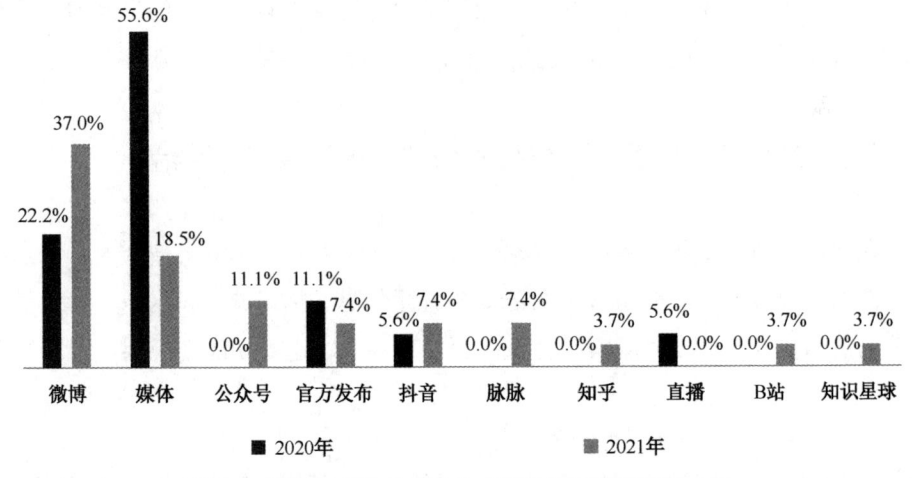

渠道	2020年	2021年
微博	22.2%	37.0%
媒体	55.6%	18.5%
公众号	0.0%	11.1%
官方发布	11.1%	7.4%
抖音	5.6%	7.4%
脉脉	0.0%	7.4%
知乎	0.0%	3.7%
直播	5.6%	0.0%
B站	0.0%	3.7%
知识星球	0.0%	3.7%

图10 近两年部分争议性热点事件首曝公开渠道占比

有别于网络大号和公众人物，垂类细分平台上的曝料者，大部分缺少舆论资源和舆论事件参与经验，是舆论场中的"素人"[①]，但借助脉脉、知乎、B站等垂类细分平台，曝料者容易获得来自相关职业、兴趣、成长背景网民的关注和支持，为诉求进一步获得更大范围公众的关注打下基础。在这一舆情发酵机制中，相比微博、微信公众号、媒体等，垂类细分平台更加窄众，话题在早期发酵中因信源单一、情绪驱动等容易出现观点偏向，导致被曝光对象及时有效介入回应面临更大挑战，因此而起的舆情升级发酵可能对舆论生态带来不利影响。

（二）事件传播层面，短视频强"首因效应"与隐蔽发酵特征突出

在首曝于短视频的热点事件中，现场画面直观、情感冲击强，公众据此形成的第一印象在后续事态出现转折后仍难以改观，相较图文信息为主的热点事件，舆论的"首因效应"[②]更加突出。其次，视频博主主导的单向信息流动更容易催动粉丝情绪，催生"圈外少感，圈内高热"的局部高压传播格局，易形成"出圈即爆发"的传播态势。如司马南于2021年11月7日至12日在哔哩哔哩网站等平台发布系列视频质疑联想集团涉嫌国资流失，在哔哩哔哩网站的总播放量达717万人次，但此时圈外舆论感知尚弱，经过近一周的酝酿，至2021年11月19日圈外舆论关注趋势呈现上升势头，相关讨论在微博等场景"破圈"发酵。2021年11月21日起，司马南再度发布相关视频，并在抖音重发此前视频，助推话题热度走高。

（三）危机应对层面，功能性应用助力高质量信息供给

在河南、山西暴雨灾害中，"救命文档"[③]通过多人协作汇集被困人员信息、物资需求和救援信息，地图App推送走失儿童信息、标记城市积水点，帮助身处险境的被困群众得到及时救援。在重大突发事件中，这类功能性应用，以用户弱

---

① 日语しろうと的汉译，指外行、没有经验的人。
② 由美国心理学家洛钦斯首先提出，也称首次效应、第一印象效应等，在心理学中指"先入为主"带来的观念、认知固化效果。
③ 在线文档工具在突发灾难中的一种应用形式。在线文档是电子笔记、文档类应用的宽泛统称。

中心、强协作的分布式自发参与形式，满足了公众、救援部门在常规信息渠道联系受阻、内容纷杂之下对于实时、精确信息的需求，表现出一定的媒介属性，成为政府部门和社会救援力量的重要信息支撑。

六、总结与展望

2021年，新冠疫情的影响从剧烈冲击向潜移默化转变，网络舆论生态趋稳向常，但稳中有变、常中见新。以此为牵引，网络舆论生态在几个方面的重要动向，折射出舆论中的突出现象和苗头性问题，需要引起关注。

第一，防范底层诉求增加与"舆情进城"的潜在风险。2021年，公共安全领域舆论压力较高、社会风险感知较突出，人身安全、生活保障与社会稳定等相对底层的舆论诉求增加，基层治理面临更大挑战。同时，热点事件向城市群聚集，城市化及居民生活相关内容大比重占据舆论场，舆论注意力失衡加剧。在经济增速放缓、下行压力加大的背景下，这两方面特征也是网络舆论生态运行重要的潜在风险因素，需要借助高质量社会治理特别是基层治理更好地回应舆论诉求，纾解舆论压力。

第二，以更多的良性互动回应舆论高期待与强参与。2021年，基层政府部门、企业特别是民营企业、公众人物受到舆论广泛审视，舆论对不同主体的社会治理能力、社会责任、道德水平抱有高期待，在相关热点事件中的参与热情高涨，青年群体等的表达也呈现出新特征，对网络舆论生态健康平稳运行提出了新要求。因此，**一要缓解基层治理的供给与需求矛盾**。公众较高的舆情素养和治理期待，与部分地方部门的处置惯性形成差距，出现信息发布与舆情应对的供需矛盾。提升基层信息发布能力和舆情应对水平，增强公共政策的公众沟通，是减少基层事件中舆论情绪的催动升级，为网络舆论生态释压的关键。**二要厚植企业运行的责任与信任土壤**。舆论对企业承担社会责任、助力国家战略抱有殷切期待，但在舆论表达层面，既有理性的期盼与批评，也有"反资本"等激烈情绪，影响企业与公众的互信。推动高质量发展，需要企业更加重视社会责任，也需要增加企业、政府、公众、媒体等之间的良性互动，巩固基于稳定预期的信任基础，培育主体担责、本体有序、环境清朗的网络舆论生态秩序。**三要涵养公众人物的专业与理性价值。舆论对公众人物广泛的道德审视，既有对主流价值的维护，也不乏来自网民的恶意揣度与中伤。舆论支持整饬公众人物失德行为，也期待给予专业人士足够的舆论空间，以专业发声和理性对话提升网络舆论生态活力。**四要疏导个体表达的情绪与心态波动。**"躺平""内卷"风靡，各类"××学"在网络亚文化圈内大量使用，显现网民特别是青年群体的多元思想。网络话语折射出不同群体的内在诉求，需要借助平等对话和精细疏导，让网络新表达在既有活力也有秩序的良性网络舆论生态中运行。

第三，网络舆论生态的环境影响增加，重点关注经济环境压力变化。2021年，政治、经济、文化环境的压力指数评估值都处于较低范围，但较2020年出现不同幅度上升，社会环境压力下降但处于相对高位。未来，基于非理性爱国表达升温、经济社会发展预期走弱、基层治理诉求增加等趋势，舆论环境变化对网络舆论生态的影响可能走强。其中，经济环境压力值接近政治环境和文化环境压力值的加和，对网络舆论生态的影响也将较后两者更明显。经济民众生话题的舆论"燃点"可能降低，更容易因事关公众切身利益而发酵升级，加剧舆论观点分化和情绪代入。

第四，数字传播新技术带来助力社会治理的新可能。2021年，垂类细分平台、短视频对舆情发酵和传播机制的影响进一步凸显，功能性应用助力高质量信息供给，也表现出一定媒介属性。如何降低强"首因效应"、更隐蔽发酵等特性对网络舆论生态运行的不利影响，放大功能性应用媒介属性的普遍社会价值等还有待进一步探索。此外，元宇宙为代表的新技术概念大热，尽管其对传播格局的影响仍待观察，但数字虚拟场景、高质量信息的"一虚一实"，或揭示出区别于"海量信息"这一当下传播环境的新图景。未来，数字传播技术的推陈出新如何满足公众需求、助力社会善治值得期待。

年度网络热词特征及社会心态分析

【摘　要】2021年，全球疫情大流行背景和中国共产党建党100周年主流舆论环境下，公众在网络新闻评论区的讨论及社交平台的互动呈现出新特点、新变化，为观察热点事件、解析社会心态提供多维样本参考。从疫情相关、重大新闻、青年表达三个类型的网络热词切入，通过计算热度指数、绘制情绪图谱、开展网络调研等方法，综合分析网民在"后疫情时代"网络舆论场的心态特征，尝试从中找出宏观到微观、整体到个体的情绪表现和关联规律，并探寻依托网络平台弘扬主旋律、传播正能量的科学途径。

【关键词】网络热词　社会心态　后疫情时代　青年表达

2021年既是"十四五"开局之年，也是全面建设社会主义现代化国家新征程开启之年。在百年未有之大变局和世纪疫情背景下，经济民生、社会治理、文化娱乐等领域被烙上"后疫情时代"的深刻印记，对舆论生态产生深远影响。2021年的网络热词，也因此呈现出独有的鲜明特色。其中，全球疫情大流行下，中国疫情防控趋于常态化并相对稳定，为持续推动经济、科技、文化、体育等繁荣发展奠定基础，也使网民特别是青年一代网民的表达方式发生潜移默化的改变，为由表及里观察2021年度社会心态提供了多维参考。

为探究疫情、重大新闻事件对青年一代网络表达的影响及其特点规律，本文从2021年度网络公开场景传播量超过10万条的400个事件中，提炼出100个网络热词，统计其传播总量，加权计算，得出2021年TOP30网络热词（如图1所示），根据热词关联议题归纳为"疫情相关""重大新闻""青年表达"三大类型。结合传播周期、相互关联、语义分析正面情绪占比等维度，构建舆论情绪图谱（如图2所示），综合评估分析热词背后的社会心态。在此基础上，本文还依托"企鹅有调"网络问卷调查,在全国 31 个省、自治区、直辖市面向手机网民展开定量调研,并根据 CNNIC 对全国网民的性别、年龄、学历、地域分布标准,对调研样本进行抽样处理,使调研样本符合中国网民的构成标准,而中国手机网民在全体网民占比超过 99%,因此调查问卷相关数据结论,亦可推论至全体中国网民(此次调研共收集 3003 份样本数据,超过在 95%的置信度和 3%的误差率条件下所需的最低样本数量,样本符合统计学有效性要求,具备统计学上的代表性。其中,单选题中,在选项比例的限定分位数情况下,由于四舍五入会引起选项加总不等于 100%的数据误差,误差在 1%以内,单选题选项之和在 99%-101%均属合理)。

序号	疫情相关热词	热度指数	序号	重大新闻热词	热度指数	序号	青年表达热词	热度指数
1	疫苗接种	95.95	1	建党100周年	92.58	1	yyds	91.67
2	后疫情时代	91.73	2	十四五	90.00	2	emo	90.47
3	健康码	90.01	3	双碳	89.42	3	躺平	88.80
4	外防输入内防反弹	83.46	4	乡村振兴	89.27	4	破防	87.61
5	就地过年	82.76	5	奥运会	88.98	5	内卷	86.82
6	数字经济	83.07	6	限电	86.83	6	绝绝子	86.01
7	适老化	81.61	7	双减	85.06	7	针不戳	83.45
8	补偿式返乡	81.31	8	航空航天	84.90	8	小丑竟是我自己	79.15
9	德尔塔	80.97	9	河南暴雨	84.65	9	勇敢牛牛不怕困难	76.60
10	清零	80.68	10	饭圈	84.65	10	野性消费	73.05

图 1 2021 年度网络热词 TOP30

一、热词特征:常态防疫成效凝聚共识促进发展

2021 年,世纪疫情在全球范围内延宕反复,中国特色"动态清零"政策和常态防控措施进一步经受实践检验,相关网络热词也呈现鲜明的"后疫情时代"特色。

(一)防疫答卷彰显制度优势

综观 2021 年度疫情相关热词,可大致分为三类。一是"后疫情时代""疫苗接种""健康码"等热词贯穿全年,表明在抗疫常态化阶段,医疗科技成为重要防

疫手段，舆论聚焦国产新冠疫苗全民免费接种，期待科技赋能医疗卫生事业。**二是**阶段性热词传播展现不同时期疫情防控特点，"就地过年"后掀起清明节"补偿式返乡"热潮，凸显民众对国家疫情防控政策的理解配合；下半年，"德尔塔""外防输入内防反弹""清零"等热词侧面反映全球疫情防控严峻形势，以及我国"动态清零"的实际成效。**三是**疫情持续加速生活生产"数字化"，"适老化""数字经济"等热词折射"后疫情时代"的新发展新变化，一方面展现政府和社会有效化解"数字鸿沟"难题，助力老年群体融入"数字抗疫""数字生活"的人性关怀；另一方面表明常态防疫促进数字经济长足发展，而数字经济又为常态防疫提供便捷保障，二者相辅相成。

（二）时代发展凝聚社会共识

2021年恰逢建党100周年，也是"十四五"开局之年，我国各项建设成就层出不穷。重大新闻热词TOP10体现网民对开启全面建设社会主义现代化国家新征程、对政策发力为人民谋幸福的共同期盼。一是时政类新闻热词"建党100周年""十四五""双碳""乡村振兴"显示国家宏大叙事引领下的集体认同感，反映网民对赓续红色血脉、砥砺奋进力量、共创美好生活的共鸣。二是"航空航天""奥运会""饭圈""双减"等热词体现国人对科教文卫体事业繁荣发展的欢欣鼓舞，对依法整治文娱行业乱象、构建清朗网络生态的认可。"电竞""长津湖"等热词也有较高的传播热度。电竞入亚、EDG夺冠充分展现我国电竞产业的蓬勃发展，"长津湖"的史诗格局和家国情怀点燃观众爱国热情。三是"限电""双减""河南暴雨"等热词体现网民对经济民生、社会公平和应急救援的高度关注。

（三）个性表达传递生活态度

近年来，青年网民以"抛梗""接梗"与"玩梗"方式，个性化表达生活态度和价值观念。2021年，一批"新梗"成为网络表达"时尚"。一是当代年轻人在"内卷"和"躺平"之间反复"横跳"，因群体内竞争激烈，个体"收益努力比"下降，导致出现"emo"情绪，反映青年群体对生活、职场的焦虑，以及求变求新的渴望。如不少网民在短暂"躺平"同时也意识到不能永久"躺平",如果认为周围的人都在"躺平",那么会发现"小丑竟是我自己"。二是"yyds""破防""绝绝子""针不戳""勇敢牛牛,不怕困难"等词多出现在重大成就和抗疫救灾、运动赛事等热点新闻的评论区,网民用缩写、谐音等表达赞赏和鼓励。三是河南、山西暴雨引发关注,众多爱心企业积极捐款,而网民则通过"野性消费"的方式支持和回馈。

综合分析以上 30 个热词发现,疫情的持续和反弹、变异,给经济社会和人们的生产生活带来了深远改变,"疫情—社会—个人"三者之间连锁式、交叉式、循环式的传导影响十分明显。疫苗接种的持续落实、动态清零的实际成效、数字经济的迅速发展,为"十四五"顺利开局和乡村振兴提供了有力支撑保障。"后疫情时代"社会竞争压力增大、就业形势严峻,也使职场青年产生"躺平""内卷"等复杂心态,从而发表"小丑竟是我自己"的自嘲和"勇敢牛牛,不怕困难"的自我鼓励。而当全球疫情冲击下的中国航空航天事业、奥运赛事不断实现重大突破时,青年网民也不吝发表"yyds""破防"等赞美之词。同时,疫情期间公众的期盼和呼声,促使"就地过年""补偿式返乡"等阶段性措施和"适老化"等长远性政策出台实施,得到网民"针不戳"的肯定;部分政策实施过程中不及预期,也遭到网民的"emo"吐槽。

二、心态透视:积极理性情感贯穿全年偶有波动

2021 年,疫情常态防控下,建党百年成就辉煌,"十四五"开局顺利,经济社会全面发展,青年一代用求新求异的个性语言表达制度自信、民族自豪和爱国热情,成为年度社会心态的"主基调"。同时,疫情反复和变异,叠加自然灾害、行业监管压力等因素,催生出担忧、焦虑等情绪下的"自嘲式""自我鼓励式"新表达。富有时代特征的网络热词,为管窥社会心态及其衍生路径和规律提供丰富样本。

根据网络公开场景 830 万条网民跟帖评论样本,绘制 2021 年度舆论情绪图谱(如图 2 所示)。其中,**圆圈**代表热词,圆圈颜色代表其所属话题类型,圆圈面积大小代表其传播量级;**连接线**的粗细代表热词相互关联并同时出现的频次,频次越高则连接线越粗。通过语义识别模型计算相关样本对应的正负情绪倾向,并通

过百分比计算各热词所反映的情绪占比分布：圆心代表 100% 正面情绪，圆圈距离圆心越近，则正面情绪占比越大。

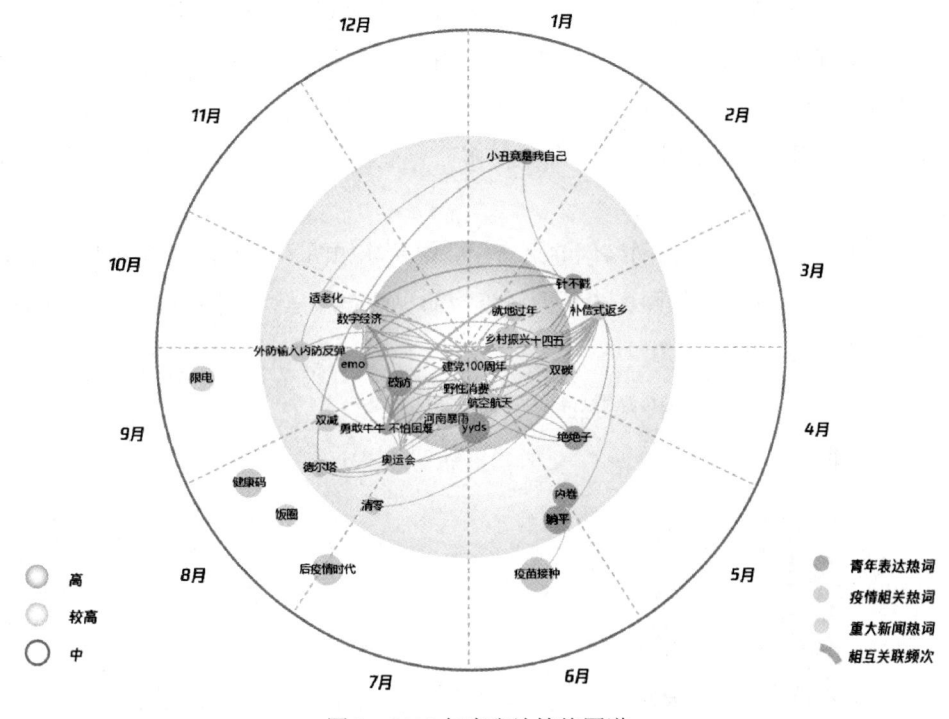

图 2 2021 年度舆论情绪图谱

如图 2 所示，"建党 100 周年"所代表的圆圈面积较大、与圆心最为接近，表明其传播次数多、正面情绪高。尽管建党 100 周年纪念日在 2021 年 7 月，但从 2 月开始，就有相关政策部署、宣传报道和网民互动与之关联，几乎贯穿全年，覆盖所有重大新闻事件，并且与"yyds""绝绝子""针不戳"等网民正面情绪表达热词关联频次高，与"躺平""内卷"等网民焦虑情绪表达热词关联频次低。

（一）常态防疫稳定民心，偶有少量担忧情绪

疫情相关热词折射舆论场向上向善的积极力量，以及其背后有温度、有自信的社会集体情绪。2021 年 1 月初，多地出现零星病例、局部发生聚集性疫情，"非

必要不返乡"倡议鼓励民众就地过年。多地迅速控制疫情短暂反弹后，理解、善良、宽容等情绪在舆论场传递。2021年3月中旬，低风险地区人员可凭"绿码"全国通行，清明节"补偿式返乡"人群激增，相关政策均获得舆论好评。

与此同时，2021年度疫情相关少量杂音干扰社会情绪。2021年上半年，疫苗接种不良反应、接种后仍被感染、疫苗保护效力有限等消息引起担忧。2021年下半年，多地疫情反复冲击旅游、餐饮等多个行业，生产、生活、就业等矛盾相对突出，但网民情绪总体稳定。

关于"疫情心态"的网络问卷调查结果显示（如图3所示），在国内疫情防控常态化局势下，86.2%的网民表示面对疫情的主要心态是"平常心"，不安、焦虑、恐慌等负面心态占比不到一成。

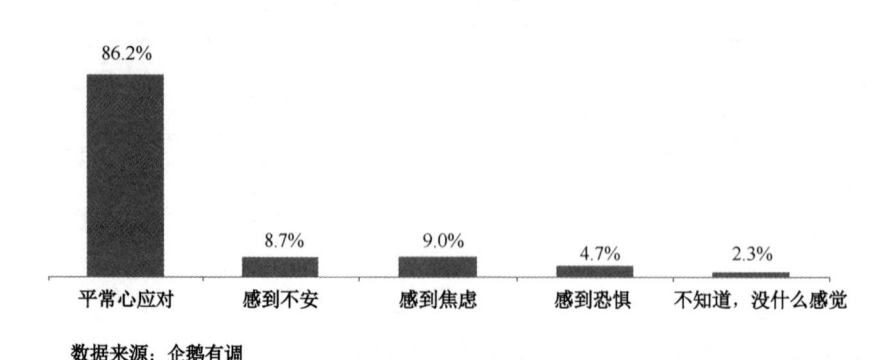

今年面对疫情，你主要的应对心态是

平常心应对 86.2%
感到不安 8.7%
感到焦虑 9.0%
感到恐惧 4.7%
不知道，没什么感觉 2.3%

数据来源：企鹅有调

图3　关于"疫情心态"的网络问卷调查结果

（二）科学决策坚定制度自信、增强获得感

2021年2月，中央发布一号文件，全面推进乡村振兴、加快农业农村现代化，为新时期的"三农"工作指明方向。2021年3月，十三届全国人大四次会议表决通过关于国民经济和社会发展第十四个五年规划和2035年远景目标纲要的决议；国务院政府工作报告要求扎实做好碳达峰、碳中和各项工作。2021年7月，习近平总书记在庆祝中国共产党成立100周年大会发表重要讲话，郑重宣告"实现中华民族伟大复兴进入了不可逆转的历史进程"。相关话题持续引发热议，"十四五"

顺利开局、农业农村现代化加速推进、"双碳"目标引领生态文明建设等一系列科学决策下的健康发展，以及中国共产党团结带领全国各族人民实现中华民族伟大复兴的辉煌成就和不懈努力，进一步坚定中国特色社会主义制度自信，增强网民归属感、幸福感和获得感。

（三）政策争议与经济下行加剧心态反复

2021年，"双减""限电"和"饭圈"乱象整治等政策获得大部分舆论的认同和支持。同时，一些校外培训机构难以为继、人员失业，引发部分网民特别是教培行业、家长群体的焦虑情绪；各地拉闸限电给特定地区居民工作生活造成不便；"饭圈"乱象整治被少数网民质疑治标不治本，舆论不满情绪时有反复。此外，随着经济增长换挡降速和产业结构深度调整，行业发展空间受限，竞争更加激烈，反映到个人层面工作生活的"内卷"上，也有部分人群选择放慢脚步享受舒适，由此出现了一批"躺平族"。舆论对此褒贬不一，以不同视角进行解读，包括回避奋斗、不劳而获，实现自我、追求自在等。

（四）重大突破和灾害应对激发爱国热情

2021年，我国航空航天等领域重大突破不断，取得举世瞩目的成就。从"祝融"探火到"羲和"探日，从"太空出差三人组"到空间站航天员首次出舱，根植于中国传统文化与民族精神的航天精神一再感动民众，中国航天"yyds""针不戳"等赞誉不绝，网民用"破防""绝绝子"等流行语表达激动自豪之情。2021年7月下旬，河南多地出现持续性降雨，造成人员伤亡和财产损失，多地多部门参与救灾抢险，各大企业积极捐款捐物，整体舆论环境正向积极。期间，有消息称国产品牌"鸿星尔克"低调捐款5000万，而该企业近两年持续亏损致股票停止交易，网民纷纷下单"野性消费"为爱心企业"打CALL"。

网络问卷调查结果显示（如图4所示），网民最倾向评论互动的是与国家荣誉感和灾害相关的事件，如奥运会激发的国家荣誉感、暴雨洪灾引起的共情相对强烈，网民表达意愿高。而对于近似"话题制造机"的娱乐追星，网民发声互动意愿并不强烈，这与主管部门整治规范文娱行业和"饭圈"不无关系。

一般会对哪些类型的事件在公开场合
进行评论互动
（基于网络发声者）

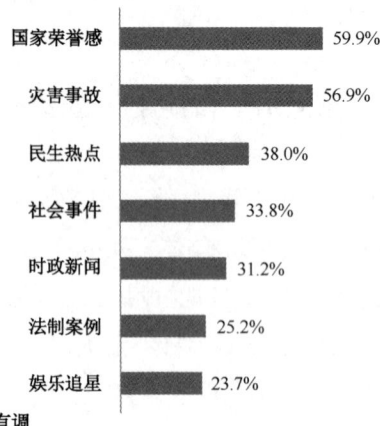

类型	比例
国家荣誉感	59.9%
灾害事故	56.9%
民生热点	38.0%
社会事件	33.8%
时政新闻	31.2%
法制案例	25.2%
娱乐追星	23.7%

数据来源：企鹅有调

图4　关于"网络发声意愿"的网络问卷调查结果

探究网民发声或沉默的原因，网络问卷调查结果显示（如图5所示），"传播正能量""表达个人情感"是网民公开发声的最大动力，少数网民因"争取权益""传播个人影响力"而公开表达。而在网络上沉默的网民中，超过六成是由于缺乏在公开场合发声的习惯；在有表达意愿但保持沉默的网民中，"担心观点不同而被攻击"是阻断表达的最大因素。另有部分网民担忧隐私被侵犯、被反驳。

为什么想在事件中评论
（基于网络发声者）

原因	比例
想要传播正能量	53.3%
觉得有触动，表达自己的情感	52.7%
就是想表达自己的观点和立场	47.0%
觉得有些人说的都是错的，想反驳	16.3%
为了争取或者维护自己的权益	14.3%
想让别人认识自己，传播个人影响力	7.4%

为什么不评论
（基于网络沉默者）

原因	比例
没有在公开场合评论的习惯	61.3%
比较懒	28.2%
担心被不赞成自己观点的网民攻击	19.7%
担心留下被侵犯隐私的隐患	12.5%
担心留下话柄，之后被别人拿出来反驳	10.7%

数据来源：企鹅有调

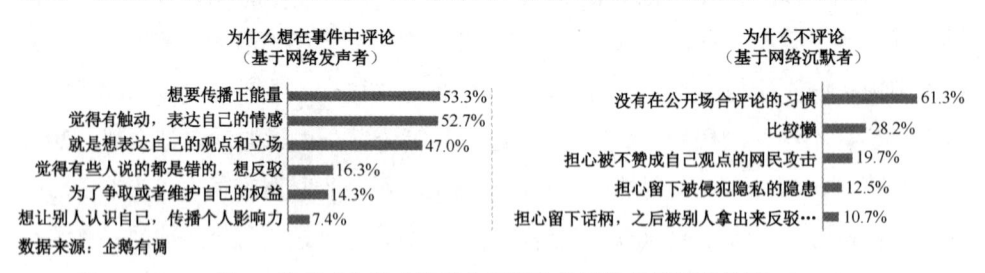

图5　关于"为什么发声和沉默"的网络问卷调查结果

三、启示思考：因势利导弘扬正能量包容多元性

言为心声。富有鲜明时代特色的网络热词，为掌握网民特别是青年网民的关

注点、兴趣点、期待点提供独特视角，也为研究社会心态、舆论情绪提供参考，同时也为针对性开展网上舆论引导和正能量宣传带来诸多启示思考。

（一）加强宣传引导，激励民心士气

2021年，国内外局势复杂多变，疫情形势持续严峻，网民爱国热情更加饱满。关于"国家自豪感"的网络问卷结果显示（如图6所示），91.8%的网民表示自己的国家自豪感有了一定程度提高，其中72.3%的网民表示"有很大程度提高"。这也侧面证明，中国特色社会主义制度优势、党的正确领导、全面建成小康社会、经济社会持续发展在"困境""难局"中得以全面彰显，成为增强民众认同感归属感的催化剂。2022年北京冬奥会、党的二十大举世瞩目，开展相关舆论引导和全社会各领域建设成就的立体式宣传，有利于汇聚起迎接、学习、贯彻党的二十大的磅礴正能量和向心力。

这一两年，你对于国家自豪感是否有变化

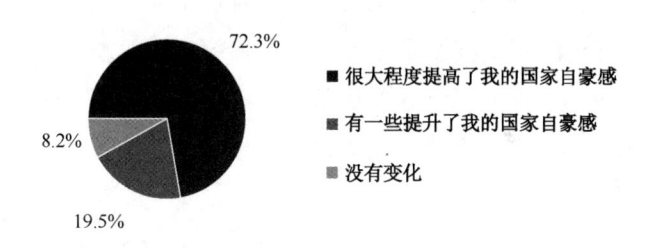

- 72.3% 很大程度提高了我的国家自豪感
- 8.2% 有一些提升了我的国家自豪感
- 19.5% 没有变化

数据来源：企鹅有调

图6　关于"国家自豪感"的网络问卷调查结果

（二）把准舆论脉搏，回应民生关切

常态防疫给人们生活态度和行为习惯带来深远改变，口罩、健康码、核酸检测等成为日常"标配"，线上社交、网络购物活跃，线下聚集减少。同时，全球疫情形势持续严峻、新冠病毒不断变异，也给防控前景带来巨大的变数和不确定性。关于"疫情未来走向"的网络问卷调查结果显示（如图7所示），71.4%的网民对

你对国内疫情未来走向，持什么样的态度呢

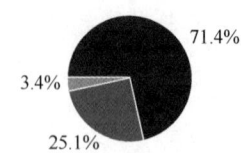

- 71.4% 感觉比较乐观，对于战胜疫情比较有信心
- 25.1% 持中立态度，不确定未来疫情会如何发展
- 3.4% 感觉有点悲观，战胜疫情难度非常大

对国内疫情发展持乐观态度的网民比例

0-19岁	20-29岁	30-39岁	40-49岁	50以上
67.1%	66.9%	72.6%	73.6%	74.5%

数据来源：企鹅有调

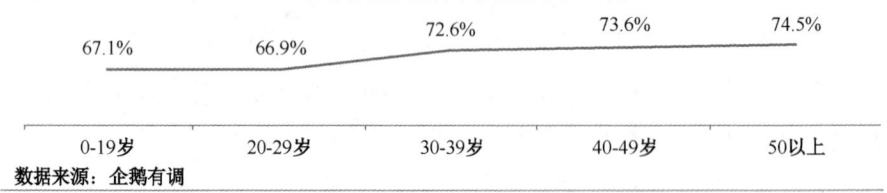

图7 关于"疫情未来走向"的网络问卷调查结果

国内疫情未来走向表示乐观，持有乐观心态的网民比例随着年龄增大而提高。与此同时，疫情对民众日常生活影响深刻，也无形中改变了观念，比如，网民认为"健康""医疗""生态环境"越来越重要，而"娱乐活动"的重要性有所下降（如图8所示）。针对这些变化，有必要通过多种渠道方式把准舆论关切和网民现实诉求，及时出台政策措施并组织宣贯解读，消解舆论悲观、观望情绪的同时，坚定战胜疫情、推动发展、改善民生的信心。同时，科学评估政策实施过程中的艰巨性、复杂性和曲折性，防止"用力过猛"导致舆情反弹，政策实施受到不必要的干扰。

新冠疫情后，你对什么是生活最重要的东西，有没有发生变化，如何变化

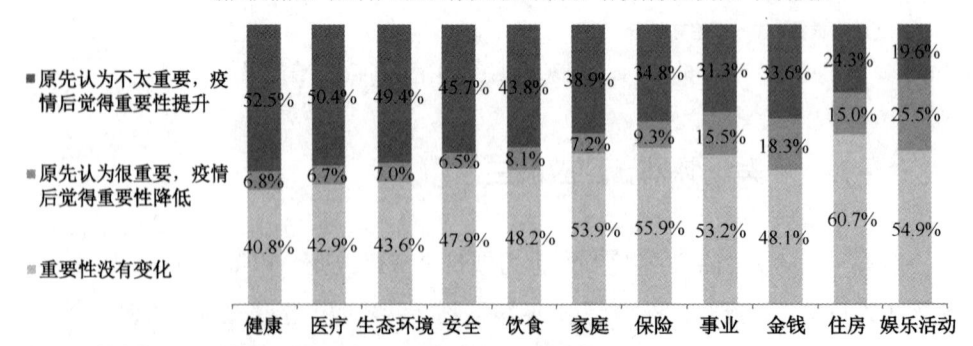

	健康	医疗	生态环境	安全	饮食	家庭	保险	事业	金钱	住房	娱乐活动
原先认为不太重要，疫情后觉得重要性提升	52.5%	50.4%	49.4%	45.7%	43.8%	38.9%	34.8%	31.3%	33.6%	24.3%	19.6%
原先认为很重要，疫情后觉得重要性降低	6.8%	6.7%	7.0%	6.5%	8.1%	7.2%	9.3%	15.5%	18.3%	15.0%	25.5%
重要性没有变化	40.8%	42.9%	43.6%	47.9%	48.2%	53.9%	55.9%	53.2%	48.1%	60.7%	54.9%

按照重要性变化由高到低排序，重要性变化=重要性提升/重要性降低
数据来源：企鹅有调

图8 关于"疫后生活态度"的网络问卷调查结果

（三）换位思考，理解个性自由表达

网络热词常讲常新，体现青年网民特别是 Z 世代网民对时事热点的关注和思考，以及追求自由表达的个性特征和共情能力。

关于"网络热词接受度"的网络问卷调查结果显示（如图 9 所示），在听说过一些网络热词的网民中，66.3%的网民态度是"有选择接受，自己不用，但是沟通中可以接受别人使用"，这是网民对待网络热词的主流态度；22.1%的网民表示"很喜欢用"，这些网民往往是网络热词的积极传播者。而在使用过网络热词的网民中，54.6%的网民是"部分知道或者不太知道"网络热词的意思，42.8%的网民是"全都知道"所使用网络热词的意思，仅有 2.6%的网民表示"不清楚，跟风用"。由此可见，网络热词的总体接受度较高。以包容的心态理解青年网民的个性化表达方式，以欣赏的眼光看待其"不一样"的乐观和自信，同时换位思考，创新方法手段，依托社交媒体、视频网站等传播平台，运用新兴媒介技术和"网言网语"开展"接地气""贴人心"的宣传引导，有利于网络正能量、主流价值观与成长于互联网语境下的青年网民同频共振。

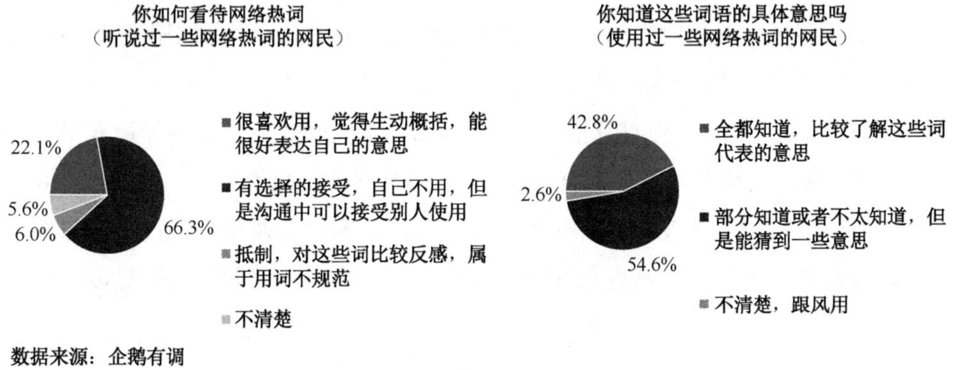

你如何看待网络热词
（听说过一些网络热词的网民）

- 22.1%
- 5.6%
- 6.0%
- 66.3%

■ 很喜欢用，觉得生动概括，能很好表达自己的意思
■ 有选择的接受，自己不用，但是沟通中可以接受别人使用
■ 抵制，对这些词比较反感，属于用词不规范
■ 不清楚

你知道这些词语的具体意思吗
（使用过一些网络热词的网民）

- 42.8%
- 2.6%
- 54.6%

■ 全都知道，比较了解这些词代表的意思
■ 部分知道或者不太知道，但是能猜到一些意思
■ 不清楚，跟风用

数据来源：企鹅有调

图 9 关于"网络热词接受度"的网络问卷调查结果

年度国际涉华舆论态势的时空维度分析

【摘　要】 2021年，全球疫情跌宕蔓延，百年变局加速演进；中国在全球变局中开创新局，在世界乱局中化危为机，构建新发展格局，迈出新步伐。中国高举人类命运共同体旗帜阔步前行，深切反映在国际涉华舆论的演进之中。研究从时间和空间两个层面展开深度挖掘，通过呈现全年国际涉华舆论发展趋势和全球涉华舆论议题分布，诠释国际舆论场中的中国舆论角色变化，并试提出可能影响涉华舆论态势的因素，为把握现阶段国际涉华舆论局面提供参考。

【关键词】 国际舆论　涉华舆论　舆论心态　区域国别

2021年，中国沉着应对百年变局和世纪疫情，加快构建"以我为主"的新发展格局。国际涉华舆论是反映这一进程的重要窗口，而通过舆情数据测算方法，也有助于体察国际舆论对中国的认知情况及中国国际舆论角色的变化，为中国在斗争与合作中营造有利外部环境、提升国际形象提供参考。

本研究基于Factiva外媒数据库、谷歌GDELT新闻数据库和国际社交平台的公开数据，从时间和空间两个维度还原2021年国际涉华舆论图景；一方面采取趋势分析方法，从舆论热度和情绪变化角度划分涉华舆论的发展阶段；另一方面应用区域分析方法，呈现全球重点国家及地区对十二大涉华议题的关注热度、情绪及焦点。

一、从时间维度看国际涉华舆论的认知变化趋势

结合近两年来的国际舆论对华关注热度及情绪认同情况走势，本文分析认为，2021年国际舆论更加聚焦中国发展进程，对华认同水平趋于稳定。

（一）外媒对华报道热度小幅低于去年

据 Factiva 外媒数据库统计，2021 年 1 月至 12 月，外媒对华报道量为 363.9 万条，而 2020 年全年报道量则是 386.3 万条（如图 1 所示）。对比前一年，2021 年外媒对华报道总量出现一定下降，同时报道内容更加聚焦中国发展进程，这说明外媒观察中国的视角正在变得更全面。这一转变有利于中国对外释放政策信号。

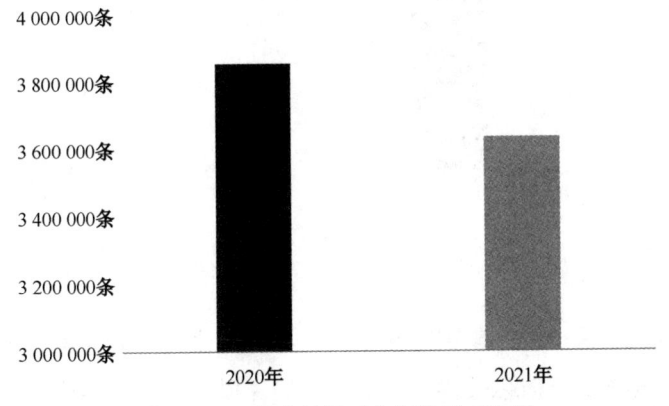

图 1　近两年来外媒对华报道量对比图

究其原因：一是 **2020 年对华舆论关注较多，主要系美方带动冲突性话题所致**。2020 年新冠肺炎疫情的全球蔓延态势获大量关注。与此同时，特朗普政府挑起对华摩擦不断，推高涉华报道热度，这一态势直至美国大选周期内才有所回落。

二是美国对华议程设置方向转换，中国政策受到更多关注。拜登就任美国总统以来，中美关系有所缓和，导致外媒担忧"中美冲突"、预测关系走向的笔墨大为减少；取而代之的是外媒更加关注中美高层接触和中国重要政策，包括中美阿拉斯加对话、中美元首通话、中国国内全面脱贫及共同富裕等。

（二）国际涉华舆论心态出现正向变化

基于谷歌 GDELT 新闻数据库及国际社交平台公开数据运算发现，2020 年和 2021 年的国际涉华舆论心态均处于负向区间，并且 2020 年的年度均值是 2021 年的 1.9 倍（如图 2 所示），这表明对华舆论负面情绪有所下降。中国在美国政府换届后主动奠定中美关系发展基调，并贡献抗击新冠肺炎疫情等全球问题的"中国方案"，引领国际舆论议程，极大地提升了国际舆论对华认同水平，促使国际对华心态走向积极稳定。

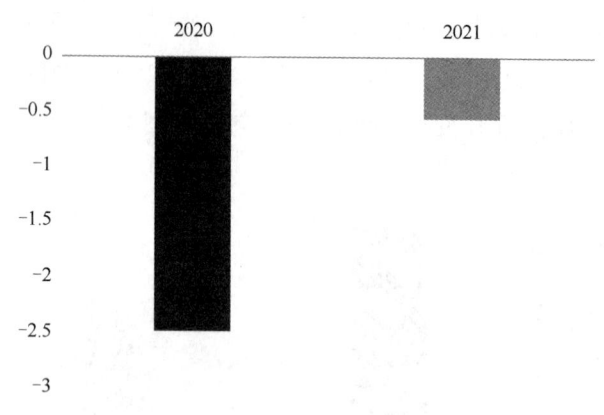

图 2 近两年来国际涉华舆论心态均值对比图

究其原因：一是 **2020 年国际涉华舆论心态变化受新冠肺炎疫情和美方对华舆论博弈影响颇深**。彼时以美国为首的西方国家以"武汉病毒论""中国责任论""中国赔偿论""疫苗外交论"等荒谬论断诋毁中国，在中美大国关系中又炮制"中美冷战""中美脱钩""贸易摩擦"等对华不利议程，造成 2020 年国际舆论对华认知一度处于低位局面。

二是 **2021 年美方屡次煽动对华负面舆情，但效果不佳**。美方力推疫情"二次溯源"调查，并联合盟友指责中国搞"恶意网络活动"，收效甚微。反观中国，在全球范围内不断绘制和实践"人类命运共同体""共同富裕"及"双碳"新蓝图，不仅以"平视世界"的姿态有力重塑中美大国关系，还在世界范围内体现中国制度的优越性。

二、从空间维度看国际涉华舆论的议题分布特点

数据分析发现，2021 年国际舆论场对涉华议题的关注，呈现出范围广、重点突出的特点，其中重点区域对涉华议题的关注各不相同，但仍旧可以看到在涉华

议题的讨论中，美国对国际舆论的影响较大。

（一）涉华议题广受关注，五大话题成重点

国际舆论对涉华议题的关注呈现出两大特征。**一是覆盖面广**。随着中国在国际舞台话语权的提升，中国在国内外都能够产生广泛的影响，吸引舆论关注。对世界各国媒体的报道进行分类并评估其讨论热度后发现，涉及中国的十二个议题（如图 3 所示）在国际舆论场上吸引了广泛讨论。**二是重点突出**。在这十二大议题中，其中五大议题受到的关注度明显高于其他议题。

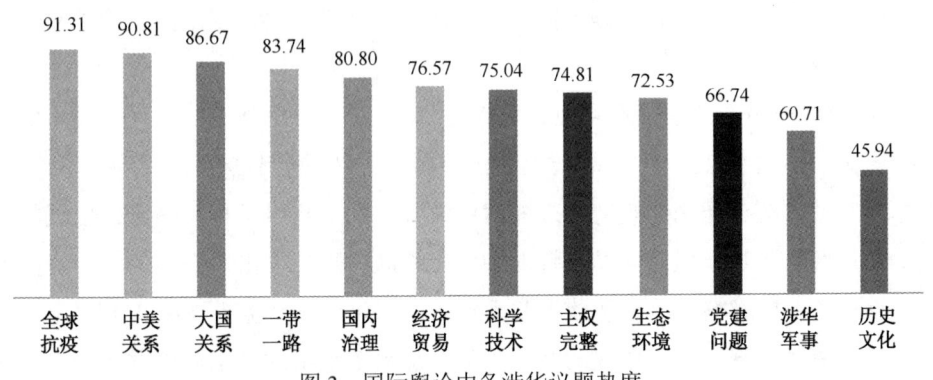

议题	热度
全球抗疫	91.31
中美关系	90.81
大国关系	86.67
一带一路	83.74
国内治理	80.80
经济贸易	76.57
科学技术	75.04
主权完整	74.81
生态环境	72.53
党建问题	66.74
涉华军事	60.71
历史文化	45.94

图 3　国际舆论中各涉华议题热度

第一，抗疫话题高居榜首。中国国产新冠疫苗投入使用，成为中国抗疫的一大成就，也构筑起中国免疫的又一道防线。中国秉持"人类命运共同体"理念，在严控国内疫情的同时，积极对疫情严重的发展中国家提供疫苗在内的抗疫援助，赢得所在国好评；但也有一些杂音质疑中国疫苗保护率，并渲染中国以"疫苗外交"谋取政治利益，由此引发国际舆论持续关注。同时，在病毒溯源问题上，2021年初随着美国学界态度出现一定变化，"实验室泄漏论"抬头，美方以病毒溯源为武器，并由情报机构发布溯源报告，试图打压中国，遭到中国舆论坚决反击，舆论拉锯推高话题声量。

第二，中美关系回暖受期待。随着特朗普的下台，中美关系中的"爆点"随之减少。但作为世界上最大的两个国家，中国与美国的关系仍是世界瞩目的焦点，其受关注度与抗疫问题几乎持平。其中，特朗普时代，美国对中国应用软件的封

杀引发舆论对中美未来关系的猜测。而拜登上台后，中美阿拉斯加"唇枪舌战"、"新冷战"等冲突性话题仍受关注，然而随着两国元首首次通话、孟晚舟归国等事件，全球舆论对中美关系回暖有所期待。

第三，大国关系波澜不断。2021年以来，中国在金砖国家峰会和G20等多边场合持续展现大国担当，更加凸显中国的多边主义拥护者和践行者的角色，受到国际舆论的欢迎。拜登上台后，力推"盟友外交"，集结西方盟友围堵中国的态势日渐突出，美、英、澳三边安全伙伴关系（AUKUS）的成立表现这一趋势。同时，美方召集的全球民主峰会也被广泛解读为对中国的"价值观围堵"。峰会尽管遭到批评和舆论冷遇，但也体现出作为民主的价值理念依旧受到国际舆论的追捧。与此同时，由于欧盟在新疆问题上的不当举措，中欧投资协定受阻，也给中欧关系蒙上了阴影。

第四，"一带一路"热点频现。疫情对"一带一路"框架下的项目建设产生了一定影响，不过2021年"一带一路"沿线国家仍然热点不断。2021年2月，缅甸军方发动政变推翻民选政府，政变对中缅关系的影响引发种种猜测，出现了不友好的声音。巴基斯坦连续发生针对中国工程队的恐怖袭击，在舆论场中对中巴友谊造成了一定影响。美国和欧洲联手推出"重建更美好世界（B3W）""全球门户"计划等"一带一路"倡议的替代项目，加紧落地签的推销，引发新一轮针对"一带一路"的舆论攻势。

第五，国内治理成效显著。2021年以来，有关部门继续着力于强化反垄断和反对资本无序扩张，查处各类大案要案，执法效率、覆盖广度受到国际舆论认可。伴随着正面赞扬的则是一些杂音，指中国监管举措针对民营企业、企业家精神等，这种论调在西方某些金融家的催化下时有发酵。对课外教培行业的整顿获得舆论理解，不过也引发境外资本对中资企业、中概股的担忧。此外，中国通过开放"三孩"刺激生育率、部分地区拉闸限电等涉"双碳"问题也受到关注。

（二）各地区关注差异大，美国舆论影响不可小觑

不同国家和地区对涉华议题的关注度不同，显示出比较明显的地缘特点，以及受到与中国的外交关系的影响。

美国：总体来说，2021年中美关系仍处于僵持状态，这也体现为美国舆论对中国的情绪最为负面。对于涉华问题，该国舆论最关注的五个问题分别为中美关系、新冠疫情、大国关系、"一带一路"和科学技术（如图4所示）。其关注点淋漓尽致地反映了美国对中国展开战略竞争的态势。值得注意的是，美国所关注的五大议题除个别顺序略有差异外，与全球最关注的五大涉华议题完全一致，也反映出美国舆论在全球舆论场中对涉华讨论的议程设置和情绪态度具有很大的影响力。

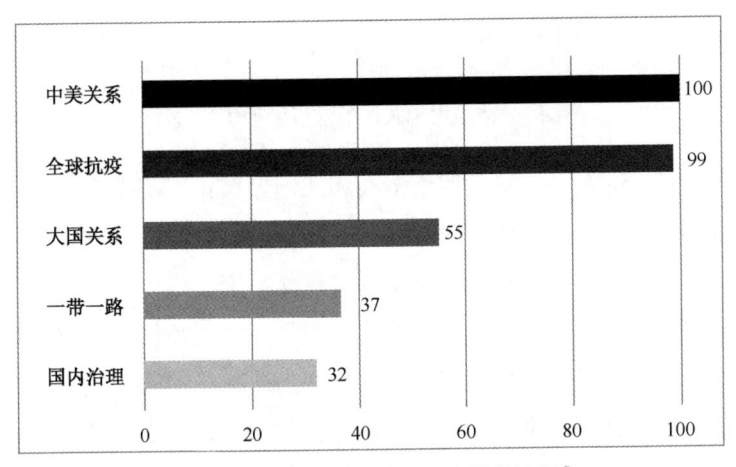

议题	数值
中美关系	100
全球抗疫	99
大国关系	55
一带一路	37
国内治理	32

图4　美国舆论关注的前五大涉华议题[①]

欧盟：受到美国重新采取盟友外交、干涉新疆问题等政策的影响，2021年欧盟舆论对中国的情绪相对比较负面。欧盟舆论对中美关系、"一带一路"、科学技术、主权完整、大国关系（如图5所示）等较为关注。从图5中可以看出，欧盟高度关注美国对华政策走向，面对"一带一路"倡议也存在合作、竞争并存的姿态。相较于其他地区，欧盟对新疆等涉及中国主权领土的议题更加关注，这体现了欧洲对所谓的人权等"后现代主义"话题的高关注度——能够印证这一点的是，在欧盟关注的涉华议题中位居第六的是"生态环境"议题，也提示未来考虑中欧关系更需理解环境问题对欧洲舆论的意义。

[①] 各地区舆论关注的前五大涉华议题排名，使用最大值归一化方法进行处理，以各地区热度最高的涉华议题在媒体和社交媒体中的声量作为基准点（100），将其他议题声量与之进行对比并进行数据化处理，显示各个涉华议题在不同地区的受关注程度。

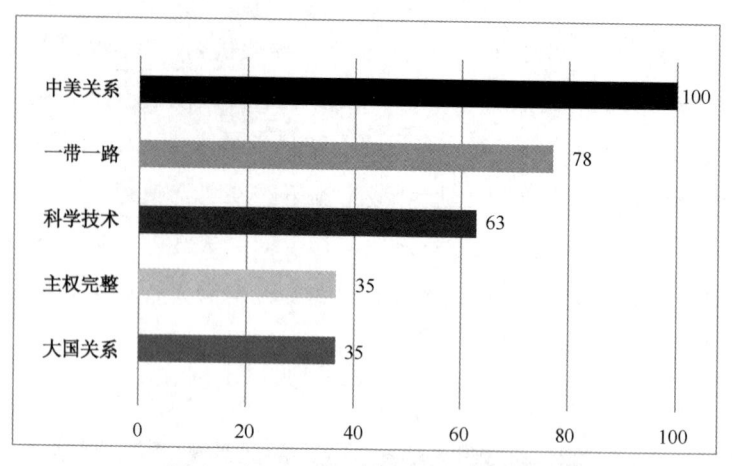

图5 欧盟舆论关注的前五大涉华议题

议题	数值
中美关系	100
一带一路	78
科学技术	63
主权完整	35
大国关系	35

"一带一路"各国:"一带一路"沿线相关国家舆论对华态度相对正面,情绪主要以正面或中立为主。俄罗斯、巴基斯坦等传统友好国家在2021年继续保持对华积极态度,中亚各国舆论整体也对中国持正面态度。中国在阿富汗问题上的妥善做法也得到了该国舆论认同。从关注的议题看,新冠疫情相关议题热度遥遥领先,中国对"一带一路"相关国家的援助受到当地舆论的热烈反馈;作为倡议的受益国,这些国家对"一带一路"话题同样关注。此外,中美关系、中国的国内治理和大国关系也是其所关注的(如图6所示)。

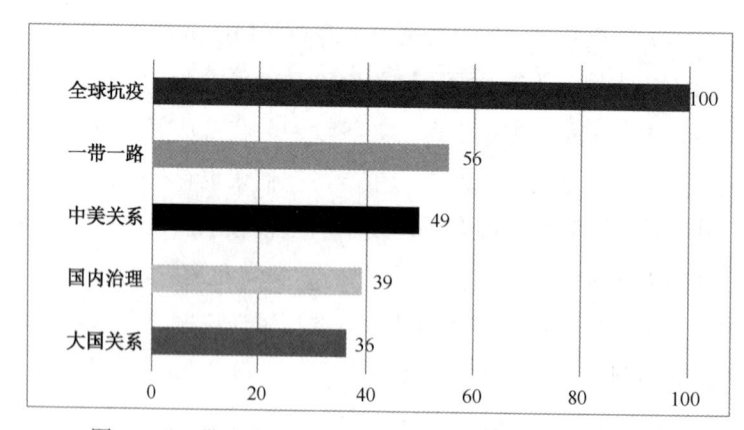

议题	数值
全球抗疫	100
一带一路	56
中美关系	49
国内治理	39
大国关系	36

图6 "一带一路"沿线国家舆论关注的前五大涉华议题

三、我国应对国际涉华舆论的策略建议

在上述分析基础上，剖析未来一段时间国际涉华舆论的影响因素和走势，本文认为中国尚难以完全摆脱西方话语权优势导致的负面影响，但国际舆论场中已经出现了可供我方施展的较大空间，或形成有利局面。从以下三个方面思考我国应对国际涉华舆论的可行策略。

1. 储备关键议程应对方案

特朗普时期意识形态对抗显著，拜登上台经过一系列博弈后，中国实力彰显，当前国际涉华舆论趋于平和稳定；然而，需警惕西方对华博弈正处于战略性调整的"窗口期"，他国酝酿政策性工具或造成未来对华负面舆论效果显现。建议把握民主人权、边疆问题、网络主权等关键议程，储备体系化的应对方案，适时通过白皮书、发布会、倡议书等形式，规制他国动摇中国行为正义性的举措，从而在国际舆论场中对冲西方政策性工具带来的不利舆论风险。

2. 把握涉华民间舆论

他国对华舆论策略呈现新特征，主要表现在不仅动用强势的媒体话语权，同时也在社交媒体上挑起舆情，再使之回流至专业媒体，从而进一步扩大其对华论调的传播力和影响力。其中，国际社交网络平台上的民间舆论成为国际舆论话语权强弱对比的新变量；借势而为将有利于建构利我传播圈层，由此显现正向的网络集聚效应，比如可以借助国际友华民间舆论对外媒观点形成反作用力，令涉华不利论调"不攻自破"；而忽视社交舆论"新战场"则无异于放弃国际传播重要据点的争夺。

3. 着眼全球共性问题

如今"中国方案"已经翻开走向世界的新篇章，不过在国际舆论场中"站稳脚跟"尚需时日，现阶段宜着眼于全球范围内的共性问题，提出"中国主张"、推广"中国经验"、凸显"中国智慧"，营造有利的外部发展环境。例如，在全球抗

疫中展现大国担当，把握生态环境议题，积极应对气候变化，发挥数字红利优势，关切全球经济复苏，参与国际互联网治理，倡导开放包容与共同发展，由此不断阐发和践行人类命运共同体理念，与部分西方国家重拾冷战思维、挑动分裂对立、制造集团对抗的做法形成鲜明对比。

年度新冠肺炎疫情网络舆论突出特点及问题分析

【摘　要】 2021年，全球新冠肺炎疫情仍在高位流行，病毒不断变异，奥密克戎毒株已成为全球流行的主流变异株。我国目前仍处于疫情防控常态化阶段，梳理2021年常态化疫情防控阶段舆论突出特点及问题，对下一阶段常态化防疫舆论工作提出思考。

【关键词】 常态化疫情防控　舆论特点

2020年4月29日，我国宣布进入新冠肺炎疫情常态化防控阶段[①]。2021年是常态化疫情防控的第二年。整体来看，我国疫情发展态势较为平稳，境外输入病例基本得到控制，本土疫情总体呈现传播链条多、局部散发和小规模聚集性并存等特征[②]，疫情积极向好态势持续巩固。但病毒的不断变异加上国外防疫不力也给我国常态化防疫带来挑战。回顾2021年的防疫工作，分析网络舆论的突出特点和问题，以期为未来疫情防控舆论工作提供启示。

一、整体舆论态势

2021年，涉疫情的舆论情绪心态更加理性、客观。防疫路线、经济社会发展等相关话题的讨论更加积极。疫苗效用、加强针等话题热度高，折射舆论希望疫

---

① 抗击新冠肺炎疫情的中国行动[EB/OL]. 国务院官网，[2020-06-07]. http://www.gov.cn/zhengce/2020-06/07/content_5517737.htm.

② 国务院联防联控机制2021年12月11日新闻发布会文字实录[EB/OL]. 国家卫健委官网，[2021-12-11]. http://www.nhc.gov.cn/xcs/yqfkdt/202112/88ce42bf16974ebd8d4b5367cfdd86e5.shtml.

情早日结束的愿景。

（一）传播趋势：舆论对疫情感知更加习以为常，话题传播量显著下降

数据显示[①]，2021年新冠肺炎疫情相关信息传播量约18.5亿条（如图1所示），仅为2020年传播量（约56.08亿条）的三分之一，得益于国内整体疫情形势平稳可控，经济持续恢复、稳中向好，涉疫情相关话题的传播量显著下降。同时，与2020年全国多将目光聚焦疫情相比，2021年疫情话题对于网民来说更加习以为常，相关话题在各领域热点话题中占比[②]（如图2所示，疫情话题包含在医疗卫生领域内）趋势有所下降。

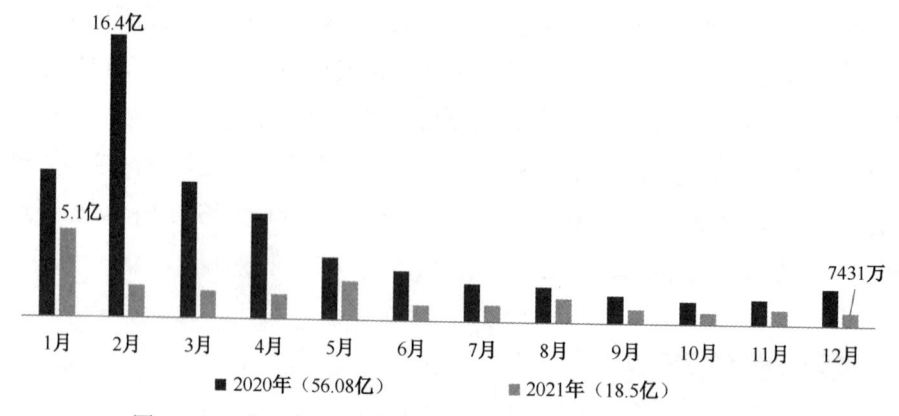

图1 2020年及2021年新冠肺炎疫情相关话题传播趋势对比图

[①] 舆情传播量为涉及疫情相关话题的微信公众平台、微博、新闻网站、贴吧论坛等公开渠道信息传播量。数据周期为2021年1月1日-12月25日（2020年数据周期为：1月1日-12月31日）。

[②] 关注度统计舆论对相关领域事件的发文量、转发量、评论量等数据，按各领域综合计算分布占比。

专题五　年度网络舆情盘点

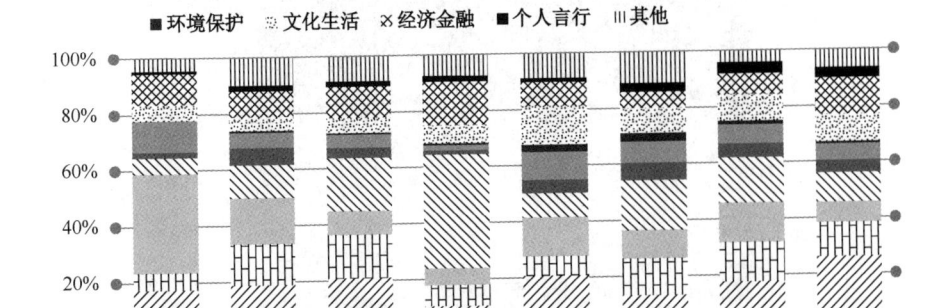

图2　2020年及2021年各领域热点话题季度占比趋势对比图

（二）舆论心态：疫苗研制、经济复苏等促进舆论理性乐观情绪增长

经历2020年"全民战疫"后，2021年网民针对疫情的舆论情绪（如图3所示）[1]也有了较大转变，情绪波动明显小于2020年。在我国已形成一套较为完备

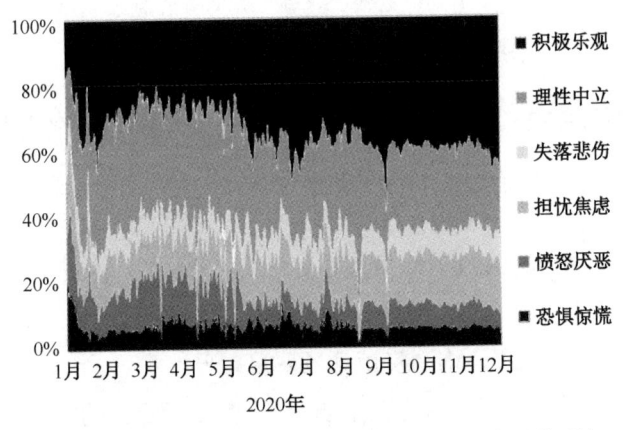

图3　2020年及2021年新冠肺炎疫情舆论情绪图谱对比

---

[1] 分析网民在微博、新闻跟帖、微信公众平台精选评论等渠道针对疫情话题的评论文本，从积极乐观、理性中立、失落悲伤、担忧焦虑、愤怒厌恶、恐惧惊恐等六种情绪切入，利用情绪模型算法，得到以月份为单位的统计时段内（2020年数据周期：1月1日-12月31日；2021年数据周期：1月1日-12月25日）网民在疫情话题下相关评论的情感占比情况。

· 359 ·

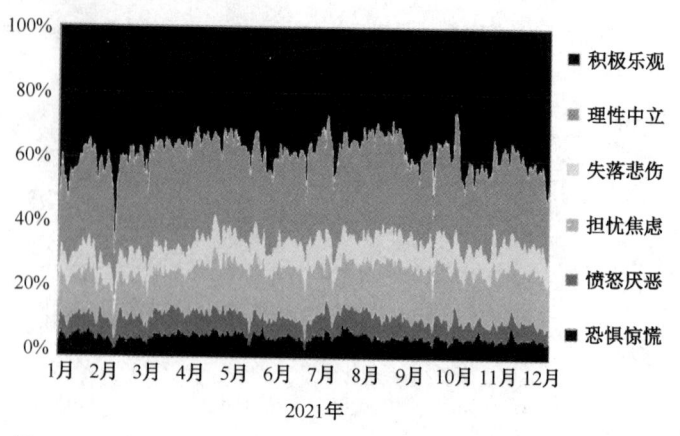

图3 2020年及2021年新冠肺炎疫情舆论情绪图谱对比（续）

的疫情防控体系背景下，舆论对于小范围散点多发疫情的应对更加从容，恐慌情绪也相对减弱。疫苗研制技术全面发展、防疫成效持续巩固、经济逐渐复苏等情况也促进了民众积极乐观及理性中立情绪的显著增长。与此同时，由于国内疫情时有反复，疫苗效用、流调信息泄露及由疫情引发的社会问题等也造成不同程度的消极情绪。

（三）舆论焦点：涉疫苗话题热度高，折射舆论希望疫情结束的心态

2021年涉及新冠肺炎疫情的重点话题如图4所示[①]。其中，疫苗相关话题最受舆论关注，占比17.6%。自2020年底，国药、科兴等国产疫苗陆续上市，2021年掀起"全民接种"热潮，推动**疫苗话题**热度提升。

分析2021年以来涉及疫苗相关话题[②]（如图5所示）的类型及相关讨论的情感倾向可知，疫苗的防护效用、加强针及接种率等情况备受关注，相关话题的正面情感倾向占比均超五成，舆论主要肯定我国新冠疫苗研发高效，盛赞免费接种政策及不断提升的疫苗接种剂次。不少网民直言，"看着我国疫苗接种剂次飞速上

---

① 选取2021年1月1日-12月25日共计1600个疫情相关话题进行聚类分析。
② 从涉疫情相关1600个话题中筛选出疫苗相关话题282个，分析话题类型及情感倾向分布。

涨，感觉离回归正常生活不远了"。上述典型网民观点也折射出民众希望疫情早日结束，以及对回归疫前生活的期待。

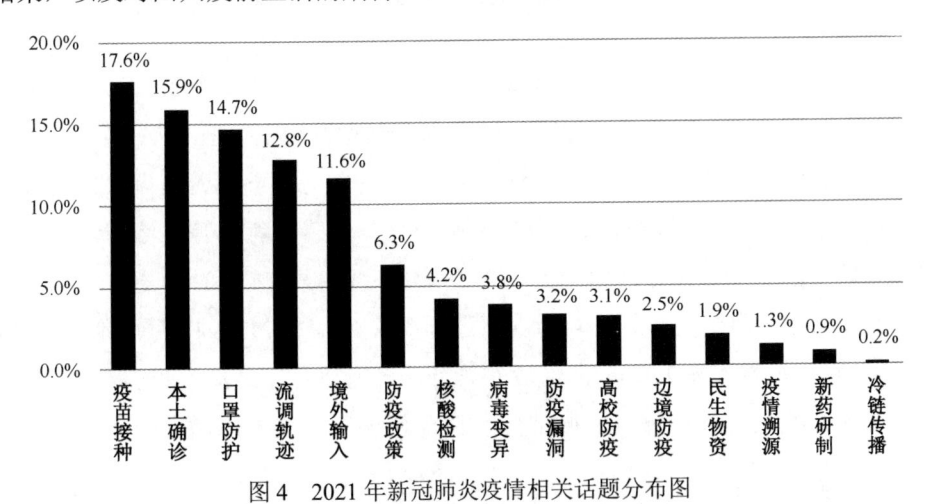

图 4　2021 年新冠肺炎疫情相关话题分布图

话题	占比
疫苗接种	17.6%
本土确诊	15.9%
口罩防护	14.7%
流调轨迹	12.8%
境外输入	11.6%
防疫政策	6.3%
核酸检测	4.2%
病毒变异	3.8%
防疫漏洞	3.2%
高校防疫	3.1%
边境防疫	2.5%
民生物资	1.9%
疫情溯源	1.3%
新药研制	0.9%
冷链传播	0.2%

图 5　2021 年新冠肺炎疫情涉疫苗相关话题讨论情感倾向分布图

话题	正	中	负
防护效用	57%	13%	30%
加强针	53%	24%	23%
接种率	68%	20%	12%
接种人群	45%	23%	32%
疫苗类型	51%	32%	17%
抗体检测	65%	27%	8%

二、常态化疫情防控阶段舆论突出特点及问题

2021 年，疫情在舆论场上逐步"祛魅"，舆论整体包容度更高。同时，国外疫情防控策略的变动，也引发舆论对"动态清零"及"与病毒共存"的讨论。

（一）流调信息关注角度的变化折射舆论对疫情认知的理性化

疫情暴发以来，各级政府在流调工作中，持续出现泄露个人信息从而引发网络暴力的问题，各种指责、谩骂导致网络戾气愈发严重。但 2021 年以来，随着上海流调通报方式调整为"只提地点不提人"、官方不断完善流调工作流程及信息保护机制，舆论场对每轮散发疫情中的"首例感染者"等确诊病例的态度及流调轨迹的认知逐渐趋于理性，观点包容度逐渐提升。同时，随着防疫知识的普及及治疗手段的进步，公众对病毒逐渐"祛魅"。2021 年 11 月成都 23 号病例[①]活动轨迹被网民赞为"正常生活"典范；一份"寻宋之旅"[②]的流调信息带火苏州人文特色。舆论评价从同情到共情，传递着人文关怀，也凸显着对疫情认知的理性化。

（二）境内舆论认为"动态清零"举措符合国情，支持声量增多

2021 年全球新冠肺炎疫情仍在高位，我国疫情散点多发。在此背景下，我国坚持"动态清零"的防疫策略不放松。而在经历欧美等国逐渐转向"与病毒共存"策略后，疫情失控，境内舆论对"动态清零"举措的支持声音逐渐增多。"动态清零""与病毒共存"的话题虽曾引发一定讨论，争议集中在"动态清零"造成的短期经济民生问题，但整体来看，多数网民对"动态清零"政策持支持态度[③]（如图 6 所示），认为是符合国情，并且是有效的防疫政策。

[①] 2021 年 11 月 8 日，成都官方公布确诊病例流调轨迹，"23 号病例"近一周时间去了 2 次拳击馆、1 次健身房、1 次酒吧、1 次电竞馆、5 次购物中心或超市、9 次餐馆，被网民成为"自律小伙"。

[②] 2021 年 11 月 25 日，苏州疫情防控指挥部发布上海确诊三人在苏州的行动轨迹，包括园林、古建筑、博物馆、苏帮菜等，网民将此江南文化深度游路线称之为"寻宋之旅"。

[③] 选取"共存""清零"讨论热度较高的两个周期（周期一：2021 年 7 月 21 日至 8 月 11 日："7·20 南京禄口机场疫情"、张文宏相关言论引争议；周期二：2021 年 10 月 1 日-11 月 4 日：全国多地本土病例反弹、亚洲多国放弃清零）中，网民在微博、新闻跟帖、微信公众平台精选评论等渠道针对"清零""共存"话题的评论文本，分析其态度。

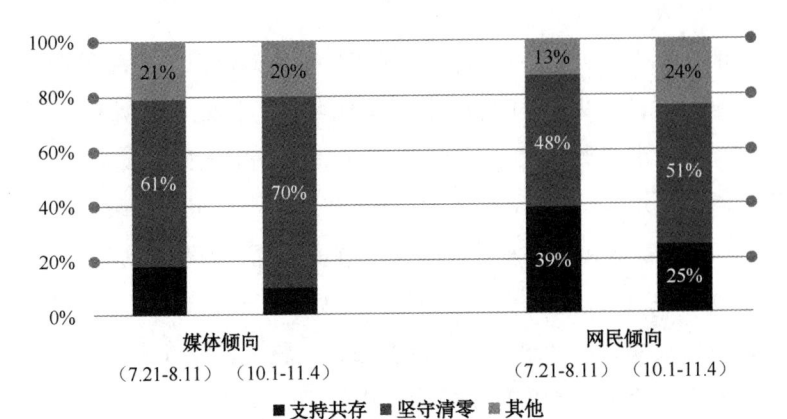

图 6　境内舆论对"共存"及"动态清零"的情感倾向变化分布

（三）疫苗认知偏差，造成接种剂次上涨和效用遭质疑之间的矛盾

如上文图 5 所示，围绕疫苗展开的讨论也存在部分负面观点，如质疑疫苗不能有效防止感染（尤其是"确诊病例被曝接种两针疫苗仍被感染"[①]等类似报道），加上部分地区存在强制接种、跨区拉人等现象，令部分网民对疫苗效用产生怀疑。但上述情况并未在实际中影响我国疫苗接种情况。截至 2022 年 1 月 9 日，我国累计接种新冠肺炎疫苗已超 28.9 亿剂次[②]，各地加强针接种也在有序展开。造成疫苗接种剂次正常提高和舆论质疑疫苗效用之间矛盾的原因，主要源于舆论对疫苗出现了认知和行为偏差，涉疫苗的负面舆情导致民众加深负面认知，但恐慌心理又促使其行动上接受疫苗接种。

（四）民生求援帖成为舆论关注"引线"，官媒介入报道凸显舆论引领力

2021 年边境口岸城市防疫问题凸显，如何平衡防疫及民生成为舆论主要诉

[①] 为何有人打完疫苗仍被感染？是否需要打加强针？专家回应[EB/OL]. 央视新闻, [2021-07-31]. https://china.huanqiu.com/article/44AHgqhl8WY

[②] 新冠病毒疫苗接种情况[EB/OL]. 国家卫健委官网, [2022-01-10]. http://www.nhc.gov.cn/xcs/yqfkdt/202201/81a3b6dbe8924060b3598ba7194d750d.shtml.

求。云南瑞丽、黑龙江黑河、内蒙古二连浩特等地的疫情被关注多靠当地网民在微博等社交平台发帖。以云南瑞丽为例，2021年10月26日微博网民"林零七_7"发布求援帖，帖子迅速点燃舆论，带动微博话题"瑞丽人民的发声""疫情下的云南瑞丽"等阅读量过亿。2021年10月28日瑞丽市原副市长戴荣里在个人微信公众号上发文《瑞丽需要祖国的关爱》、瑞丽市市长说暂不需要援助等引发高度关注。自2021年10月29日人民日报官方微博、央视《新闻1+1》等介入报道后，热度持续高位，此后央媒持续通过权威信息发布、议题设置等方式引导舆论理性看待瑞丽疫情，发挥在重大热点事件中的舆论引领力。

三、思考与启示

受全球疫情影响，我国仍处疫情常态化防控阶段。基于常态化疫情防控阶段的突出特点及问题，探寻下一阶段防疫舆论工作的新方向。

（一）全方位、多角度挖掘常态化疫情防控阶段的正能量内容，以小见大传递正向价值观

舆论对流调内容的关注角度变化折射民众对恢复疫前生活的向往，媒体报道也凸显了人文关怀。下一阶段，建议媒体在报道疫情发展情况的基础上，借鉴流调报道中的话语风格转变，全方位、多角度、更深入地挖掘常态化防疫中民众生活工作中的闪光点，以小见大向舆论传递正向价值观。

（二）加大对"动态清零"政策的宣传力度，引导民众理性看待政策带来的短期问题

目前，境内舆论场多数网民对我国继续采取"动态清零"策略持支持肯定态度（如上文图6所示），但仍有少部分网民对"共存论"抱有期待。此种情况下，建议加大对"动态清零"政策的宣传力度，对比境外诸多国家由"共存"再次转向"清零"的举措，凸显"动态清零"的优势。此外，引导民众理性看待"动态

清零"带来的短期阵痛，在当前未有特效治疗药物且我国医疗资源有限的情况下，"动态清零"政策不能放弃。

（三）加强对疫苗防护作用的普及宣传，破除舆论对疫苗定位的错误认知

目前我国新冠疫苗的保护作用分为三级，一级是防感染；二级是防发病，或者说使轻症不变成重症甚至发展至死亡；三级是防传播[①]。但不少网民将疫苗的防护作用简单等同于防感染。鉴于此，建议加强对疫苗防护作用的普及宣传，破解舆论对疫苗的迷思，引导民众加大对"疫苗预防重症"的正确认知，避免"疫苗无用论"的翻炒及抵制疫苗接种的情况出现。

（四）探索建立"中央+地方"的媒体及政务平台联动模式，助力疫情反复区域及时解决问题

常态化防疫阶段，各地散发疫情引发的问题，仅靠社交平台爆料无法解决根本问题，建议探索建立"中央+地方"的媒体和政务平台联动模式，央媒通过持续发布权威信息，深入报道民众诉求等，发挥舆论引领力；地方媒体则应发挥服务职能，与地方政务平台联动，结合当地疫情产生的负面问题，发布本地化的抗疫信息，在防疫重点区域承担起为民众服务的重任；当地自媒体也应在中央和地方媒体的牵引下进行"补位"，助力及时发现并解决问题。

[①] 国务院联防联控机制 2021 年 5 月 14 日新闻发布会文字实录[EB/OL]. 国家卫健委官网，[2021-05-14]. http://www.nhc.gov.cn/xcs/fkdt/202105/933f44a0a7274fe9911e07876cf5138d.shtml.

读者调查表

尊敬的读者：

  自电子工业出版社工业技术分社开展读者调查活动以来，收到来自全国各地众多读者的积极反馈，他们除了褒奖我们所出版图书的优点外，也很客观地指出需要改进的地方。您对我们工作的支持与关爱，将促进我们为您提供更优秀的图书。您可以填写下表寄给我们，也可以给我们电话，反馈您的建议。我们将从中评出热心读者若干名，赠送我们出版的图书。谢谢您对我们工作的支持！

姓名：_____　　　性别：□男　□女　　年龄：_____　　职业：_____

电话（手机）：_____　　　E-mail：_____

传真：_____　　通信地址：_____　　邮编：_____

1. 影响您购买同类图书的因素（可多选）：
□封面封底　　　□价格　　　□内容简介、前言和目录　　　□书评广告　　　□出版社名声
□作者名声　　　□正文内容　　　□其他_____

2. 您对本图书的满意度：

从技术角度	□很满意	□比较满意	□一般	□较不满意	□不满意
从文字角度	□很满意	□比较满意	□一般	□较不满意	□不满意
从排版、封面设计角度	□很满意	□比较满意	□一般	□较不满意	□不满意

3. 您选购了我们的哪些图书？主要用途？_____

4. 您最喜欢我们的哪本图书？请说明理由。
_____

5. 目前您在教学中使用的是哪本教材？（请说明书名、作者、出版年、定价、出版社。）有何优缺点？
_____

6. 您的相关专业领域中所涉及的新专业、新技术包括：
_____

7. 您感兴趣或希望增加的图书选题有：
_____

8. 您所教课程主要参考书？（请说明书名、作者、出版年、定价、出版社。）
_____

邮寄地址：北京市丰台区金家村288#华信大厦电子工业出版社工业技术分社
邮编：100036　　　电话：18614084788　　E-mail：lzhmails@phei.com.cn
微信 ID：lzhairs/18614084788　　联系人：刘志红

电子工业出版社编著书籍推荐表

姓名		性别		出生年月		职称/职务	
单位							
专业				E-mail			
通信地址							
联系电话				研究方向及教学科目			

个人简历（毕业院校、专业、从事过的以及正在从事的项目、发表过的论文）

您近期的写作计划：

您推荐的国外原版图书：

您认为目前市场上最缺乏的图书及类型：

邮寄地址：北京市丰台区金家村288#华信大厦电子工业出版社工业技术分社
邮编：100036　电话：18614084788　E-mail：lzhmails@phei.com.cn
微信 ID：lzhairs/18614084788　联系人：刘志红